Institutio
Christianae
Religionis

성경적 신앙
·
그리스도인의 삶
·
참 교회의 길

문병호 지음

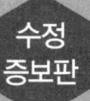
수정
증보판

30주제로 풀어 쓴
기독교 강요
성경교리정해 聖經敎理精解

경건한 독자들이 성경의 진리를
종합적이며 체계적으로 배울 수 있습니다.

생명의말씀사

일러두기

- **본서의 텍스트 : 1559년 『기독교 강요』 라틴어판**

  Institutio christianae religionis, in libros quatuor nunc primum digesta, certisque distincta capitibus, ad aptissimam methodum: aucta etiam tam magna accessione ut propemodum opus novum haberi possit, 1559. Ioannis Calvini opera quae supersunt omnia, vol. 2.

- **『기독교 강요』 인용은 권.장.절을 괄호 안에 표기**

  예) 1권 1장 1절 ⇒ (1.1.1)

- **성경 인용은 다음 영어판 번역을 참조하고 일부 편집**

  John Calvin. Institutes of the Christian Religion. Ed. John T. McNeill. Tr. Ford Lewis Battles. Library of Christian Classics. Vols. 20–21. Philadelphia: Westminster Press, 1960.

30주제로 풀어 쓴
기독교 강요

| 성경교리정해 聖經敎理精解 |

30주제로 풀어 쓴
기독교 강요 [수정 증보판]
성경교리정해 聖經敎理精解

ⓒ 생명의말씀사 2011, 2013

2011년 9월 30일 1판 1쇄 발행
2012년 4월 15일 　　　3쇄 발행
2013년 4월 10일 2판 1쇄 발행
2025년 2월 6일 　　　12쇄 발행

펴낸이 | 김창영
펴낸곳 | 생명의말씀사

등록 | 1962. 1. 10. No.300-1962-1
주소 | 서울시 종로구 경희궁1길 6 (03176)
전화 | 02)738-6555(본사)・02)3159-7979(영업)
팩스 | 02)739-3824(본사)・080-022-8585(영업)

기획편집 | 김정옥, 이은정, 신현정
디자인 | 박인선, 최윤창
인쇄 | 영진문원
제본 | 보경문화사

ISBN 978-89-04-02062-1 (03230)

저작권자의 허락없이 이 책의 일부 또는 전체를
무단 복제, 전재, 발췌하면 저작권법에 의해 처벌을 받습니다.

John Calvin

어머니를 추억하며

†

네가 바다의 샘에 들어갔었느냐
깊은 물 밑으로 걸어 다녀 보았느냐

(욥 38:16)

Institutio Christianae Religionis

수정 증보판에 부쳐

몇 차례 쇄를 거듭하면서 감사한 만큼 두려움도 있었습니다. 본서가 출판된 후, 필자는 어느 모임에서 이를 교재로 매주 두 시간씩 무려 36주간 강의할 기회가 있었습니다. 그때 본서와 『기독교 강요』를 다시금 꼼꼼히 점검할 수 있었습니다. 살펴보니 본문은 거의 고칠 곳이 없었으나 성경과 라틴어 인용 부분에 오자와 탈자가 적잖았습니다. 그리하여 수정 작업을 시작하였는데, 수정의 폭이 과하여 판을 유지하기 어렵다는 말을 듣고 차제에 증보를 생각하게 되었습니다.

필자는 개혁신학의 개념적 흐름을 중시합니다. 그 가운데 성경의 부요함이 실려 있다고 보기 때문입니다. 그 흐름은 사상으로 맺히고, 말로 표현되고, 글로 묘사됩니다. 사상은 성령의 감화에 따라 스스로, '성경의 진리'가 '성경적 진리'로 심령에 머무는 자취입니다. 그 머뭄 자체가 '사'라면 '상'은 그 양식 혹은 체계를 일컫습니다. 말은 이러한 사상의 언어적 표현이며, 글은 문자적 표현입니다.

말은 사상을 넘어 가려하나, 글은 사상으로부터 거리를 두려고 합니다.

말은 사상을 소개하나, 글은 완성합니다. 말이 사상을 내뱉을 때, 글은 주워 담습니다. 말은 사상을 토로하면서 뒤늦게 반추하나, 글은 먼저 반추하면서 사상을 삼킵니다. 말과 글의 기제는 다릅니다. 말에는 '감'이 있다면 글에는 '맥'이 있습니다. 필자는 기독교 강요를 수차 읽으면서 그 '맥'의 맛을 톡톡히 즐겼습니다. 그것을 억누르기 어려워 감히 본서를 상재한 것입니다.

『기독교 강요』는 수려한 문체와 유용하고 간결한 논리로 정평이 나 있지만 무엇보다 문과 맥의 절묘한 조화에서 그 고상함의 극치를 드러냅니다. 문이 글의 '자리'라면 맥은 '글됨'이라고 할 것입니다. 성경은 문·맥으로, 읽어야 하고, 고백되어야 하며, 기술되어야 하고, 변증되어야 한다 – 이것이 칼빈의 칼빈다움을 제시하는 전부가 아닌가 생각해 봅니다. 필자는 기독교 강요의 교훈적·고백적·변증적 요소를 주목하고, 그 저자를 말씀의 교사·해석자·수호자라고 버릇같이 소개해 왔습니다. 이는 그가 이러한 그다움에 시종여일 매달려 있었다고 여겼기 때문입니다.

이번 판은 전혀 새롭지 않습니다. 다만 전체적인 수정과 더불어, 문·맥을 제대로 살리기 위한 주요한 가필이 여러 군데 있었습니다. 성경 인용이 거의 망라되었으며, 라틴어 명문도 많이 늘었습니다. 전체적으로 좀 더 풍부해진 반면, 막힘은 덜한 책이 된 듯합니다. 오직 하나님께 영광을 올리며 격려와 편달을 아끼지 않으신 모든 분께 감사드립니다.

2013년 4월
우면산 자락에서 문병호

| 저자의 말 |

본서의 의의와 가치
그리고 감사

　본서는 2009년 칼빈 출생 500주년을 맞이해서 필자가 "기독교 강요 지상강좌"라는 제목으로 대한예수교장로교 합동측 교단에서 발행하는 『기독신문』에 30회에 걸쳐서 연재하였던 글을 수정, 보완, 편집한 책입니다. 상쇄의 텍스트는 1559년 『기독교 강요』 마지막 판입니다.
　필자는 나름대로 몇 가지 원칙을 세우고 글을 게재했습니다.

　첫째, 『기독교 강요』를 성경의 교리를 집대성한 한 권의 조직신학 책으로 풀어보고자 하였습니다. 어느 한 장, 한 절도 빠뜨리지 않고 전권을 총체적으로 파악하여 순서에 따라서 체계적으로 전개하였습니다. 30가지 주제는 성경교리 전체를 아우른다고 할 수 있습니다. 각 주제마다 부제를 달았는데 이는 필자가 내린 교리적 정의에 해당합니다.

　둘째, 『기독교 강요』에 사용된 신학 용어를 원어의 뜻을 충분히 살려 해석하고자 노력하였습니다. 주요 개념이나 인용 구절에 사용된 신학용어를 부각시킴으로써 자칫 평범한 글 읽기로 주요한 신학적 개념을 놓치는 일이 없도록 고려하였습니다. 칼빈이 사용한 신학 용어를 바로 파악하는 것이 이후 전개된 개혁신학을 이해하는 데 매우 중요하다고 믿었기 때문입니다.

셋째, 『기독교 강요』에 인용된 성경 구절을 주제에 따라 적재적소에 소개하였습니다. 『기독교 강요』는 헛된 사변의 책이 아니라 성경주해의 심오함과 목양의 간절함이 깊이 배여 있는 책입니다. 필자는 이러한 『기독교 강요』의 고유한 특성을 부각시키고자 노력하였습니다.

필자는 신문에 연재하기 직전에 『기독교 강요』 초판(1536)을 라틴어 직역으로 출판하였습니다. 그때 원어의 어순과 어의를 살려서 번역하는 가운데 『기독교 강요』가 개혁신학의 젖샘이 됨을 분명히 직시하게 되었고 그 유려한 수사와 풍부한 어휘에 압도되어 개혁신학의 심오함과 역동성과 부요함을 만끽하였습니다. 본 강의는 이러한 감동의 여운을 싣고 있습니다.

필자는 학업 중 그리스도와 율법의 관계를 다룬 박사 논문을 쓴 이후 계속해서 칼빈신학의 핵심 주제들을 조직신학적으로 논구하고 집필해왔습니다. 발표한 글들은 "경건신학", "기독론적 계시론", "중보자 그리스도의 중보", "하나님의 형상의 주요한 자리로서의 영혼", "성령의 일반은총적, 특별은총적 역사", "참 교회의 본질", "성찬론" 등이 있습니다. 또한 칼빈의 시민법 사상과 그가 자주 사용한 신학적 수사법의 하나인 하나님의 맞추심(God's accommodation)에 대한 글들을 발표하였습니다. 이러한 연구와 더불어서 수년간 강단에서 『기독교 강요』를 가르쳐 온 경험은 필자가

본 연재를 감히 감당할 수 있는 토양이 되었습니다.

　필자가 연재한 글들을 묶어서 한 권의 책으로 상재(上梓)하는 목적은 『기독교 강요』를 통해서 성경교리의 정수를 일목요연하게 소개하는 데 있습니다. 지금까지 『기독교 강요』를 발췌하여 수록한 책들과 신학적으로 특정 부분을 조망한 책들은 적잖이 출판되었지만 전체를 풀어서 교리 주제별로 출판된 단행본은 없었기 때문입니다. 이러한 의의를 고려하여 책으로 편집하는 과정에서 필자는 수정과 가필과 더불어 다음 몇 가지를 수행했습니다.

　첫째, 연재할 때 괄호 안에 제시했던 라틴어 원어는 책 말미에 있는 용어집(glossary)에 일관적으로 실었습니다. 본문에 인용된 부분 중 주요한 교리적 의미가 있는 단어는 [한글-라틴어 용어집]에서 그 원어를 확인할 수 있습니다. 그리고 [라틴-한글 용어집]을 통해서 알파벳 순서로 정리할 수 있습니다.

　둘째, 신학 용어와 교리에 대한 상세한 설명이 필요한 부분은 각주를 달아 이해를 도왔습니다. 여기에서 필자는 개혁신학자의 입장을 여과 없이 반영했습니다.

　셋째, 성경 색인을 두어 특정 성경구절의 교리적 의미를 손쉽게 찾아 볼 수 있게 하였습니다. 따라서 본서를 성경교리 사전과 같이 활용할 수도 있습니다.

　넷째, 장문으로 인용된 명문들을 모아서 부록에 실었습니다. 신학적으로뿐만 아니라 수사학적으로도 뛰어난 문장들을 원문으로 수록하여 칼빈

문체의 묘미를 만끽하게 한 것입니다.

필자는 본서를 집필하면서 성경의 진리를 종합적이며 체계적으로 배우고자 하는 경건한 독자들을 시종 염두에 두었습니다. 성도들은 본서를 통해 교리에 대한 식견을 심화시키고 성경적 진리의 고유한 맛을 즐길 수 있습니다. 신학생들은 개혁신학의 입문서로서 본서를 활용할 수 있습니다. 인용된 성경 구절을 제시된 교리와 함께 깊이 묵상할 수도 있습니다. 신학자들은 본서를 통해 칼빈신학의 고유한 특징을 분명하게 인식하고 이후 그것이 개혁신학으로 전승되어 가는 맥을 반추할 수 있습니다. 목회자들과 교사들은 주제의 순서에 따르거나 성경 색인에 제시된 구절들을 중심으로 설교나 교육에 본서를 활용할 수 있습니다.

본서에는 필자가 이해한 칼빈신학이 『기독교 강요』라는 텍스트를 통해서 재조명되어 있습니다. 그러므로 이 자리를 빌려 필자에게 진정한 칼빈을 가르쳐 주신 은사님들께 감사하는 것이 마땅한 도리라고 여깁니다. 이미 우리 곁을 떠난 오스트헤번 교수님과 라이트 교수님, 은퇴하셨지만 지금도 칼빈과 개혁신학 연구에 여념이 없으신 헷셀링크 교수님, 칼빈의 원전 읽기의 즐거움을 가르쳐 주신 멀러 교수님과 바쿠스 교수님께 심심한 감사를 드립니다.

비록 졸작이나 본서가 출판되기까지 베풀어 주신 많은 분들의 도움은 너무나 귀했습니다. 『기독신문』 연재에 호흡을 같이하셨던 강석근 부장과 편집부 직원들 그리고 연재된 글을 기꺼이 책으로 출판해 주신 생명의말씀사에 감사드립니다. 그리고 글을 읽고 격려와 편달을 아끼지 않으셨던 많은 분들, 이모저모로 글의 감동을 전해준 신학 수련 과정에 있는 사랑하는 제자들, 특히 허동원 강도사와 박소영 사모, 송명인 목사, 이인혁 전도사, 구성민 전도사에게 감사를 전합니다.

마지막으로 사랑하는 아내와 원욱과 마리아 그리고 항상 눈물로 기도해 주시는 장인 서기행 목사님께 감사드립니다. 소천하신 어머니와 장모님에 대한 추억은 본서를 묶어두는 책실과 같습니다. 그것은 사랑의 흔적이거나 경계의 채찍이거나 회오의 수사로 수시로 행간을 넘나들 것입니다.

다만 오직 모든 감사와 영광과 존귀와 찬송을 하나님께 올려 드리니, 언제나 그렇듯이 주께서 모든 일을 다 이루셨습니다.

문병호

[주제별 교리 일람표]

권	번호	기독교 강요	주제	교리
1권	1	1.1.1–1.5.15	생명의 지혜: 하나님을 아는 지식과 우리 자신을 아는 지식	계시, 일반계시
	2	1.6.1–1.7.5	성경: 하나님의 자녀들을 위한 특별한 학교	성경 특별계시
	3	1.8.1–1.9.3	말씀과 성령: 친히 말씀하시는 하나님의 말씀	
	4	1.13.1–1.13.29	삼위일체 하나님: 한 본질 안에 세 위격이 세 인격으로 계심	하나님
	5	1.10.1–1.12.3 1.14.1–22	피조물: 하나님의 영광의 눈부신 극장	창조
	6	1.15.1–8	사람: 하나님의 형상대로 지어진 인격적 찬미의 도구	인간
	7	1.16.1–1.18.4	섭리: 영원히 현존하는 하나님의 손	섭리
2권	8	2.1.1–2.5.19	원죄: 죄책과 오염의 전가 일반은총: 모든 사람에게 미치는 하나님의 은혜	원죄, 일반은총
	9	2.7.1–2.8.59	율법: 경건하고 올바른 삶의 규범	율법
	10	2.9.1–2.11.14	복음, 신구약: 언약 가운데 약속하시고 이루심	언약
	11	2.6.1–4; 2.12.1–2.13.4	그리스도의 중보의 필연성: 성육신	예수 그리스도
	12	2.14.1–2.15.6	위격적 연합을 통한 양성의 교통: 그리스도의 선지자, 왕, 제사장 직분	
	13	2.16.1–18	그리스도의 구속자 직분: 비하(卑下)와 승귀(昇貴)	
	14	2.16.19–2.17.6	그리스도의 대리적 무름: 사랑의 시작은 의(義)	

3권	15	3.1.1–3.1.4	성령 : 성도와 그리스도의 연합의 띠	성령
	16	3.2.1–3.2.43	믿음 : 감화와 확신	믿음
	17	3.3.1–3.5.10	중생으로서의 회개 : 옛사람의 죽음과 새사람의 삶	회개, 중생
	18	3.6.1–3.10.6	그리스도인의 삶 : 미래를 묵상하며 자기를 부인하고 십자가를 지고 주님을 좇는 삶	성도의 삶
	19	3.11.1–3.13.5	이신칭의(以信稱義) : 죄 사함과 그리스도의 의의 전가	칭의
	20	3.14.1–3.18.10	성화 : 중보자 예수 그리스도의 계속적 중보로 거룩해짐	성화
	21	3.19.1–3.19.16	그리스도인의 자유 : 기꺼이 하나님의 말씀에 순종하는 자유	성도의 자유
	22	3.20.1–3.20.52	기도 : 믿음의 주요한 훈련	기도
	23	3.21.1–3.24.17	예정 : 하나님이 기뻐하신 뜻에 따른 영원한 작정	예정
	24	3.25.1–3.25.12	최후의 부활 : 죽을 것이 죽지 아니함을 입음	종말
4권	25	4.1.1–4.2.12	참 교회 : 건전한 교리의 일치와 형제적 사랑으로 그리스도와 연합된 교회	교회
	26	4.3.1–4.7.30	교회의 직분 : 머리이신 주님께로 자라감	
	27	4.8.1–4.13.21	교회의 권세 : 교리권, 입법권, 사법권(권징)	
	28	4.14.1–4.16.32	성례 : 보이지 않는 은혜의 보이는 표 세례 : 그리스도와 연합한 성도의 살아남의 표	성례
	29	4.17.1–4.19.37	성찬 : 그리스도와 연합한 성도로서 살아감의 표 로마 가톨릭 미사와 거짓 성례들 : 새로운 유대주의	
	30	4.20.1–32	국가 : 하나님의 일반은총적 다스림	시민정부

수정 증보판에 부쳐·7
저자의 말·9
주제별 교리 일람표·14

■ 서론

왜 다시 칼빈인가?_성경교리정해의 시대적 요청·25

◆

제1권 (1-7주제)

성부, 스스로 계신 창조주 하나님

제1주제 (1.1.1-1.5.15) ·41

생명의 지혜: 하나님을 아는 지식과 우리 자신을 아는 지식

1. 1. 두 가지 지식 ·41　　　　　1. 2. 참 지식의 길 ·44
1. 3. 지식: 경건의 기원 ·46　　　1. 4. 알려주심으로 앎 ·48

제2주제 (1.6.1-1.7.5) ·51

성경: 하나님의 자녀들을 위한 특별한 학교

2. 1. 기록된 하나님의 말씀 ·51　　2. 2. 말씀의 통치 ·53
2. 3. 성경과 성령: 객관적 확실성과 주관적 확신 ·55

제3주제 (1.8.1-1.9.3) ·60

말씀과 성령: 친히 말씀하시는 하나님의 말씀

3. 1. 말씀의 영감 ·60　　　　　3. 2. 성경의 자기 증거 ·61
3. 3. 말씀과 성령의 고리이신 그리스도 ·64

제4주제 (1.13.1-1.13.29) ·67

삼위일체 하나님: 한 본질 안에 세 위격이 세 인격으로 계심

4. 1. 삼위일체 하나님으로 계심(존재적 삼위일체론) · 67
4. 2. 삼위일체 하나님으로 일하심(경륜적 삼위일체론) · 71

제5주제 (1.10.1-1.12.3, 1.14.1-22) · 75

피조물 : 하나님의 영광의 눈부신 극장

5. 1. 창조주 하나님의 영광 · 75
5. 3. 사람 : 마지막 피조물 · 78
5. 2. 우상숭배의 배도(背道) · 76
5. 4. 천사 : 섬기는 영 · 80

제6주제 (1.15.1-8) · 84

사람 : 하나님의 형상대로 지어진 인격적 찬미의 도구

6. 1. 원(原) 하나님의 형상 · 84
6. 2. 영혼 : 하나님의 형상의 주요한 좌소(座所) · 88

제7주제 (1.16.1-1.18.4) · 91

섭리 : 영원히 현존하는 하나님의 손

7. 1. 하나님의 보이지 않는 손 · 91
7. 2. 사람: 이차적 손 · 94
7. 3. 하나님의 뜻 · 96

제2권 (8-14주제)
성자, 우리를 위하신 구속주 하나님

제8주제 (2.1.1-2.5.19) · 103

원죄 : 죄책과 오염의 전가
일반은총 : 모든 사람에게 미치는 하나님의 은혜

8. 1. 사람의 타락 · 103
8. 2. 원죄 : 죄책과 오염의 죄과(罪科) · 104
8. 3. 일반은총의 한계 : 무지를 변명하지 못함 · 107
8. 4. 자유의지 : 하나님 보시기에 선을 행할 의지 · 108

제9주제 (2.7.1-2.8.59) · 114

율법 : 경건하고 올바른 삶의 규범

9. 1. 언약의 법 : 하나님의 뜻과 어떠하심의 계시 · 114
9. 2. 율법의 중보자 그리스도 · 117
9. 3. 율법의 삼중적 용법 · 119
9. 4. 율법 해석의 원리 · 123

제10주제 (2.9.1-2.11.14) · 125

복음, 신구약 : 언약 가운데 약속하시고 이루심

10. 1. 실체에 있어서 서로 동일함 · 125
10. 2. 경륜에 있어서 서로 다양함 · 129
10. 3. 복음과 율법 · 131

제11주제 (2.6.1-4; 2.12.1-2.13.4) ·134
그리스도의 중보의 필연성: 성육신
11. 1. 계시와 구원의 정점 ·134
11. 2. 성육신의 필연성 ·135
11. 3. 성육신의 필요성 ·138
11. 4. 성육신의 의의 ·140

제12주제 (2.14.1-2.15.6) ·144
위격적 연합을 통한 양성의 교통: 그리스도의 선지자, 왕, 제사장 직분
12. 1. 위격적 연합 ·144
12. 2. 신인양성의 교통 ·146
12. 3. 위격적 고난의 감수(甘受) ·150
12. 4. 그리스도의 삼중직 ·152

제13주제 (2.16.1-18) ·156
그리스도의 구속자 직분: 비하(卑下)와 승귀(昇貴)
13. 1. 구속자 그리스도 ·156
13. 2. 그리스도의 비하 ·158
13. 3. 그리스도의 승귀 ·162

제14주제 (2.16.19-2.17.6) ·165
그리스도의 대리적 무름: 사랑의 시작은 의(義)
14. 1. 성부의 사랑과 성자의 공로 ·165
14. 2. 그리스도의 대리적 무름 ·168

제3권 (15-24주제)
성령, 우리 안에 오신 보혜사 하나님

제15주제 (3.1.1-3.1.4) · 175

성령 : 성도와 그리스도의 연합의 띠
- 15. 1. 성령의 우주적·일반은총적·특별은총적 역사 · 175
- 15. 2. 보혜사 성령 : 그리스도의 영 · 177
- 15. 3. 성령의 이름들 · 179
- 15. 4. 성령과 믿음, 그리스도 · 181

제16주제 (3.2.1-3.2.43) · 183

믿음 : 감화와 확신
- 16. 1. 믿음 : 그리스도를 아는 지식 · 183
- 16. 2. 믿음 : 성령의 감화 · 187
- 16. 3. 믿음의 삶 · 190

제17주제 (3.3.1-3.5.10) · 193

중생으로서의 회개 : 옛사람의 죽음과 새사람의 삶
- 17. 1. 육의 죽음과 영의 삶 · 193
- 17. 2. 계속적인 회개의 삶 · 196
- 17. 3. 로마 가톨릭의 궤변 · 199

제18주제 (3.6.1-3.10.6) · 203

그리스도인의 삶 : 미래를 묵상하며 자기를 부인하고 십자가를 지고 주님을 좇는 삶
- 18. 1. 그리스도인의 삶의 교리 · 203
- 18. 2. 자기를 부인하고 십자가를 지는 삶 · 206
- 18. 3. 미래를 묵상하는 삶 · 210

제19주제 (3.11.1-3.13.5) · 213

이신칭의(以信稱義) : 죄 사함과 그리스도의 의의 전가
- 19. 1. 의롭다 여기고 받아주심 · 213
- 19. 2. 그리스도의 의의 전가 · 216
- 19. 3. 법정적 칭의 · 220

제20주제 (3.14.1-3.18.10) · 224
성화: 중보자 예수 그리스도의 계속적 중보로 거룩해짐
- 20. 1. 성도의 선행 · 224
- 20. 2. 행위의 공로 없음 · 228
- 20. 3. 행위도 의롭다 여기심 · 232

제21주제 (3.19.1-3.19.16) · 236
그리스도인의 자유: 기꺼이 하나님의 말씀에 순종하는 자유
- 21. 1. 칭의의 부록 · 236
- 21. 2. 세 가지 자유 · 238
- 21. 3. 양심 · 245

제22주제 (3.20.1-3.20.52) · 247
기도: 믿음의 주요한 훈련
- 22. 1. 그리스도를 믿는 믿음으로 구함 · 247
- 22. 2. 기도의 직무 · 249
- 22. 3. 기도의 법 · 250
- 22. 4. 예수님의 이름으로 기도드림 · 254
- 22. 5. 주께서 가르쳐 주신 기도 · 256

제23주제 (3.21.1-3.24.17) · 259
예정: 하나님이 기뻐하신 뜻에 따른 영원한 작정
- 23. 1. 예정의 비밀 · 259
- 23. 2. 선택과 유기 · 261
- 23. 3. 예지예정론 반박 · 263
- 23. 4. "공로 없는 은혜"와 "마땅한 형벌" · 267

제24주제 (3.25.1-3.25.12) · 271
최후의 부활: 죽을 것이 죽지 아니함을 입음
- 24. 1. 부활의 소망 · 271
- 24. 2. 몸의 부활 · 274
- 24. 3. 부활의 영원한 복 · 277

제4권 (25-30주제)

교회, 그리스도와 연합하여 자라가는 한 몸

제25주제 (4.1.1-4.2.12) · 285
참 교회: 건전한 교리의 일치와 형제적 사랑으로 그리스도와 연합된 교회

25. 1. 교회의 머리이신 그리스도 · 285
25. 2. 가시적 교회와 비가시적 교회 · 287
25. 3. 교회: 신자들의 어머니 · 289
25. 4. 참 교회 · 293

제26주제 (4.3.1-4.7.30) · 296
교회의 직분: 머리이신 주님께로 자라감

26. 1. 대리적 사역 · 296
26. 2. 교회 직분의 영예와 신비 · 297
26. 3. 성경적 직분: 경건과 사랑 · 299
26. 4. 교회의 열쇠 · 303

제27주제 (4.8.1-4.13.21) · 307
교회의 권세: 교리권, 입법권, 사법권(권징)

27. 1. 교리권 · 307
27. 2. 입법권 · 312
27. 3. 사법권(권징) · 315

제28주제 (4.14.1-4.16.32) · 318
성례: 보이지 않는 은혜의 보이는 표
세례: 그리스도와 연합한 성도로서 살아남의 표

28. 1. 성례: 보이지 않는 은혜의 보이는 표 · 318
28. 2. 세례: 옛사람이 죽고 새사람이 사는 표 · 323
28. 3. 유아세례: 하나님의 언약의 시간표 · 327

제29 주제 (4.17.1-4.19.37) · 331
성찬: 그리스도와 연합한 성도로서 살아감의 표
로마 가톨릭 미사와 거짓 성례들: 새로운 유대주의

- 29. 1. 그리스도와 연합한 성도들의 영적 잔치 · 331
- 29. 2. 성찬의 신비한 은혜 · 333
- 29. 3. 영적인 그러나 실재적인 현존 · 335
- 29. 4. 로마 가톨릭의 화체설 비판 · 338
- 29. 5. 루터주의의 공재설 비판 · 339
- 29. 6. 로마 가톨릭 미사와 거짓 성례들 비판 · 342

제30 주제 (4.20.1-32) · 344
국가: 하나님의 일반은총적 다스림

- 30. 1. 국가통치의 목적 · 344
- 30. 2. 통치자 · 346
- 30. 3. 법 · 349
- 30. 4. 국민 · 352

■ 부록
명문선 · 358
용어집(한글-라틴, 라틴-한글) · 365
성경 색인 · 376

| 서 론 |

왜 다시 칼빈인가?
성경교리정해(聖經敎理精解)[1]의 시대적 요청

1. 신학자 칼빈

제네바의 종교개혁자 존 칼빈(Ioannes Calvinus, Jean Calvin, 1509–1564)은 "오직 성경에 따라서(sola Scriptura)" 개혁신학을 선구적으로 수행한 성경의 교사요, 해석자요, 수호자였다.

칼빈의 신학과 삶은 그와 신학적 대척점에 서 있었던 로마 가톨릭 신학자들, 재세례주의자들, 유니테리언주의자들, 이성주의자들, 은사주의자들, 자연주의자들, 실존주의자들 그리고 기독론과 성찬론을 비롯한 근본 교리에 대해 첨예한 대립을 보였던 루터주의 신학자들에 의해서 왜곡되게 그려져 왔다. 이들은 성경의 가르침에 충실한 칼빈의 신학에 의해서 자신들의 치부가 드러났던 만큼 비신학적인 칼빈 혹은 탈신학적인 칼빈을 그려내기에 몰두했다. 과연 칼빈은 신학적 주견 없이 그저 논쟁만을 일삼던 한 종교주의자에 불과했던가?

---

1) "정해(精解)"는 "올바로 자세히 풀음"이라는 뜻이다.

칼빈의 칼빈다움은 그가 신학자였다는 사실에서 가장 뚜렷하게 부각된다. 그는 신학자로서 설교자, 기독교 저술가, 목회자였다. 칼빈은 자신의 시대에 일어났던 첨예한 신학적 논쟁들의 중심부에 있었으며, 그러한 논쟁들을 통해 생애의 후반부로 갈수록 신학자의 명성을 더하였다. 그는 1509년 7월 10일에 태어났으며 1535년 8월 23일, 불과 스물여섯 살을 갓 지났을 즈음, 기독교사에 길이 남을 한 권의 책을 써서 당시 철권(鐵拳)을 휘둘렀던 프랑스 국왕 프란시스 1세에게 『기독교 강요』라는 이름으로 헌정했다. 그것은 당대 교황주의 신학자들을 겨냥한 신학적이며 교리적인 서책이었다.

칼빈이 로마 가톨릭주의자들에게 신학자로서 이름을 각인시키게 된 계기가 있었다. 오직 예수 그리스도만이 유일한 중보자이심을 주장하여 사제 중보주의에 찌든 중세주의자들을 통렬하게 비판한 콥 총장의 연설문을 쓰면서였다. 당시 흥기했던 재세례주의자들 역시 영혼수면설을 아주 엄밀하게 조목조목 반박한 신학자로서 칼빈을 인식했다. 칼빈과 동시대를 살았던 루터란들은 이신칭의 교리는 자신들의 견해와 합치하나 기독론과 성찬론에 있어서는 뚜렷한 이견을 보인 신학자로서 칼빈을 기억했을 것이다.

칼빈의 생애는 그의 작품들을 통해서 객관적으로 읽혀져야 한다. 제네바에서의 칼빈의 직무는 정치적이거나 사법적이었다기보다는 오직 신학적이며 목회적이었다. 칼빈은 한 번도 세속 정치인의 자리에 선 적이 없었으며 단지 성경의 선포자요 교사로서 제네바를 영적으로 지도했을 뿐이다. 칼빈의 권위는 제네바 목사장로회의 수석목사로서 권징에 대한 신학적 판단을 하는 데 국한되어 있었다. 당시 권징은 아주 제한적이어서 수찬

정지가 출교를 대신했는데 그나마 제네바 의회의 간접적인 후견 가운데 시행되었다.

많은 경우 신학적 논쟁은 정치적 분쟁으로 이어지기도 하였다. 그러나 칼빈은 자신의 입장을 정립된 교리로, 문건으로, 책으로 개진했을 뿐 어떤 정치적인 대응도 한 적이 없었다.

2. 칼빈의 중심교리

칼빈의 신학을 일의적으로 파악하기는 어렵다. 왜냐하면 그는 이성적 전제나 철학적 사변이 아니라 말씀 자체가 계시하는 다양한 관점에 따라 자신의 신학을 전개했기 때문이다. 칼빈은 모든 성경 구절의 가치를 차등 없이 주석하고 설교하였으며, 오늘날 교의신학의 논제가 되는 거의 전 교리를 신학적으로 가르치고, 선포하고, 변증하였다. 그러므로 칼빈신학의 요체(要諦)는 다음과 같이 포괄적이며 통전적으로 제시됨이 마땅하다.

첫째, 성경의 가르침이 존재적·지식적·도덕적 관점으로 고찰된다. 하나님은 스스로 계시며, 스스로 진리이시며, 스스로 의로우시므로 뜻하신 즉 이루시고 이루신 즉 옳으시다. 그러므로 하나님의 존재를 믿는 믿음, 그분의 어떠하심을 아는 앎, 그 앎에 따라서 사는 삶이 동시에 추구되어야 한다.

둘째, 한 분 하나님은 삼위로 계시고 일하심, 즉 삼위일체 교리가 존재적이며 경륜적으로 파악된다. 무한하고 절대적인 영으로서 하나님은 스스로 존재하시며, 스스로 계시하시고, 스스로 역사하신다. 삼위일체 교리는 하나님의 존재와 뜻하심과 역사하심에 대한 진리를 동시에 함의하고 있다.

셋째, 특별은총과 함께 일반은총이 강조된다. 일반은총은 모든 사람이 인식할 수 있는 일반계시적 은총이다. 특별은총은 택함받은 백성만이 인식하는 특별계시적 은총이다. 하나님을 바로 앎으로 그분께 감사하고 그분을 영화롭게 하는 중생자의 지식은 오직 특별계시로 말미암는다. 일반계시는 유기된 백성이 무지를 핑계할 수 없는 조건이 될 뿐이다.

넷째, 계시와 은총이 그리스도 안에서 함께 역사한다는 사실이 부각된다. 그분 안에는 은혜와 진리가 충만하기 때문이다(요 1:14, 17). 주님은 말씀 자신, 말씀의 성취, 말씀의 해석자시다. 은총이 없는 지식은 거짓이며, 지식이 없는 은총은 헛되다. 주님은 생명의 길, 생명의 진리이시다(요 14:6). 그러므로 주님을 아는 것이 곧 영생이다(요 17:3).

다섯째, 성령의 영감으로 기록된 하나님의 말씀을 성령으로 조명되어 감화받은 심령이 믿음으로 받아들임(受納)으로써 하나님과 우리 자신을 아는 지식과 지혜의 부요함에 이르게 됨이 강조된다. 하나님의 말씀은 절대적, 객관적 진리로서 영원히, 스스로, 실재한다. 하나님은 자신의 형상을 지닌 사람에게만 이 말씀을 인격적으로 계시하셨다.

여섯째, 언약의 두 요소로서 하나님의 사랑과 그리스도의 공로가 논해진다. 이 땅에 오신 주께서 율법의 모든 의를 다 이루시고 죽기까지 복종하심으로써 우리의 거룩함과 생명이 되셨다. 아버지의 사랑은 아들을 내어 주시고 그 대리적 속죄의 공로를 값없이 우리에게 전가해 주심에 있다. 아버지의 사랑은 아들의 의로부터 시작된다.

일곱째, 다 이루신 자신의 의를 우리에게 전가해 주심으로써 우리 자신뿐만 아니라 우리의 행위도 의롭다고 받아주신다는 이중적 은혜가 역동적으로 논의된다. 그리스도의 의의 전가는 단회적이지만 법정적이므로 성도의 전체 구원 과정을 통하여 계속적이며 반복적으로 역사한다. 사랑으로 역사하는 참 믿음은(갈 5:6) 필히 성화의 열매를 맺는다. 그러므로 이신칭의의 법정적 은총 외에 그 어디에서도 성화의 조건을 찾을 수 없다.

여덟째, 그리스도의 영을 받아 그분과 연합한 성도가 그분의 중보로 말미암아 그분께로 자람을 성화의 핵심으로 여긴다. 구속의 사역을 다 이루신 중보자 그리스도가 지금도 여전히 성도를 위하여 중보하시기 때문에 성도는 "예"가 되신 그 분께 "아멘" 하여(고후 1:20) 그 분의 공로를 자신의 것으로 삼게 된다. 성도의 의는 오직 자신 속에 사시는 그리스도께 구하여 그분께서 친히 자신의 일을 행하게 하심에 있다(요 14:13-14). 성령의 임재는 주님이 내 안에 사심이다. 성령의 임재는 절대적, 인격적이므로 각자에게 단회적이다. 성령의 충만은 성령을 더하여 받는 것이 아니라 주께서 내 안에서 마음껏 사시도록 회개하고 기도하며 말씀을 묵상하는 것이다.

아홉째, 미래를 묵상하며 자기를 부인하고 십자가를 지고 주님을 좇는 '그리스도인의 삶'의 교리가 제시된다. 하나님의 자녀로서 그리스도와 함께 상속자 된 성도는 그분과 함께 영광을 받기 위하여 고난도 함께 받아야 한다(롬 8:17). 언약의 은혜는 영생의 삶으로 열매를 맺는다. 우리를 위하여 죽으신 주께서 우리 안에서 영원히 함께 사시기 때문이다.

열째, 뜻을 다하여 하나님의 뜻에 순종하는 것(willing obedience to God's will)을 그리스도인의 자유의 본질로 여긴다. 성도는 죄의 멍에를 벗고 율법의 속박으로부터 해방되었다. 그러나 세상의 멍에를 벗어버렸으니 이제는 주님의 멍에를 멘다. 주님의 멍에는 쉽고 그 짐은 가볍다. 주님의 멍에는 은혜의 멍에이다. 그것은 새의 날개와 같아서 오직 그 멍에를 멘 사람만이 멀리, 높이 날아서 신령한 것을 누리게 된다.

열한째, 하나님의 무조건적인 은혜로 자녀가 되었음을 확신하는 성도가 말씀과 기도로 거룩한 삶을 살아가는 것을 '성도의 표지'로 부각시킨다. 구원의 확신은 말씀과 성령의 역사 가운데 전인격적으로 주어진다. 공로 없이 주어지는 선택의 은혜를 감사하는 자는 날마다 감사하는 삶을 살고 그 삶을 영적 산 제물로 하나님께 되돌려 드린다. 부르심을 확신하며 좇아가는 성도의 삶 그 자체가 곧 예배이다.

열두째, 교회의 본질은 머리 되신 그리스도와 지체된 백성의 연합체라는 사실에서 파악된다. 교회의 본질은 성도의 그리스도와의 신비한 연합에 있다. 이러한 본질은 동서고금을 통하여 택함받은 백성의 총수로서 이루어지는 비가시적 교회를 지시한다. 지상의 가시적 교회는 비가시적 교회와 함께 유기적으로 바라보아야 한다. 지상의 교회는 하나님의 말씀을 순수하게 선포하고 성례를 합법적으로 거행하는 표지로써 그 참됨이 제시되며, 몸의 힘줄과 같은 권징의 합당한 시행을 통하여 그 순결함이 유지된다. 교리는 교회의 서고 넘어짐의 조항이 된다. 교회의 교리는 비가시적 교회의 비밀이 가시적 교회 가운데 교훈이나 규범으로 나타나 체계화되는 과정에서 수립된다.

열셋째, 성례를 통해 그리스도의 죽음과 부활에의 연합이 제시된다. 세례는 성도와 그리스도가 연합하기 시작했다는 표이다. 그것은 옛사람은 죽고 새사람이 사는 중생의 은혜에 따른다. 성찬은 성도와 그리스도가 계속 연합하고 있다는 표이다. 그것은 성도가 그리스도의 계속적인 중보로 말미암아 날마다 머리 되신 그분께로 자라가는 삶을 사는 은혜에 따른다. 이렇듯 세례와 성찬으로 이루어진 성례는 의의 전가와 함께 그로 말미암아 하나님의 자녀가 되어 하나가 되는 삶을 사는 성도의 즐거움을 총체적으로 제시한다. 그리하여 성례의 수직적 성격과 함께 수평적 성격이 부각된다. 중보자 그리스도의 중보로 말씀과 성령의 역사가 함께 일어남을 칼빈이 성례신학의 핵심으로 여기는 까닭이 여기에 있다.

열넷째, 시민 국가의 삶의 원리를 사랑과 절제와 공평에서 찾음으로써 자연법과 하나님의 법과의 본질적 일치를 추구한다. 위정자는 하나님의 대리자로서 법을 집행한다. 법은 국가의 힘줄과 같다. 시민법은 지상의 삶에 맞추어 수신 하나님의 일반은총적 은혜의 질서이다. 그러므로 그 자체로서 존중되어야 하며 하나님의 법과 무조건 배치되는 것으로 여겨서는 안 된다. 율법이든 자연법이든 실정법이든, 모든 법의 궁극적인 수여자는 하나님이시다. 모든 법의 궁극적인 목적은 법수여자의 뜻을 이루는 데 있다.

칼빈신학의 중심 주제를 일의적으로 말하기는 어려우며 그것을 바라보는 관점도 획일화할 수 없다. 다만 우리는 칼빈이 성경 전체를 삼위일체론적-기독론적 관점에서 파악하고 있음을 주목해야 한다. 삼위일체론의 관점에서 자존(自存)하시는 하나님의 말씀의 존재와 경륜이 전제된다. 기독론의 관점에서 그 말씀은 성육신한 예수 그리스도로서 우리를 위한 계시라는 사실이 확정된다. 스스로 계시고(in se) 역사하시는(per se) 하나님은 우리를 위한(pro nobis) 하나님이시다! 여기에 하나님의 영광의 신학, 하나님의 주권 신학이 자리 잡고 있다. 이로부터 겸손의 신학이 배태된다.

칼빈의 신학은 개혁주의의 기초, 본질, 정수로서 작용했다. 칼빈의 신학은 칼빈신학자들에 의해서 비로소 '신학화' 된 것이 아니다. 칼빈은 성경의 진리로 자신의 신학을 고유하게 수립한 신학자였다. 역사적 칼빈주의는 칼빈신학의 역사적 적용이었다. 그러므로 후대의 관점에서 칼빈을 이용만 할 것이 아니라 칼빈의 관점에서 칼빈을 읽도록 해야 한다.

3. 『기독교 강요』: 순수한 경건의 가르침

『기독교 강요』는 초판부터 교훈적·고백적·변증적 성격을 뚜렷이 드러내었다. 성경의 가르침을 가감 없이 교리로 삼았다는 측면에서 그것은 교훈적이었다. 칼빈은 본서의 목적이 참 경건에 대한 근본 교리와 그것들을 가르치는 형식을 제시하는 데 있다고 천명하였다. 본서의 고백적 성격은 그것이 성령의 내적인 감화를 통하여 믿음으로 수납한 계시의 진리를 충실하게 진술하고 있다는 측면에서 찾을 수 있다. 본서는 또한 참 교리를 수호하고자 하는 변증적 서책이다. 로마 가톨릭의 형식주의와 계급주의, 재세례파주의자들의 신비주의가 거침 없이 비판되었다. 당시 철권 국왕 프란시스 1세에게 본서를 헌정하며 그가 참 진리로 돌아설 것을 권고했다는 사실 자체가 이러한 변증적 취지를 잘 예시한다.

1535년에 탈고되어 1536년에 출판된 『기독교 강요』 초판은, 루터의 대·소 요리 문답의 영향을 받아 기본적으로 전통적인 신앙교육서(catechism) 순서를 따랐다. 그럼에도 불구하고 칼빈은 종교적 관용, 로마 가톨릭의 잘못된 성례들, 그리스도인의 자유 그리고 교회와 국가의 관계 등 민감한 변증적 주제들을 함께 다루었다. 초판은 신약성경의 3/4 분량으로 절 구분 없이 여섯 장으로 구성되었다.

　초판 제1장은 십계명을 중심으로 한 율법 교리에 할애되었다. 제2장은 사도신경 해설을 통하여 신앙의 개념과 조목을 다루는 데 집중되었다. 제3장은 기도에 관한 바른 이해를 제시했다. 제4장은 성례를 개론, 세례, 유아세례, 성찬 순으로 다루었다. 제5장은 잘못된 로마 가톨릭의 성례를 비판하는 데 할애되었다. 마지막 제6장은 그리스도인의 자유 교리를 다루며, 교회와 국가 관계가 입법권, 사법권, 재판권 측면에서 자세하게 전개되었다.

　『기독교 강요』는 칼빈의 생애 동안 라틴어와 불어로 계속 증보 편집되어 라틴어로만 5판이 나왔다. 저명한 칼빈 신학자 브누아(Jean-Daniel Benoit)에 의하면 『기독교 강요』의 발달은 "유기적"이었다. 그것은 한 지체가 자라면 몸 전체가 동시에 자라는 생물체의 성장과 같은 것이었다.

　1539년 제2판 『기독교 강요』에서 칼빈은 새로운 주제의 장을 신설하거나 초판의 본문을 여러 장으로 분할하여 더욱 조직신학적인 체계를 갖추었다. 제2판에서는 하나님의 지식에 관한 초판의 언급이 독립된 장으로 발전했다. 회개에 대한 논의가 칭의를 설명하는 장 앞에 한 장으로 할애되었다. 그리하여 이후 전형적으로 전개되는 '회개-칭의'의 구조가 확립되었다. 또한 예정론과 섭리론에 관한 독립된 장이 새로 생겼다. 그리고 신구약의 일치와 차이에 대한 장이 새롭게 수립되어 언약신학의 단초를 제시했다. 뿐만 아니라 후에 "황금의 작은 책"이라고 불렸던 "그리스도인의 삶의 교리" 장을 신설하여 "미래를 묵상하면서 자기를 부인하고 십자가를 지고 주님을 좇는 삶"의 요체가 제시되었다.

1543년에 출판된 제3판과 1550년에 출판된 제4판에서 칼빈은 교부들의 작품에서 다양하게 인용하여 교회론과 시민정부론을 획기적으로 심화시켰다. 특히 주목할 것은 초판 이후부터 여러 장에 흩어져 논의되던 믿음에 관한 논의가 많은 분량으로 증보되어 독립된 새로운 장이 되었다는 사실이다.

1559년 마지막 판 『기독교 강요』는 무려 80장에 달하는 큰 책이 되었다. 장을 묶는 '권'을 넷으로 했다. 그리하여 처음으로 권-장-절의 구조를 취했다. 이 분량은 성경 전체와 비슷했다. 여기에서 칼빈은 전체 교리체계를 사도신경에 따라 네 부분으로 나누어 다루었다.

제1권에서는 하나님을 아는 지식과 우리 자신을 아는 지식에 대한 개괄적 고찰을 한 후 일반계시와 특별계시를 다룬다. 그리고 후반부에서는 삼위일체론과 하나님의 창조와 섭리를 논구한다.

제2권에서는 타락한 인간의 비참한 상태를 먼저 다룬 후 중보자 그리스도의 필연성을 논한다. 여기에서 칼빈은 그리스도의 인격과 사역을 먼저 다루지 않고 율법과 신약과 구약의 일치와 차이에 대해서 몇 장을 할애한다. 이로써 칼빈은 전체 성경의 실체가 그리스도임을 부각시킨다.

제3권에서 칼빈은 먼저 성령에 관해 논의한 후 믿음-회개-기독교인의 삶-이신칭의의 원리를 순서대로 다룬다. 이 부분에서 칼빈은 따로 장을 두지는 않지만 그리스도와의 신비한 연합의 교리를 전체 구원론의 기초로 삼으며 그 위에 이신칭의의 원리를 세운다. 그리고 이신칭의의 장 바로 다음에 그리스도인의 자유를 다루는데 이 장을 "칭의의 부록"이라고 불렀다. 제3권의 나머지 부분은 예정론과 기도론 그리고 최후의 부활이라고 제목을 붙인 종말론에 할애된다. 예정론이 은혜의 한 방편인 기도와 함께 다루어졌다는 사실이 주목된다. 칼빈은 예정론을 성도가 하나님의 자녀가 되었음을 확신하면서 살아가는 감사의 영역에서 이해했다. 종말론적 언급이 구원론과 교회론 사이에 나타나는 것은 마지막 판 『기독교 강요』가 사도신경의 순서를 그대로 따른 것은 아님을 보여준다. 칼빈에게 있어서 종말론은, 미래를 묵상하고 자기를 부인하며 십자가를 지고 그리스도를 좇는 성도의 삶을 사는 우리에게 '지금' 의미 있는 교리로서 이해된다.

제4권은 교회론과 시민국가론을 다루었다. 교회와 국가 모두 입법, 행정, 사법의 관점에서 논구되었다. 특히 가시적 교회와 비가시적 교회를 함께 논의하면서 참 교회는 양자에 대한 바람직한 인식을 통해 그 일치를 추구해야 함을 전체 문맥에서 도도하게 강조한다. 교회는 수직적인 진리와 수평적인 사랑이 모이는 바로 그 점으로 이해되었다. 그리하여 성례의 언약성과 공동체성이 함께 강조되었다. 마지막으로 한 장을 할애하여 다룬 시민국가에 대한 교리도 이러한 가시성과 비가시성, 수직성과 수평성에 기초해서 전개되었다.

4. 칼빈-개혁신학

칼빈의 사상은 그를 잇는 개혁주의자들에 의해서 더욱 정치(精緻)하게 교리화된 것이 사실이나 단지 개혁신학의 효시(嚆矢)로서만 의의를 갖는 것은 아니다. 칼빈의 후예들 가운데서 칼빈에 필적할 만큼 성경의 진리를 심오하고 부요하게 다루었던 신학자를 찾기란 쉽지 않다. 칼빈은 성경의 가르침 자체가 교리적일 뿐만 아니라, 신학을 가르치는 길이 이미 성경에 제시되어 있다고 확신했다.

개혁주의 신학자들은 칼빈을 넘어서는 것이 아니라 칼빈을 풀어내는 데 그들의 사명이 있음을 깨달았다. 역사상 개혁주의는 칼빈의 신학이 각각의 상황에 고유하게 토착화되면서 여러 양상으로 수립되었다. 칼빈의 가르침이 제네바에서는 베자로부터 프랜시스 투레틴에 이르는 제네바 개혁주의로, 프랑스에서는 프랑스 개혁주의로, 독일에서는 하이델베르크 신앙교육서에 기초한 독일 개혁주의로, 화란에서는 걸출한 언약신학자들을 거쳐서 카위퍼와 바빙크에 이르는 화란 개혁주의로, 잉글랜드에서는 펄킨스와 오웬 등으로 대표되는 청교도주의로, 스코틀랜드에서는 녹스와 러더퍼드의 장로교로 전개되었다. 미국의 장로교는 잉글랜드의 청교도주의와 스코틀랜드의 장로교가 역사적으로 어우러져 이루어진 것이다.

한국의 개신교회는 서구사회에서 토착화된 개혁주의를 받아들인 개혁교회이다. 처음에는 미국의 장로교가 한국 개혁주의의 씨앗이었다. 그것이 자라는 과정에서 화란 본토와 미국의 개혁교단에서 전해진 화란 개혁주의 신학이 함께 작용했다. 한국 장로교회는 웨스트민스터 신앙 고백서와 대·소 요리문답서의 가르침을 채택함으로써 언약사상에 기초한 구원 교리와 그리스도인의 삶의 교리를 중시하는 입장을 분명히 했다. 특히 특별은총과 함께 일반은총의 교리를 심화시킴으로써 교회 내에서뿐만 아니라 사회와 국가에 대한 삶의 헌신이 강조되었다.

오늘날 교회에 팽배해 가고 있는 세속주의와 종교 다원주의는 기독교의 근간을 위협하고 있다. 포스트모더니즘 시대를 거치면서 상대주의가 오히려 절대시된다. 지고한 가치를 편의와 실용의 잣대로 판단하고자 하며 절대적 진리라는 개념 자체를 부조리한 것으로 여기는 세태가 만연하고 있다.

개혁교회 내에도 이러한 조류가 밀려 들어와 진리를 타협해서라도 평화롭게 공존하는 것이 순교의 피를 뿌리는 것보다 더욱 지혜롭다고 호도(糊塗)하기도 한다. 기독교의 고유성이 종교적 배타성으로 치부되기도 한다. 성경의 계시성을 부인하고 교회를 이성주의, 인본주의로 이끌고자 하는 경향이 더욱 현저해지고 있다.

오늘날 한국교회는 성경 말씀의 심오함과 부요함이 배어 나오는 참 교리를 정립하고 이를 교회와 성도의 삶과 신앙에 적용시켜야 할 역사적 소명을 안고 있다. 우리가 칼빈으로 돌아가 다시 이곳으로 나아와야 할 소이가 여기에 있다. 칼빈신학은 이미 극복되었다거나 지금 극복되어야 할 그 무엇이 아니라, 여전히 추구되고 심화되어야 할 그 무엇이다.

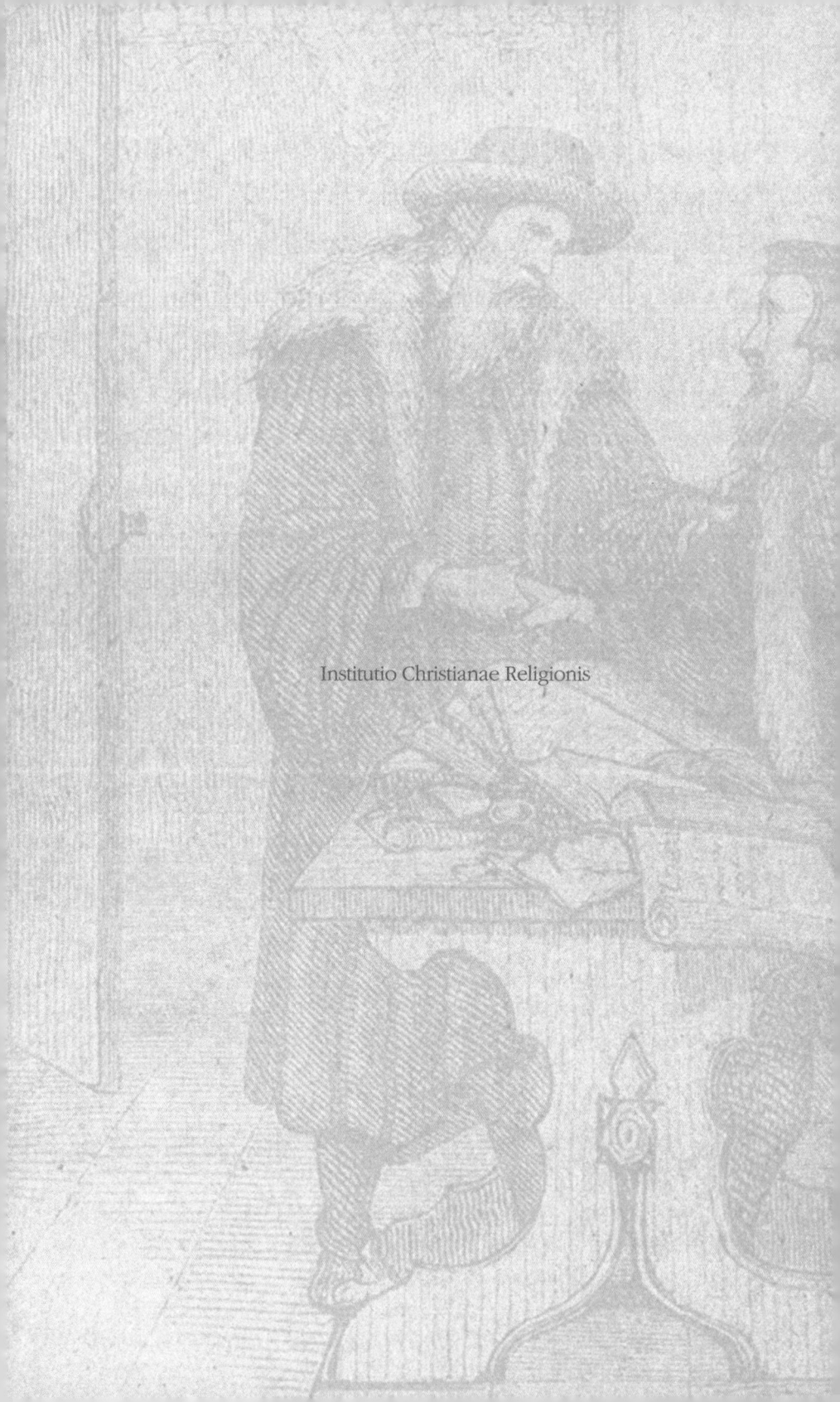
Institutio Christianae Religionis

제1권
1–7주제

성부, 스스로 계신 창조주 하나님

[제1주제 : 기독교 강요 1.1.1-1.5.15]

생명의 지혜:
하나님을 아는 지식과 우리 자신을 아는 지식

1. 1. 두 가지 지식

"우리가 가진 거의 모든 지혜, 말하자면 궁극적으로 참되고 올바른 지혜는 하나님을 아는 지식과 우리 자신을 아는 지식 두 부분으로 이루어진다"[1] (1.1.1).

1536년 초판 이후 1559년 마지막 판에 이르기까지 『기독교 강요』는 교리사(敎理史)에 남을 최고의 명구(名句)라고 할 만한 본 구절로 시작된다.[2] 여기에서 우리는 "나는 하나님과, 인생의 영혼을 알고 싶다. 그 외에는 없다"

---

1) 명문선 1. 칼빈은 성경적 용례에 따라서, 지혜(חָכְמָה, σωφια, sapientia)를 이루는 지식(דַּעַת, γνωσις, cognitio 혹은 notitia)만이 참되다고 본다. 칼빈은 하나님과 우리 자신을 아는 지식 전반을 뜻할 때에는 라틴어 "cognitio" 혹은 "notitia"를 사용하고, 이를 과학적 지식을 뜻하는 "scientia", 지각적 지식을 뜻하는 "sensus", 분별력을 강조하는 "agnotio", 이해력을 강조하는 "intelligentia"와 구별한다. 다만 엄밀히 그리하지는 않는다.

2) 1536년 초판에서는 다음과 같이 시작한다. "거의 모든 거룩한 교리는 하나님을 아는 지식과 우리 자신을 아는 지식 두 부분으로 이루어진다(Summa fere sacrae doctrinae duabus his partibus constat: Cognitione Dei ac nostri)."

라고 말한 어거스틴의 자취를 느낄 수 있다.

지식의 첫째 부분으로서, "하나님을 아는 지식"에는 창조주 하나님을 아는 지식과 구속주 하나님을 아는 지식이 있다.

창조주 하나님을 아는 지식은 하나님이 부성적(父性的)인 사랑을 베푸셔서 천지만물을 지으시고, 보존하시고, 운행하시는 섭리를 대상으로 한다. 구속주 하나님을 아는 지식은 자신의 형상에 따라 인류를 지으신 하나님이 그 처음 사랑을 버리지 않고 오히려 이전보다 더한 긍휼과 자비로 약속하신 영생을 선물로 주시는 구원의 섭리를 아는 지식이다. 하나님은 자신의 기쁘신 뜻을 따라 무조건 우리를 택하사(엡 1:5, 9, 11) 사랑하셨다. 먼저 우리를 사랑하셨으므로 우리의 모습에 따라 그 사랑이 거두어지지 않는다. 매사에 그러하듯이, 하나님은 우리와의 사랑에 있어서도 알파와 오메가가 되신다(계 22:13).[3]

지식의 둘째 부분으로서, "우리 자신을 아는 지식"은 우리가 하나님의 형상(形象)을 가지고 있다는 사실에 기반한다. 이는 우리 자신을 타락 전의 원(原) 형상, 타락한 형상, 구원으로 회복된 형상으로서 아는 지식으로 이루어진다. 이 세 가지 지식은 함께 역사한다. 왜냐하면 창조시의 형상의 고귀함을 알지 못하고는 타락한 형상의 비참함을 알 수 없기 때문이다. 또한 이러한 비참함을 깨닫지 않고는 구속의 은총으로 회복된 형상의 복됨을 인식할 수 없기 때문이다. 그러므로 우리는 우리 자신에 관한 이 세 가지 지식을 동시에 묵상하도록 힘써야 한다.

원 형상에 관한 지식은, 하나님이 자신의 형상에 따라 사람을 지으심으

---

3) 칼빈은 창조와 구속의 은총을 다루면서, 하나님은 거저 주시고, 보호하시고, 다스리시되, 친히 지으셔서 그리하신다는 사실을 강조한다. 즉, 하나님은 만물의 "조성자(autor)"로서 "수여자(largitor)", "보존자(conservator)", "통치자(gubernator)"가 되신다는 점을 부각시킨다.

로 그들의 인격적인 순종을 통하여 특별한 영광을 받고자 하셨다는 인류 창조의 경륜을 아는 데서 비롯된다. 타락 전의 인류는 하나님의 형상에 따라 부여된 지혜와 재능을 발휘하여 하나님과 대화하면서 생육하고 번성함으로 땅에 충만하고 땅을 정복하고 다스리라는 문화 명령(창 1:28)과 순결한 한 몸을 이루라는 가정 명령(창 2:24-25)을 충실하게 수행할 수 있었다. 이러한 특권과 더불어 하나님은 아담과 언약을 맺으셔서 단지 선악을 알게 하는 나무 실과를 따먹지 않는다는 소극적인 조건만 성취한다면 하나님의 자녀로서 영생에 이르는 자리에까지 높이 세우고자 하셨다(창 2:16-17).

타락한 형상에 관한 지식은, 아담의 타락으로 영원한 저주에 놓이게 된 인류의 비참한 상태를 아는 지식이다. 아담 안에서 모든 사람이 죽게 되었다. 사망이 한 사람으로 말미암았다(고전 15:21-22). 한 사람의 범죄로 모든 사람이 사망의 형벌에 놓이게 되었다(롬 5:12). 타락한 사람은 더 이상 하나님이 기뻐하시는 영광의 도구가 될 수 없게 되었다. 인류는 "신적의상(神的衣裳)"을 잃어버리고 벌거벗게 되었다. 왜냐하면 그들은 전적으로 부패하고 무능한 존재로 전락(顚落)하여 생각하는 것이나 행하는 것이 모두 허망하고 불순하게 되었기 때문이다(시 14:1-3).

회복된 형상에 관한 지식은, 전적으로 타락한 인류가 전적인 은혜의 역사로 영생의 자녀가 되어 누리는 복음을 아는 지식이다. 하나님은 패역한 인류를 위해 독생자 예수 그리스도를 보내사 대속의 의를 다 이루셨다. 그리하여 그 의를 전가(轉嫁)하심으로 의롭다 여김을 받는 사람들에게 온전히 자신의 형상을 회복시키고자 하셨다(롬 5:14-21). 회복된 형상이 원 형상보다 더욱 나음은 그것이 최초의 아담은 누리지 못한 영생을 포함하는 완전한 형상이기 때문이다.

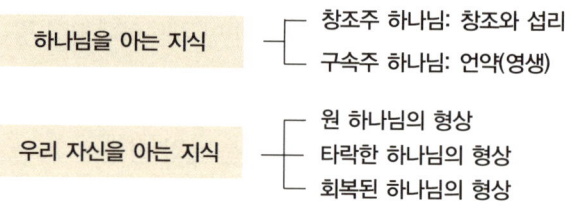

▲ 하나님 앞에서의 지혜

1. 2. 참 지식의 길

원 형상, 타락한 형상, 회복된 형상으로 우리 자신을 아는 세 가지 지식은 창조, 타락, 구속의 경륜을 이루시는 하나님의 섭리와 각각 부합(附合)한다. 우리 자신을 아는 지식은 하나님을 아는 지식, 즉 창조주 하나님과 구속주 하나님을 아는 지식 가운데서만 주어진다.

"사람은 먼저 하나님의 얼굴을 바라보고 낮아져서 그분을 묵상함으로써 자기 자신을 면밀히 관찰하지 않고서는 결코 자기 자신에 대한 순수한 지식에 이를 수 없다"[4] (1.1.2).

우리의 눈은 심히 그릇되어, 늘 검은 것만 보다가 흰색이 조금이라도 섞여 있는 것을 보게 되면 그것이 아주 희다고 여긴다. 또한 우리의 눈은 매우 연약하여, 한 줄기 태양빛만 보면 곧 멀어버리고 만다.

개울의 물이 "샘"으로부터 나듯이 모든 지식은 하나님으로부터 나온다.

---

4) 명문선 2.

하나님은 우리가 우리 자신을 바라보는 "유일한 표준"이 되신다.

"우리 자신의 무지, 공허함, 빈곤, 유약함, 나아가서 타락과 오염에 대한 올바른 지각으로부터 우리는 지혜의 참 빛, 건전한 덕성, 충만히 채워진 모든 선 그리고 정결한 의가 주님께 달려 있다는 것을 인식한다. 우리는 우리 자신의 사악함에 의해서 격동되는 만큼 하나님께 속한 선한 것들을 묵상하게 된다. 우리는 우리 자신에 대해서 실망하기 전까지는 하나님을 진지하게 갈망할 수 없다"[5] (1.1.1).

사람은 하나님의 위엄과 자기 자신의 비천함을 비교해 보기 전에는 자신에 대해 올바른 지식을 가질 수 없다. 여호와의 영광이 매우 커서 우리 인생은 이로부터 도망칠 수밖에 없다(사 2:10-11, 19). 천사도 그 앞에서는 얼굴을 가린다(사 6:2).

현자(賢者)라고 자처하는 사람이나 철학자는 인성의 고귀함이나 심오함을 내세워 자기 스스로 모든 것을 알 수 있다고 말한다. 그러나 하나님으로부터 참 지식을 얻지 않고 우리 자신을 바로 알 수 있는 길은 그 어디에도 없다. 오직 하나님의 섭리의 "손"으로 이끄심을 받은 자만이 하나님을 알고 나아가 자기 자신을 안다. 사도 바울이 하나님의 전적인 주권을 선포한 다음 말씀은 그 영역이 우리 지식에도 미친다.

"우리가 그를 힘입어 살며 기동하며 존재하느니라"(행 17:28).

---

5) 명문선 3.

1. 3. 지식: 경건의 기원

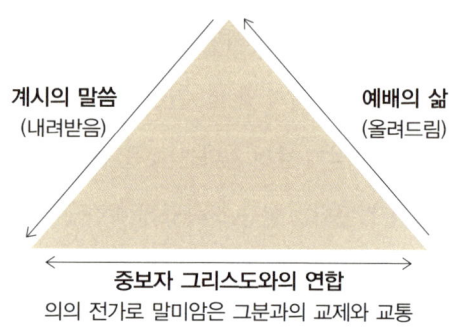

▲ 참 경건

하나님을 아는 지식과 우리 자신을 아는 지식이 함께 역사하기 때문에 참 경건이 없는 곳에는 참 지식도 없다.[6] 경건은 하나님을 경외할 뿐만 아니라 그분의 은혜를 깨달아 그분의 사랑을 감사하고 흠모하는 것이다.

"경건은 하나님을 향한 사랑에 결합된, 하나님의 은총을 아는 지식으로부터 생기는 경외심이다."[7]

경건은 위로부터 하나님의 계시를 내려받은 성도가 그리스도와 연합하여 그분과 교제하며 교통하고 아래로부터 "합당한 예배"를 올려 드리는 삶을 사는 것을 의미한다. 즉 하나님의 의로 인하여 하나님을 경외하고, 하나님의 사랑으로 인하여 감사하며 예배드리는 성도의 삶이 곧 경건이다(1.2.2).

하나님은 모든 사람의 영혼에 "하나님을 알 만한 지식", "종교의 씨앗",

---

6) "참 경건(pietas vera)"은 "참 지식(notitia vera)"에 기초한다. 여기에 "참 종교(religio vera)"가 있다.
7) 명문선 4.

- 하나님을 알 만한 지식
- 종교의 씨앗
- 양심

▲ 일반은총적 계시의 도구

"양심"을 부여하셨다.[8] 타락한 인류에게도 이러한 하나님의 형상에 대한 "불씨"가 여전히 남아있다. 그러나 성령의 기름이 없으면 이 불씨는 타오르지 못한다. 거듭나지 않은 사람들은 이렇게 남은 불씨조차 물을 부어 꺼뜨리는 삶을 살고 종국에는 영원한 멸망에 이른다. 그러므로 아무도 이를 핑계하지 못한다(롬 1:18-23). 그러나 특별한 은혜로 주님을 영접하여 "성령의 고삐"에 매인 사람들은 기름 부음을 받아 이러한 불씨가 활활 타오르게 하고 마지막에는 하나님을 마주 보는 영화로운 자리로 나아간다(1.3.1, 3; 1.4.1, 4).

그러므로 경건한 참 지식은 거듭난 백성에게만 온전히 작용한다. 구속주 하나님에 대한 지식 없이는 창조주 하나님을 올바로 알지도 못하고 그분께 합당한 존귀와 영광을 올려드리지도 못한다(롬 1:21). 자연적인 순서로는 창조주 하나님을 아는 지식이 앞서나, 생명의 지식에 관해서는 구속주 하나님을 아는 지식이 선행(先行)한다. 왜냐하면 구원의 은혜를 인정하고 감사하는 사람만이 창조의 일반적 은총을 찬미할 수 있기 때문이다. 동일한 은총을 받아도 오직 거듭난 사람만이 가을날 곡식의 단을 흔들며 여호와 하나님께 감사하게 되는 것이다.

"하나님을 아는 지식으로 말미암아 우리는 그분이 계신 것뿐만 아니라 그분의 영광을 위하여 우리가 행해야 할 적합하고 마땅한 것이 무엇인지를 알게 된다. 그리고 마지막으로 그분을 아는 것이 우리에게 어떤 유익이 있는지를

---

[8] "하나님을 알 만한 지식(sensus divinitatis)", "종교의 씨앗(semen religionis)", "양심(conscientia)", 이 세 가지는 하나님이 모든 사람에게 자신의 존재와 뜻을 알리는 도구이다.

알게 된다"⁹⁾⁽¹·²·¹⁾.

하나님을 영화롭게 하는 것이 우리에게 유익이 된다. 삶의 지극한 즐거움, 곧 최고의 선은 여호와 하나님의 존재와 행사를 찬미함으로써 그분의 영예를 높이는 데 있다. 하나님께 영광을 올리는 일과 우리의 즐거움이 배치되지 않는다. 하나님을 영화롭게 하지 않는 일로서 우리에게 유익한 것은 아무 것도 없다.

우리 인생의 제일 목적은 하나님을 영화롭게 하고 또한 영원토록 그를 즐거워하는 데 있다. 하나님을 올바로 알아야만 우리는 그분께 합당한 영광을 올리는 찬미의 도구가 된다. 뿐만 아니라 그 지식이 우리에게는 다른 무엇으로도 필적(匹敵)할 수 없는 즐거움이 된다.¹⁰⁾

1. 4. 알려주심으로 앎

모든 피조물은 "눈부신 하나님의 영광의 극장"으로서, 하나님의 영광의 광채를 발하는 "훈장"으로서, "거울"로서, "그림"으로서 하나님을 찬미한다⁽¹·⁵·¹, ⁸, ¹⁰⁾. 그러나 어떤 피조물도 하나님을 인격적으로는 알지 못한다.

인류는 "하나님의 권능과 선하심과 지혜를 드러내는 진기한 표본"으로 지음받았다. 젖 먹는 어린아이의 몸짓 하나도 말 없는 웅변이 되어서 모든 피조물의 찬미를 압도한다⁽¹·⁵·³⁾. 하나님은 사람을 창조하시고 "화려한 미

---

9) 명문선 5.
10) 이러한 칼빈의 입장이 웨스트민스터 소요리문답과 대요리문답 제1문답에 반영되어 있다. "사람의 주요한 목적은 무엇인가(What is the chief end of man)? 사람의 주요한 목적은 하나님을 영화롭게 하고 그를 영원히 즐거워하는 것이다(Man's chief end is to glorify God, and to enjoy Him for ever)."

와 위대한 은사들로 장식하셨다." 그리하여 하나님의 영광의 극장에서 최고의 배우가 되게 하셨다(1.14.20).

모든 피조물은 하나님이 아신 바 되지만 하나님을 알지는 못한다. 오직 사람만이 하나님의 형상을 받아서 하나님을 알 만한 지식을 얻었다. 그러나 사람도 스스로 하나님을 알지는 못한다. 피조물의 본래적 특성은 하나님을 의존하는 것이다. 사람은 하나님의 형상으로 지음받았지만 피조물의 자리에서 그리하였다. 우리에게는 하나님의 형상의 "우월함" 혹은 "고귀함"과 더불어 피조물의 "연약함"이 함께 있다. 그러므로 피조물 가운데 오직 우리만 하나님을 인격적으로 알 수 있지만, 다만 그분이 알려주실 때만 알게 된다.

> 피조물(우주와 사람), 사회
> - 하나님의 영광의 극장
> - 훈장
> - 거울
> - 그림
>
> ▲ 일반계시

그러므로 하나님을 알 수 없다고 해서도 안 되고, 스스로 알 수 있다고 해서도 안 된다. 근원적 지식을 부정하는 흄의 회의주의나 칸트의 불가지론도 그릇되며, 이성이나 지각으로 스스로 알 수 있다고 여기는 데카르트의 합리주의나 로크의 경험주의도 인정될 수 없다. 우리는 알되, 하나님이 알려주셔야만 알게 된다. 하나님의 비추심 없이는 우리의 시력이 무용하다.

"그러므로 우리가 여호와를 알자 힘써 여호와를 알자 그의 나타나심은 새벽 빛같이 어김없나니 비와 같이, 땅을 적시는 늦은 비와 같이 우리에게 임하시리라 하니라"(호 6:3).

하나님의 본질에 관해서는 "꼼꼼히 따지기보다는 오히려 경배하도록 해야 한다."[11] 그러므로 하나님의 존재에 관한 "어리석은 사색"[12]을 일삼지 말고 그분이 하신 일을 바라보고 찬미하며 나아가도록 하자!

"그는 우리 각 사람에게서 멀리 계시지 아니하도다"(행 17:27)(1,5,9).

---

[11] 칼빈은 하나님의 계시와 경륜의 비밀(mysterium) 특히 성례를 다룰 때 자주 이러한 표현으로 끝맺음을 한다.
[12] 칼빈은 "어리석은 사색(inana speculatio)" 혹은 "공허한 사색(vana speculatio)"이라는 말을 사용할 때 예외 없이 로마 가톨릭의 무모한 사변을 염두에 두고 있다.

[제2주제 : 기독교 강요 1.6.1-1.7.5]

성경:
하나님의 자녀들을 위한 특별한 학교

2. 1. 기록된 하나님의 말씀

하나님은 사람과 사람의 공동체인 사회 그리고 다른 모든 피조물을 지으셔서 자신의 눈부신 영광을 드러내는 극장으로 사용하신다(1.5.8). 그럼에도 불구하고 타락한 인류는 이러한 일반계시만으로는 하나님을 아는 참 지식에 이를 수 없다. 왜냐하면 그들은 죄로 말미암아 전적으로 무능하고 부패하여 하나님의 존재와 속성을 아는 일에 있어서는 두더지보다 더 눈이 멀어 있기 때문이다(2.2.18).

그러므로 구원의 은혜로 거듭난 사람 외에는 하나님께 감사하고, 그를 영화롭게 하며, 그에게 예배를 올려드릴 자가 아무도 없다(롬 1:21-23). 왜냐하면 하나님은 중생의 은총을 베푸실 때만 말씀으로 자신을 계시하셔서 자신의 존재와 어떠하심에 대한 지식을 친히 우리 심령 가운데 새겨 주시기 때문이다. 삼위일체 하나님은 스스로 말씀이시고(1.13.7),[1)] 스스로 말씀하신다(1.13.15).[2] 하나님의 말씀은 하나님의 자기계시(自己啓示)이다. 말씀으로서 그리고 말씀으로써, 하나님은 어떤 외부적 매개와 협력 없이 스스로 자신을 드러내신다. 성경은 하나님의 말씀을 하나님이 택하신 인간 저자들이 기록한 기록물이다. 그러므로 성경의 원저자[3]는 하나님이시다.

하나님은 자신의 말씀을 인간 저자들을 감동시켜 기록하게 하셨다. 사도들과 선지자들은 "성령의 기관(器官)들"로서 사용되었다. 성령의 영감(靈感)으로 기록된 하나님의 말씀이 동일한 영의 조명(照明)과 감화(感化)로 성도들에게 받아들여진다. 즉 수납(受納)된다.[4]

> "성경은 능히 너로 하여금 그리스도 예수 안에 있는 믿음으로 말미암아 구원에 이르는 지혜가 있게 하느니라 모든 성경은 하나님의 감동으로 된 것으로 교훈과 책망과 바르게 함과 의로 교육하기에 유익하니 이는 하나님의 사람으로 온전하게 하며 모든 선한 일을 행할 능력을 갖추게 하려 함이라"
>
> (딤후 3:15-17).

하나님이 타락한 인류에게 "말씀의 빛"을 더하사 그 말씀으로 구원의 지식을 얻게 하셨다(1.6.1). 구원에 이르는 믿음은 이 말씀을 들음으로 말미암는다(롬 10:17).

---

1) 이는 성자의 속성을 의미한다.
2) 이는 성령의 속성을 의미한다.
3) "autor originalis." 하나님 특히 성령을 성경의 원저자 혹은 주요한(primarius) 저자라고 하는 반면에 인간 기록자들을 "이차적(secundarius) 저자라고 부른다.
4) 말씀의 작용과 관련된 성령의 역사는 다음 세 가지로 특정된다: 첫째, 말씀 기록에 있어서의 영감(inspiratio), 둘째, 말씀을 합당하게 비추어 받게 하는 조명(illuminatio), 셋째, 말씀의 감동으로 그 진리를 속에 들이게 하는 감화(persuasio). 성령의 역사로 말미암은 말씀의 조명과 감화는 받아들임, 즉 수납(受納)으로 표현된다. 조명과 감화, 이 두 가지는 의미상 구별될 뿐 함께 일어난다.

"하나님은 항상 자신의 말씀으로써 모든 이성적인 주견(主見)들을 넘어서는 의심할 바 없는 믿음을 만드신다"[5] (1.6.2).

그러므로 성경의 제자가 되지 않고는 구원 교리의 맛을 조금이라도 느낄 수 있는 사람은 아무도 없다. 성경의 가르침은 율법과 복음으로 이루어진다. 하나님은 "자기 자신과 사람 사이의 화목의 방도를 가르치기 위해서 모세와 선지자들에게 율법을 맡기셨다." 복음은 율법의 끝이자 완성이신(롬 10:4) 예수 그리스도의 대속사역을 증언한다. 주께서 이 땅에 오셔서 자신이 하나님의 말씀이라는 사실을 계시하셨을 뿐만 아니라 그 말씀을 역사 속에서 다 이루셨다.

2. 2. 말씀의 통치

하나님을 아는 지식은 경건한 마음으로 하나님의 말씀을 받아들이는 것에서 비롯된다.

"하나님을 아는 모든 올바른 지식은 순종으로부터 태어난다"[6] (1.6.2).

성도의 순종은 성령의 역사로 말씀의 감화에 복종하는 데 있다. 성령이 임재하면 성도는 다스림을 받는다. 그 다스림이 "통치"이며, 그 다스림의 장(場)이 하나님의 나라 혹은 그리스도의 나라이다. 성령은 말씀의 영, 즉

---

5) 명문선 6. 그러므로 믿음도 선물이다(엡 2:8; 3:7)
6) 명문선 7.

그리스도의 영으로 우리 가운데 임하신다. 성도는 마치 배와 같아서 오직 성령의 방향타(方向舵)에 따라서 움직이게 된다.[7]

하나님은 "자신의 정당한 주권을 세우는 교리"로서 말씀을 두셨다. 그 말씀 가운데 천지를 다스리셔서 땅이 즐거워하고 만민이 두려워 떨게 하셨다(시 93:1; 96:10; 97:1; 99:1) (1.6.3).

성경 말씀은 성령의 통치로 말미암아 불가항력적으로 성도에게 작용한다. 성경은 인생의 책이 아니다. 그것은 이성으로 독해할 수 없다. 성경은 오직 성령의 감화로 인한 믿음을 통해 하나님의 계시로 받아들여진다. 말씀을 들음은 성령의 언어적 감화에 순종함이다(롬 1:5). 성경의 이러한 작용은 다음과 같은 속성에서 기인한다.

첫째, 성경은 "안경"과 같다(1.6.1). 성경은 혼란한 마음을 바로 잡아 하나님을 보게 하며 그분의 진리를 깨닫게 한다. 여기서 안경이란 육안으로는 볼 수 없는 것을 보게 하는 현미경과 같은 것을 의미한다. 현미경이 없다면 그 누구도 세포를 보지 못한다. 뿐만 아니라 세포가 있다는 사실조차도 알 수 없다. 성경의 안경이 없다면 하나님이 계신 것과 그분이 살아계심과 역사하심을 믿지도, 보지도 못한다.

이렇듯 성경의 작용은 단지 흐릿한 것을 더욱 맑게 보게 하는 데 그치는 것이 아니라, 새로운 대상의 존재 자체를 인식하게 한다. 성경의 안경을 쓰지 않으면 영생에 이르는 지식을 얻을 수 없을 뿐만 아니라 그 진리 자체를 부인하는 자리에 설 수밖에 없다.

둘째, 성경은 "불가해한 미로(迷路)"에서 벗어나는 길을 가르쳐주는 "말씀으로 된 실(絲)"과 같다(1.6.3). "가까이 가지 못할 빛"에 거하시는(딤전 6:16

---

7) "통치(government)"라는 말은 라틴어 "항해(gubernatio)"에서 유래한다.

> **성경, 기록된 하나님의 말씀**
> - 안경
> - 실
> - 하나님의 자녀들의 학교
>
> ▲ 특별계시

하나님께 나아가기 위해서는 성경의 길안내를 받아야 한다. 전속력으로 달리다가 매번 벽에 부딪혀 넘어지는 것보다는 늦어 보이지만 자신의 허리에 묶인 성경의 실을 감으며 한 발자국 한 발자국 미로를 벗어나는 것이 참 생명의 지혜가 된다.

셋째, 성경은 "하나님의 자녀들의 특별한 학교"이다(1.6.4). 성경은 숭고한 경건의 비밀을 사람의 일상 언어로 가르친다. 다윗은 성경을 배우는 지극한 즐거움을 다음과 같이 노래하였다.

"여호와의 율법은 완전하여 영혼을 소성시키며 여호와의 증거는 확실하여 우둔한 자를 지혜롭게 하며 여호와의 교훈은 정직하여 마음을 기쁘게 하고 여호와의 계명은 순결하여 눈을 밝게 하시도다 여호와를 경외하는 도는 정결하여 영원까지 이르고 여호와의 법도 진실하여 다 의로우니 금 곧 많은 순금보다 더 사모할 것이며 꿀과 송이꿀보다 더 달도다"(시 19:7-10).

"주의 증거들이 매우 확실하고 거룩함이 주의 집에 합당하니"(시 93:5) 성경이라는 학교에서 즐거이, 힘써 배우자! "말씀의 울타리" 안에 즐거이 머물자!(1.6.1)

2. 3. 성경과 성령: 객관적 확실성과 주관적 확신

성경의 권위는 그 저자가 하나님이시라는 사실에 있다.[8] 성경에서 우리

---

8) 권위(autoritas, authority)는 저자(autor, author)로부터 나온다.

는 "마치 하늘로부터 직접 듣는 것처럼 하나님의 살아있는 음성 자체를" 듣는다. 성경의 권위는 교회의 승인이나 해석이 아니라 그 기원이 하나님께 있다는 사실에서 비롯된다(1.7.1).

교회가 사도들과 선지자들의 터 위에 세우심을 입었다는 것은 교회가 말씀 위에 섰음을 뜻한다(엡 2:20). 교회가 하나님의 말씀을 신앙고백 형식으로 진술한 명제를 교리라고 한다. 교리가 바로 서야 교회가 바로 선다. 교리가 넘어지면 교회는 넘어진다.[9] 교리는 성경에 의해서 규정된 규범이며 성경은 교리를 규정하는 규범이다.[10] 그러므로 교회의 교리는 말씀보다 앞설 수 없다. 교회에는 "경건의 직분"이 있는 바, "교리의 수납(受納)이 교회보다 앞선다"(1.7.2).

교회는 품속에서 아이에게 말을 가르치는 어머니와 같다. 교회는 "우리가 복음을 믿는 믿음을 준비하도록 이끄는 안내" 역할을 한다. 그러나 교회가 스스로 복음을 제한하거나 창출할 수는 없다. 성경은 계시의 기록으로서 스스로 증언하는 것이지 교회를 통해서 비로소 진리로서 공인되는 것이 아니다(1.7.3).

성경은 "성령의 내적이며 은밀한 증거에 의해서" 우리에게 진리로서 확증된다.

"통상 성경에 대한 최고의 증거는 그것 안에서 친히 말씀하시는 하나님의 인격으로부터 유래된다. ……왜냐하면 하나님이 홀로 자신의 말씀에 대한 합당한 증인이 되시는 것처럼 그분의 말씀도 성령의 내적인 증거에 의해서

---

9) 교리는 "교회가 서고 넘어지는 조항(articulus ecclesiae stantis et cadentis)"이다.
10) "규정하는 규범(norma normans, rule ruling)"으로서 성경을 원 규범이라고 하며 "규정된 규범(norma normata, rule ruled)"으로서 교리를 이차적 규범이라고 한다.

각인되기 전에는 사람의 마음에 받아들여질 수 없기 때문이다"[11] (1.7.4).

"성경의 확실성"[12]은 오직 성령의 내적 증거에 의해서 얻어진다. "하나님의 입 그 자체로부터" 흘러나온 말씀을 기록한 것이 성경이다. 그러므로 오직 하나님의 영으로 "겸손하여 가르칠 만하게 된 독자"만이 성경의 진리를 믿음으로 받아들일 수 있다. 성령의 역사로 진리의 빛에 의해서 조명되고, 감화된 성도만이 기경된 옥토와 같이 하나님의 말씀을 받아들인다. "성령이 말씀으로 우리 안에 인 치시는 믿음" 말고는 구원에 이르는 길이 없다(1.7.5).

하나님의 진리는 스스로 존재한다. 그 진리가 이른 비와 늦은 비 그리고 만나와 메추라기와 같이 완성품으로 내린다. 진리는 사람 편에서 만들어지거나 완성되는 것이 아니라 하나님의 말씀 자체로서 이미 절대적으로, 객관적으로 존재한다. 그 진리의 말씀이 하나님의 영의 역사로 우리의 심령에 그대로 내리는 것이다.

"여호와께서 이르시되 내가 그들과 세운 나의 언약이 이러하니 곧 네 위에 있는 나의 영과 네 입에 둔 나의 말이 이제부터 영원하도록 네 입에서와 네 후손의 입에서와 네 후손의 후손의 입에서 떠나지 아니하리라 하시니라 여호와의 말씀이니라"(사 59:21).

성령의 내적 증거는 하나님의 말씀이 확실한 진리임을 객관적으로 인정

---

11) 명문선 8.
12) "확실성(certitudo, certainty)", 이는 성경이 절대적이며 객관적으로 진리라는 사실을 성령의 감동으로 내적으로 인정하게 됨을 뜻한다.

하게 할 뿐만 아니라 동시에 그 진리가 참되다는 주관적인 "확신"[13]에 이르게 한다. 성령의 은밀한 내적 역사로 거듭난 하나님의 자녀만이 하나님이 가르치실 만한 심령이 되어 말씀을 배우고 그 배운 바 확신한 일에 거하게 된다(딤후 3:14).[14]

성령의 감화를 육체로 판단할 수는 없다. 철학적 논리나 체험적 분석을 도구로 하나님의 말씀에 대한 진위를 논변할 수는 없다. 누가 힘을 다하여 애씀으로써 여호와의 도를 일점일획이라도 확증할 수 있겠는가?

"내가 오늘 네게 명령한 이 명령은 네게 어려운 것도 아니요 먼 것도 아니라 하늘에 있는 것이 아니니 네가 이르기를 누가 우리를 위하여 하늘에 올라가 그의 명령을 우리에게로 가지고 와서 우리에게 들려 행하게 하랴 할 것이 아니요 이것이 바다 밖에 있는 것이 아니니 네가 이르기를 누가 우리를 위하여 바다를 건너가서 그의 명령을 우리에게로 가지고 와서 우리에게 들려 행하게 하랴 할 것도 아니라 오직 그 말씀이 네게 매우 가까워서 네 입에 있으며 네 마음에 있은즉 네가 이를 행할 수 있느니라"(신 30:11-14).

성령으로 감화된 지식, 즉 성령의 감동에 순종하는 지식만이 하나님이 주시는 참 지식이다. 성령의 은밀한 내적 역사로 우리는 하나님의 말씀이 확실한 진리라는 사실과 우리 가운데 살아서 작용하는 생명의 말씀임을 확신하게 된다. 즉 말씀 계시가 진리라는 객관적 확실성과 그것이 우리 가

---

13) "확신(fiducia, assurance)", 이는 성령의 감동으로 성경의 내적 감화력을 신뢰함을 뜻한다. "확실성(certitudo)"은 성경이 하나님의 말씀이라는 사실, 즉 계시의 객관적 존재와 관련된다. 반면에, "확신(fiducia)"은 그 말씀이 친히 말씀하신다는 사실, 즉 계시의 주관적 작용을 가리킨다.
14) 칼빈은 시편 주석 서문에서 자신이 경험한 "갑작스런 회심(subita conversio)"을 그 순간 비로소 하나님이 자신의 심령을 "가르치실 만하게(docilis)" 변화시키셨다는 점을 들어 소개하였다.

운데 작용함에 대한 주관적 확신을 동시에 갖게 된다. 객관적 진리에 대한 주관적 감화는 곧 구원의 내적 역사와 다르지 않다. 우리가 하나님의 말씀을 구원의 지식, 생명의 지식이라고 부르는 이유가 여기에 있다(1.8.13).

성령의 내적 증거 + 순종 ▶ 말씀의 객관적 확실성에 대한 주관적 확신

▲ 특별계시의 역사

[제3주제 : 기독교 강요 1.8.1-1.9.3]

말씀과 성령:
친히 말씀하시는 하나님의 말씀

3. 1. 말씀의 영감

삼위일체 하나님은 스스로 사랑이요, 진리요, 계시이시다. 하나님은 진리를 계시하시므로 길이 되신다. 또한 사랑의 진리시므로 생명이 되신다. 예수 그리스도는 육신으로 오신 하나님의 말씀으로서 '우리를 위한' 길이요, 진리요, 생명이 되신다(요 14:6).[1)]

성경은 성령의 영감으로 감동된 인간 저자들이 기록한 하나님의 말씀으로 "신적인 무엇을 호흡하고 있다." 모든 성경이 하나님의 감동으로 되었다 함은(딤후 3:16) 하나님이 성경 기록자들을 감화시켜 말씀을 정확무오하게 기록하게 하셨다는 사실뿐만 아니라 그들의 입에 말씀 자체를 불어 넣어주셨다는 사실까지도 포함한다.[2)] 이는 하나님이 호흡으로 생기를 불어 넣

---

1) 여기에 삼위일체론적-기독론적 계시 이해가 나타난다. 스스로(in se) 말씀이신 삼위일체 하나님이 스스로(per se) 우리를 위한(pro nobis) 말씀이신 그리스도가 되셨다.
2) 전자는 계시기록(記錄)의 영감, 후자는 계시구술(口述)의 영감이라고 불린다.

어 사람을 생령으로 지으신 창조의 사역과(창 2:7) 비유된다.

이렇듯 성경에는 신적인 어떤 것이 숨 쉬고 있기 때문에 단지 말의 기교를 넘어서는 "더욱 강력한 진리의 힘"이 있다. 성경에는 "천국의 장엄한 비밀들"이 "손질되지 않고 꾸밈 없는 단순한 문체"로 기록되어 있다. 그러므로 하나님의 특별한 은총 없이는 성경 말씀에 대한 올바른 이해에 이를 수 없다.

하나님의 말씀은 오직 믿음으로만 받아들여진다. 이 믿음은 "사람의 지혜에 있지 아니하고 다만 하나님의 능력에"(고전 2:5) 있다. 믿음은 들음에서 나는데(롬 10:17), 그 들음은 "설득력 있는 지혜의 말"이 아니라 "다만 성령의 나타나심과 능력으로" 된다(고전 2:4). 성경을 읽을 때 우리는 친히 말씀하시는 하나님의 음성을 듣게 된다. 그 생명의 음성이 자신도 모르는 사이에 우리 마음에 스며들어 골수에 새겨진다(1.8.1).

3. 2. 성경의 자기 증거

하나님의 말씀은 성령의 영감으로 기록되었으므로 성령의 조명과 감화 없이는 우리 가운데 작용하지 않는다. 오직 성령의 역사로 성경은 하나님의 자기계시, 즉 말씀을 스스로 계시한다.

"성경은 외부의 버팀목들로 지지(支持)되는 것이 아니라 스스로 자신을 지탱하며 서 있다"[3] (1.8.1).

---

3) 명문선 9.

성경에는 천지를 지으시고, 지키시며, 운행하시는 하나님의 말씀이 기록되어 있다. 거기에는 지음받은 피조물 인간으로서는 다 이해할 수 없는 가르침들이 가득 차 있다(1.8.2). 성경은 기록된 계시이다. 계시는 삼위일체 하나님의 존재와 경륜의 "비밀"을 담고 있다. 성경은 그 비밀을 우리의 능력에 맞추어 계시한다.[4] 스스로 계신 하나님이 처음이자 나중이 되시듯이, 그분의 말씀도 스스로 존재하며(自存) 자체 증거로 증언한다(自證).

첫째, 성경은 "태고성(太古性)"으로 자증한다(1.8.3). 시간에 속한 것은 영원에 속한 것에 대한 증거가 될 수 없다. 하나님이 무(無)로부터(ex nihilo) 세상을 지으시되 시간 가운데서가 아니라 시간을 포함하여[5] 모든 것을 창조하셨다. 시간조차도 무로부터 창조된 피조물이다. 하나님의 말씀은 시간 너머에 존재하며 그렇게 스스로 영원히 계시한다. 따라서 하나님 말씀의 기록인 성경도 그 궁극적 기원을 영원에서 찾아야 한다. 시간의 창조조차 이렇듯 분명한데, 이스라엘 백성의 400년 애굽 노예생활을 고대의 일이라고 어찌 의심할 수 있겠는가?(창 15:13; 출 12:40; 갈 3:17)

둘째, 성경은 그것을 기록한 인간 저자들의 특성을 통하여 자증한다. 모세의 경우에서 보듯이 성경의 기록자들은 단순히 하나님의 이적을 전달하는 데 머문 것이 아니라 실제로 자신들이 그것을 체험한 바대로 기록했다. 하나님의 율법을 받았을 때 모세의 얼굴에는 광채가 났다(출 34:29). 그리고 그는 하늘 나팔 소리를 들을 수 있었다(출 19:16). 그가 막대기로 치자 물이 솟았으며 기도를 하자 하늘에서 만나가 내렸다(1.8.5). 하나님은 계시 사실을

---

4) 하나님의 맞추심(accommodatio)에 따라서 그분의 진리가 우리에게, 우리를 위한 계시로 계시된다. 하나님이 맞추어 주신 진리는 부분적이나 완전하다. 개혁주의 신학자들은 하나님의 자기계시 자체를 원형계시(revelatio archetypa), 우리에게 맞추셔서 성경으로 기록하게 하신 계시를 모형계시(revelatio ectypa)라고 불렀다. 하나님의 맞추심은 그동안 "적용", "조정" 등으로 번역되어 왔다.

5) 즉 "시간 가운데서(in tempore, in time)"가 아니라 "시간과 더불어(cum tempore, with time)."

체험한 선지자들과 사도들을 성경의 기록자로 세워서서 기록된 말씀이 확실한 진리임을 증언하게 하셨다(1.8.6).

셋째, 성경의 저자들이 예언의 영을 받아서 이미 된 일뿐만 아니라 앞으로 될 일도 기록하였다는 사실이 성경의 자증성을 뚜렷이 부각시킨다(1.8.7-8). 사람은 이미 된 것으로만 증거를 삼으나 하나님은 미래에 될 것으로도 증거를 삼으신다. 예컨대 하나님은 미래에 될 부활로 현재의 성도의 삶에 대한 증거를 삼으신다. 성경은 궁극적인 통치자가 유다 지파에서 오실 것(창 49:10), 유다의 멸망(사 39:6-7), 고레스를 기름 부어 하나님의 도구로 사용하실 일(사 45:1), 포로 후 70년만의 귀환(렘 25:11-12; 29:10) 등을 어김없이 예언하고 있다. 성경은 자증하므로, 그곳에는 미래의 일이 현재의 일에 대한 보증으로 기록되어 있다.

"보라 전에 예언한 일이 이미 이루어졌느니라 이제 내가 새 일을 알리노라 그 일이 시작되기 전에라도 너희에게 이르노라"(사 42:9).

넷째, 성경은 자체의 감화력으로 어떤 핍박 가운데서도 순수하게 보존되어 왔으며 땅 끝까지 확장되어 가고 있다는 측면에서 자증한다. 성경은 마치 가지를 자르면 더 자라서 급기야는

- 태고성
- 저자의 감동
- 예언의 영
- 성경의 감화력

▲ 성경의 자기증거

손이 닿을 수 없을 만큼 성장하는 "종려나무"와 같다. 만약 성경이 절대적 진리로 경건한 사람들의 "등불"이 되지 못했다면 그것은 겨와 같이 미풍에도 날아가고 말았을 것이다(1.8.12). 하나님의 말씀을 맡은 유대인들은(롬 3:2) "기독교의 서사(書士)들"이었다(1.8.10). 역사상 그토록 많은 순교자들이 피

를 뿌린 것은 "성경의 내적 감화로 말미암아" 확신에 이른 성도들이 그 진리의 "확실성"을 굳게 신뢰했기 때문이다. 성경이 진리임을 확신하게 되는 것은 사람의 권함이나 지혜가 아니라 오직 스스로 말씀하시는 말씀의 증거로 말미암는다. 그러므로 이성적인 추론이 아니라 "마음의 경건과 평강"이 선행되어야 한다는 어거스틴의 말은 합당하다(1.8.13).[6]

3. 3. 말씀과 성령의 고리이신 그리스도

우리가 받은 "진리의 성령"은 예수 그리스도가 위에서 부어주시는 영으로서(행 2:33) 오직 그분이 가르치시고 말씀하신 것을 생각나게 하시며 알게 하신다(요 14:26). 성령은 "오직 그리스도께서 아버지께 들은 것"을 우리에게 말씀하심으로써 장래의 일을 알리신다(요 15:15). 그러므로 바울은 "셋째 하늘"에 이끌려 간 경험을 한 후에도(고후 12:2) 여전히 말씀을 전하는 일에 전념하였다.

바울은 그리스도가 우리 안에서 말씀하신다는 증거를 그분의 영이 모든 성도 가운데서 능력으로 역사하고 계시다는 사실에서 찾았다(고후 13:3-4). 실로 성도는 말씀 자신이신 "그리스도의 영"을 또 다른 보혜사로 받았다(롬 8:9; 빌 1:19). 이제 성령의 임재는 주께서 우리 안에 사심을 의미한다(갈 2:20).

"그러므로 우리에게 약속된 성령의 직분은 새롭고 듣지 못한 계시들을 만들

---

[6] 경건의 본질은 하나님께로부터 내려받은 것을 올려드림에 있다. 우리 몸의 신진대사가 원활할 때 건강하듯이 하나님께 받은 것을 마땅히 올려드릴 때 우리의 영혼이 복되다. 하나님은 하나님의 자리에서 영광받으시고, 우리는 우리 자리에 머물러 감사하는 상태가 샬롬(평강)이다. 성경의 자증(自證)에 만족하지 않고 그것을 넘어서고자 함은 아담과 하와가 사탄의 유혹에 빠져 범했던 지적 교만의 죄를 짓는 것이다.

어 내거나 새로운 교리를 조작하여 우리 자신이 받아들인 복음의 교리로부터 멀어지도록 하는 것이 아니라 복음이 우리에게 권한 바로 그 교리를 우리 마음에 각인시키는 데 있다"[7](1.9.1).

어느 시대나 중보자 없이 직접 하나님을 만나고자 하는 신비주의자들이 있다. 그들은 예수 그리스도의 중보를 무시할 뿐만 아니라 성경을 최종적 계시로 여기지도 않는다. 그들은 자신의 체험을 또 다른 계시의 창출이라고 여기기 때문이다.[8]

말씀을 떠나서 영의 능력만 추구하는 사람들은 스스로 허망하고 거짓된 것들에 매이게 된다. 사도들이 전한 것 외에 "다른 복음"은 없다(갈 1:6-9). 오직 성경의 모든 예언은 보혜사 성령을 받은 우리에게 더욱 확실하여 어두운 데를 비추는 등불과 같으니 일점일획이라도 사사로이 풀 것이 아니다(벧후 1:19-20).

"성령이 성경의 저자시다. 그분은 변화하실 수도 자신과 다르실 수도 없으시다. 그러므로 그분은 성경에 한번 자신을 보이신 그대로 영원히 계심이 마땅하다"[9](1.9.2).

성령이 신령한 진리를 불어넣어 주신다. 우리에게 임하신 성령은 하나님의 자녀가 되게 하는 영이요 그리스도와 함께 후사가 되게 하는 영이다(롬 8:15-17). 그리스도의 영을 받은 자마다 그분과 "다 한 근원에서 난지라"

---

[7] 명문선 10.
[8] 칼빈은 중보자 없이(im-mediator) 직접(immediately) 하나님을 만나고자 한 동시대 신비주의자들을 자유주의자들(Libertines)이라고 불렀다. 그들은 말씀을 통한 중보보다 성령의 체험만을 강조하였다.
[9] 명문선 11.

(히 2:11) 그분을 앎으로 하나님을 아는 영생의 지식을 얻는다(요 17:3; 마 11:27).

하나님의 말씀과 하나님의 영이(사 59:21) 그리스도에 의해서 하나의 고리로 묶인다. 그러므로 "그리스도의 영"으로 조명되지 않으면 "그리스도의 말씀"을 받을 수 없다. 성령이 가르치는 것은 "그리스도 자신의 입에서 나오는" 말씀이기 때문이다(요 16:25). [10]

사도들과 마찬가지로 우리도 끊임없이 하나님의 말씀을 듣도록 부름을 받았다. 오직 그리스도의 영을 받은 자녀들에게 성경의 문자는, 단지 문자에 그치는 것이 아니라 영혼을 소성시키고 우둔한 자를 지혜롭게 하는 작용을 한다(시 19:7). 그리고 말씀으로 지혜를 깨달은 바대로 전하고 가르치는 "영의 직분"을 감당하는 자리에 서게 한다(고후 3:8).

그리스도의 영의 역사로 말미암아 믿음으로 말씀을 들음으로써 성도는 "확실한 경건의 경험"을 하게 된다(1.13.14). 무엇보다도 이러한 경험이라는 "교사"는 우리 안에 그리스도가 계심을 확증시켜 준다(고후 13:5) (1.10.2). 그분의 중보를 통해 하나님의 음성을 명료하게 듣게 하신다.

"왜냐하면 주님은 어떠한 고리를 사용하셔서 자신 안에서 말씀의 확실성과 성령의 확실성을 연결시키시기 때문이다" [11] (1.9.3).

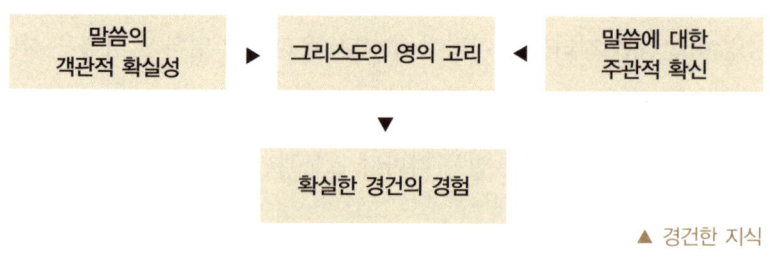

▲ 경건한 지식

---

10) 칼빈의 요 16:25 주석 참조.
11) 명문선 12.

[제4주제 : 기독교 강요 1.13.1-1.13.29]

삼위일체 하나님:
한 본질 안에 세 위격이 세 인격으로 계심

4. 1. 삼위일체 하나님으로 계심 (존재적 삼위일체론)

무한하고 영이신 삼위일체 하나님은 스스로 계신다(1.13.1). 하나님은 본질에 있어서 한 분이시다. 즉 한 실체이시다. 하나님은 한 분으로 존재하신다.

그런데 한 분 하나님은 세 위격적 존재로 존재하신다. 그리하여 세 위격으로 세 인격이시다. 성부, 성자, 성령은 위격에 있어서는 구별되시나 본질에 있어서는 동일하시다. 각각의 위격은 고유한 특성에 따라서 서로 구별되나 분리되지는 않는다.

각 위격은 하나님의 전(全) 실체를 가지신다. 즉 실체에 있어서 동일본질이시다. 성부와 성자의 관계를 예로 들면, 전적으로 성부는 성자 안에, 성자는 성부 안에 계시므로(요 14:10) 서로 하나이다(요 10:30). 그러므로 삼위일체 하나님을 인정하지 않는다면 "진정한 하나님이 없는, 단지 공허하고 무가치한 하나님이라는 이름만이 우리 머릿속에 떠다닐 것이다"(1.13.2, 6).

	헬라어	라틴어	영어	국어
삼위일체 tri-unitas (trinity)	일체 unitas (oneness)	οὐσία	essentia / substantia	essence / substance	본질 / 실체	존재하다 esse (to be)
	삼위 tritas (threeness)	ὑπόστασις / πρόσωπον / 없음	hypostasis / persona / subsistentia	hypostasis / person / subsistence	위격 / 인격 / 위격적 존재	위격적으로 존재하다 subsistere (to subsist)

▲ 삼위일체 용어[1]

성경은 삼위일체 교리를 명백하고 풍부하게 가르친다. 사도 요한은 하나님과 영원히 함께 계신 말씀이 곧 하나님이라고 기록하여(요 1:1) 삼위일체의 비밀을 분명히 증언하였다. 히브리서 기자는 아들을 아버지의 "위격의"[2] 형상이며 영광의 광채라고 하여 영원히 동일하신 성부와 성자가 위격에 있어서는 서로 구별됨을 분명히 보여주었다(히 1:3) (1.13.2).

하나님은 성자의 성육신을 통해 자신의 삼위일체 존재를 "더욱 친밀하게" 알리셨다. 영원히 아버지의 품속에 계신 독생자가 그분과 함께 동일한 영광을 누리시는 하나님으로서 사람이 되셨다(요 1:18; 17:5). 그리하여 초대교회 교부 힐라리는 "하나님은 홀로 자신에 대한 충분한 증거이시며, 자신을 통하지 않고는 결코 알려질 수 없는 분이다." 라고 말하였다.

주님은 아버지와 아들과 성령의 이름으로 세례를 주라고 명령하셨다(마 28:19). 그리하여 세례가 삼위일체 하나님에 대한 믿음을 인치는 표라는 사

---

[1] 대체로 개혁주의 신학자들은 이러한 칼빈의 용례를 충실히 따른다. 초대교회 이후 교리가 정립되는 과정에서 교부들은 삼위일체에 관한 용어를 각자의 신학적 입장에 따라 다양하게 사용해 왔다. 예컨대 어거스틴과 제롬 그리고 갑바도기아 교부들은(대바실, 나지안주스의 그레고리, 닛사의 그레고리) substantia와 hypostasis의 용례에 있어서 현격한 차이를 보인다.
[2] 한글성경에서 "본체의"라고 번역된 히 1:3의 부분은 "τῆς ὑποστάσεως"로 본래 위격을 뜻한다.

실을 분명히 하셨다. 사도 바울이 기록한 하나님과 믿음과 세례가 하나라는 말씀은(엡 4:5) 주님의 이러한 가르침과 정확히 부합한다(1.13.16).

한 분 하나님이 삼위로 계신다. 하나님은 성자를 "내 목자, 내 짝된 자"로 부르셨다(슥 13:7). 주님은 성부를 "나를 위하여 증언하시는 이", "나를 보내신 이"라고 부르심으로써 자신과 구별하셨다. 주님은 자신을 보내신 분이 지금 증언하시는 분으로서 자신과 함께 계신다고 하셨다(요 5:32; 8:16, 18). 천지창조도 성부와 성자의 위격적 존재가 구별됨을 확증한다(요 1:3; 히 11:3). 영원하신 하나님의 아들이 "빛이 있으라"(창 1:3)는 말씀이 있기 전에 이미 말씀으로 계셨다(1.13.8).

성부와 성자의 위격이 그러하듯이 성령의 위격도 구별된다. 주님은 자신이 보내실 영이 "아버지께로부터 나오시는 진리의 성령"이라고 하심으로써 성부와 성령의 위격이 구별됨을 계시하셨다(요 15:26). 또한 그 영을 "또 다른 보혜사"(요 14:16) 혹은 "아버지께서 내 이름으로 보내실 성령"(요 14:26)이라고 부르심으로써 자신과도 구별하셨다.

위격에 있어서 성자는 아버지로부터 나셨고 성령은 아버지와 아들로부터 나오신다. 성부와 성자와 성령은 시간에 있어서 전후가 없고 지위에 있어서 고하가 없다. 다만 우리가 먼저는 성부를, 다음으로는 그분의 지혜로서 성자를, 마지막으로는 그분의 능력으로서 성령을 생각하기 때문에 그러한 순서[3]로 다룰 뿐이다(1.13.18).

웨스트민스터 신앙 고백서 2조 3항은 이렇게 규정한다.

---

[3] 여기서 "순서(ordo, order)"는 진리를 "인식하는 순서(ordo cognoscendi)" 혹은 "가르치는 순서(ordo docendi)"를 뜻한다. 삼위는 동등하므로 서로 간에 실제적인 순서가 있을 수 없다.

"실로 아버지께서는 아무로부터도 아니시니 분명 나시지도 아니하셨으며 나오시지도 아니하신다; 그러나 아들께서는 아버지로부터 영원히 나셨다; 또한 성령은 아버지와 아들로부터 영원히 나오신다."[4]

각각의 위격은 본질에 있어서는 동일하신 하나님이시나 서로 간의 관계에 있어서는 성부, 성자, 성령으로 불리신다. 성자는 자신에 관해서는 스스로 계시나, 아버지에 관해서는 나셨다. 따라서 성자는 자신에 관해서는 하나님이라고, 아버지에 관해서는 아들이라고 불리신다. 또한, 아버지는 자신에 관해서는 하나님이라고, 아들에 관해서는 아버지라고 불리신다. 성령은 자신에 관해서는 스스로 계신 하나님으로, 성부와 성자에 관해서는 나오신 분으로[5] 불리신다(1.13.9).

이러한 삼위일체의 비밀에 대하여 갑바도기아 교부 나지안주스의 그레고리(Gregory of Nazianzus)는 다음과 같이 말하였다.

"나는 즉시 삼위의 광채에 휩싸이지 않고는 한 분을 생각할 수 없고 곧바로 한 분으로 이끌림을 받지 않고는 삼위를 분별할 수도 없다"[6] (1.13.17).

---

4) "Pater quidem a nullo est, nec genitus nempe nec procedens: Filius autem a Patre est aeterne genitus: Spiritus autem Sanctus aeterne procedens a Patre Filioque." 이러한 고백은 초대교회 니케아-콘스탄티노플 신경과 아타나시우스 신경의 삼위일체 이해와 톨레도 제3차 회의(589)에서 확정되어 서방교회가 고백해온 성령의 성부와 성자로부터의 나오심, 즉 필리오케(Filioque) 교리를 견지하고 있다. 칼빈은 필리오케 교리에 대한 근거구절로 성령을 "예수를 죽은 자 가운데서 살리신 이" 즉 성부의 "영"이자 "그리스도의 영"이라고 부른 로마서 8장 9절과 11절을 대표적으로 거론한다.
5) 성자의 나심(natus)과는 달리 성령의 나오심(processio)은 출래(出來) 혹은 발출(發出)로 불린다.
6) 명문선 13.

4. 2. 삼위일체 하나님으로 일하심 (경륜적 삼위일체론)

세 위격은 고유한 특성에 따라 고유한 일을 감당하신다. 성자의 위격을 계시하는 사역으로서 세 가지를 특정할 수 있다.

첫째, 성자는 "영원 전부터 하나님으로부터 나신 말씀"이셨다. 그는 "스스로 영원하고 본질적인 하나님의 말씀"이셨으며 성부께서 만물을 짓기 전에 가지신 "지혜"이셨다(잠 8:22-31). 구약의 선지자들도 "자기 속에 계신 그리스도의 영"의 역사로 말미암아 "감동하심을 받은 사람들"로서 이후에 일어날 일을 예언하였다(벧전 1:10-11; 벧후 1:21). 이는 말씀이신 성자의 중보가 성육신 전에도 있었음을 말해준다.

둘째, 성자는 하나님의 아들로서 창조와 섭리의 중보자가 되신다. 하나님은 말씀을 중보자로 삼으셔서 천지를 창조하셨다. 하나님은 말씀으로 모든 세계를 지으시고 만물을 붙드신다(히 1:2-3; 요 1:3)(1.13.7).

셋째, 예수 그리스도는 구원의 주시요 모든 은사의 조성자가 되신다. 영원하신 아들이 이 땅에 오셔서 대속의 사역을 다 이루시고 "구원 자체"가 되셨다(사 25:9)(1.13.11-13). 성자는 육신을 입고 이 땅에 오시기 전에 이미 "임마누엘(사 7:14)"로서, "여호와 우리의 의(렘 23:5-6; 33:15-16)"로서, "의가 흘러오는 참다운 여호와"로서 예언되셨다(1.13.9). 여호와의 사자의 모습으로 야곱에게, 모세에게, 기드온에게, 삼손의 아버지 마노아에게 나타나셔서 구속 중보자로서의 사역을 감당하신 분은 주님이셨다(1.13.10).

신약시대 사도들은 구약을 인용함으로써 이 땅에 오신 주님이 영원하신 하나님의 아들이심을 거듭 선포하였다(딤전 3:16). 요한은 이사야의 성전 환상을 기억하며 성자의 신적 영광을 증언하였다(요 12:41; 사 6:10). 주님은 "허물을 도말하는 자"로서 예언되셨다(사 43:25). 영원하신 아들은 아버지와 동등하시나(요 5:18) 자기를 비어 종으로 오셔서(빌 2:6-7) 자기를 믿는 자들에게 구원이 되셨다(롬 9:32-33). 이것이 사도적 신앙의 핵심이 되었다. 초대교회 사도들은 예수님을 "견고한 망대"로(잠 18:10) 여겼다. 그들은 구원을 위하여 우리가 부를 유일한 이름(욜 2:32)은 예수님이라는 사실을 담대하게 선포했는데(행 4:12) 이는 그들이 그분을 하나님의 아들로 믿었기 때문이다. 예수가 생명의 빛이시니(요 1:4), 그를 믿기만 하면(요 14:1; 롬 9:33; 10:11; 사 11:10) 영생을 얻는다(요 6:47; 요일 5:20).

신약 성도들은 이 땅에 오신 예수 그리스도가 시편과 선지서에 예언된 "주"라는 사실을 믿었다. 그가 땅의 기초를 놓았으며(시 102:25), 모든 만물이 그의 은혜를 받고(시 102:14), 그의 다스림 가운데 기뻐한다(시 97:1, 7; 히 1:6, 10). 그는 걸리는 반석이나(사 8:14; 롬 9:33), 모든 민족이 그 앞에 무릎을 꿇게 된다(사 45:23; 롬 14:11). 그는 처음이요 마지막이 되신다(사 44:6; 계 1:17). 이렇듯, 아버지와 아들은 창조와 구속에 있어서 모든 일을 함께 행하신다(요 5:17, 19).

성령의 위격은 다음 세 가지 사역으로 다루어진다. 성령의 이러한 사역은 앞에서 다룬 성자의 세 가지 사역과 서로 밀접하게 연관되어 있다.

첫째, 성령은 "말씀하시는 분"이시다(사 6:9; 행 28:25-26; 벧후 1:21).

"여호와의 말씀으로 하늘이 지음이 되었으며 그 만상을 그의 입 기운으로 이루었도다"(시 33:6).

성도는 성령의 "입 기운"으로 말씀을 받음으로써 "경건에 대한 확실한 경험"을 하게 된다. 성령은 지혜의 영이시다. 성령은 모든 것을 통달하시며(고전 2:10), 지식과 예언의 영을 선지자와 성도에게 부여하신다(사 48:16; 고전 12:8, 10; 롬 12:6). 이러한 성령의 경험을 거부하는 사람은 성령을 거역하는 자리에 이르게 된다(마 12:32; 막 3:29; 눅 12:10; 행 5:4). 하나님의 영을 부인함은 하나님 자신을 부인함과 다르지 않기 때문이다.

둘째, 성령은 창조와 섭리의 영으로서 역사하신다. 성령의 생기로 만물이 움직이고 자라게 된다.

"모든 곳에 편재(遍在)하시며 모든 것을 보존하시고 하늘과 땅에 있는 모든 것을 자라게 하시며 생육하게 하시는 분은 성령이시다. 그분은 한계가 없기 때문에 피조물의 범주에 갇히지 않으시지만 모든 것 속으로 자신의 생기를 펼치시고 자신의 본질과 삶과 운동을 불어넣어 주신다. 실로 명백하게 그분은 하나님이시다."7)

셋째, 성령은 "중생의 조성자"로서 "생명을 살리는 능력"을 지니신다(고전 6:11). 성령의 역사로 그리스도의 의가 성도에게 전가되어 거듭남의 은총이 임한다. 그리하여 성도를 "성령의 전"이라고 부른다(고전 3:16-17; 6:19; 고후 6:16). 일체의 은사와 모든 선의 "원천"이 성령이시다(고전 12:11) (1.13.14-15).

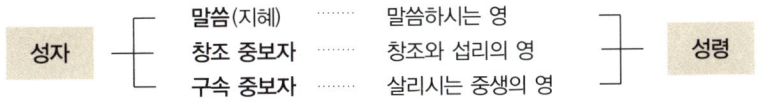

▲ 성자와 성령의 함께 일하심

---

7) 명문선 14.

삼위일체의 경륜에 있어서 성자와 성령은 함께 일하신다. 그리고 아버지는 성령 안에서 아들을 통해 일하신다. 칼빈에게 있어서 존재적 혹은 내재적 삼위일체와 경륜적 삼위일체는 서로 지향하며 역동적으로 관련된다.

"일하심의 시작 그리고 모든 것의 기초와 원천이 아버지께, 지혜와 계획 그리고 일들을 행하심에 있어서의 경륜이 아들께, 행위의 능력과 작용이 성령께 돌려진다" [8] (1.13.18).

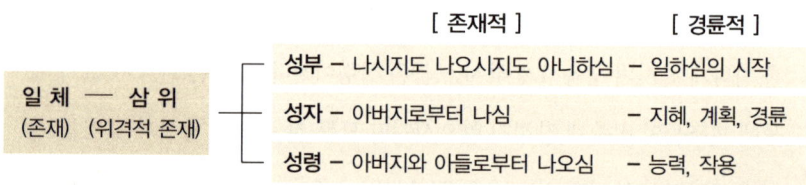

▲ 존재적-경륜적 삼위일체

삼위일체 하나님의 존재와 경륜은 덕을 세우기 위하여[9] 지혜롭게 교육되어야 한다(1.13.3, 29). 하나님은 자신을 낮추셔서 아무리 고상한 지식이라도 유모가 아이에게 "마치 옹알이 하듯이" 우리에게 맞추어 주신다(1.13.1).[10] 하나님이 원하시면 깨닫지 못할 자 아무도 없으며, 그분이 막으시면 알 자 또한 아무도 없다. 그러므로 오직 스스로 존재하시고, 역사하시며, 계시하시는 삼위일체 하나님의 말씀에만 의존할 일이다.

---

8) 명문선 15.
9) "건덕(建德, aedificatio, edification)"은 어원상 "세움(building up)"이라는 의미를 지니며 대체로 권징의 목적을 나타내기 위해 사용된다. 칼빈은 교회가 하나님의 비밀을 이성적 사변으로 추구할 것이 아니라 믿음으로 받아들여 함께 고백하고 서로 권함으로써 그리스도께로 자라가야 함을 강조하기 위해 자주 이 단어를 언급한다.
10) 통상 하나님의 맞추심(accommodatio)은 하나님의 낮추심(condescensio)과 함께 나타난다.

[제5주제 : 기독교 강요 1.10.1-1.12.3, 1.14.1-22]

피조물:
하나님의 영광의 눈부신 극장

5. 1. 창조주 하나님의 영광

하나님은 자신이 기뻐하시는 대로 만물을 지으셨다. 칼빈이 자주 사용하는 하나님의 "뜻하심(θελημα)", "원하심(βουλη)", "기뻐하심(εὐδοκια)"이라는 용어는 창조와 구속에 있어서 어떠한 외부적 필연성에도 매이지 않는 무조건적 은혜를 베푸시는 하나님의 전적인 주권을 드러낸다. 라틴어 "beneplacitum"은 이러한 의미를 모두 함축하고 있다. 이러한 용례는 성경에 따른 것이다(엡 1:5-6, 9; 3:11). 모든 만물은 하나님의 영광을 노래하는 극장으로, 그분의 은총을 기념하는 훈장으로, 그분의 어떠하심을 비추는 거울로, 그분의 섭리를 드러내는 그림으로 지어졌다. 만물이 존재함은 오직 하나님의 "뜻"에 의해서이다(1.14.1).

시간과 공간을 지으신 분은 시간과 공간에 갇히지 않으신다. 하나님은 역사 속에 계시지만 그 너머에 계신다. 하나님은 공간이 아닌 곳에도 계신다. 시간을 모두 더한다 해서 하나님의 영원 속에 닿을 수 없고 공간을 모두 모은다 해서 어디에나 계신 하나님을 채울 수 없다. 하나님이 영이심은 (요 4:24) 그분이 스스로 계심을 의미한다. 지어진 것은 모두 물(物)이지만 하나님은 스스로 계시니 영이시다(1.13.1).

"모든 피조물 가운데는 지혜, 의, 선하심, 권능이라는 측량할 수 없는 하나님의 보화들"이 빛나고 있다. 지어진 모든 것 가운데서 우리는 지으신 분의 어떠하심을 "마치 거울을 통해서" 보듯이 밝히 보게 된다. 모든 만물이 이토록 수려하고 조화롭거늘 "그 예술가의 위대하심"은 어떠하랴!

"실로 하나님의 권능에서 나오는 기적은 그분의 선하심의 표만큼이나, 그분의 지혜의 증거만큼이나 많도다. 그 수는 사물이 대단하든지 사소하든지, 세상에 있는 그 사물의 종류만큼이나 되도다!"[1] (1.14.21).

"그러므로 하나님께서 우리를 제한하기를 원하시는 울타리, 말하자면 우리가 제멋대로 방황하며 헤매지 않도록 우리의 마음을 가두어 두기를 원하시는 그 울타리 안에 즐거이 머물자!"(1.14.1).[2]

5. 2. 우상숭배의 배도(背道)

하나님은 무한하시며 영이시기 때문에 보이는 형상(形象)이나 만져지는 조상(彫像)으로 표현될 수 없다. 하나님의 존재는 "영원하심", "스스로 계

---

1) 명문선 16.
2) 명문선 17.

심", "능력"으로서, 하나님의 사역은 "긍휼", "심판", "의", "거룩하심"으로 계시된다(렘 9:24)(1.10.2). "하나님만이 자신에 대한 유일하며 진정한 증인이 되신다"[3](1.11.1).

로마 가톨릭은 우상을 "무식한 사람들을 위한 책" 혹은 "성결의 책"이라고 부르며 평신도 신앙 교육을 위해서는 필수적이라고 여긴다(1.11.5, 7). 그러나 우상은 가시적인 형상으로 사람의 마음을 앗아가 하나님으로부터 멀어지게 할 뿐이다(합 2:18; 시 135:15-18).

"단순히 우상만을 예배하든지 하나님을 우상으로 예배하든지 그곳에는 조금도 차이가 없다"[4](1.11.9).

하나님을 형상으로 예배하는 것은 형상을 하나님으로 예배하는 것과 전혀 다르지 않다. 하나님도 자신의 임재를 드러내거나(신 4:11, 구름, 불, 화염; 마 3:16, 비둘기; 출 25:17-21, 속죄소의 그룹들; 창 18:2, 사람의 형상) 언약의 자녀들을 교육하기 위하여 가시적인 표상들을 사용하신다. 그러나 가시적인 어떤 것을 만들거나 섬기는 것을 절대 금하신다(시 115:8). 로마 가톨릭은 형상을 섬기는 것은 "숭앙(δουλεια, dulia)"에 불과하며 "예배(λατρεια, latria)"가 아니라고 하나, 이는 억측에 불과하다(2.11.11; 2.12.2).

하나님으로부터 멀어지게 되면 사람들은 하나님 자신에 주목하지 않고 하나님 자신이 만든 것을 섬기고자 한다. 그리하여 지으신 분을 망각하고 그분이 행하신 표적만을 좇는다. 하나님을 멀리하면 그분이 주신 은사와 소명

---

3) 명문선 18.
4) 명문선 19.

도 다 우상이 된다. 타락한 인간의 본성은 "우상을 만들어 내는 영원한 공장(工場)"과 같다. "마음은 우상을 잉태하고 손은 그 우상을 만들어낸다"[5] (1.11.8).

하나님이 창조주이심을 올바로 알지도 못하고 그분께 진정한 예배도 드리지 않으면서 단지 그분이 지으신 것들만 바라보고 붙드는 것이 곧 우상숭배이다(1.12.1).

이사야 선지자는 형상을 하나님과 비길 것으로 여기는 자들을 질책하면서, "너희가 알지 못하였느냐 너희가 듣지 못하였느냐 태초부터 너희에게 전하지 아니하였느냐 땅의 기초가 창조될 때부터 너희가 깨닫지 못하였느냐"(사 40:21)고 반문하였다. 그리고 창조주는 살아계신 삼위일체 하나님이시므로 지어진 것에 갇히지 않고 그것의 기(氣)나 정신(精神)으로 대체되는 분도 아님을 분명하게 경계하였다(1.14.1).

우상은 무식한 사람들을 위한 책이 아니라 하나님을 모르는 백성의 저주의 표징에 불과하다. 중세 로마 가톨릭 지도자들은 벙어리가 되어서 그들의 교사권을 우상에게 넘겨주었다. 사도 바울은 예수 그리스도가 십자가에 못 박힌 것이 우리의 눈에 밝히 보인다고 하였다(갈 3:1). 이 한 가지 교훈이 일천 개 나무 십자가보다 더 낫다.

5. 3. 사람 : 마지막 피조물

모든 피조물은 하나님의 영광의 광채를 끊임없이 자아내므로 우리가 하나님의 창조 사역을 평생 묵상한다 해도 어떤 지루함도 없을 것이다. 시선을 어디로 향하든 하나님이 지으신 창조세계의 아름다움에 압도되지 않을

---

[5] 명문선 20.

사람은 아무도 없다(1.14.2).

하나님은 "말씀과 성령의 권능으로 하늘과 땅을 무에서 창조하셨다."[6] 하나님은 각각의 종류대로 생물과 무생물을 지으시고, 각각에 적합한 특성을 부여하시며, 그 특성에 맞는 기능을 맡기셔서 정한 곳에서 정한 일을 정한 법칙대로 행하게 하셨다.

모든 피조물은 하나님의 은밀한 손에 의해서 배양되며 새 힘으로 공급받고 멸절되지 않도록 보호된다. 우주는 마치 웅대하고 화려한 저택과 같이 가장 아름답고 정교한 식양에 따라 마련된 장식(裝飾)들로 더없는 자태를 뽐낸다.

무엇보다도 하나님은 "그토록 유려한 아름다움과 그토록 위대하고 다양한 은사들로 사람을 장식하셔서 자신의 작품 중에서 최고의 표본을 삼으셨다"(1.14.20).

하나님은 이 우주의 모든 좋은 것을 다 지으신 후 사람을 창조하셔서 그것들을 누리게 하셨다. 그리고 마치 출산한 어미가 아이를 안고 기쁨의 쉼을 갖듯이 하나님은 사람을 창조하신 후 곧 그와 더불어 안식하셨다. 이러한 창조의 경륜은 인류를 향한 "하나님의 부성적(父性的) 사랑"을 여실히 계시한다.

천지를 지으실 때 하나님은 사람의 "복리(福利)"[7]를 특히 귀하게 여기셨다.

"만약 하나님이 아담을 황량하고 공허한 땅에 두셨다면, 만약 빛이 있기 전에 아담을 지으셨다면, 우리는 그분이 아담의 복리를 위하여 충분하게 채

---

[6] 명문선 21.
[7] 라틴어 "utilitas"는 "이익", "유익", "편리함"이라는 어원적 의미를 넘어서서 "재산" 혹은 "행복"이라고도 번역된다. 이 단어를 "복리"라고 번역한 이유는 하나님이 채우시는 "복(福)"으로서 진정 우리에게 "이(利)로운 것"이라는 뜻을 제시하기 위해서이다.

우셨다고 여길 수 없을 것이다. 실로 하나님은 사람이 필요로 하는 것들을 마련하기 위해서 해와 별들의 운행을 주장하셨으며, 생물로 땅과 물과 공중을 채우셨고, 음식에 족하도록 과일이 풍부하게 맺히게 하셨다. 이렇듯 하나님은 가족이 쓸 것을 미리 바라보고 부지런히 돌보는 아버지의 책임을 떠맡음으로써 우리를 향한 자신의 놀라운 자비를 드러내신다"[8](1.14.2).

하나님은 자신의 형상을 가진 인류로부터 합당한 영광을 받기 위해 그들에게 유익하다고 예견(豫見)하신 대로 모든 것을 미리 창조하셨다. 그리고 그 경륜 가운데서 자신의 "섭리의 손"을 펼치셔서 그들을 성실하게 보호하시고, 가르치시며, 양육하셨다(1.14.22).

하나님이 만물을 지으신 것은 사람이 그것을 사용하고 누리도록[9] 하기 위함이었다.

"그러므로 이 가장 아름다운 극장에 명백히 드러나 손쉽게 만날 수 있는 하나님의 작품들을 경건하게 즐기는 것을 부끄러워 말자!"[10](1.14.20).

5. 4. 천사: 섬기는 영

하나님은 천사를 자신의 "일꾼"으로 창조하셨다. 창세기의 기사는 보이

---

[8] 명문선 22.
[9] 사람이 피조물을 사용하는 것은 단지 필요에 응하는 것이 아니라 하나님께 영광을 돌리기 위한 것이다. 사람이 하나님께 영광을 돌리게 될 때 그것이 진정한 즐거움이 된다. 어거스틴이 구별했듯이, 라틴어 "uti"는 필요를 채우기 위해서 사용한다는 뜻이며 "frui"는 궁극적인 목적을 추구하며 참되게 즐긴다는 뜻으로서 서로 구별된다. 하나님이 인류를 지으시기 전에 만물을 조성하신 것은 그것들을 단지 생리적으로나 물리적으로 사용하는 데 그치지 않고 영적으로 누리도록 하시기 위함이었다.
[10] 명문선 23.

는 피조물의 창조에 대해서만 구체적으로 전한다. 그러나 "천지와 만물이 다 이루어지니라"(창 2:1)는 말씀은 천사의 창조도 포함한다.

천사 역시 하나님의 피조물이다. 마니교도들은 선한 것들의 기원은 하나님이시지만 악한 것들은 사탄으로부터 유래한다고 주장한다. 그러나 하나님은 모든 것을 선하게 지으셨으며 천사들도 그리하셨다. "죄는 본성으로부터가 아니라 본성의 부패로부터 태어난다"[11] (1.14.3).

타락한 천사인 마귀는 본래는 선한 천사였으나 스스로 타락하여 "거짓의 아비"가 되었다(요 8:44). 하나님은 "범죄한 천사들을 용서하지 아니하시고"(벧후 2:4) 심판하신다. 이는 그들이 "자기 지위를 지키지 않고 자기 처소를 떠난 천사들"이기 때문이다(유 6절). 그러나 타락한 천사들도 하나님의 일꾼으로 사용된다. 심지어 타락한 천사들이 하나님의 뜻을 거스를 때에도 그분의 허용 없이는 되지 않는다(1.14.16-19).

천사들은 "섬기는 영"으로서(히 1:14) 단순한 성질이나 영감이 아니라 "실체"이다. 천사들은 "하나님의 자비를 베푸는 관리자들이며 수행자들"이다. 하나님은 천사들의 손을 빌려 율법을 주셨다(행 7:53; 갈 3:19). 그들의 손이 우리를 붙들어 돌에 부딪히지 않게 하며(시 91:11-12) 우리를 둘러 진 치고 건진다(시 34:7). 그들의 섬김으로 광야의 인생길 가운데서 이스라엘 백성이 보호되었다(출 14:19; 23:20) (1.14.6, 9).

천사들은 하나님의 일을 수종(隨從)들며 동시에 그분의 영광을 찬미하는 도구로 사용된다. 그리하여 "천군"(눅 2:13; 단 7:10), "권세"(고전 15:24), "능력"(엡 1:21), "통치"(골 1:26), "보좌"(골 1:16) 등으로 불린다(1.14.5).

"능력이 있어 여호와의 말씀을 행하며 그의 말씀의 소리를 듣는 여호와의

---

11) 명문선 24.

천사들이여 여호와를 송축하라 그에게 수종들며 그의 뜻을 행하는 모든 천군이여 여호와를 송축하라"(시 103:20-21).

천사들은 "하나님의 손"으로 사용된다. 그들은 하나님이 자신의 자녀들에게 은혜를 베푸시는 일을 돕는다. 하나님의 은혜는 중보자를 통한 은혜이므로, 천사들은 결국 중보자 그리스도의 사역을 돕는 일꾼들로서 사용된다. 만군의 주가 서 계시는 사닥다리로 천사들이 오르락내리락 하며 섬긴다(창 28:12; 요 1:51). 천사들의 직임은 중보자 그리스도의 중보를 돕는 데 있다(1.14.12).[12]

하나님은 그리스도를 통해 자신의 은혜를 베푸실 때 천사들을 일꾼으로 사용하신다. 천사들은 그리스도의 나심을 미리 알려주었으며(눅 1:26-38) 그분의 나심을 찬양했다(눅 2:13-14). 천사들은 예수님을 수종들고(마 4:11) 그분의 기도에 힘을 더하였다(눅 22:43) (1.14.6).

천사들은 하나님의 자녀들을 섬기며 그들의 머리로서 중보하시는 그리스도를 수종든다(엡 5:23; 히 1:6). 주님이 교회와 천사들의 머리가 되신다. 그분이 마지막 날 천사들과 함께 강림하실 것이다(마 25:31; 눅 9:26) (1.14.9).

천사와 관련해서 우리는 덕을 세우는 데 도움이 되는 교훈 정도로 만족해야 한다. 하나님의 백성은 진실하고 겸손한 마음으로 계시된 말씀만을 받고자 해야 한다. 그러므로 일체의 "공허한 사색"을 피해야 한다.

"신학자의 임무는 수다스럽게 귀를 즐겁게 하는 것이 아니라 참된 것들, 확실

---

12) 성경은 그리스도를 칭하여 "여호와의 사자" 즉 "하나님의 천사"라고 부르는 경우가 많다(창 18:1; 32:2, 18; 출 3:2-12; 수 5:14; 삿 6:24; 13:18; 말 3:1). 그러나 이는 우리에게 맞추어 주신 호칭일 뿐, 천사를 의미하지 않는다.

한 것들, 유익한 것들을 가르침으로써 양심을 확증하게 하는 데 있다"[13](1.14.4).

우상과 천사에 대한 논의를 통하여 칼빈은 우리가 어떻게 말씀의 비밀을 다루어야 할지를 행간에 역설하고 있다.

첫째, 하나님의 말씀은 시대적 경륜을 헤아리며 받아들여야 한다. 예컨대, 구약시대에 가시적인 표징을 많이 보이신 것은 당시 사람들의 "거칠고 둔한 지성"에 맞추기 위해서였다(1.11.1; 1.14.3).

둘째, 동일한 사안에 대한 방편이 여러 개 있을 때에는 덕을 세우는데 도움이 되는 쪽을 택해야 한다. 공허한 사색이나 번잡스러운 논리는 멀리해야 한다(1.14.3, 4, 16).

셋째, 말씀을 수납하는데 있어서 "겸손과 절제의 규범"이 필요하다. 나타나지 않은 것은 하나님께 속한 것인 줄 알고 은밀히 듣기에 힘써야 한다(1.14.4).

넷째, 하나님이 알려주셔야만 알게 된다는 "신앙의 단순성"을 지녀야 한다. 하나님께 속한 모든 것이 그렇듯이, 계시도 하나님의 불가항력적인 은혜로 말미암는다. 그러므로 무엇보다 "위로 마음을 끌어올리기에" 힘써야 한다(1.14.3).

다섯째, "적절한 한계 안에 자신을 유지"하며 "합당한 예배"를 드리기에 힘써야 한다. 하나님과 우리 자신을 아는 참 지식은 "경건의 지식"이며, 이를 넘어서는 것은 모두 아래로부터 난 것이다. 말씀의 진리는 오직 성령의 역사로 말미암아 위로부터 일정하게, 새벽빛과 같이 내리는 것이다(1.12.1).

---

13) 명문선 25.

[제6주제 : 기독교 강요 1.15.1-8]

사람: 하나님의 형상대로 지어진 인격적 찬미의 도구

6. 1. 원(原) 하나님의 형상

하나님은 사람을 영혼과 육체로 지으셨다. 사람은 "하나님의 작품 중에서 의와 지혜와 인자하심을 드러내는 가장 고상하고 놀라운 표본이다."[1]

사람의 육체는 "흙" 또는 "티끌이나 재"에 불과하다(창 2:7; 18:27). 그러나 하나님은 육체에 생기를 불어 넣어 주심으로써 그 육체가 생령이 되게 하셔서(창 2:7) 불멸하는 영혼이 거주하는 "집"으로 삼으셨다(욥 4:19). 그러므로 우리가 사람의 창조에 나타난 하나님의 비상(非常)한 섭리를 높이 찬양함이 마땅하다(1.15.1).

사람은 하나님의 형상으로 지음을 받았다. 하나님의 형상은 "인간 본성의 온전한 탁월함"을 의미한다. 하나님의 영광은 사람의 모든 부분에서 빛난다. 그러나 "하나님의 형상이 자리 잡은 고유한 좌소(座所)"는 영혼이다.

---

1) 명문선 26.

영혼에는 지식(혹은 진리)과 의와 거룩함이라는 하나님의 형상의 정수가 새겨져 있다(골 3:10; 엡 4:24). 하나님의 형상이 이러함은 영원하신 말씀 안에 계셨던 "생명"이 "사람들의 빛"(요 1:4)이었다는 사실에서 확증된다(창 9:6)(1.15.4).

하나님의 형상은 사람의 영혼에 새겨진 "신적인 무엇"을 의미한다. 그러나 그것이 신성(神性)을 의미하지는 않는다. 하나님의 형상은 인성(人性)의 고유한 특성을 제시할 뿐이다. 헬라 철학과 영지주의에 영향받은 사람들은 사람의 영혼에는 신적 본질이 흘러나와(流出) 그 일부가 (分與) 들어와(注入) 있다고 주장하였다. 칼빈과 동시대인이었던 오시안더(Andrea Osiander)도 이와 같은 오류를 범하였다. 오시안더는 하나님의 형상을 신성의 속성으로 이해하고 영혼과 육체로 이루어진 인간의 구조를 성육신한 예수 그리스도의 신성과 인성의 연합에 상응하는 것으로 여겼다(1.14.2).

사람은 "본체의 유입(流入)"이 아니라 성령의 은혜로 하나님의 형상에 따라 지음받았다. 성령은 우리 안에서 일하시되, 우리를 하나님과 "동일본질로" 만들지는 않는다. 구원의 마지막인 영화(榮化) 상태에 이른 하나님의 백성도 여전히 피조물로서 하나님의 형상을 지니고 있을 뿐이다. 하나님의 형상은 신성 자체가 아닐 뿐만 아니라 신화(神化)의 과정에 있는 그 무엇도 아니다.

하나님의 형상은 영이신 하나님이 자신의 속성에 따라 사람에게 맞추어 새겨주신 고유한 영적인 형상이다. 그것은 사람의 사람됨, 즉 인성을 뜻한다.

"우리가 다 수건을 벗은 얼굴로 거울을 보는 것같이 주의 영광을 보매 그와 같은 형상으로 변화하여 영광에서 영광에 이르니 곧 주의 영으로 말미암음 이니라"(고후 3:18).

영화는 사람이 사람인 채로, 즉 피조물인 채로 하나님의 형상을 완성하는 것이다. 그러므로 사람의 영혼을 "하나님의 본질의 전이(轉移)"라고 보는 범신론적 사고는 기독교 진리와 부합될 수 없다(1.15.5).

하나님의 형상을 신성과 혼동하는 사람들은 대체로 하나님의 형상 외에 하나님의 모양이라는 개념을 별도로 다룬다. 그러나 성경의 용례는 형상과 모양을 구별하지 않는다. 창세기 1:26에서 두 단어가 함께 사용된 것은 동일한 개념을 반복하기 위해서였다. 병행하는 말들이 같은 의미를 지시하며 반복적으로 사용되는 것은 히브리어의 흔한 표현법이다. 성경에서는 형상과 모양을 서로 바꾸어서도 사용하고(창 5:3), 형상을 대표로 칭하기도 하고(창 1:27; 9:6; 골 3:10), 모양을 대표로 칭하기도 한다(창 5:1; 약 3:9). 그러므로 형상과 모양은 동일한 대상에 대한 두 가지 표현으로 이해해야 한다.

하나님은 자신께 고유한 본성인 영에 속한 속성들을 인성 가운데 부여해 주셨다. 그리하여 사람은 피조물이지만 하나님과 인격적인 교통을 하게 되었다. 사람은 하나님의 형상을 가졌기 때문에 만물의 영장으로서 대권(大權)을 행사하며 하나님을 아는 지식을 얻게 된다. 사람은 하나님의 형상을 가짐으로써 이성적이고 영적인 존재로서 하나님을 예배한다.

"하나님의 형상이라는 말은 아담이 처음에 받았던 그 온전함을 의미한다. 아담은 처음에는 올바른 지성을 충만하게 소유하였고 이성의 한계 내에 자신의 정서를 종속시켰으며 모든 감각을 적절한 질서에 따라 조절하였다. 그리고 그는 자신의 뛰어남을 자신을 지으신 분이 수여하신 놀라운 은혜의 선물이라고 여겼다. 하나님의 형상의 주요한 좌소가 가슴과 마음 혹은 영혼과 그 능력에 있다 해도 인간의 어느 부분에도, 심지어는 육체 자체에도, 그 광채의 얼마가 빛나지 않는 곳은 없다"[2] (1.15.3).

이렇듯 타락 전 인류는 "온전함"을 지녔기 때문에 원하지 않았다면 죄를 짓지 않을 수 있었음에도 불구하고 자신의 의지로, 즉 자원하여 타락하였다. 아담은 하나님 보시기에 선을 행할 의지, 즉 자유의지를 가지고 있었다. 하나님은 사람에게 자유의지를 주셔서 뜻을 다한 순종을 통하여 영광받기 원하셨다. 자유의지 가운데서의 순종은 하나님이 받으실 찬양이었다.

하나님이 사람에게 생기를 불어넣으심으로 생령이 되게 하신 것은 생기 있는 자마다 여호와를 찬미토록 하기 위함이셨다(창 2:7; 시 150:6). 하나님은 인류에게 자신의 형상을 주셔서 그들의 순종을 통해 영광받기를 원하셨다. 사람은 "하나님의 영광을 비추는 거울"로 지음 받았다. 그 거울은 지식, 거룩, 의, 경건과 같은 "영혼의 내적인 선"을 마땅히 비추어야 했다(1.15.4). 다만 하나님이 아담에게 인내의 힘을 끝까지 주셔서 그를 붙드시지 않으신 것은 오직 그분의 "계획" 속에 비밀로 감추어져 있다(1.15.8).

하나님은 사람을 자신의 형상에 따라 온전하게 짓기로 작정하셨으며 그렇게 하셨다. 최초의 인류는 온전하였으므로 그 가운데 하나님의 말씀을 순종할 수도 불순종할 수도 있었다.

그러므로 로마 가톨릭 신학자들이 하나님의 형상과 모양을 나누어, 형

---

[2] 명문선 27.

	타락 전	타락 후
형상	불완전한 인간의 자연 상태	유지
모양	형상에 덧붙여진 은사(원의)	상실

▲ 로마 가톨릭의 잘못된 인간 이해

상은 하나님이 작정하신 인류의 자연적인 상태로서 그 자체로는 불완전하기 때문에 모양이 덧붙여져야 한다고 보는 것은 지극히 잘못되었다. 그들은 타락으로 인해 아담이 상실한 것은 오직 이러한 덧붙여진 은사에 국한된다고 주장한다. 그러므로 타락 후에도 인류는 하나님이 처음 짓고자 하신 그 상태, 즉 형상을 그대로 유지한다고 한다. 그들은 아담이 타락함으로써 상실한 이 덧붙여진 은사를 원의(原義)라고 부른다.

이러한 로마 가톨릭 신학자들의 주장에 따르면 최초의 인류가 온전했다는 것, 그들이 전적으로 타락했다는 것, 그들이 전적인 은혜로만 구원받을 수 있다는 것이 모두 부인된다. 그들에 의하면 구원은 처음부터 그렇게 작정된 불완전한 인류가 역사 가운데 완성되어 가는 일종의 진화적 과정과 다르지 않다. 그러나 중생은 진화적 완성이 아니라, 그리스도가 우리의 형상을 새롭게 갱생·개혁해서 "참되고 견실한 온전함"을 회복하는 것이다 (1.15.4).

6. 2. 영혼 : 하나님의 형상의 주요한 좌소(座所)

사람은 영혼과 육체로 구성된다. 영혼은 "불멸하나 창조된 실체로서 사람의 보다 고상한 부분"이다. 영혼은 "육체와는 분리되는 본질적인 무엇"이다. 하나님이 주신 여러 은사를 통해서 영혼이 존재한다는 사실과 그것이 "신적인 무엇"을 지닌다는 사실을 깨닫게 된다. 영혼은 "불멸하는 본질"이며 육체 밖에서도 영원히 사는 실체이다(1.15.2).

　영혼은 단순히 관념이거나 모종의 힘이거나 작용이 아니다. 그것은 "형체(形體)가 없는 실체"이다(1.15.6). 성경은 영혼이 실체임을 반복해서 가르친다. 영혼은 육체와 더불어 죄가 머무는 곳이다(고후 7:1). 영혼의 영원한 구원을 위해서(벧전 1:9) 영혼에 거슬러 싸우는 육체의 정욕을 제어해야 한다(벧전 2:11).

　하나님은 육체뿐만 아니라 영혼까지도 멸하실 수 있는 분이시나(마 10:28; 눅 12:5), 구원받은 우리에게는 "영의 아버지"가 되신다(히 12:9). 그분이 자신의 아들을 우리 "영혼의 목자와 감독"으로 세우신다(벧전 2:25). 사람의 불멸성이 영혼에 있다. 이 점에서 부활을 부정하는 사두개인들이 왜 영혼의 실체와 실재를 믿지 않는지 그 이유가 분명해진다(행 23:8)(1.15.2).

　칼빈 시대의 재세례파는 영혼수면설을 주장하여 사람의 영혼은 육체로 말미암아 활동하므로 죽은 후에는 영혼이 독자적으로 활동하지 못한다고 보았다. 이러한 오류를 반박하면서 쓴 글에서[3] 칼빈은 하나님이 생기를 불어넣어 사람이 생령이 되게 하셨으므로 영혼은 사후에도 인격적인 활동을 그치지 않는다는 사실을 분명히 개진하였다.

　사람의 실체는 본질적으로 영혼에 있기 때문에 하나님의 형상을 회복하는 구원의 은혜가 영혼을 살리는 것으로 이해된다. 최초의 인류가 받은 "산 영"은 오직 "살려주는 영"이신 그리스도의 은혜로 말미암아 회복된다. 구원은 "하나님의 가장 완전한 형상"이신 그리스도의 영을 부음받아서 하나님의 형상을 온전히 회복하는 데 있다.

---

[3] 1534년에 "영혼수면설, 그리스도를 믿는 믿음 가운데 죽은 성도들은 영혼이 잠자는 것이 아니라 그리스도와 함께 산다(Psychopannychia, Vivere apud Christum non dormire animis sanctos qui in fide Christi decedunt)"라는 제목으로 출간.

"오직 너희 심령이 새롭게 되어 하나님을 따라 의와 진리의 거룩함으로 지으심을 받은 새사람을 입으라"(엡 4:23-24).

영혼의 속성은 이성, 양심 그리고 의지로 나타난다. 영혼은 이성적, 도덕적 그리고 자율적인 인격적 실체이다. 하나님을 알 만한 지식과 종교의 씨앗 그리고 양심이 영혼에 새겨져 있다.

영혼은 감각하고, 인식하며, 이해하고, 의지한다. 영혼의 근본적인 기능은 "오성"과 "의지"[4]로 이루어진다. 오성은 선악과 정사를 분별하며 의지는 오성의 판단에 따라 행함으로 나아가고자 결단한다. 인류는 죄로 말미암아 하나님의 뜻을 분별하는 오성도, 그 뜻대로 살고자 하는 의지도 모두 상실했다. 그리하여 하나님의 존재와 그분의 어떠하심과 그분의 뜻을 인식조차 할 수 없으니, 무엇보다 먼저 "지식에까지" 거듭나야 한다.

"새사람을 입었으니 이는 자기를 창조하신 이의 형상을 따라 지식에까지 새롭게 하심을 입은 자니라"(골 3:10)(1,15,6-7).

하나님의 형상/모양	육체: 영혼이 거주하는 집	
	영혼: 하나님의 형상의 중요한 좌소	이성(오성): 선악을 분별
		의지: 선을 행하고자 하는 뜻

▲ 사람의 구조

---

[4] 여기에서 칼빈은 영혼의 구조를 실체와 작용을 불문하고 다루어 그것이 "오성(intellectus)"과 "의지(voluntas)"로 이루어졌다고 주장한다. 이 경우 오성은 이성(ratio)과 거의 동의어로 사용된다. 이성은 영혼의 실체적 구성요소이며 오성은 이성의 빛이 작용하여 생기는 분별력을 뜻하기 때문이다.

[제7주제 : 기독교 강요 1.16.1-1.18.4]

섭리:
영원히 현존하는[1] 하나님의 손

7. 1. 하나님의 보이지 않는 손

"믿음으로 모든 세계가 하나님의 말씀으로 지어진 줄을 우리가 아나니 보이는 것은 나타난 것으로 말미암아 된 것이 아니니라" (히 11:3).

우리의 믿음은 하나님이 "창조주"시라는 사실에만 머물지 않는다. 만물을 창조하신 분은 친히 만물의 "통치자"시며 "보존자"가 되신다. 지으신 분이 지키고, 보호하고, 양육하신다. 지으신 분의 뜻이 없으면 참새 한 마리도 그저 떨어지지 않는다 (마 10:29).

천지가 여호와의 "말씀"과 "입 기운"으로 이루어졌다 (시 33:6). 우주의 모든 부분이 "하나님의 은밀한 영감으로" 생기를 얻는다. 인생도 그러하니, 하나님은 하늘에서 모든 사람을 굽어보신다 (시 33:13). 오직 그분을 "힘입어"

---

1) "현존하는(praesens)", "현존(praesentia)", 이 단어는 "매 상황이 처한 지금"이라는 시간적 의미와 "드러남"이라는 현상적 의미를 동시에 내포한다.

우리가 살고 움직인다(행 17:28). 보이는 것은 나타난 것으로 말미암아 된 것이 아니다(히 11:3). 만물을 창조하신 하나님의 보이지 않는 손이 여전히 만물의 운행을 주장하신다.

성령의 역사는 만물의 창조와 운행에 모두 미친다.

"이것들은 다 주께서 때를 따라 먹을 것을 주시기를 바라나이다 주께서 주신즉 그들이 받으며 주께서 손을 펴신즉 그들이 좋은 것으로 만족하다가 주께서 낯을 숨기신즉 그들이 떨고 주께서 그들의 호흡을 거두신즉 그들은 죽어 먼지로 돌아가나이다 주의 영을 보내어 그들을 창조하사 지면을 새롭게 하시나이다 여호와의 영광이 영원히 계속할지며 여호와는 자신께서 행하시는 일들로 말미암아 즐거워하시리로다"(시 104:27-31).

주께서 자신의 영의 역사로 새 기운을 불어넣어 만물을 새롭게 하신다. 만물을 지으신 하나님이 창조 때 베푸신 "부성적인 호의"를 거두지 아니하시고 여전히 모든 것을 돌보신다. "하나님의 특별하신 돌보심"이 없다면, 하늘의 별이 흩어질 것이며 땅의 수목이 뽑힐 것이다. 그리고 지상의 뭇 인생들이 다 스러질 것이다(1.16.1).

하나님의 섭리는 그분의 눈에 못지않게 그분의 두 손에도 속한다. 하나님은 단지 지켜보기만 하시는 것이 아니라 친히 일하신다. 하나님은 자신을 위하여 친히 준비하신다(창 22:8). 자신의 "능력의 말씀으로 만물을 붙드시며"(히 1:3) "하늘에 계셔서 원하시는 모든 것을 행"하신다(시 115:3).

삼위 하나님이 "스스로 낮추사 천지를 살피시고"(시 113:6) 그때나 이제나 영원토록 함께 일하신다(요 5:17). 하나님이 "현존하는 자신의 손으로" 천지와 그

중의 생물과 사람에게 힘과 양분을 주셔서 보존하시고 자라게 하신다(1.16.2-5).

하나님의 섭리는 통상 자연의 운행에 미친다(일반 섭리 혹은 우주적 섭리). 하나님은 태양을 머물게도 하시고(수 10:13; 왕하 20:11; 사 38:8), 구름과 바람과 불꽃을 자신의 사역자로 삼으시며(시 104:3-4), 모든 육체에게 먹을 것을 주신다(시 136:25). 하나님은 바람을 일으켜 물결이 일게도 하시고 그것을 잠재워 물결이 잔잔하게도 하신다(시 107:25, 29). 바람에 명하여 메추라기를 광야에 내리게도 하시고(출 16:13; 민 11:31) 그것으로 파란(波瀾)을 일으켜 요나를 삼키게도 하신다(욘 1:4). 하나님은 우는 까마귀 새끼에게 먹을 것을 주시며(시 147:9), 사람의 머리털까지도 다 세신다(마 10:30). 하나님의 확실한 명령이 없으면 비 한 방울도 떨어질 수 없다(레 26:19; 사 28:2; 학 2:17) (1.16.7).

하나님의 섭리는 특별히 인생에 미치니 사람의 걸음을 인도하시는 분은 그분 자신이시다(특별섭리).

"여호와여 내가 알거니와 사람의 길이 자신에게 있지 아니하니 걸음을 지도함이 걷는 자에게 있지 아니하니이다"(렘 10:23).

"사람의 걸음은 여호와로 말미암나니 사람이 어찌 자기의 길을 알 수 있으랴"(잠 20:24)(1.16.6).

하나님은 인간의 계획과 의지까지도 자신의 섭리로 다스리신다. 우연한 것 같아도 하나님의 미리 정하심이 없으면 어떤 일도 일어나지 않는다. 운명에 따르는 것 같아도 하나님의 일하심을 통하지 않고 되는 일은 아무것도 없다. 태의 열매를 상급으로 주시는 분, 모든 육체에 식물을 주시는 분은 하나님이시다(시 127:3; 136:25).

"하나님의 뜻은 만물의 최고의 원인이며 제일의 원인이다."[2] 하나님의 섭리는 우연과 운명을 모두 넘어선다. 하나님은 자신의 기뻐하심에 따라서 모든 일을 뜻하시고, 뜻하신 즉 이루시고, 이루신 즉 그 행사가 다 선하다(시 51:4)(1.16.8-9).

하나님의 지식은 단순히 "미리 앎(예지, 豫知)"에 그치지 않는다. 하나님은 모든 것을 미리 아시고 아신 바대로 모두 행하신다(1.16.4). 그분은 항상 목적에 부합한 계획을 가지고 계신다(1.16.7). "은밀한 손"을 움직여 그 "은밀한 계획"을 이루신다. 하나님은 자신이 자신에게 "최선의 명분"이 되신다. 그리하여 무엇이든 계획하고 이루시는 바가 다 선하다(1.16.3; 1.17.1; 1.5.8). 하나님의 일은 인과관계에 따라서 결과가 추론되거나 판단되지 않는다. 오히려 결과가 인과관계를 확정한다. 하나님이 행하신 모든 일은 그 자체가 필연적이기 때문이다(1.16.9).

"그러므로 섭리에 대한 무지가 모든 것들 가운데 최고의 비참함이고 그것을 아는 것은 최상의 복이다"(1.17.11).[3]

7. 2. 사람: 이차적 손[4]

하나님의 부성적 사랑이 우주 만물과 인류와 교회 위에 충만하다. 하나

---

2) 명문선 28.
3) 명문선 29.
4) "이차적 손(manus secundarius)"은 하나님이 사람을 사용하셔서 이루시는 섭리를 지칭한다. 이를 "보이는 손(manus visibilis)"이라고도 한다. 반면 하나님 자신의 섭리는 "보이지 않는 손(manus invisibilis)" 혹은 "일차적 손(manus primarius)"이라고 부른다.

님은 우리 심중의 계획을 헤아리시나 자신의 뜻에 따라 우리의 길을 정하시고 이끄신다.

"사람이 마음으로 자기의 길을 계획할지라도 그의 걸음을 인도하시는 이는 여호와시니라"(잠 16:9).

주께서 모든 일을 행하신다(시 39:9). 주시는 분도 거두시는 분도 여호와시다(욥 1:21). 자신의 백성을 인애와 자비로 끝까지 이끌어가시는 은혜는 오직 하나님 "그분의 손"의 역사로 말미암는다(창 45:7-8; 50:20; 삼하 16:11) (1.17.6-8).

하나님의 섭리가 이러하므로 우리는 모든 책임을 면제받게 되는가? 우리는 모든 것을 운명으로 돌리고 그저 눕고, 졸고, 쉴 것인가? 그럴 수 없다. 하나님은 자신의 보이지 않는 손으로 일하시되 사람의 보이는 손을 사용하신다. 모든 것을 정하신 하나님은 우리에게 기도와 열심을 요구하신다. 섭리를 탓하여 자신의 무능함과 게으름을 핑계할 수 없다. 태양에 노출된 시체의 악취는 태양의 탓이 아니다. 그것은 죽음 탓이다. 태양은 살아 있는 생명을 오히려 자라게 하기 때문이다(1.17.3-5).

하나님은 사람을 사용하여 자신의 일을 이루신다. 하나님이 "주저자(主著者)"이시며 사람은 "그분의 일꾼"이다. 하나님의 뜻이 제1 원인이다. 하나님은 사람을 "이차적 원인"으로 사용하신다.

"여호와는 내 편이시라"(시 118:6).

경건한 사람은, 하나님은 자신의 뜻이 아니면 어떤 일도 이루지 아니하시되 그 뜻이 자신의 백성을 사랑하시되 끝까지 사랑하시는 데 있음을 고백하는 가운데 위로를 얻는다. 우리가 "신실하신 하나님"을 찬미하는 것은 그분의 뜻을 다 알 수는 없지만 그분은 우리를 사랑하시기에 항상 미쁘시다는 사실을 믿기 때문이다(고후 1:18; 딤후 2:13). 이 믿음 가운데(요 6:29) 우리는 하나님께 붙들린 손으로서 그분이 기뻐하시는 일을(시 147:10-11; 렘 9:24) 잠잠히 감당하게 되는 것이다(1.17.9-11).

7.3. 하나님의 뜻[5]

하나님은 자신의 일을 계획하고 행하심에 있어서 "최고의 이유"를 가지고 계신다. 만사에 있어서 "가장 의로운 원인"은 하나님의 뜻이다. 주께서 낫게 하신 맹인이 나면서부터 소경이 된 것은 "하나님이 하시는 일을 나타내고자 하심"이었다(요 9:3).

우리는 하나님의 섭리의 비밀을 다 알 수 없다(시 40:5). 다만 우리에게 필요한 것은 하나님 앞에서의 "겸비함"이다(1.17.2).

"비록 하나님이 자신의 섭리를 이루어가시는 전체 과정에서 그분의 부성적 호의와 자비나 그분의 엄하심과 심판이 종종 밝히 드러나기도 하지만 그 가운데서도 그것들의 원인은 숨겨져 있다"[6] (1.17.1).

하나님의 지혜는 우리의 지혜와는 비교할 수 없다. "나타난 일"은 우리

---

[5] 하나님의 "뜻"을 나타내는 라틴어 "voluntas"는 또한 "의지"라고도 번역된다. 본 단어는 마음으로 뜻하는 데 머무는 것이 아니라 뜻한 대로 행하고자 하는 의향(意向)까지 함의한다. 이러한 어의(語義)는 뜻하신 즉 이루시는 하나님의 섭리에 부합한다.
[6] 명문선 30.

와 우리 후손에게 속하나 "감추어진 일"은 오직 하나님께만 속한다(신 29:29). 하나님의 놀라운 뜻이 우리에게는 감추어져 있다. 성도들은 "지혜와 총명의 영"(사 11:2), "진리의 영"(요 14:17)을 받아서 하나님을 알게 되지만 그분의 섭리는 그분 자신의 지식 가운데 깊이 감추어져 있다.

"깊도다 하나님의 지혜와 지식의 풍성함이여, 그의 판단은 헤아리지 못할 것이며 그의 길은 찾지 못할 것이로다 누가 주의 마음을 알았느냐 누가 그의 모사가 되었느냐 누가 주께 먼저 드려서 갚으심을 받겠느냐"(롬 11:33-35).

그러므로 우리는 오직 하나님의 뜻을 의의 유일한 법칙이자 가장 의로운 명분으로 여기고 겸손히 그분을 찬미해야 할 것이다. 하나님은 자신의 뜻을 율법을 통하여 계시하셨다(신 30:11-14). 어거스틴이 말했듯이, "하나님의 섭리는 영원한 율법이다"(1.17.2).

하나님의 뜻은 영원히 불변하다. 하나님은 요나에게 니느웨의 멸망을 선포하게 하셨으나 실상 처음부터 그들을 구원하기 원하셨다. 성경 여러 곳에서 우리는 하나님이 후회하셨다거나 자신의 뜻을 돌이키셨다는 말씀을 만날 수 있다. 그러나 하나님은 모순되거나 상충(相衝)되는 두 가지 뜻을 가지고 가변적(可變的)으로 일하는 분이 아니시다. 이러한 말씀은 처음 뜻하신 대로 자신의 행사를 끝까지 이루시는 신실하신 하나님의 품성을 오히려 극적으로 드러낸다(창 6:6; 삼상 15:11, 35; 렘 18:8; 욘 3:4, 10; 사 38:1, 5; 왕하 20:1, 5).

하나님은 다양한 상황을 조건으로 삼으셔서 "영원히 정하신 바"를 이루신다(욘 3:10; 사 38:5; 창 20:3, 7). 전지하신 하나님은 후회가 없는 분이시다. 간혹 그분이 후회하신다고 말씀하신 것은 자신의 뜻을 돌이키겠다는 것이 아니라 처음 뜻을 그대로 이루고자 하시는 자신의 간절함을 우리에게 맞추어 드러내신 것이다. 사울을 세우신 것을 후회하신다는 하나님의 음성을 들은 사무엘이(삼상 15:11) "그는 사람이 아니시므로 결코 변개하지 않으심이니이다"(삼상 15:29)라는 고백에 이르게 되었음이 이를 말해 준다(1.17.12-14).

모든 일이 하나님의 뜻으로 말미암고 그 뜻은 항상 동일하다. 우리에게는 그 뜻이 다양하게 보일지라도 하나님은 결코 자신의 뜻을 변개하지 않으신다. 하나님은 자신의 은밀한 뜻을 이루기 위해 악한 사람과 악한 천사라도 사용하신다. 하나님은 자신의 "권능과 뜻대로 이루려고 예정하신 그것을" 성취하시려고(행 4:28), "정하신 뜻과 미리 아신 대로"(행 2:23) 패역한 무리와 이방인들의 손에 자신의 아들을 내주셨다. 선지자들에게 "미리 알게 하신 것"을 행악자들의 손을 통하여 이루게 하신 것이다(행 3:18).

하나님은 어떤 경우이든 "단순한 허용"으로 방임하시는 것이 아니라 "섭리"로 자신의 작정 가운데 이루신다. 사탄을 통한 복수나 징계도 그 "조성자"는 하나님이시다. 사탄은 단지 "일꾼"에 불과하다. 하나님의 뜻이 "만사의 원인"이다. 하나님은 허용하시되, 단지 방임하지 아니하신다. "하나님은 허용하시되, 기꺼이 허용하신다"(1.18.3).

우리는 하나님의 "뜻"과 "가르침"을 구별해야 한다. 간혹 하나님은 우리를 가르치기 위해서 자신의 뜻을 마치 포기라도 하실 듯 말씀하시나 실상 그 뜻은 언제나 동일하다(1.18.1-3). "실로 하나님의 부성적인 선하심과 은혜를 베풀고자 하시는 뜻은 성경 어디를 보아도 반복해서 예찬되고 있다"(1.10.1).

그러므로 우리가 구할 것은 무엇인가? 하나님이 우리 마음의 밭을 갈아 주셔서 우리가 그분의 뜻을 분별할 수 있도록 해주시는 것이 아니겠는가?

"왜냐하면 우리의 지혜는 우리의 마음이 온순하고 가르칠 만한 상태가 되어서 성경에 전해진 것은 무엇이든지 비난하지 않고 받아들이는 데 있기 때문이다"[7](1.18.4).

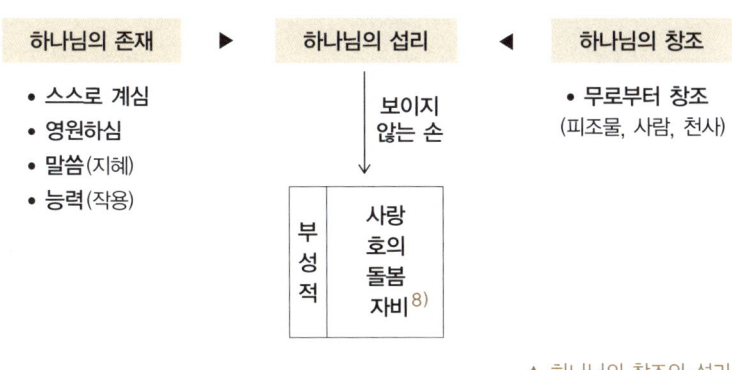

▲ 하나님의 창조와 섭리

---

7) 명문선 31.
8) 칼빈은 "부성적(父性的, paternus)"이라는 단어로 창조주 하나님의 "사랑(amor)", "호의(favor)", "돌봄(cura)", "자비(misericordia)"를 수식함으로써 그 고유한 성격을 뚜렷이 부각시킨다.

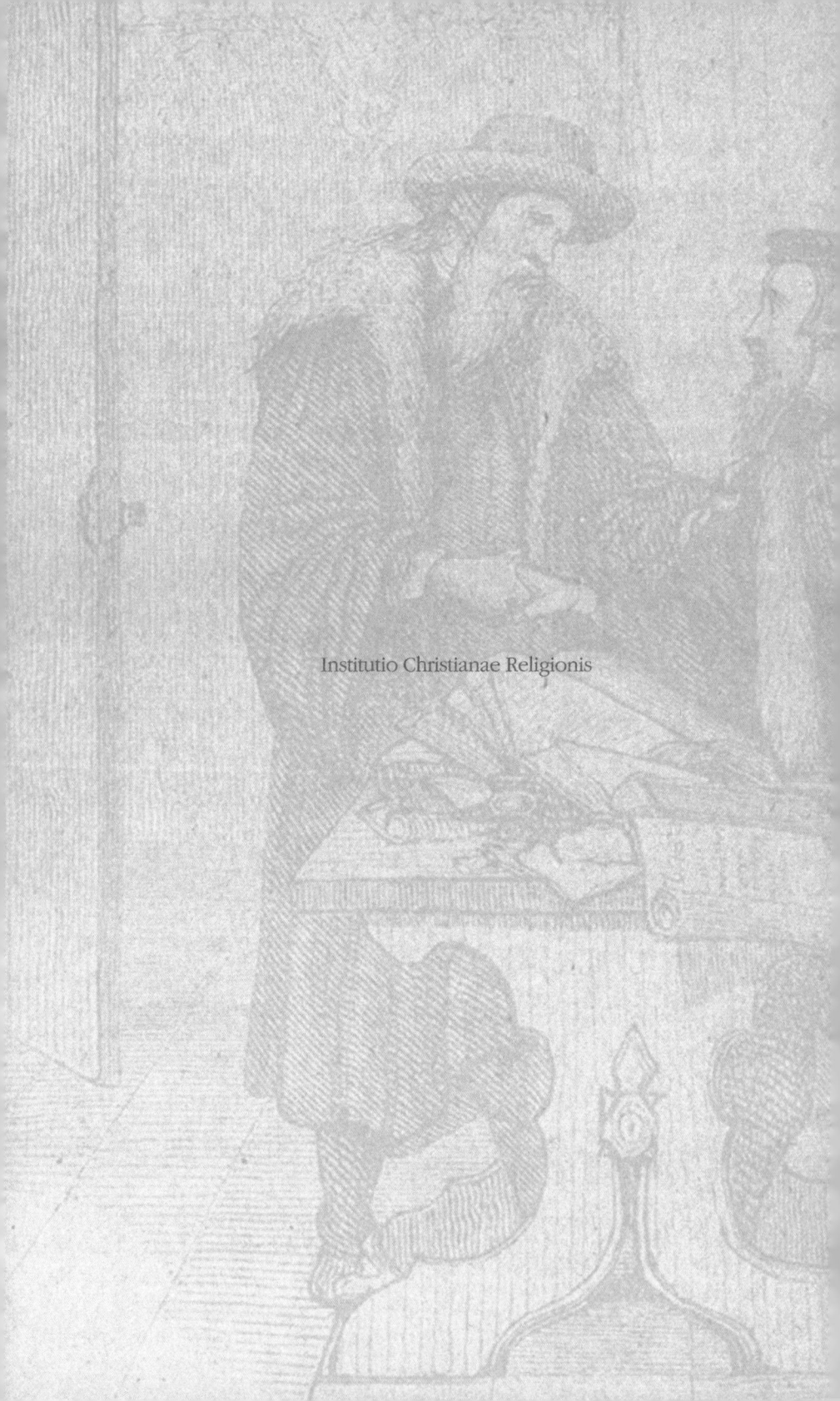
Institutio Christianae Religionis

제2권
8-14주제

성자, 우리를 위하신 구속주 하나님

[제8주제 : 기독교 강요 2.1.1-2.5.19]

원죄: 죄책과 오염의 전가
일반은총: 모든 사람에게 미치는 하나님의 은혜

8. 1. 사람의 타락

우리 자신을 아는 참 지식은, 창조 때에 지음받은 고귀한 상태와 타락으로 그 고귀함을 잃어버린 비참한 상태 사이의 간격(間隔)이 얼마나 심각한지를 깨닫는 데서 비롯된다(2.1.3).

하나님은 "온전한 탁월성"을 부여하여 사람을 자신의 형상에 따라 창조하셨다(1.15.4). 이는 "하나님을 경배"하고, "덕스러운 일에 열심"을 내며, "영원한, 미래의 삶을 묵상"하는 삶을 살도록 하기 위함이셨다(2.1.1, 3). 그러나 사람은 최초에 부여된 이러한 고귀함과 고상함을 모두 상실하고 말았다(2.1.1, 9).

모든 사람에게는 "맹목적인 자기애"가 있어서 자신이 옳으며 유능하다고 여긴다(2.1.2). 아담과 하와는 이러한 망상적인 자기도취(自己陶醉)에 빠져서 최초의 죄를 범하였다. 그리고 그들의 후손도 스스로 옳다고 여기는 바에 따라서 매사에 실족하게 되었다(롬 14:22).

하나님은 최초의 인류에게 자유의지를 주셔서 그들이 "뜻을 다하여" 드리는 인격적 순종을 받기 원하셨다. 그러나 아담과 하와는 하나님의 말씀을 믿지 않고 사탄의 유혹에 넘어가 그들에게 부과된 "복종의 시험"을 제대로 통과하지 못했다. 그들의 "교만"으로부터 "불순종"이 배태(胚胎)되고 그로 말미암아 죄가 세상에 들어왔다(롬 5:19). 죄는 단지 "탐심에 이끌리는 방종"이 아니라, 적극적 불순종이다.

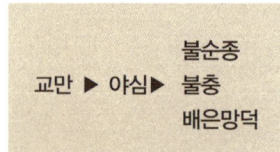
▲ 죄의 본질

죄는 본질상 "불충"과 "배은망덕"에서 기인한다. 여호와의 입에서 나오는 말씀에 귀를 닫고 사탄에게 창문을 열어주자 사망이 그리로 들어왔다(렘 9:20-21). 피조물이 제자리에 머물지 않고 조물주의 자리를 넘보게 되니 말씀을 무시하고 모든 은총을 감사하지도 않게 되었다. 여호와의 말씀을 떠난 일체의 "야심"이 모두 죽음에 이르는 길이거늘!(2.1.4)

8. 2. 원죄: 죄책과 오염의 죄과(罪科)

"그러므로 한 사람으로 말미암아 죄가 세상에 들어오고 죄로 말미암아 사망이 들어왔나니 이와 같이 모든 사람이 죄를 지었으므로 사망이 모든 사람에게 이르렀느니라"(롬 5:12).

하나님은 에덴동산에서 아담을 대표로 모든 인류와 첫 언약을 맺으셨다. 그런데 아담의 불순종으로 모든 사람이 죄인이 되었다. 원죄는 모방에 의해서 전파되는 것이 아니라 언약에 따라서 전가된다. 사람은 모두 죄 중에 잉태되며 죄 가운데 출생한다(시 51:5). 아무도 더러운 것에서 깨끗한 것을 낼 수 없다(욥 14:4). 최초의 인류에게는 "영적 생명"이 있었는데, 이제 하나님으로부터 "멀어짐으로써" "영혼의 죽음"이 들어왔다.

이러한 죄의 삯은 다른 모든 피조물에게도 미쳤다. 이는 그것이 본래 순전한 사람을 위하도록 지어졌기 때문이다(롬 8:20-22). 한 사람으로 말미암아 온 우주에 사망의 "저주"가 편만하게 되었다(2.1.5).

죄는 본성이 아니라 본성의 타락으로부터 왔다. 죄는 사람의 본질로부터 필연적으로 기원하는 것이 아니라 사람이 자신의 자유의지에 따라 지은 죄행(罪行)으로부터 말미암는다.

죄는 사람의 본질적인 속성으로부터 자연히 초래된 것이 아니었다. 멸망의 원인은 하나님께 있지 않으며 우리의 죄에 있다. 사망의 형벌은 "우리 육체의 죄과(罪科)"로부터 기인한다. 타락한 인류에게는 "선천적인 사악함"이 있으나, 그것은 최초의 본성으로부터 온 것이 아니다(2.1.10, 11).

"하나님은 자신의 작품이 아니라 자신의 작품의 부패를 미워하신다"[1] (2.1.11).

원죄는 죄과로 인한 죄책(罪責)과 오염을 포함한다.[2] "죄과가 없으면 죄책도 없다"(2.1.8). 원죄의 죄책은 사망의 형벌을 뜻한다. 그리고 원죄의 오염은 전적인 무능과 전적인 부패를 포함한다. 원죄의 전가는 인격적이며 전체적이다. 이로 말미암아 우리 자신 자체가 "죄의 씨앗"이 되며, 그 모든

---

1) 명문선 32.
2) "죄과(cupla)"는 죄행이 범죄가 되게 하는 비난가치를, "죄책(reatus)"은 죄과에 대한 형벌을, "오염(corruptio)"은 죄과로 인한 비참한 상태를 의미한다.

부분이 죄의 지배 가운데 놓이게 된다(2.1.8).

▲ 타락의 결과

죄의 "전염"은 잉태와 동시에 일어난다. 하나님이 선하게 지으신 영혼에 즉시 죄책과 오염이 전가된다.[3] 원죄의 전가는 자연적이므로 초자연적인 은혜 없이는 방면되지 않는다(2.1.7). 육으로 난 것은 단지 육이므로(요 3:6) 그리스도의 의로 인하여 거듭나지 않는다면 그 앞에는 생명의 문이 닫혀버리기 때문이다(요 3:5; 롬 8:10). 아담 안에서 죽은 사람이 다시 살 길은 오직 그리스도의 품밖에 없다(고전 15:22; 롬 5:19). "죄책은 자연에서 오고 성결은 초자연적인 은총에서 온다"(2.1.7).

아담의 범죄로 모든 사람이 본질상 진노의 자녀가 되었다(엡 2:3) (2.1.6). 모든 사람은 태어날 때부터 사형선고를 받았음에도 불구하고 지상의 삶을 사는 동안 여전히 사망의 죄를 짓는다.

"이 사악함은 우리 안에서 없어지지 아니하고 육체의 일이라는 새로운 열매를 계속해서 맺는데 이는 마치 뜨거운 용광로에서 불꽃과 불똥이 튀어나오며 샘에서 끊임없이 물이 솟는 것과 같다."[4]

사람은 "오성으로부터 의지에 이르기까지 또한 영혼으로부터 육체에

---

3) 칼빈은 영혼유전설이 아니라 영혼창조설에 선다.
4) 명문선 33.

이르기까지 전부가 정욕으로 가득 차 있다"(2.1.8). 그리하여 심령이 새롭게 되어 변화를 받기 전에는(엡 4:23; 롬 12:2) "저급한 욕망", "불경건", "교만"에 사로잡혀 살 수 밖에 없다.

"사람 전체가 마치 홍수를 만난 듯이 머리로부터 발끝에 이르기까지 압도되어 죄를 면한 부분은 하나도 없으며, 사람으로부터 기인하는 것은 모두 죄로 돌려야 한다"[5](2.1.9).

8. 3. 일반은총의 한계: 무지를 변명하지 못함

원죄로 인하여 모든 사람이 하나님 앞에서 전적으로 무능하고 부패하게 되었다. 그럼에도 불구하고 하나님은 그들에게 "영의 선물"을 더하셔서 학술과 기예와 사회적인 삶 등에 있어서 윤택함을 누리게 하셨다(2.2.13-17). 그러나 이러한 일반은총만으로는 하나님의 존재와 하나님이 베푸시는 구원의 호의를 알 수 없다. 아무리 위대한 천재라도 이러한 지식에 있어서는 두더지만도 못하다(2.2.18). 왜냐하면 타락으로 말미암아 초자연적인 본성은 아예 제거되었으며, 비록 자연적인 본성이 조금 남아 있다고 하나 그것마저도 심히 부패하여서 그러한 "기형적인 잔해"로는 영적인 분별력을 전혀 발휘할 수 없기 때문이다(2.2.12).

성령으로 거듭나서 새 생명을 얻지 못하면 아무도 참 지혜와 은혜의 빛을 깨닫지 못한다(요 1:4-5, 13). 영적인 일은 오직 영적으로만 분별된다(고전 2:14). 빛들의 아버지께서 지혜와 계시의 영을 주셔서 마음의 눈을 밝히셔

---

[5] 명문선 34.

야, 성령이라는 "내면적 교사"의 "특별한 조명"이 있어야, 그분 자신과 그분에 속한 온갖 좋은 선물을 볼 수 있게 된다(엡 1:17-18; 약 1:17). 하나님은 아들을 통하여 보혜사 성령을 부어주심으로써(행 2:33; 요 14:26) 우리에게 "깨닫는 마음과 보는 눈과 듣는 귀"를 주셨다(신 29:3-4). 그러므로 스스로 알 수 있다고 하는 자는 자신의 무지를 알지 못하므로 더욱 무지한 것이다(2.2.19-21, 25).

하나님은 율법을 모르는 사람들에게도 각자의 양심에 "자연법"을 새겨주셔서 그들이 무지하므로 죄를 짓게 되었다고 변명할 수 없게 하셨다(롬 1:20; 2:14-15). 그러나 이러한 자연지식으로는 하나님을 예배하는 구원의 지식에 이를 수 없다. 자연법은 십계명의 뒷부분에 해당하는 이웃사랑의 계명에만 관계된다. 죄를 내면적으로 억제하나 내면 자체를 정결하게 하지는 못한다(2.3.3.). 자연의 빛은 그 자체로는 은혜의 심연에 들어가기도 전에 꺼져 버리기 때문이다(2.2.22-24). 하나님의 존재와 그분의 어떠하심을 알 수도 없는데, 하물며 어찌 그분 앞에 선을 행할 의지를 스스로 가질 수 있겠는가?

8. 4. 자유의지[6]: 하나님 보시기에 선을 행할 의지

사람은 그 자신의 선행 때문이 아니라 하나님이 함께 해 주심으로써 지고한 복을 누리도록 지음받았다. 타락 후 인류는 복의 근원 되시는 하나님을 멀리했다. 이제 그들이 스스로 서려고 하는 것은 갈대로 자신을 높이 들고자 하는 것보다도 더 어리석다(2.1.1).

---

[6] 자유의지(free will)는 "arbitrium liberum"으로 표기한다. 이는 의지 혹은 뜻을 의미하는 voluntas와 구별된다.

하나님을 떠난 인류는 전적으로 무능하고 부패해서 죄를 짓고자 하는 의지밖에는 가질 수 없게 되었다. 그들은 하나님을 기쁘시게 할 일을 행할 의지를 상실했다(롬 7:18-19)(2.2.27). 그들은 자신을 감찰하시고 권고하시는 하나님을 아는 지식에 있어서조차 타락하였다.

"사람의 자연적인 은사는 부패되었다. 그러나 초자연적인 은사는 제거되었다"(2.2.4)[7]

하나님은 중심을 보신다. 중심을 보시는 하나님은 거듭나지 않은 사람의 행위는 선한 것으로 받지 않으신다. 그러므로 오직 거듭난 사람만이 진정한 자유의지를 갖게 된다. 거듭남이 전적인 은혜이므로 우리 가운데 선한 일을 행하시는 분은 오직 하나님이시다. 시작은 우리가 하고 하나님은 단지 도우시는 것이 아니다. 그분이 일의 처음과 끝이 되신다.

타락 후 모든 사람에게 생래적으로 부여되는 자연의지는 단지 노예의지에 불과하다. 그것은 죄의 종으로 사망에 매인 사람들이 자연이성의 분별력에 의지하여 일을 행하고자 하는 뜻이나 의향을 일컫는다. 반면에 자유의지는 하나님의 은총으로 말미암아 하나님 보시기에 선을 행할 의지를 일컫는다. 어거스틴이 말했듯이, 자유의지는 "자유로운, 그러나 하나님의 은혜에 의해서 자유롭게 된 의지"이다. 자유의지는 노예나 사생자의 의지가 아니라 하나님의 백성만이 가지는 친자녀의 의지이다(롬 6:15-23; 8:9-17). 그러므로 자유의지는 의의 종으로서 의에 매인 거듭난 사람의 의지라고 할 것이다(2.2.4-6, 8, 12).

---

[7] 명문선 35.

"자유의지는 은혜를 통해 세워진다."[8)]

자연의지	—	죄를 지을 수밖에 없는 타락한 인류의 보편적인 노예의지
자유의지	—	하나님 앞에서 선을 행하고자 하는 거듭난 성도의 의지

▲ 자연의지와 자유의지

주의 영을 받은 중생(重生)자는 진정한 자유자로서(고후 3:17) "나를 떠나서는 너희가 아무것도 할 수 없음이라"(요 15:5)는 주님의 음성을 붙든다(2.2.8). 반면에 비중생자는 아무 것도 할 수 없다는 자조(自嘲)가 아니면 무엇이든 할 수 있다는 자만(自慢)에 빠질 뿐이다.

자유의지는 양자의 영을 받은 성도가(롬 8:15; 갈 4:6) 무엇이든지 주님의 이름으로 구하면 주께서 친히 행하심을 믿고 행하고자 하는 의지이다(요 14:13-14). 주님은 포도나무요 우리는 가지로서 우리가 그분 안에 거하여 그분 말씀대로 구하면 무엇이든지 능치 못함이 없다(요 15:7, 16). 서기관과 바리새인은 자신들의 자질에 비추어 하나님의 계명을 자의적으로 가감(加減), 첨삭(添削)했는데 이는 그들이 여전히 노예의지에 묶여 있었기 때문이다(마 5:17-20).

자유의지는 할 수 없다고 하는 것도 아니고 스스로 할 수 있다고 하는 것도 아니다. 그것은 주님의 은혜로 능치 못함이 없다고 하는 것이다. 그러므로 진정한 자유의지를 누리게 되는 제일 덕목은 첫째도, 둘째도, 셋째도 "겸손"이다(약 4:6; 벧전 5:5-6; 잠 3:34) (2.2.11).

자유의지는 거듭난 하나님의 백성이 그분의 의를 분별하여 선택하고 그

---

8) 명문선 36.

대로 따르고자 하는 의향으로서 원함과 행함 모두에 관련된다(롬 7:18-19). 자유의지는 오직 성령의 "자극에 따라서" 영적으로 발동한다. "영은 자연이 아니라 중생으로부터 기인한다"[9](2.2.26-27).

타락 후 모든 사람은 죄를 짓지 않을 수 없는 상태에 놓이게 되었다(롬 8:7; 시 14:1-3; 53:1-3)(2.3.2). 그러나 필연적으로 죄를 짓지만 스스로의 의지에 따른 것이다. 왜냐하면 모든 사람은 "자발적 노예의 멍에"를 메고 자유롭게 죄를 짓기 때문이다. 즉 "자발적 필연성" 가운데 놓여 있기 때문이다. 그러므로 "필연성"과 "강제"는 구별해야 한다(2.3.5).

어거스틴이 말한 바와 같이 사람은 필연적으로 죄를 지으나 자원해서 짓는다. 즉 죄를 지을 수밖에 없으나 자기 책임하에 짓는다. 원죄의 언약적 전가로 말미암아 모든 사람은 아담의 죄를 자기의 죄로 삼게 되기 때문이다(2.4.1). 어거스틴의 대척점에 서 있었던 펠라기우스는 타락 후에도 모든 사람에게는 자유의지가 남아 있으며, 죄는 그 가운데 행해진 것으로서 자원적이라고 주장하였다. 그는 필연적인 죄는 죄가 아니며 자원적인 죄는 피할 수 있다고 항변하였다. 펠라기우스에 의하면 타락한 인류는 여전히 죄를 지을 수도 짓지 않을 수도 있는 최초의 상태에 머물고 있다. 즉 원죄가 부인된다(2.5.1).

하나님은 거듭난 우리에게 선을 행할 자유의지를 주시지만 그것으로 곧 능력을 부여하시는 것은 아니다. 거듭난 사람은 자유의지를 갖게 되나 그 의지대로 행하는 능력을 하나님으로부터 받지 않으면 스스로 아무 것도 행할 수 없다. 하나님은 우리가 그분의 뜻대로 살도록 명령하심으로 우리가 그분께 마땅히 구해야 할 것이 무엇인지 알려 주신다. 하나님의 명령이

---

[9] 명문선 37.

우리의 능력의 척도가 되는 것은 아니다. 하나님은 우리가 행할 만한 일만 명령하시는 것이 아니다. 오히려 우리의 무능을 깨닫고 하나님 자신을 의지하도록 만들기 위해서 우리가 자력으로 할 수 없는 것을 율법으로 명령하신다. 그러나 여기에 "달콤함"[10]이 있으니 하나님은 우리가 할 수 없는 것조차 명령하셔서 스스로 은혜의 약속을 이루신다(2.5.4-11).

"내가 오늘 네게 명령한 이 명령은 네게 어려운 것도 아니요 먼 것도 아니라 하늘에 있는 것이 아니니……오직 그 말씀이 네게 매우 가까워서 네 입에 있으며 네 마음에 있은즉 네가 이를 행할 수 있느니라"(신 30:11-14).

모든 사람은 필연적으로 죄를 지을 수밖에 없으나, 오직 거듭난 사람은 전적인 은혜로 기꺼이 선을 행하는 진정한 자유를 누리게 된다. 그러므로 선행을 하고자 하는 의지도 하나님의 선물이다(2.3.12). "의지에 있는 선한 것은 모두 하나님의 은총으로 만들어진 것이다"(2.3.6). "결심하는 것은 본성에 속하고 바르게 결심하는 것은 은총에 속한다"(2.5.15).

"사람의 의지는 자유에 의해서 은총을 얻는 것이 아니라, 은총에 의해서 자유를 얻는다"[11](2.3.14).

하나님은 "우리의 공로"가 아니라 우리에게 베푸신 "자신의 은사"에 대해서 상급을 주신다. 우리의 달음박질과 그로 인한 상급조차도 은혜이다

---

[10] 칼빈은 명령하신 분이 친히 이루시는 하나님의 불가항력적인 은혜를 "달콤함(suavitas, sweetness)"이라는 말로 표현하는 경향이 있다.
[11] 명문선 38.

(2.5.2). 하나님이 전적인 은혜와 사랑으로 우리 안에서 친히 행하신 모든 일이 다 우리의 것으로 여겨지게 된다(2.5.15). 선행은 "자유의지"와 "효과적인 노력"으로 이루어진다. 이 두 가지 모두의 "저자"는 하나님이시다(2.3.9). 그러므로 모든 것이 은혜 위에 은혜로다!

[제9주제 : 기독교 강요 2.7.1-2.8.59]

율법: 경건하고 올바른 삶의 규범[1]

9. 1. 언약의 법: 하나님의 뜻과 어떠하심의 계시

율법은 삶의 규범으로서 하나님의 백성이 하나님과 이웃을 사랑하며 살아가는 길을 제시한다. 율법에는 자신의 백성을 향한 하나님의 뜻이 계시되어 있다. 예컨대, 우리에게 거룩함을 명령하시는 하나님은 자신의 뜻이 우리의 거룩함에 있음을 드러내신다(살전 4:3). 율법에는 또한 하나님의 어떠하심이 계시되어 있다. 우리에게 거룩함을 명령하시는 하나님은 자신을 거룩하신 분으로 계시하신다.

율법은 "가장 고상하고 유익하게 삶을 정돈하여 세우는 방식"을 알려준다(3.7.1). 율법 가운데 성도는 "참 경건의 도(道)"를 배운다(2.8.1). 그곳에는 "정직하고 올바른 삶을 사는 영원한 규범," "완전한 의의 모범"이 제시되

---

1) 칼빈은 십계명을 염두에 두고 율법을 "경건하고 올바른 삶의 규범(regula vivendi pie et iuste, rule of living piously and uprightly)"이라고 정의한다. 전반부는 하나님 사랑을 다룬 1-4계명, 후반부는 이웃 사랑을 다룬 5-10계명의 본질을 드러낸다.

어 있다(2.7.14; 2.8.5).

    율법은 그것의 수여자[2]이신 하나님의 "지혜, 의, 인자, 긍휼, 진리, 능력, 생명"을 계시한다. 이렇듯 율법을 통해 우리는 언약 백성의 소명을 확인하고 동시에 우리를 향한 하나님의 뜻과 그분의 어떠하심을 깨닫는다. 이 앎이 하나님을 만나는 것과 다를 바가 없다. 그러므로 시편 기자는 주야로 율법을 묵상함으로 하나님의 뜻을 궁구(窮究)하였으며 그것을 알게 되었을 때에는 침상을 적시도록 눈물을 흘리며 기뻐하였다.[3]

```
율법: 경건하고 올바른 삶의 규범 ─┬─ 하나님의 어떠하심의 계시
        (언약의 법)              └─ 하나님의 뜻의 계시
```

▲ 율법의 본질

    율법은 삶의 규범을 가르치는 십계명과 함께 하나님이 모세를 통해 가르쳐 주신 "종교의 양식"[4]을 포함한다. 율법의 의는 "모든 명령을 지켜 행하라 그리하면 살리라"(신 4:1; 5:29-33; 6:1-3; 8:1)는 선포로 나타난다. 율법은 사람이 할 수 있는 것이 아니라 해야 할 것을 계시한다. 아무도 율법의 의를 다 충족시킬 수는 없으므로 율법을 좇아 살기 위해서는 중보자 그리스도의 은혜가 필요하다. 율법은 "은혜 언약" 가운데서만 본질적으로 작용한다(2.7.1). 그러므로 그것을 언약의 법이라고 부르는 것이 마땅하다(롬 7:12).[5]

---

[2] 하나님을 "수여자(largitor)"라고 부를 때 또한 "조성자(autor)"이심을 함의한다.
[3] 이 부분은 『기독교 강요』 초판 제1장 도입부에 잘 전개되어 있음.
[4] "종교의 양식(forma religionis, form of religion)." 율법은 하나님이 인간과 관계를 맺고 있는 제(諸) 양상, 즉 전체적인 종교 현상을 칭한다는 의미로 이렇게 표현하였다. 칼빈은 "종교(religio)"와 "경건(pietas)"이라는 말을 거의 유사한 의미로 사용한다. 굳이 어감의 차이를 표현해 본다면, "종교는 경건의 양식"을 의미한다고 할 수 있다.
[5] 율법은 "사람이 할 수 있는 것(quid possint homines [agere], what men can do)"이 아니라 "해야 할 것(quid debeant, what they should do)"을 계시한다. 루터도 이러한 인식에는 이르렀으나 율법을 언약 가운데 이해하는 데까지는 미치지 못했다.

율법에는 도덕법, 의식법, 재판법이 있다. 그중 의식법과 재판법은 폐지되었다. 다만 이 둘은 "효과가 없어진 것이 아니라 사용되지 않을 뿐이다." 즉, 외적 시행이 폐지되었을 뿐, 그 뜻은 완성되었으며 그 가르침은 언제나 유효하다. 예컨대, 구약의 의식법 특히 제사법을 통하여 예수 그리스도의 십자가 대속의 의의와 가치가 속죄와 화목에 있음을 확정할 수 있으며, 구약의 재판법 특히 이웃 사랑에 대한 규례와 배상과 보상에 관한 법을 통하여 비록 신구약의 시대적 경륜에 따른 차이는 있으나 성도가 추구해야 할 사랑과 공평의 원리는 언제나 불변하다는 것을 각인시킬 수 있다(2.7.1, 16-17).

율법은 세상의 법과는 달리 단지 형벌의 두려움을 고지하여 죄를 억제하는 기능에만 머물지 않는다(2.5.7). 율법은 규범을 제시하는 일과 정죄하는 일을 한다(2.8.1). "본래" 율법은 하나님의 백성이 살아가야 할 규범으로서 수여되었다. 그러나 마치 태양이 길을 비추는 본연의 작용을 하지만 동시에 어둡고 후미진 곳을 들추어내듯이, 율법은 삶의 길을 제시하는 가운데 죄를 드러내는 사역을 "우연히"[6] 감당하게 된다.

율법은 항상 교육하는 역할을 한다. 율법은 "하나님과 사람 사이의 화해의 길"을 가르친다(1.6.2). 율법을 통해 우리는 그리스도의 은혜를 구하고(1.9.3), "그리스도의 형상"을 닮으려고 노력한다(2.12.4). 율법은 "하나님의 자녀들이 다니는 특별한 학교"(1.6.4)이며 그리스도는 그 학교의 "내적 교사"이시다(3.1.4). 그러므로 율법의 가르침은 "하나님의 특별한 축복으로 받아야 하며, 가장 높은 영광을 하나님이 세우신 언약에 올려 드려야 한다."[7]

---

[6] 아담과 하와의 범죄는 하나님에 의해서 적극적으로 작정된 것이 아니었다는 측면에서 "비본래적" 혹은 "비본질적"이었으며, 사람의 고유한 품성에 기인한 것이 아니었다는 측면에서는 "사건적"이었다. 필자는 이 두 가지를 염두에 두고 라틴어 "accidentaliter"를 "우연히"라고 번역하였다. 이런 의미에서 이 단어는 "본래(orginaliter)"라는 말과 정확히 대조된다.
[7] 칼빈의 신 5:2 주석에서 인용.

9. 2. 율법의 중보자 그리스도[8]

하나님은 선하고 완전한 규범으로 율법을 주셨다. 율법에는 명령과 함께 약속이 포함되어 있다(2.5.7, 10, 12). 그리스도는 "모든 믿는 자에게 구원을 이루기 위하여 율법의 마침"이 되신다(롬 10:4). "마침"은 "완성"으로서의 끝을 의미한다.[9] 주님은 율법을 폐하려 하심이 아니요 "완전케 하러" 오셨다(마 5:17). 그리하여 율법의 일점일획이라도 폐하지 않고 다 이루셨다(마 5:18).

예수 그리스도는 제사장-왕으로 오셨다. 다윗은 모세의 율법 아래에서 왕국을 이루었다. 구약 백성은 레위지파와 유대지파 다윗의 후손 사이에 오실 주님을 마치 "이중의 거울"을 들여다보듯이 보았다(2.7.2).

새로운 복음이 없듯이 새로운 율법도 없다. 다만 새 시대를 사는 새로운 은혜의 백성이 있을 뿐이다. 주께서 새 은혜의 영을 부어 주심으로 자신의 의를 언약의 백성에게 전가하시고, 그 은혜의 "옷을 입은"[10] 율법을 온전히 지켜 행할 수 있는 자리에 세우셨다. "율법 조문"은 죽이는 것이나 그리스도는 "살리는 영"이 되셨다(고후 3:6-7). 그 영이 이제 성도들에게 부어졌다(행 2:33). 이것이 율법을 완성하셨다는 의미이다(2.7.2, 14).

그러므로 그리스도의 중보가 없으면 율법은 어떤 신학적 기능도 감당할 수 없다. 율법의 약속은 그리스도의 은혜 없이는 헛되다. 율법이 죄를 깨달아 회개에 이르게 하는 기능을 하게 되는 것은 주께서 우리를 대신하여 죽으시고 다시 사셨기 때문이다. 우리가 율법을 지켜 행함으로 상급받게 되

---

[8] "율법의 중보자 그리스도(Christus mediator legis)." 칼빈은 이 개념을 갈라디아서 3:19-20 설교에서 세 가지로 개진하였다: 첫째, 전체 구원을 이루시는 화목의 중보자, 둘째, 진리를 알게 하시는 지식의 중보자, 셋째, 왕-제사장으로서 기도하시는 중재의 중보자.
[9] 헬라어 "τέλος"는 "완성(complementum)"으로서의 "끝(fines)" 곧 "목적(scopus, meta)"을 의미한다.
[10] "은혜의 옷을 입은(vestita)" 율법을 "전체 율법(lex tota)"이라고도 한다. 이에 반하여 은혜와 무관한 율법의 문자 자체는 "벌거벗은 율법(lex nuda)"이라고 한다.

는 것은 주께서 모든 율법에 순종하여 이루신 자신의 의를 우리에게 전가해 주시기 때문이다(2.7.4).

"마음을 다하고 목숨을 다하고 뜻을 다하고 힘을 다하여"(막 12:30) 하나님을 온전히 사랑할 자가 어디 있는가? 육체의 소욕으로부터(갈 5:17) 전적으로 자유로운 자가 어디 있는가? 율법에 기록된 대로 모든 일을 행하지 않으면 저주 아래 있다고 했는데(갈 3:10; 신 27:26), 누가 모든 것을 지켜 행함으로써 은혜에 머물 수 있을 것인가?

율법은 우리의 무능과 허물과 죄를 깨닫게 하지만 또한 그리스도의 은혜로 나아가는 길을 제시한다. 모세의 율법은 아브라함의 언약 가운데 수여되었다. 모세와 맺은 언약을 통해 하나님은 아브라함에게 하신 약속이 그리스도의 율법 성취로 이루어질 것을 확정하셨다. 그러므로 율법은 하나님의 약속 즉 언약의 은혜와 결코 반대될 수 없다(갈 3:13-14, 21). 율법은 본질적으로 저주가 아니며, 항상 저주하는 것도 아니다. 율법은 중보자 그리스도의 중보로 역사하는 은혜의 법이다. 율법은 본래 선하지만, 다만 사람이 악하기 때문에 저주의 기능을 하는 것이다. 그러므로 "율법은 항상 저주한다"[11]는 루터주의 신앙고백은 합당하지 않다.

그리스도의 의를 전가받은 사람에게는 율법이 삶의 규범으로 작용한다. 그리하여 빛과 같이 내면을 밝히고 꿀송이같이 단맛으로 영혼을 깨우는 기능을 수행한다(2.7.5). 주께서 제자들에게 답하신 다음 말씀에 하나님이 율법을 주신 비밀의 경륜이 들어있다.

"사람으로는 할 수 없으나 하나님으로서는 다 하실 수 있느니라"(마 19:26).

---

11) "lex semper accusat," 이 원리는 "아우크스부르크 신앙고백서에 부치는 변증서"에서 확립되었다.

9. 3. 율법의 삼중적 용법

9. 3. 1. 율법의 제1 용법

하나님은 율법을 통하여 성도의 삶을 규율하는 합법적인 명령권이 자신에게 있다고 말씀하시고, 자신을 하나님으로 경외하라고 요구하시며, 그 방법을 가르쳐 주신다(2.8.1). 율법을 통하여 우리는 율법의 의와 우리 삶의 간극이 얼마나 큰지 깨닫는다. 율법은 우리의 무능과 악함을 동시에 들춰내기 때문이다(2.8.3).

칼빈은 창세기 15:6 설교에서 율법이 우리로 삶을 세심하게 살펴보게 함으로써 자신에 대해서 절망하게 하고 궁극적으로 그리스도 안에서 구원을 찾게 한다고 말하였다. 이는 율법의 제1 용법의 핵심을 설명한 것이다. "율법은 하나님의 의-하나님을 기쁘시게 할 만한 유일한 의-를 드러냄으로써 모든 사람의 불의를 경고하고, 드러내고, 정죄하며, 마침내는 저주한다."[12] 율법은 사람들이 자신들의 연약함과 추함을 깨닫게 해서 도피처인 중보자 그리스도께로 피하게 하는 작용을 한다. 학자들은 이를 신학적 용법이라고 부른다(2.7.6).

칼빈은 이러한 율법의 작용을 설명하기 위해서 "저울"과 "거울"이라는 두 가지 은유를 사용한다. 그리하여 율법이 정죄의 기능을 할 동안에도 삶의 규범으로서 사람들로 하나님의 뜻을 올바르게 깨닫게 하는 직분을 수행함을 강조한다(2.7.6-7). 율법은 "거룩하고", "정당하고", "선한" 것으로서, "우선은" 그 명령으로 사람들을 좌절케 하지만 "동시에" 그 약속으로

---

12) 명문선 39.

사람들을 위로함으로써 그리스도를 찾게 한다(2.5.4-11, 2.7.1-5).

어거스틴에 따르면, "율법을 주신 목적은 위대한 체하는 우리를 작게 만들고, 우리에게 의를 얻을 힘이 없다는 것을 증명하여, 무력하고 무가치하며 빈궁한 우리가 은총으로 피난하게 하려 함이다." "하나님이 우리가 할 수 없는 것을 명령하시는 것은 우리가 마땅히 구해야 할 것을 알게 하시려는 뜻이다." 그러므로 우리는 다음과 같이 기도하여야 한다. "주여 행하소서, 자비하신 주여 행하소서, 우리가 할 수 없는 일을 명하소서, 당신의 은총 가운데서만 할 수 있는 일을 명하소서!"(2.7.9).

율법의 제1 용법은 하나님이 적극적으로 작정하지 않은 인간의 "우연한 속성", 즉 죄성(罪性)으로 말미암아 생긴 작용이다(2.1.11). 초대교회 암브로시우스가 말했듯이, "원래 적합한 경청자(傾聽者)를 만나면 구원을 주기로 계획된 율법이 죄와 죽음의 원인으로 변하는 결과가 되었다"(2.7.7). 이러한 용법은 죄인에게 율법의 의를 깨닫게 해서 그리스도의 의를 찾을 수밖에 없도록 하는 칭의 단계의 작용이다(롬 3:19-31).

"율법의 명령 안에서, 하나님은 아무도 채울 수 없는 완전한 의에 대해서는 상을 주시는 자로, 반대로 악을 행한 사람에게는 엄한 심판을 내리는 자로 자신을 계시하신다. 그러나 그리스도 안에서, 은혜와 자비로 가득한 하나님의 얼굴은 우리와 같은 불쌍하고 무가치한 죄인들을 향해서도 빛난다" [13] (2.7.8).

---

13) 명문선 40.

9. 3. 2. 율법의 제2 용법

율법의 제2 용법은 형벌에 대한 두려움으로 죄를 억제하도록 하는 기능이다. 이 용법은 "내부의 영혼"이 아니라 "외부의 행위"만을 규율한다. 즉 죄행이 외부적으로 밝혀져서 형벌을 받게 되리라는 두려움 때문에 율법을 어기지 않도록 제어하는 작용을 말한다(2.7.10). 율법이 작용하는 방법에 있어서는 제2 용법과 제1 용법이 다르지 않다. 왜냐하면 제2 용법도 "교사"로서 하나님의 뜻을 계시하고 가르치는 율법의 규범적 사역에 기반하고 있기 때문이다. 따라서 율법의 제2 용법과 관련해서도 이를 단지 일반 시민법적 기능과 동일시하는 우(愚)는 피해야 한다. 학자들은 이를 정치적 용법이라고 부른다(2.7.11).

9. 3. 3. 율법의 제3 용법

율법은 "영혼 속에 이미 하나님의 영이 살며 다스리고 있는 신자들 가운데도" 여전히 작용한다. 율법의 제3 용법은 "거듭난 사람들 가운데 작용하는 용법"을 지칭한다. 그들에게는 율법이 마음과 생각 속에 깊이 새겨져 있다(렘 31:33; 히 10:16). 이와 관련하여 율법의 가르치는 사역과 권고(勸告)하는 사역이 주목된다.

가르치는 사역으로서, 율법은 거듭난 사람들에게 "주님의 뜻을 좀더 순수하게 알아가며 날마다 진보가 있도록 하는" 역할을 계속한다. 율법은 신자들을 가르치는 기능을 계속한다. 이것은 하나님의 백성이 하나님의 뜻을 알아가고 "그 뜻에 순응하고 적응해 가는" 과정을 말한다.

권고하는 사역으로서, 율법은 "성도들이 그것을 수시로 묵상함으로써 순종에 이르게끔 경성(警省)하고, 그 안에 더욱 굳건하게 서며, 배도(背道)한 반역의 길로부터 돌이키게 한다." 권고의 사역은 인식적(認識的) 교훈의 수준을 넘어선다. 그것의 작용은 오히려 의지적(意志的)이다. 율법은 성도들을 위한 "채찍"과 "계속 찌르는 가시"로서 그들의 영혼을 소성(蘇醒)하게 하는 작용을 감당한다(2.7.12). 이러한 역사는 그리스도의 중보 없이는 불가능하다.

그리스도인의 삶에서 율법이 계시하는 약속은, 성도들이 거룩하고 의로운 삶을 살 수 있도록 중보자 그리스도가 여전히 활동하신다는 데 있다. 그리스도의 영을 받은 성도마다 율법 가운데서 "의에 대한 절대적인 모범"과 "영원하고 단호한 삶의 규범"을 배우고 이로부터 의지적 결단에 이르러 올바른 방향을 잡고 달음질하기를 힘쓰게 된다(고전 9:24-26)(2.7.13).

그러므로 중보자가 없으면 율법에는 어떤 "즐거움"이나 어떤 "달콤함"도 없다.[14] 오직 그리스도의 중보하심으로 말미암아 율법은 거듭난 사람들에게 본연의 규범적 사역을 감당하게 되는데, 이것은 "율법의 주요하고 고유한 목적에 가깝다"(2.7.12). 하나님의 은혜로 우리가 율법의 요구를 이루는 것은 마땅한 빚을 갚는 것과 같다. 그러나 하나님은 이러한 마땅한 행위에 대해서도 상급을 주신다. 심지어 여전히 성화 과정에 있는 우리가 행한 "반쪽짜리 복종"도 하나님은 완전히 만드셔서 받으시고, 더하여 상급을 주신다(2.8.4; 2.7.4).

---

14) 율법의 "즐거움(oblectatio)"과 "달콤함(suavitas)"은 "명령(praeceptum)"에 대한 "약속(promissio)"을 다 이루시고 그 의를 지금 우리에게 전가해 주시는 중보자 그리스도의 은혜에서 찾을 수 있다.

```
                    ┌ 규범적 사역        ┌ 신학적 용법
율법의 사역 ─┤              ─ 용법 ─┤ 정치적 용법
                    └ 정죄적 사역        └ 성도들을 위한 용법
```

▲ 율법의 사역과 용법

9. 4. 율법 해석의 원리

하나님은 율법에서 자신의 어떠하심을 드러내셔서 사람이 "신적인 순수함의 모범을 좇아" 온전히 빚어져 가기를 원하신다. 율법에 계시된 경건의 직분은 하나님 사랑(신 6:5; 11:13)과 이웃 사랑(레 19:18; 마 22:37-40)으로 요약할 수 있다. 하나님 사랑과 이웃 사랑은 경건의 열매이면서 동시에 "경건에 대한 최종 증거"가 된다(2.8.53). 율법은 "참 경건의 도"를 제시한다. 그곳에는 "경건과 사랑의 모든 의무"가 기록되어 있다(2.8.1, 51).

우리의 덕행은 모두 주 안에서 이루어진다. "명령하시는 것을 주시옵소서. 그리고 원하시는 것을 명령하시옵소서!"[15]라는 어거스틴의 기도문이 "은혜의 율법"이 작용하는 원리가 된다. 오직 그리스도께 접붙임받은 사람만이 그분의 영을 받아 은혜로 말미암아 율법을 지켜 행할 수 있기 때문이다(2.8.57).

그러므로 율법을 해석할 때는 다음 사항을 유의해야 한다.

첫째, 율법의 "입법자"시며 "수여자"이신 하나님의 "본성"을 깊이 숙고해야 한다. 하나님은 중심을 보시므로 그분의 율례와 법도도 사람의 속을 다스린다. 그리스도는 "율법의 최고 해석자"로서 위에 계신 아버지의 뜻

---

15) "Da quod iubes et iube quod vis." 이 기도문은 두 가지를 담고 있다. 첫째, 주의 일을 적극적으로 감당하겠다는 의지이다. 둘째, 그것을 오직 은혜로만 감당할 수 있다는 겸손이다.

을 충실히 가르치셨다. 율법은 신령한 것이므로(롬 7:14) 신령하게 해석해야 한다(2.8.6-7).

둘째, 율법의 문자적 의미를 넘어서야 한다. 소극적으로 금지하는 규율일지라도 적극적으로 해석해야 한다. 예컨대 살인하지 말라는 법은 힘 닿는 데까지 이웃을 먹여 살리라는 규범으로 받아야 한다. 하나님의 계명들은 "제유법(提喩法)"[16)]에 따라 광의적으로 해석해야 한다. 무엇보다도 율법의 "의(義)" 혹은 "도(道)"와 함께 그것을 주신 본래의 "목적"을 깊이 고려하여야 한다(2.8.8-10).

- 입법자의 뜻에 따라 신령하게
- 적극적 – 광의적으로
- 하나님 사랑과 이웃 사랑을 조화롭게

▲ 율법해석의 원리

셋째, 제1-4 계명과 제5-10 계명을 조화롭게 해석해야 한다. 하나님에 대한 경건의 의무와 이웃에 대한 사랑의 의무는 함께 역사한다. 진정 하나님의 뜻이 한 생명을 천하보다 귀하게 여기는 데 있다고 확신하는 사람만이 이웃을 자신의 몸과 같이 사랑하게 될 것이다(눅 10:27). 율법을 통하여 하나님의 뜻과 그분의 어떠하심을 깨닫는 자마다 이웃을 위한 사랑이 곧 예배와 다르지 않음을 올바로 인식할 것이다. 그럼으로써 모든 삶이 예배임을 확신할 것이다(2.8.11-12).

---

16) 칼빈이 "제유법(synecdocha)"을 언급할 때, 이는 단지 수사학적 기법에 머물지 않고 신학적 해석의 원리가 된다.

[제10주제 : 기독교 강요 2.9.1-2.11.14]

복음, 신구약:
언약 가운데 약속하시고 이루심

10. 1. 실체에 있어서 서로 동일함

신약과 구약은 "그 자체" 혹은 "실체"에 있어서는 "하나이며 동일"하나 "경륜"[1]에 있어서는 다양하다. 실체에 있어서 동일하다는 것은 신구약 공히 "중보자의 은총"에 의해서 하나님의 언약 백성이 영생의 복을 누리게 됨을 계시하기 때문이다. 다만 구약의 조상들은 그리스도를 중보자로 믿되 아직 육체로 오신 그분을 직접 보지는 못하였다. 그러나 그들도 중보자 없는 언약의 은총은 기대할 수 없었다.

신구약의 유사점은 다음과 같다. 첫째, 어느 시대에 속했든 하나님의 백성은 영생의 소망을 가지고 그분의 자녀로서 사는 삶을 추구했다. 둘째, 그들이 누린 언약의 은총은 자신의 공로가 아니라 하나님의 자비로 말미암은 것이었다. 셋째, 그들은 모두 그리스도를 "중보자"로 알고 있었고 "그

---

1) "경륜"을 뜻하는 세 단어, "administratio", "oecomonia", "dispensatio"는 함께 사용된다.

분을 통하여" 하나님의 약속에 참여한다고 믿었다(2.10.1-2).

옛 언약 곧 구약도 하나님이 거저 주시는 은총에 기초를 두었으며 그리스도의 "중재"에 의해서 확립되었다.[2]

복음은 아들을 통하여 다 이루신 아버지의 사랑을 증언하는데, 이 아버지의 사랑이 구약의 믿음의 조상들에게도 미리 역사하였다. 아브라함은 이미 그리스도의 때를 볼 것을 즐거워하다가 "보고" 기뻐하였다(요 8:56). 마리아와 사가랴는 예수 그리스도의 나심을 두고 그분이 아브라함과 족장들에게 하신 약속에 따라 오셨다고 찬미하였다(눅 1:54-55, 72-73). 이렇듯 구약의 "목적"도 "항상 그리스도와 영생에" 있었다.

"예수 그리스도는 어제나 오늘이나 영원토록 동일하시니라" (히 13:8)(2.10.4).

신구약 백성이 누린 언약[3]의 은혜는 실체에 있어서 동일했다. 이는 그들이 "성례들의 의미"를 공유했다는 측면에서 잘 파악된다. 구약 백성에게도 신약의 세례와 성찬에 해당하는 "상징들"이 부여되었다. 이스라엘 백성은 바다를 건넘으로써, 뜨거운 태양을 가리는 구름 속에서 "세례를" 받았다. 그들도 또한 "신령한 반석"이신 그리스도로부터 "다 같은 신령한 음식"과 "다 같은 신령한 음료"를 받아서 먹고 마셨다(고전 10:1-4)(2.10.5).

주께서 만나를 주심은 단지 그들의 배를 불리려고 하신 것이 아니라 그들에게 신령한 은혜를 끼치기 위함이었다. 주님의 살을 먹지 않으면 어떠한 육적인 만나로도 영생에 이를 수 없기 때문이다(요 6:54). 다만 광야의 백

---

[2] "중재(intercessio)"와 "중보(mediatio)"는 거의 구별 없이 사용된다.
[3] "언약"을 뜻하는 세 단어, "foedus", "pactum", "testamentum"은 함께 사용된다.

성이 만나를 먹었으나 죽은 것은(요 6:49) 그들이 그것의 진정한 의미를 모르고 먹었기 때문이다(2.10.6).

구약의 믿음의 조상들도 "말씀의 조명"을 받아 하나님과 굳게 결합되었으므로 영생의 복을 누렸다. 그들에게도 "영적인 언약"이 역사하였다.

베드로는 성도들이 거듭난 것은 "썩지 아니할 씨"로 된 것이며 그것은 "살아 있고 항상 있는 하나님의 말씀으로" 되었다고 전하였다(벧전 1:23). 신구약 백성에게 임한 언약의 말씀은 항상 동일하여 마르지도 시들지도 않는 것이었다.

"모든 육체는 풀과 같고 그 모든 영광은 풀의 꽃과 같으니 풀은 마르고 꽃은 떨어지되 오직 주의 말씀은 세세토록 있도다 하였으니 너희에게 전한 복음이 곧 이 말씀이니라"(벧전 1:24-25; 사 40:8)(2.10.7).

하나님은 "지상의 생명"이 아니라 "더 좋은 생명"인 "영적인 생명"을 아브라함, 이삭, 야곱 등과 맺으신 언약 가운데서 반복하여 약속하셨다.

"나는 너희 중에 행하여 너희의 하나님이 되고 너희는 내 백성이 될 것이니라"(레 26:12).

하나님의 백성됨은 곧 영생을 의미했다(창 17:7; 신 33:3; 출 6:7). 여호와를 하나님으로 섬기는 사람마다 그분이 구원하시니(합 1:12; 사 33:22; 신 33:29), "여호와를 자기 하나님으로 삼은 나라 곧 하나님의 기업으로 선택된 백성은 복이 있도다"(시 33:12). 여호와는 자신을 "아브라함과 이삭과 야곱의 하나님"

으로 부르심으로써(출 3:6) "죽은 자의 하나님이 아니요 살아 있는 자의 하나님"(마 22:32)이심을 친히 선포하셨다.

"하나님은 죽은 자의 하나님이 아니요 살아 있는 자의 하나님이시라 하나님에게는 모든 사람이 살았느니라"(눅 20:38)(2.10.8-10).

구약의 백성도 지상의 삶을 마지막으로 여기지 않고 그들의 "본향" 곧 하나님이 "계획하시고 지으실 터가 있는 성"을 바랐다(히 11:9-10, 13-16). 하나님은 "경건한 자들의 죽음"을 "귀중한 것"으로 보시므로(시 116:15), 그들이 "다 믿음을 따라" 죽었다(히 11:13). 그들은 성도들의 죽음을 생명에 이르는 문으로 여겼다(2.10.13-14). 그들은 마음을 성소로 들어올려 "현세의 그림자에" 가려 있는 보이지 않는 것을 찾았다(2.10.17).

구약의 믿음의 조상들은 이 땅의 고난 가운데서도 "본향을 바라는 삶"을 살았다(2.10.11-12). 또한 그들은 "본향을 바라는 죽음"을 죽었다. 그들은 경건하고 의로운 죽음을 죽고자 했으며(시 116:15; 민 23:10; 욥 13:15-16), 구원을 기다리며 죽음을 맞이했다(창 49:18). 그들은 죽음 후에 구원자를 만나 영원한 삶을 살 것을 믿었다(사 51:6; 욥 19:25-27). 구약의 하나님의 백성도 부활과 새 하늘과 새 땅의 삶을 미리 바라보았던 것이다(사 66:22-24; 26:19-21; 단 12:1-2; 겔 37:1-4; 마 8:11)(2.10.15).

구약의 백성도 그리스도를 "언약의 보증"으로 여겼으며 미래의 복이 전적으로 그분께 있음을 믿었다. 그들은 역사 속에서 부여하신 언약이 단지 지상의 복에 머물지 않고 "영원한 영적 생명"에 대한 약속임을 확신했다. 다만 그들은 아직 육체로 오신 그리스도를 친히 목도하고 만지지는 못했다(2.10.23).

10. 2. 경륜에 있어서 서로 다양함

신약과 구약의 차이점은 일치점에 근거해서 논의되어야 한다. 신구약의 실체는 동일하다. 다만 구약은 언약의 약속을 지상의 가시적 은총으로 더욱 빈번히 드러낸다. 하나님은 구약의 "수준 낮은 훈련 방식"을 버리시고 신약의 새로운 시대에 맞추어 복을 주셨다(2.11.1). 하나님은 고대 백성에게 반복적으로 지상의 것을 베푸시면서 그들을 "후견인"과 "교사" 아래에서 단련시키셨다. 그들은 아직 "초등학문" 수준에 머물러 있었다(4:1-3).

구약의 언약들은 그리스도에 의해서 완성되었으며 그분은 "더 좋은 언약의 보증"이 되셨다(히 7:22). "옛 언약이 그리스도의 피로 거룩하게 구별되어 수립된 이후에야 비로소 영원한 언약이 되었다." 주님은 제자들에게 주신 자신의 잔을 "내 피로 세우는 새 언약"이라고 명명하셨다(눅 22:20). 구약은 "현존하는 실재"가 아니라 그것의 "모양", "형상", "모형", "그림자"를 계시하였다. 그러나 신약은 이러한 "예표"에 대해서 "몸 자체"를 계시하였다[4] (2.11.4).

구약시대에는 율법이 그 자체로 "초등교사"의 역할을 감당했다(갈 3:24). 그러나 이제는 율법의 약속이 그리스도의 사역으로 완성되었으므로 세례 요한 이후로는 오직 복음이 선포되었다(눅 16:16; 마 11:13). 새로운 시대에는 그리스도의 예표인 율법이 아니라 율법의 완성인 그리스도가 증언되

---

[4] 칼빈은 구약의 "예표(adumbratio)"를 "모양(figura)", "형상(imago)", "모형(typus)", "그림자(umbra)"로, 신약의 "실체(substantia)"를 "몸(corpus)"으로 표현한다.

었다. 오직 그분 안에 "지혜와 지식의 모든 보화"가 감추어져 있기 때문이다(골 2:3).

새로운 시대에 역사하는 복음의 의는 그리스도를 하나님의 아들로 믿어 그분의 "장성한 분량이 충만한 데까지" 이르는 데 있다(엡 4:13). 비록 구약시대의 아브라함과 같은 하나님의 사람들도 그리스도를 믿는 믿음으로 구원에 이르렀지만 여전히 그들은 "어린아이"로 인정되었다. 그들은 우리가 보고 듣는 것을 아직 보지도 듣지도 못했다(눅 10:24; 마 13:16). 새 언약은 그 자체로 영적인 교훈을 가르치고 영생을 전파하나(고후 3:6-11), 옛 언약은 아직 지상의 것, 문자적인 것에 더욱 붙들려 있었다(2.11.5-8).

그러나 새로운 시대에는 새로운 영을 내려 주심으로써(롬 8:15; 갈 4:6) 율법의 굴레를 벗고 자유의 복음으로 살게 하셨다(갈 4:22-31). 새로운 시대의 성도들은 자유자로서 하나님의 명령에 기꺼이 순종하는 자리에 선다. 그들은 "사랑으로써 역사하는 믿음으로"(갈 5:6) 주님의 멍에를 메고 주님께 배운다(마 11:29). 그들은 이제 죄의 멍에를 벗고 의에 매여 사는 의의 종들이 되었다(롬 8:12-23). 그들은 새로운 시대에 합당한 "약속의 자녀"가(롬 9:8) 되었다(2.11.9-10). 이제 그리스도 안에서 모든 담이 허물어졌다(엡 2:14). 평안의 복음이 택함받은 모든 백성에게 임했다(엡 2:16-17). 열방이 그분의 소유가 되었으며(시 2:8) 그분이 바다에서 바다까지, 땅에서 땅까지 모두 다스리신다(시 72:8; 슥 9:10).

"오직 그리스도는 만유시요 만유 안에 계시니라"(골 3:11).

만세 전의 비밀이 여기에 있으니(골 1:26; 엡 3:9), 주께서 때가 찬 경륜(엡 1:9)

을 다 이루시고 자신의 의를 모두 전가해 주심으로써 "여호와의 분깃"인 그분의 백성(신 32:9)을 오직 그분의 은혜로 살게 하셨다(2.9.11-12).

하나님은 자신의 경륜대로 각 시대에 역사하신다. 청년에 대한 치료법과 노년에 대한 치료법이 다르듯이 하나님의 구원 경륜도 구약과 신약에 따라 다양하다. 하나님의 맞추심의 은혜가 시대에 따라 다양하게 역사한다. 그러나 그 실체는 언제나 동일하다(2.11.13-14).

	유사점	차이점
구약	• 실체: 그리스도 • 영생의 은혜언약	아동기의 경륜 오실 예수님을 중보자로 믿음: 모양, 형상, 모형, 그림자
신약		성숙한 경륜 육체로 오신 예수님을 중보자로 믿음: 몸 자체

▲ 신·구약의 유사점과 차이점

10.3. 복음과 율법

칼빈은 요한복음 주석 서문에서 다음과 같이 복음을 정의한다.

"복음은 그리스도 안에서 계시된 은혜의 엄숙한 선포이다. 이런 이유로 복음은 모든 믿는 사람들이 구원에 이르는 하나님의 능력이라고 불린다. 왜냐하면 하나님은 그 가운데 자신의 의를 드러내시기 때문이다. 그것은 또한 대사(大使)의 직분으로 불린다. 왜냐하면 하나님은 그것으로 말미암아 사람들을 자신과 화목케 하시기 때문이다. 그리스도는 우리를 향한 하나님의 자비와 부성적 사랑의 보증이 되신다. 그러므로 그리스도 자신을 복음의 주제로 다루는 것이 마땅하다. 그리스도가 육체로 나타나셨고, 죽으셨고, 죽은 자들로부터 일으키심을 받으셨고, 마침내 하늘로 취하심을 받았다고 전하는 기사들이 특별히 복음이라는 이름을 받게 되었다."

복음은 "진리의 말씀"(골 1:5)이며 "구원의 말씀"(행 13:26)이다. 복음에는 "모든 믿는 자에게 구원을 주시는 하나님의 능력"이 나타난다(롬 1:16). 복음은 이 땅에 선포되는 "천국"의 복된 소식(마 3:2; 13:3-52)이다. 복음은 그리스도의 신비를 나타내고 그리스도의 은총을 선포한다. "복음의 시작"은 주님이시다(막 1:1). 그분이 "복음으로 생명과 썩지 아니할 것을 드러내셨다"(딤후 1:10). 하나님의 약속은 오직 그분 안에서 "예"가 된다(고후 1:20). 그러므로 복음은 예수의, 예수에 관한, 예수로부터의 복된 소식이다(2.9.2).

옛적에 선지자들은 오직 예수 그리스도만을 부지런히 연구하고 살폈으며(벧전 1:10) 그분을 보고 기뻐하였다(요 8:56). 하나님의 영광을 아는 빛은 오직 주 예수 그리스도의 얼굴에 있는 그분을 아는 빛으로 말미암는다(고후 4:6). 따라서 아들이 나타내지 않으시면 아무도 아버지를 알 자가 없다(요 1:18; 히 1:3). 아들이 아버지의 말씀으로 대속의 주가 되시니 복음을 들음으로써 영생의 지식에 이르게 된다(2.9.1).

율법과 복음을 구별하는 것은 바람직하나 양자를 분리시키는 것은 합당하지 않다. 복음은 "모든 믿는 자에게 구원을 주시는 하나님의 능력"(롬 1:16)이 되지만, 그것은 "율법과 선지자들에게 증거를 받은 것"(롬 3:21)이다. 복음은 율법을 폐지한 것이 아니라 율법의 약속을 확인하고 실현했으며 "그림자"에 "몸"을 부여했다(2.9.4).

구약의 믿음의 백성도 율법과 선지자를 통해서 복음의 약속을 받았다(롬

1:2; 3:21; 골 1:4-5). 율법에는 복음의 약속이 포함되어 있다(2.10.3). 율법에 계시된 약속이 복음으로 성취되었다. 율법은 "장차 올 좋은 일의 그림자"요(히 10:1) 더 좋은 소망으로 인도하는 길이었다(히 7:11, 19; 9:9; 시 110:4). 이렇듯, 복음은 그리스도의 인격과 사역에 관한 복된 소식으로서 언약의 율법을 실현하고, 확인하며, 인준한다(2.11.4).

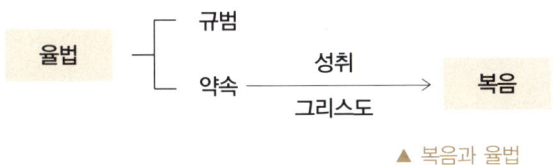

▲ 복음과 율법

[제11주제 : 기독교 강요 2.6.1-4; 2.12.1-2.13.4]

그리스도의 중보의 필연성[1]: 성육신

11. 1. 계시와 구원의 정점

『기독교 강요』에서 칼빈은 중보자 그리스도의 성육신의 필연성(2.6), 그분의 인격과 (2.12-14) 사역(2.15-17)을 다룬 장들을 기독론에 할애한다. 그런데 주목할 것은 그가 여느 신학자들과는 달리 이러한 장들 사이에서 율법의 본질과 용법, 율법과 복음의 관계 그리고 구약과 신약의 일치와 차이를 (2.7-11) 다룸으로써 주께서 율법과 복음, 구약과 신약의 실체가 되신다는 사실을 강조한다는 사실이다.

『기독교 강요』에 전개된 교리체계는 기독교 교리 전체가 기독론과 본질적으로 연관되어 있음을 각인시켜 준다. 기독론은 신론에 기초하며 신론은 기독론에서 확증된다. 신론의 핵심 주제인 삼위일체론을 다루면서 칼빈은 중보자 그리스도의 신격을 중심으로 내재적 삼위일체론과 경륜적 삼

---

1) "필연성(necessitas)"은 절대적 필요성을 의미한다. 성육신의 필요성은 필연성 가운데 고찰되어야 한다.

위일체론의 역동적 관계를 고찰한다. 그리하여 위격적 연합에 따른 신인 양성적 중보의 기초를 이미 신론에서 구축한다.

뿐만 아니라 기독론의 의의는 인간론에 의해서 제기되며 기독론의 가치는 구원론에 의해서 실현된다. 인간론의 핵심 논제인 전적 타락의 교리는 그리스도의 대속적 은총의 필연성을 직시하게 한다. 그리고 주께서 다 이루신 의를 성도에게 적용하시는 보혜사 성령의 역사가 구원론의 요체(要諦)로서 제시된다. 교회론 역시 기독론적으로 추구되는데, 칼빈은 그리스도와 성도들의 연합체로서 교회가 그분의 계속적 중보로 말미암아 하나가 되어 자라가는 것을 강조한다.

칼빈은 하나님을 아는 지식과 우리 자신을 아는 지식이 그리스도를 아는 지식을 통하여 교호적으로 작용함을 누누이 강조했다. 영원하신 독생자 제2위 성자 하나님은 충만한 은혜와 진리의(요 1:14, 17) 빛을 우리에게 비추어 주셨다(요 1:4-5, 9). 그리하여 그 빛을 영접하는 자마다 하나님을 아는 은혜로 구원에 이르게 하셨다(요 1:12). 주님은 생명의 길이요 진리이시다(요 14:6). 주님을 아는 것이 곧 영생이다(요 17:3).[2] 주님의 성육신을 계시의 정점이라고 부르는 까닭이 여기에 있다.

11. 2. 성육신의 필연성

칼빈은 중보자 그리스도가 구속자로 오셔야 할 필연성을 "중보자 없이는"이라는 구절을 반복함으로써 수사학적으로 강조하고 있다.

첫째, "중보자 없이는" 하나님을 아는 지식을 얻을 수 없다. 이 세상의

---

2) 이 부분은 본문에 대한 칼빈의 요한복음 주석 참조.

지혜로는 하나님을 알지 못한다(고전 1:21; 13:12). 영생을 얻는 유일한 길은 아들을 통하여 아버지를 아는 데 있다(마 11:27; 요 17:3). 믿음으로 아들을 아는 것이 아버지의 "부성적 호의"를 맛볼 수 있는 유일한 방편이다.

하나님은 타락한 인류를 더 이상 "자신의 작품으로" 여길 수 없게 되셨으므로(갈 3:10; 엡 2:3; 4:18) "독생하신 아들의 인격 가운데 자신을 구속자로 나타내시고자 하셨다." 오직 보내심을 받은 아들 안에서 아버지는 능력이 되셨다(고전 1:24; 롬 1:16). 주님은 우리를 위한 유일한 구원의 문이자(요 10:9) 생명의 진리가 되셨다(요 11:25; 14:6) (2,6,1).

둘째, "중보자 없이는" 택(擇)함도 없으며 사(赦)함도 없다. 그리스도의 중보는 신구약 전체 구속사에 나타난다.

"중보자 없이는 하나님이 인류를 향한 자비를 보이실 수 없으시다. 율법 아래에서 산 믿음의 조상들에게도 그리스도는 자신들의 믿음을 두어야 할 목표였다"[3] (2,6,2).

그리스도는 자신으로 말미암아 모든 민족이 축복받게 될 "씨앗"이셨다(갈 3:14). 그분 안에서 하나님의 백성이 예정되었다(엡 1:4). 하나님은 오직 그 아들로 위(位)를 잇게 하사(왕상 15:4) 우리 또한 그분과 함께 상속자가 되게 하셨다(롬 8:17; 갈 3:7, 16; 4:21-31).

구약 백성은 "복되고 즐거운 교회"의 "토대"를 "그리스도의 인격에" 두고 율법의 규례대로 제사를 드렸다. 그들은 제2위 성자 하나님이 당시에도 현존하셔서 자신들을 중보하시며 장차 메시아로 육체를 입고 오실 것이라

---

3) 명문선 41.

고 믿었다. 그리하여 "그의 아들에게 입맞추라"(시 2:12)고 노래하였다(요 5:23).

구약 백성의 간구도 이러했으니, 오직 구원의 의가 이 땅에 중보자로 오실 그리스도께 있음을 그들은 믿었다.

"주의 오른쪽에 있는 자 곧 주를 위하여 힘있게 하신 인자에게 주의 손을 얹으소서"(시 80:17)(2.6.2).

구약시대에도 "구원의 확신과 소망의 기치(旗幟)가 오직 그리스도 안에서 예시되었다." 다윗의 나라가 영원하리라는 언약이(왕하 8:19) "임마누엘"의 이름으로(사 7:14) "종"이자(사 42:1), "의로운 가지"이자(렘 23:5-6), "목자"가 되신(겔 34:23-25; 37:24-28) 그리스도 안에서 수립되었다. 오직 그리스도가 "머리"가 되신다. 하나님은 그리스도를 중보자로 하여 우리와 영원한 "평화의 언약"을 맺으셨다(호 1:11; 합 3:13). "이 언약의 터에, 구원이 머리로부터 전신에 퍼져간다"(2.6.3).

셋째, "중보자 없이는" 아무도 하나님께 나아갈 수 없다. 하나님께 이르는 오직 한 길은 믿음이다(요 14:1). 주께서 "파(破)할 수 없는 견고함으로" 성도의 믿음을 지키신다.

하나님은 자신의 백성이 "보이지 아니하는 하나님의 형상"이신(골 1:15) 그리스도를 "보고 자신을 믿게 하셨다." 그리스도가 "모든 믿는 자에게 의를 이루기 위하여 율법의 마침"이 되셨으므로(롬 10:4) 오직 그분을 믿는 믿음으로 구원에 이른 성도만이 율법에 계시된 하나님의 뜻을 깨달아 행하는 자리에 서게 된다. 이 땅에 오신 그리스도가 하나님의 최고의 맞추심(God's accommodation par-excellence)이 되시기 때문이다.

"하나님 자신은 무한하시지만, 우리의 마음이 그 광대무변한 영광에 압도되지 않도록 아들 안에서 유한하게 되시고 우리의 작은 척도에 자신을 맞추셨다"[4] (2.6.4).

중보자 없이는 ─┬─ 하나님을 아는 지식이 없음 : 계시(언약)
　　　　　　　├─ 택함과 사함이 없음 : 공로(성취)
　　　　　　　└─ 하나님께 나아갈 수 없음 : 전가(교제)

▲ 중보자의 필연성

11. 3. 성육신의 필요성

그리스도가 "참 하나님과 참 사람"으로서 중보자 되심이 우리의 구원을 위한 "최고"며 "최선"의 일이었다. 하나님은 우리가 이성적으로 헤아릴 수 없는 "천상의 작정에 따라" 독생자 예수 그리스도를 사람으로 보내셔서 우리의 대속물이 되게 하셨다.

삼위 하나님의 영원한 구원협약[5]에 따라 대속의 의를 이루기 위해서는 성육신이 필요했다.

첫째, 사람에게는 하나님께 올라갈 힘이 없으므로 그분이 우리에게 내려오셔야 했다(사 7:14; 마 1:23). 예수 그리스도 안에서 하나님의 신성과 사람의 인성이 서로 연합되었다. 오직 그분만이 하나님과 "충분히 가까운 친밀함"과 "충분히 견고한 일체성"을 지니신 사람이 되셨다(딤전 2:5). 그분만이 사람이시되 죄가 없으셨으므로(히 4:15) "평화를 회복할 중재자"가

---

4) 명문선 42.
5) 영원 전에 삼위 하나님이 함께 작정하신 구원 계획을 구원협약(pactum salutis)이라고 한다. 구원협약은 첫째, 구속자로서 제2위 하나님 예수 그리스도, 둘째, 구속방식으로서 대속(대리적 속죄), 셋째, 구속백성으로서 택함받은 자들(예정론)에 대한 영원한 정하심이다.

되셨다(2.12.1).

그리스도가 구원 중보자가 되심으로 우리가 그분과 함께 하나님의 자녀가 되며 또한 하나님 나라의 상속자가 된다(롬 8:17). 그리스도의 성육신이 구원의 "보증"이 된다. 그리스도가 우리와 "동일한 사람"이 되신 것은 "스스로 고유하게 가지셨던 것"을 우리에게 주려 하심이었다. 그는 우리의 뼈로 자기의 뼈를 삼으셨다(엡 5:29-31; 창 2:23-24). 그러므로 성육신이 우리에게 "가장 유익한 일"이 된다(2.12.2).

둘째, 하나님의 아들이 사람의 아들로서 구원주가 되신 것은 신인양성의 중보 사역을 이루기 위해서였다. 그리스도가 우리와 "공통된 본성을" 지니심이 우리를 자신과 하나로 그리고 그분의 승리를 "우리의 것"으로 삼으시는 "연합체의 보증"[6]이 된다.

> "우리 주님은 아담의 자리에서 하나님께 복종하기 위해서 참 사람으로 나타나셨고, 아담의 인격을 입으셨고, 그의 이름을 취하셨다. 이는 우리의 육체를 하나님의 의로운 심판을 위한 무릎의 값으로 제시하시면서, 우리가 마땅히 받아야 할 죄의 값을 우리와 동일한 육체 가운데서 지불하고자 하심이었다. 요약하면, 하나님으로서 홀로 죽음을 겪을 수 없고, 사람으로서 홀로 그것을 이길 수 없기 때문에, 인간의 본성에 하나님의 본성을 연합하사 죄를 대속하기 위해서 인성의 약함을 죽음에 내어 주고자 했으며, 신성의 능력으

---

[6] 칼빈은 그리스도와 교회가 한 몸을 이루는 교회의 본질을 표현하기 위해서 라틴어 "societas"를 즐겨 사용한다. 필자는 이 단어를 "연합체"로 번역하여 그 속성("연합")과 존재("체")를 동시에 부각시키려 했다. 본문에서 그리스도의 성육신이 "연합체의 보증(pignus societatis)"이 된다고 함은 그가 아담의 자리에서 새 언약의 머리가 되어 모든 구원의 의를 다 이루셨기 때문에 우리 구원의 공로가 그것으로 족하다는 의미를 담고 있다(히 7:22). "보증(pignus, arrha)"이라는 단어는 그리스도의 의를 인치는 성령의 증거를 뜻할 때 주로 사용되나, 칼빈은 역으로 그리스도의 성육신과 사역이 성령의 내적 은혜에 대한 외적 증거가 된다는 뜻에서 이 단어를 자주 사용한다.

로 우리를 위해서 죽음과 씨름하면서 승리를 얻고자 하셨다"[7] (2,12,3).

11. 4. 성육신의 의의

제2위 성자 하나님은 타락 전에도 천사와 사람들의 "머리"가 되셨으므로, 사도 바울은 그분을 "모든 피조물보다 먼저 나신 이"(골 1:15)라고 불렀다. 그런데 그분이 사람이 되셔서 대제사장이자 제물로서 죄의 값을 치르고자 하셨다. "피가 없이는" 사함이 없다(레 17:11; 히 9:22). 오직 육체의 피흘림이 "속죄의 표징"이 된다. 건강한 자에게는 의원이 쓸데없듯이(마 9:12) 타락이 없었다면 성육신이 없었을 것이다. 이 진리를 교훈하기 위해 사도 요한은 성육신(요 1:14)을 다루기 전에 타락을 먼저 전한다(요 1:9–11) (2,12,4).

예수 그리스도의 십자가가 영원한 생명의 지혜가 되었다(골 2:3; 고전 2:2). 그는 친히 제물이 되신 대제사장으로서(히 5:1; 9:11–12; 요 10:15–18), 무죄한 가운데 죄인의 죽음을 죽으셨다(롬 8:3–4; 사 53:4–6; 요 3:14). 그리하여 우리의 죄를 사하신 생명의 주가 되셨다(요 3:16; 5:25; 마 9:12; 18:11; 눅 24:46–47).

"하나님의 영원한 작정에 따라" 예수 그리스도는 우리와 "동일한 본성의 동참자"가 되셨다.

> "하나님이 우리를 구원하사 거룩하신 소명으로 부르심은 우리의 행위대로 하심이 아니요 오직 자기의 뜻과 영원 전부터 그리스도 예수 안에서 우리에게 주신 은혜대로 하심이라"(딤후 1:9).

---

7) 명문선 43.

"그리스도 예수께서 죄인을 구원하시려고 세상에 임하셨다"(딤전 1:15). 우리는 만세 전에 그분 안에서 택함을 받아(딤후 1:9) "그의 피로 말미암아 속량 곧 죄 사함"을 받았다(엡 1:4, 7). 그러므로 우리는 "불변하는 하나님의 명령을" 즐거워해야 한다(2.12.5).

그리스도가 사람으로 오신 것은 타락한 인류를 구원하고자 함이었다. 최초의 인류는 그리스도의 창조 중보로 말미암아 하나님의 형상으로 지음을 받았다(골 1:15-16). 이제 타락한 인류는 그리스도의 구속 중보로 말미암아 그분의 생명으로 거듭나게 되었다(골 1:18). 그러므로 타락이 없었다면 그리스도의 성육신도 없었을 것이다(골 1:14)(2.12.6-7).

그리스도가 "중보자의 역할"을 다하기 위해 참 인성을 취하셨다. 예수님의 육체는 단지 "환상"이 아니며 "천상적 육체 가운데"[8] 오시지도 않으셨다. 그분은 "아브라함과 다윗의 자손"(마 1:1), 즉 "사람의 후손"으로 오신 참 사람이셨다.

그리스도의 인성과 관련해서 다음 사실을 주목해야 한다. 첫째, 예수님은 사람의 아들로 나셨다(갈 4:4; 롬 1:3). 둘째, 그분께 영원한 "왕좌"가 약속되었다(시 45:6; 132:11). 셋째, 그리스도는 중보자로서 "우리의 본성"을 지니심으로 우리에게 "자비하고 충성스러운 중재자"가 되셨다(히 2:5-18; 롬 8:29). 넷째, "아버지께서 그리스도께 주신 모든 것이 우리에게 속하였다." 우리에게 충만함을 주시기 위하여(요 1:16) 주께서 성령을 충만하게 받으셨다(요 3:34). 우리를 거룩하게 하시기 위하여(히 10:10) 주께서 자신을 거룩하게 하셨다(요 17:19). 주께서 자신의 몸을 드리심으로 우리가 그와 함께 한 몸으로 자라가

---

[8] "천상적 육체(caro coelestis, heavenly flesh)"는 특히 마니(Mani)에 의해서 주장되었다. 그는 영지주의의 영향을 받아서 예수님의 육체는 우리의 육체와 달리 잉태 전부터 하늘에 존재하던 신령한 그 무엇이라고 보았다. 이러한 입장은 초대 교부 오리겐에게서도 발견된다.

게 하셨다(엡 4:16).

그리스도가 영원한 하나님의 아들로서 "사람의 참 본성 가운데 자신을 비우사" 육체 가운데 죽임을 당함으로써 우리를 대속하셨다(빌 2:7-8; 벧전 3:18). "그분이 몸과 영혼을 입고 사람으로 나시지 않았다면" 우리를 위하여 고난당하심과 부활하심이 무의미할 것이다(고후 13:4; 고전 15:12-20).

그리스도가 우리와 같이 되심은 그분이 "우리의 본성과 연합체가" 되심을 의미한다. 이러한 관점에서 우리가 원(原)복음이라고 부르는 창세기 3:15은 주께서 여자의 "후손"으로 오셔서(갈 4:4) 인류를 구원하실 유일하신 분이라는 사실과(갈 3:16) 그분이 성도와 연합하여 한 몸을 이루신다는 사실을 함께 내포하는 것으로 읽어야 한다(2.13.2-3).

예수님은 성령으로 잉태되셨기 때문에 처음부터 "악이나 부패"가 없으셨다. "그리스도가 동정녀 마리아를 통해 다윗의 후손으로 나셨다"[9] (2.13.3). 그 나심은 아담의 타락 전의 출생과 같이 순결하고 오염이 없었다. 이러한 "순수한 출생"은 성령의 거룩하게 하심으로 말미암았다(요 17:19). 성령으로 잉태되심은 성령으로 조성되셨음과 "성령으로 거룩하게 되셨음"[10]을 포함한다. 그리스도는 원죄에 속한 마리아로부터 인성을 취하셨으나 성령의 역사로 거룩해진 그것을 받으셨다. 그러므로 주께서는 거룩하지 않으신 적이 없으시다. "둘째 사람"(고전 15:47) 예수 그리스도는 "죄 있는 육신의 모양으로"(롬 8:3) 이 땅에 오셨으나 죄는 전혀 없으셨다(히 4:15). 죄를 알지도 못하는 그가 죄인의 죽음을 죽으심으로―그 "한 사람의 의"(롬 5:15)로 말미암

---

9) 명문선 44.
10) 성령잉태는 "형성(formatio)"과 "성령으로 거룩하게 되셨음(sanctificatus est a spiritu)"을 포함한다. 이는 마리아의 인성이 성육신 이전에 원죄로부터 자유롭게 되었다거나 주께서 받으신 인성이 성육신 이후에 거룩해졌다는 의미가 아니다. 주님은 마리아로부터 거룩한 인성을 받았다. 마리아가 거룩해서가 아니라 성령의 잉태로 말미암아 그러했다.

아—인류 구속의 역사가 다 이루어졌다(요 19:30).

이러한 동정녀 잉태는 삼위일체론적이며 기독론적인 신비를 담고 있다.

"무한한 본질의 말씀이 인간의 본성과 연합하여 한 인격을 이룬다고 해서 그분이 그 속에 갇혀 계신다고 공상하지 않는다. 놀랍도다. 하나님의 아들이 하늘에서 내려오셨지만 하늘을 떠나지 않으셨도다! 놀랍도다. 그분이 처녀의 태중에 계셨고, 지상에 다니셨으며, 십자가에 달리고자 하셨고, 처음과 같이 항상 우주에 편만하셨도다!"[11] (2.13.4).

---

11) 명문선 45.

[제12주제 : 기독교 강요 2.14.1-2.15.6]

위격적 연합을 통한 양성의 교통: 그리스도의 선지자, 왕, 제사장 직분

12. 1. 위격적 연합[1]

"영원 전에 아버지로부터 나신 말씀이 위격적 연합으로 인간의 본성을 취하셨다."[2]

"영원 전에 아버지로부터 나신 말씀", 즉 독생하신 제2위 성자 하나님이[3] "때가 차매"(갈 4:4) 인성을 취하셨다. 그리하여 동일한 위격 가운데서 신성이 마리아로부터 성령으로 조성된 인성과 연합되었다. 영원하신 말씀의 위격 가운데서 일어난 신성과 인성의 연합, 이것이 위격적 연합, 즉 예수 그리스도의 성육신이다.

---

1) "위격적 연합(unio hypostatica, hypostatic union)"은 한 위격 가운데 신성과 인성이 연합되어 서로 교통하는 중보자 그리스도의 인격을 가리킨다.
2) 명문선 46.
3) 주님께서 독생하셨다는 것은 그가 영원히 제2위 성자 하나님이심을 뜻한다. 칼빈은 성자의 "영원한 나심(generatio aeterna, genitura aeterna)"을 다루면서 잠언 8장에 말씀된 지혜의 영원성에 특히 주목한다 (2.14.6, 8).

위격적 연합은 "두 본성으로 한 인격을 이루는 것"[4]이다(2.14.5). 신성과 인성이 고유한 속성을 유지한 채 한 인격 가운데 연합된다. 영원하신 하나님의 아들이 한 분 예수 그리스도가 되셨다. 제2위 하나님이 동일한 위격으로 양성의 연합을 이루셨다. 성육신 후 주님의 인성은 언제나 신성과 함께 있다. 그러므로 언제나 참 하나님과 참 사람으로서 중보하신다.

성육신은 그 무엇으로도 비할 수 없는 "가장 위대한 신비"이다. 하나님의 아들이 하나님의 아들이신 채로 사람의 아들이 되셨다. "말씀이 육신이 되셨다." 이는 영원하신 말씀이 육신으로 "변했다거나" "섞여서 혼합되었음"을 의미하지 않는다. 하나님의 아들이 사람이 되셨다고 해서 그 고유한 신적 본질이 손상되지 않는다. 역으로 인성 역시 신성과 연합됨으로 그 속성이 변화되거나 변질되지 않는다. 성육신은 "본질의 혼합"이 아니라 "인격의 하나임"을 제시한다(2.14.1).

신성과 인성 각각은 위격 안에 있으나 위격은 아니다.[5] 성(性)은 위격과는 달리 그 자체로 개체적 존재성이 없다. 그러므로 신성과 인성은 각각 고유한 속성을 유지한 채 오직 위격 안에서, 위격을 통해서만 교통한다(2.14.5).

성육신하신 주님은 신인양성의 연합 가운데 한 분이시다.[6] 초대교회의 네스토리우스는 성을 위격으로 착각하여 "이중의 그리스도"를 생각했다. 이러한 궤변에 따르면 성육신 전에 오직 인성만의 사람 예수가 독자적으로 존재하게 된다. 반면 초대교회의 유티케스는 아폴리나리우스의 후예답게 신인양성이 혼합되어서 전혀 다른 "제3의 무엇"이 된다는 사설(邪說)

---

[4] 명문선 47.
[5] 신성과 인성은 위격은 아니나(an-hypostasis) 항상 위격 안에(en-hypostasis) 있다.
[6] "연합 가운데 한 분이심(unitas in unione, unity in union)", 이는 초대교회 칼케돈 신경과 아타나시우스 신경에서 특히 강조되었다.

을 세상에 내놓았다. 유티케스는 위격적 연합 교리에 무지하여 양성 각각이 자신의 속성을 유지한 채 연합하는 것은 불가능하다고 보았다.

칼빈은 양성을 "분리하는 것"과 "혼합하는 것" 모두를 거부했다. 그리하여 신성과 인성이 혼합되지 않고, 변화되지 않고, 분할되지 않고, 분리되지 않고[7] 연합한다는 칼케돈 신경(451년)의 교리를 충실히 계승하였다(2.14.4). 이러한 입장을 견지하면서 칼빈은 양성이 위격을 통하지 않고 서로 간에 자체로 교통한다는 루터주의 속성 교통론도[8] 단호히 거부했다(2.14.1).

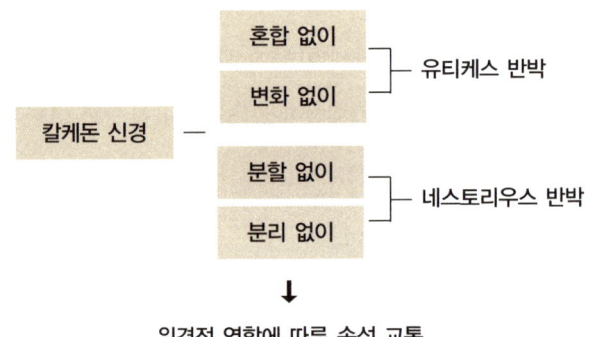

▲ 중보자 그리스도의 위격적 연합

12. 2. 신인양성의 교통

예수 그리스도는 한 위격으로서 한 인격이시다. 그리하여 한 위격적 존

---

7) "혼합 없이(inconfuse), 변화 없이(immutabiliter), 분할 없이(indivise), 분리 없이(inseparabiliter)," 이는 신인양성의 연합이 화학적이거나 물리적이지 않으며 오직 성경에 고유하다는 것을 분명히 천명한다.

8) 초대 교부들에 의해서 전개된 양성의 속성 교통("ἰδιωμάτων κοινωνία, communicatio idiomatum")에 관한 교리는 루터주의 신학자들에 의해서 체계적으로 다루어졌다. 그들은 신성과 인성이 자체로 교통하기 때문에 부활하신 주께서 승천하실 때 인성이 신성과 혼합되어 육체로도 편재(遍在)하게 되신다고 주장했다. 이로써 자신들의 성찬론인 공재설(共在說)을 합리화하려고 했다. 이러한 입장은 성육신으로 신성의 일부 혹은 전부가 포기되었다고 본 19세기 케노시스주의자들(토마시우스, 게스)에 의해서 극단화되었다.

재시다. 신성과 인성은 각각의 성에 속한 고유한 속성과 사역과 은사로 한 분 예수 그리스도를 계시한다.

예수 그리스도는 신인양성의 위격으로서 한 분이시므로, 인성에 속한 품성이나 신성에 속한 품성이 모두 주님께로 돌려진다. 그러므로 성경이 인성에 따른 품성과 사역을 참 하나님이신 주님께 돌리거나 신성에 따른 품성과 사역을 참 사람이신 주님께 돌리는 것은 지극히 합당하다.

성육신한 중보자 그리스도의 인격과 사역에 관하여 기술된 성경의 본문들은 위격적 연합에 따른 속성 교통, 즉 위격적 교통이라는 관점에서 일관성 있게 읽어야 한다.

첫째, 성자께서 아브라함이 나기 전에 계셨으며(요 8:58), 모든 피조물보다 먼저 나셨으며(골 1:15,17), 영원히 아버지와 함께 영광을 받으시며(요 17:5), 언제나 아버지와 함께 일하시는 분이라는(요 5:17) 말씀들과 같이 신성의 고유한 속성만을 표현하는 경우에도 양성의 위격적 연합의 관점에서 읽어야 한다.

영원히 성부와 함께 계시고 일하시는 분으로서 예수 그리스도는 참 하나님이시지만 동시에 이 땅에 오신 참 사람이심을 함께 새겨야 한다. 왜냐하면 성육신 이후 신성은 늘 인성과 함께 연합되어 있기 때문이다. 위의 구절들과 더불어 주님의 신성만을 표현한 복음서의 많은 구절들은 주께서 "영원한 신적 본질"을 지니신 하나님이시라는 사실 그 자체에 머물지 않고 그분이 사람의 아들로 이 땅에 오셔서 대속사역을 이루고 계시다는 사실에 더욱 주안점을 두고 읽어야 한다.

둘째, 인성의 고유한 속성만을 표현하는 말씀들도 양성의 위격적 연합의 관점에서 읽어야 한다. 이와 관련해서는 성자의 낮아지심과 육체 가운데 오심이 자주 언급된다. 예컨대, 성자는 "아버지의 종"으로 불린다(사

42:1). 그분은 자신의 영광을 구하지 않으시고(요 8:50), 자신의 뜻을 행하려 하지 않으시며(요 6:38), 지혜와 키가 자라 가는 분이며(눅 2:52), 사람들이 보고 만질 수 있는 분이시다(눅 24:39). 주님은 자신이 하는 말은 스스로 하는 것이 아니라고 하셨다(요 14:10). 뿐만 아니라 마지막 날과 때는 자신도 모른다고 하셨다(막 13:32; 마 24:36).

신성은 누구 아래에 종속될 수 없으며, 공간과 시간에 제한되지 않으며, 보거나 잡을 수 없으며, 자람이 있을 수 없다. 신성은 스스로 말씀하시며 모든 것을 미리 다 아신다. 우리는 예수님의 인성만을 표현하는 위의 구절들을 읽을 때에도 오히려 그분의 신성을 더욱 깊이 묵상함으로써 대속의 진정한 비밀을 깨닫게 된다. 주님은 여느 사람과 다름없이 연약함을 지니시고 시간에 따라 성장해 가는 분이시지만 또한 참 하나님이시므로 언제든 완전하고 불변하시다(2.14.2).

셋째, 신성의 고유한 속성과 인성의 고유한 속성이 함께 표현되는 다음 본문들은 오직 위격적 연합에 따른 속성 교통의 관점에서만 바로 이해할 수 있다: "하나님이(신성) 자기 피로(인성) 사신 교회"(행 20:28), "영광의 주를(신성) 십자가에 못 박지(인성) 아니하였으리라"(고전 2:8), "생명의 말씀에 관하여는(신성) 우리가 들은 바요 눈으로 본 바요 자세히 보고 우리의 손으로 만진 바라(인성)"(요일 1:1), "그가(하나님이)(신성) 우리를 위하여 목숨을 버리셨으니(인성)"(요일 3:16) 등.

복음서의 많은 구절은 주어는 신성을 술어는 인성을, 혹은 그 반대로 주어는 인성을 술어는 신성을 그리고 주어는 신성을 술어는 신인양성을, 혹은 그 반대로 주어는 인성을 술어는 신인양성을 제시하는 등 그 표현이 다양하지만 언제든 신인양성의 위격적 교통이라는 관점에서 읽어야 한다. 십자가에서 피 흘려 죽으신 것은 인성에 따라 그리하셨으나 그 사역이 참 하나님이시자 참 사람이신 주님께 동시에 돌려진다. 그러므로 하나님이 자기 피로 교회를 사셨다는 말씀과 영광의 주께서 십자가에 달리셨다는 말씀이 모순된 것이 아니라 오히려 위격적 연합의 비밀을 심오하게 계시하고 있다.

넷째, 신성이나 인성으로 특정할 수 없는 경우로서 동일한 말씀으로 양성을 동시에 나타내는 본문들도 위격적 연합에 따른 속성 교통의 관점에서 읽어야 한다. 이런 본문은 요한복음에 많이 나타난다. 예컨대, 예수 그리스도가 죄를 사하는 권능을 가지시고(요 1:29; 막 2:10), 마지막 날 산 자와 죽은 자의 심판 주로서 공경을 받으시며(요 5:21-23), "세상의 빛"(요 8:12; 9:5), "선한 목자"(요 10:11), 구원의 "문"(요 10:9), "참 포도나무"(요 15:1)로서 자신의 사역을 감당하신다는 말씀들이 이에 해당한다. 무엇보다 예수 그리스도께 "주"라는 이름을 사용하는 것은 신성과 인성을 함께 아우르는 가장 중요한 표현이다(고전 8:6). 이러한 권위와 사역은 단지 사람에 불과한 자에게는 부여될 수 없다. 뿐만 아니라 하늘에 계신 아버지께도 이를 그대로 돌릴 수는 없다. 왜냐하면 아버지께서 성육신한 아들에게 이를 맡기셨기 때문이다. 그러므로 이러한 구절들이 신성과 인성 어느 한 성에만 특정되는 속성을 제시한다고 볼 수는 없다.

그리스도는 제2위 하나님으로서 그 권능과 존귀와 영광에 있어서 아버지와 동등하시다. 그러나 "아버지의 대사(大使)"로서 중보자의 직분을 감당하는 동안에는 비록 영광과 존귀로 관을 쓰시고 그 이름이 높아지셨을지라도(히 2:9; 빌 2:9-11) 여전히 아버지의 우편에서(막 16:19; 롬 8:34) 자신에게 맡겨진 일을 아버지의 뜻에 따라 충실히 감당하신다. 그리하신 후 마지막에는 그 나라를 아버지께 바치신다(고전 15:24). 이러한 주님의 중보 사역은 어느 한 성에만 특정할 수 없는 고유한 의미가 있다. 그것은 한 위격 양성으로 계시며 일하시는 중보자로서의 "참 실체"를 가장 분명히 나타낸다. 이 땅에 오신 주님은 참 하나님이시고 참 사람이시다. 참 하나님-사람으로서 유일한 중보자시다. 여기에 위격적 연합의 비밀이 있다[9] (2.14.3).

12. 3. 위격적 고난의 감수(甘受)[10]

하나님은 고난을 받으실 수 없다. 하나님은 영원하시므로 죽음이 있을 수 없다. 영혼과 육체 가운데 고난당할 수 있음(受難性)[11]은 오직 인성에게 고유한 속성이다. 그런데 어떻게 하나님이신 영광의 주께서 우리를 위하여 피를 흘리시고 십자가에 못 박혀 죽으셨다는 말씀이 (행 20:28; 고전 2:8) 가능한가? 이는 속성 교통에 따라서 인성에 속한 일이 한 분 위격 안에서 신성에도 돌려지기 때문이다.

"동일하신 그분 자신께서 하나님이시자 사람이셨으므로, 양성의 연합으로 말미암아 한 성에 속한 것을 다른 성에 주시고자 하셨다"[12] (2.14.2).

성육신 이후 중보자 그리스도는 언제든지 참 하나님이자 참 사람으로 위격적으로 존재하시며 일하신다. 참 하나님이며 참 사람이신 주께서 우

---

9) 명문선 48. "진실로 처음이 없는 하나님의 아들의 나라는 끝도 없을 것이다."
10) 성육신 이후 그리스도의 중보사역은 언제나 신인양성의 위격적 연합 가운데 수행되었다. "위격적 고난의 감수"는 이러한 사역 중 특히 주님의 수난을 지정하여 개혁주의 신학자들이 칭하는 말이다. 오직 본 교리를 통해서만 우리는 중보자 그리스도의 중보의 진정한 가치를 깨닫게 된다. 본 교리 없이는 객관적이며 직접적인 의의 전가를 통한 그리스도의 구속사역의 가치, 즉 참다운 속죄론을 올바로 전개할 수 없다.
11) 인성은 "수난성(passibilitas, passibility)", 신성은 "비수난성(impassibilitas, impassibility)"을 갖는다.
12) 명문선 49.

리를 위하여 십자가에 못 박혀 피를 흘리고 죽으셨다. 고난은 인성에 따른 것이었다. 그러나 위격적 연합에 따른 양성의 교통으로 신성에도 "돌려진다." 왜냐하면 고난을 느끼는 성은 인성이나 고난당하는 분은 예수 그리스도 자신이며 그 안에는 신성이 인성과 연합되어 있기 때문이다. 마리아가 "주의 어머니"로 불리는(눅 1:32, 35, 43) 근거도 여기에 있다(2.14.4-5).[13] 그러므로 우리는 다음과 같이 말해야 합당하다: "참 하나님이자 참 사람이신 예수 그리스도가, 인성에 따라서,[14] 나시고 고난을 당하셨다."

그리스도의 중보의 은혜를 바로 알기 위해서는 그분이 참 하나님이시자 참 사람으로서 위격적 연합 가운데서 자신의 사역을 이루셨다는 사실을 우선적으로 인식해야 한다.

정통 삼위일체론을 부정했던 세르베투스(Michael Servetus)는 예수 그리스도는 하나님의 한 "관념"으로서만 이전부터 존재했으며, 성육신은 이 관념이 "형상화된 것"에 불과하다고 주장했다. 세르베투스에 의하면 영원 전의 성자의 위격은 부인되며, 신성은 인성의 "그림자" 혹은 "예지"에 불과하다. 세르베투스는 그림자로만 존재하던 말씀이 성육신 때 비로소 육신이 되었기 때문에 그때부터 그리스도를 하나님의 아들이라고 부를 수 있다고 하였다. 이 경우 성육신은 육신이 신성을 취하는 것, 즉 약간의 신적인 요소가 인간적 요소 속으로 가미되어 "혼합체"를 이루는 것을 의미할

---

13) 네스토리우스는 위격적 연합 교리를 오해했다. 그리하여 마리아를 하나님의 어머니(θεοτόκος)라고 부르는 것을 거부하였다. 그는 마리아를 단지 인간 예수의 어머니라고 여겨서 위격적 연합 전에 인성이 독자적으로 존재했다고 보는 오류를 범하였다.

14) "~에 따라서(κατα, secundum 혹은 ad)"라는 전치사는 위격적 연합 가운데 신성과 인성에 고유한 속성을 지시할 때 사용하는 전치사이다. 칼케돈 신경은 동정녀 마리아가 인성에 따라서 하나님의 어머니("ex Maria virgine, Dei genitrice secundum humanitatem")가 된다고 분명히 천명했다. 후에 로마가톨릭은 마리아론을 전개하면서 "인성에 따라서"라는 부분을 모호하게 다룸으로써 마리아가 마치 "신성에 따라서"도 주님의 어머니가 되듯이 여겼다.

뿐이다(2.14.2, 5-8).

이러한 세르베투스의 이해에 따르면 그리스도의 고난으로는 한 사람의 죄값을 치르기에도 부족할 것이다. 왜냐하면 그는 스스로를 구원할 수도 없는 영지주의적 망상에 빠진 한 사람에 불과하기 때문이다. 이 땅에 오신 중보자 그리스도가 "신성에 따라서는 아버지와, 인성에 따라서는 우리와 동일본질"이시라는 칼케돈 신경을[15] 전제하지 않는 이상 양성적 중보를 통한 대속이라는 개념 자체가 공허할 뿐이다.

12. 4. 그리스도의 삼중직[16]

중보자 그리스도는 선지자, 왕, 제사장으로서 대속의 의를 다 이루셨다. 그분의 계속적 중보는 다 이루신 자신의 의를 여전히 전가해 주심에 있다. 그분은 지금도 삼중직을 계속 수행하신다.

첫째, 그리스도는 선지자 직분을 감당하셨으며 지금도 감당하신다. 구약 백성은 선지자를 통해 "유익한 가르침과 구원에 충분한 것들"을 들었지만 메시아가 오셔서 "지식에 충만한 빛을" 비춰 주실 것을 소망했다. 사마리아 여인과 같이 그들도 기름 부음을 받은 자가 오시면 "모든 것"을 알게 되리라고 믿었다(요 4:25). 그분이 오시면 "증인"으로서(사 55:4), "모사"로서(사 9:6; 28:29; 렘 32:19) "영원한 의"를 드러내실 것이라는(단 9:24) 예언의 말씀을 그들은 믿었다(1.15.1).

---

15) "consubstantialem Patri secundum deitatem, consubstantialem nobis eundem secundum humanitatem."
16) "삼중직(munus triplex, threefold office)." "사역"을 뜻하는 라틴어로는 "munus"와 "officium"이 있다. 전자는 일 자체에, 후자는 일하는 사람(persona)의 직분과 더욱 밀접한 관련이 있다.

"옛적에 선지자들을 통하여 여러 부분과 여러 모양으로 우리 조상들에게 말씀하신 하나님이 이 모든 날 마지막에는 아들을 통하여 우리에게 말씀하셨으니 이 아들을 만유의 상속자로 세우시고 또 그로 말미암아 모든 세계를 지으셨느니라"(히 1:1-2).

주님은 친히 부어주신 진리의 성령의 역사를 통해 가르치는 사역을 지금도 계속하신다(사 61:1-2; 눅 4:18).

"예수께서 기름 부음을 받으신 것은(사 61:1-2; 눅 4:18) 가르치는 역할을 하실 뿐 아니라 자신의 모든 몸으로 복음이 계속 전파되는 일에 성령의 능력이 작용하게 하려 하심이셨다."[17]

그러므로 하나님의 자녀로 거듭난 자는 누구나 "그의 말"을 들어야 한다(마 17:5). "그 안에는 지혜와 지식의 모든 보화가 감추어져" 있다(골 2:3). "교리의 완전함"이 그리스도 안에 있으므로 "그분 자신 밖에서" 지식을 구하는 것은 "복음의 단순성을 넘어서게"[18] 된다(2.15.2).

둘째, 그리스도의 왕직과 관련해서는 그분의 "힘"과 "영원성"을 주목해야 한다. 그리스도의 왕직의 특성은 아들인 그분의 "인격"으로부터 나타난다. 그리스도의 왕권은 구원과 관련하여 교회와 교인 전체에게 미친다. 교회가 영원하듯이 그리스도의 영적인 왕국도 영원하다(단 2:44; 눅 1:33). 영원한 하나님의 나라가 성도들을 "복된 불멸에 대한 소망으로" 인도하는 것

---

17) 명문선 50.
18) "단순성(simplicitas)"이라는 말은 누구라도 성령의 역사로 하나님의 말씀을 들으면 그 감화 가운데 말씀을 깨닫게 된다는 성경의 속성을 의미한다.

은 그들이 오직 그리스도 안에 있기 때문이다(2.15.3).

그리스도의 왕권은 단지 지배하는 것이 아니라 "성령의 선물들로" "내적, 외적으로" 채워주심을 의미한다(눅 17:20-21; 롬 14:17).

"그리스도의 다스리심은 아버지로부터 받은 모든 것이 우리와 교통되게 하심에 있다. 지금 그분은 우리를 자신의 권능으로 무장시키고 가르치며, 자신의 아름다움과 장엄함으로 장식하고, 자신의 부요하심으로 우리를 부요하게 하신다."[19]

이러한 통치는 그리스도의 의의 전가로 말미암는다. 우리가 "그리스도의 의를 옷 입음"이 곧 그분의 통치이다(2.15.4).

그리스도의 왕직과 관련해서는 성령의 임재로 "하늘의 생명"이 우리에게 내려졌음이 특히 강조된다(사 11:2; 요 1:16; 계 1:4; 요일 2:20, 27).

"성령은 그리스도를 거처로 택하시고, 우리에게 필요한 하늘 보화를 그를 통하여 풍부하게 흐르게 하셨다."[20]

그리스도는 하나님의 "대사(大使)"가 되셔서 교회와 성도의 "머리"로서 영원히 다스리신다(엡 1:20-23). 은혜의 선물을 주심이 다스리심이다(엡 4:7).

그리스도가 중보자로서 다 이루신 의를 모두 전가해 주시면 구속의 중보직은 끝이 난다. 그때 주님은 자신의 나라를 하나님께 바치며(고전 15:24) 만유의 주로서 만유 안에 계신다(고전 15:28). 그리하여 아들은 창조와 타락

---

19) 명문선 51.
20) 명문선 52.

전의 본래의 영광을 누리며 이제는 제2위 하나님의 고유한 속성대로 역사하신다. 비록 중보의 양상은 다르나 그리스도의 나라는 영원하다. 그리스도는 영원하신 교회의 주시다(엡 1:20-23; 빌 2:9-11; 시 110:1) (2.15.5). [21]

셋째, 그리스도가 멜기세덱의 반차를 좇는 제사장으로서(시 110:4; 히 5:6; 7:15) "자신의 거룩하심으로" 우리를 하나님과 "화목하게 하신다." 주께서 자신을 거룩하게 하심은(요 17:19) 오직 대속의 역사를 이루기 위함이셨다. 주께서 우리를 위한 "속죄물"이 되셨다. "제사장"으로서 친히 자신을 "제물"로 드리셨다. 이것이 "그리스도 안에서 수립된 새로운 구원의 도"이다.

그러므로 오직 주님만 우리를 위한 "사함"이 되신다(히 9:22). 그리스도가 "영원한 화목의 법에 따라서" 우리를 위한 "희생제물"이 되시고 "영원한 중재자"로서 하늘 성소에서 우리를 위해 기도하심으로써 우리를 자신과 "연합체"로 묶으셨다(히 7-9장). 그리하여 우리를 하나님의 "나라와 제사장"으로 삼으셨다(계 1:6). 멜기세덱의 반차를 좇는 영원하신 제사장으로서 친히 자신을 제물로 드리신 중보자 그리스도가 여전히 하늘 성소에서 우리를 위해 중보하심으로써 우리 각자의 구원을 끝까지 이루신다(2.14.15). 그분이 우리 안에도 계시도다! 아멘.

선지자직	진리의 영을 부어주심 생명의 길: 지혜와 지식의 모든 보화
왕 직	성령의 내주로써 다스림 통치 방식: 다 이루신 모든 의의 전가
제사장직	대제사장으로서 제물이 되심 하늘 성소에서의 영원한 중보사역

▲ 그리스도의 삼중직

---

[21] 비록 신인양성의 구속의 중보는 마지막 심판 이후 끝이 나지만 주님은 여전히 본래의 중보를 감당하신다. 언제든지 하나님이 피조물(혹은 인간)과 교통하는 방식은 제2위 하나님이시다. 마지막에 우리가 하나님을 마주볼 때에도 여전히 삼위일체의 내적인 고유한 중재의 경륜이 작용한다.

[제13주제: 기독교 강요 2.16.1-18]

그리스도의 구속자 직분:
비하(卑下)와 승귀(昇貴)

13. 1. 구속자 그리스도

"구속자의 직분"이 예수 그리스도께 맡겨졌다. 주께서 자기 백성의 죄를 감당하기 위해서 이 땅에 오셨다(마 1:21; 눅 1:31). 그분이 우리를 "구원의 종점까지 줄곧 이끄심으로 말미암아" 우리가 구원을 받는다. 클레르보의 베르나르(Bernard of Clairvaux)가 노래했듯이, "예수의 이름은 입에 꿀이요, 귀에 음악이며, 마음에 기쁨이요, 동시에 약이 된다. 예수의 이름을 말하지 않는 강화(講話)는 향기가 없다."

"다른 이로써는 구원을 받을 수 없나니 천하 사람 중에 구원을 받을 만한 다른 이름을 우리에게 주신 일이 없음이라 하였더라"(행 4:12).

우리가 그리스도를 찾는 "목적"은 "그분 자신 안에 있는 의와 해방과 생명과 구원"이다. 하나님의 진노를 "푸는 방식 혹은 질서"로서 주님의 "무릎"[1])이 요구된다(2.16.1). 죄로 인하여 우리는 모두 하나님과 원수가 되었다(롬 5:10; 갈 3:10, 13; 골 1:21-22). 하나님의 "자비와 부성적 사랑"을 받는 유일한 길은 오직 그리스도 한 분밖에 없다. 하나님은 오직 그리스도 안에서 "기꺼이 또 거저 베푸시는 자신의 관용", 즉 "거저 베푸시는 호의로" 우리의 구원을 선물로 주시기 때문이다(2.16.2).

우리를 지으신 하나님은 "우리 안에 있는 자신의 것"[2])을 찾으려고 하신다. 하나님이 우리를 먼저 사랑하셨다(요일 4:19). 그리하여 "우리에게 거저 베푸시는 순수한 사랑으로" 우리를 자신과 그리스도 안에서 화목하게 하셨다. 그러므로 우리는 먼저 그리스도께 눈과 마음을 고정해야 한다(2.16.3). 하나님이 창세 전에 그리스도 안에서 우리를 택하여 사랑하셨다(엡 1:4-5).

"우리가 아직 죄인 되었을 때에 그리스도가 우리를 위하여 죽으심으로 하나님이 우리에 대한 자기의 사랑을 확증하셨느니라"(롬 5:8).

어거스틴의 말과 같이, 우리는 하나님이 창조하지 않으신 것으로 그분을 거역했지만 그분은 우리에게 남은 자신의 형상의 불씨를 자신의 것으로 여기시고 사랑하셨다(2.16.4).

---

1) 라틴어 "satisfactio"는 동사 "satisfacere"의 명사형으로 어원상 "배상", "보상", "속상(贖償)" 등의 의미가 있다. 이로부터 "만족"이라는 뜻이 파생된다. 이 단어는 주님의 대속의 의의 가치(價)를 표현하기 위하여 속죄론에서 주로 사용된다. 영어로는 "satisfaction" 혹은 "atonement"가 이에 해당한다. 필자는 "무릎"이 이 단어의 어의에 가장 적합한 우리말이라고 여긴다. 로마 가톨릭은 이 단어를 고해의 한 요소인 보속(補贖)을 표현하기 위해 쓴다.
2) "우리 안에 있는 자신의 것(quod suum in nobis)." 이는 주께서 우리 자신의 것으로 삼으시려고 우리에게 주시고자 미리 정하신 것이 있음을 완곡하게 표현한 말이다.

13. 2. 그리스도의 비하

그리스도의 비하, 즉 낮아지심은 성육신, 고난, 죽으심, 장사되심을 포함한다. 사도신경은 그리스도의 나심부터 죽으심까지를 포함한 대속의 사역을 적합하게 고백한다. 그곳에 "완전한 구원의 총체"가 제시되어 있다(2.16.5). 성육신과 고난에 관해서는 그리스도의 위격적 연합을 다룬 장에서 이미 논하였다. 그러므로 여기서는 죽으심부터 다룬다.

"우리를 위하여 호의와 자비를 베푸시는 하나님의 의"는 "주님 자신께서 복종하신 전체 역정(歷程)"에 미친다.

"그리스도는 종의 인격을 취하신 때부터 우리를 구속하시려고 해방의 값을 치르기 시작하셨다."[3]

주께서 자신의 목숨을 "대속물"로 주셨다(마 20:28). 그분이 우리의 "화목자"로 세움을 받았으며(롬 3:25) 우리는 그분으로 말미암아 "화목케" 되었다(롬 5:10). 하나님의 어린 양으로 오신 주께서 세상 죄를 지시려고 죽기까지 복종하셨다(요 1:29; 빌 2:7-8). 그분이 대제사장으로서 제물이 되셨듯이 목자로서 양이 되셔서 친히 자신의 목숨을 버리셨다(요 10:15; 롬 4:25).

그리스도가 사람이 되셔서 순종하심으로 우리가 하나님 앞에서 의인이 되게 하셨다(롬 5:19; 고후 5:21).

"우리를 위한 생명의 질료(質料)가 그리스도의 죽음에 있다."[4]

---

[3] 명문선 53.
[4] 명문선 54. 예수 그리스도의 대속적 사역이나 구원론에 있어서의 의의 전가와 관련해서 사용되는 "materia"라는 단어는 "질료인(質料因)"으로 번역함이 합당하다. 참고. 본서 20. 2.

도수장의 양과 같이 잠잠히 순종하심(사 53:7; 행 8:32; 마 27:12, 14), 여기에 그리스도의 "필적할 수 없는 사랑의 본(本)"이 제시되어 있다.

주께서 당한 "죽음의 종류"는 우리를 구속하는 "값을 무르기 위해서" 우리의 "정죄를 자신에게 옮기는 동시에 자신 가운데 우리의 죄를 수용하심으로써 우리를 해방하시는 죽음이어야 했다." 주께서 우리의 죄를 위한 "무름"이 되셨다. 그분이 우리를 대신하여 유죄의 죽음을 당하셨다(갈 4:4-5).

"그가 자기 영혼을 버려 사망에 이르게 하며 범죄자 중 하나로 헤아림을 받았음이니라"(사 53:12).

그가 도둑질하지 않은 것이라도 우리를 위하여 무르셨다(시 69:4). "그는 무죄가 아니라 유죄의 죽으심을 당하셨다." 그가 우리를 위하여 "갚으심"으로 "죄의 값"을 대신 치르셨다(2.16.5).

주께서 저주의 죽음을 당하실 것이 이미 율법에 예시되었다(신 21:23). 그분이 "속죄"를 위한 "제물"이 되셔서(사 53:10; 롬 8:3) 우리의 "오점과 형벌"을 담당하셨다(사 53:6). 그분이 우리의 불의를 "전가"받으셨다. 그리하여 우리를 위하여 "저주받은 자"가 되사 "죄의 값"을 치르셨다(신 21:23; 갈 3:13-14; 벧전 2:24). 그분이 우리의 "구속이며 속전이며 대속물"[5]이셨다(히 9:14).

"하나님이 죄를 알지도 못하신 이를 우리를 대신하여 죄로 삼으신 것은 우리로 하여금 그 안에서 하나님의 의가 되게 하려 하심이라"(고후 5:21).

---

[5] "ἀπολύτρωσιν καὶ ἀντίλυτρον καὶ ἱλαστήριον"

그리스도의 피가 "죄를 무르는 제물"이 되었다. 그분이 흘리신 피가 "배상금"이요 "우리의 때를 씻는 대야"가 되었다(2.16.6).

주께서 우리를 대신하여 "구속의 값"을 치르셨다. 그가 죽으심은 죽음에 삼킴을 당하시려는 것이 아니라 오히려 죽음을 정복하기 위함이셨다(벧전 3:22). 주께서 자신의 몸을 제물로 드림으로써 사망의 권세를 물리쳐, 죽기를 두려워하여 일생에 매여 종노릇하는 모든 자를 놓아 주셨다(히 2:14-15). 이것이 그분의 죽음이 맺은 "처음 열매"가 되었다.

그리스도의 죽으심과 장사되심은 우리의 옛사람이 그분과 함께 죽고 그분의 의를 전가받아 죄를 죽이고 거룩한 삶을 사는 것을 포함한다(롬 6:4-5; 갈 2:19; 6:14; 골 3:3). "이중적 축복"이 여기에 있으니, "우리를 결박했던 죽음으로부터 해방되며 우리의 육을 죽이는 것이다"[6](2.16.7).

칼빈은 지옥강하(降下)를 핵심교리로 여긴다.[7] 거기에는 "신비"가 있다고 했다. 그는 사도신경에 이 교리가 포함되어 있음을 강조하고, 사도신경을 "믿음의 절대적인 총체"라고 극찬했다. 그리고 지옥강하의 교리가 경시된다면 그리스도의 구속의 혜택이 많이 상실될 것이라고 했다(2.16.8).

그러나 로마 가톨릭과 루터주의자들과는 달리 칼빈은 지옥강하를 유형적이거나 장소적인 이동으로는 이해하지 않았다. 그는 베드로전서 3:19의 옥에 있는 영들에게 전파됨을 영적으로 해석하여 그리스도가 성령의 힘으로 그들에게 비추셔서 그들이 소망으로 맛보았던 은혜가 세상에 나타났음을 깨닫게 했다고 해석했다(2.16.9). 나아가서 지옥강하를 그리스도가 구속의 "값"으로 자신의 "몸"을 주셨을 뿐만 아니라 더 위대하고 훌륭한 값,

---

6) 명문선 55.
7) 지옥강하는 대체로 4세기 말경부터 사도신경 후기본에 "그가 지옥으로 내려가셨다(descendit ad inferna 혹은 inferos, descended into the hell)"라는 고백으로 나타난다.

즉 "저주받고 버림받은 사람의 영혼이 겪는 무서운 고통들"을 당하셨음을 의미한다고 보았다(2.6.10).

칼빈은 지옥강하 교리가 주께서 영혼의 고통을 당하심으로 우리가 악마의 권세와 사망의 두려움 그리고 지옥의 고통을 이기게 되었음을 가르치기 때문에 유익하다고 보았다(2.16.11).

"참으로 그리스도의 영혼이 형벌에 참여하지 않았다면 그분은 우리의 몸만을 위한 구속자가 되셨을 것이다."[8]

그리스도는 우리를 위해 무한한 영혼의 고통을 당하셨다. 여기에서 칼빈은 그리스도의 영은 그분의 인성에 속하지 않는다고 주장한 아폴리나리우스는 지옥강하의 진정한 교훈을 알지 못했을 것이라고 단언한다(2.16.12). 칼빈은 지옥강하 교리가 주께서 사망으로 인한 영혼의 고통을 당하셨으나(요 12:27-28; 13:21; 마 26:37-39; 눅 22:43-44; 마 27:46) 그 고통에 매이지 않고 사망을 이기셨음을(행 2:24) 가르치므로 유익하다고 보았다. 본 교리를 통해 우리에게 전가되는 그리스도의 공로는 그분이 육체뿐만 아니라 영혼으로 당한 고통도 포함된다는 사실을 우리가 확신하게 된다고 결론을 지었다. 이러한 칼빈의 입장은 개혁주의 신학자들 특히 헤르만 바빙크에 의해서 충실히 계승되었다.[9]

---

[8] 명문선 56.
[9] 필자는 다음과 같은 이유로 한국교회가 지옥강하를 사도신경 조목에 다시 첨가하는 것에 대해서 소극적인 입장을 가지고 있다. 첫째, 지옥강하를 증언하는 결정적인 성경 말씀이 없다. 둘째, 지옥강하 교리는 4세기말 이후 수립된 사도신경 후기 본에 나타난다. 즉 본 교리는 초대교회의 핵심적인 교리가 정착되는 수세기 동안 주요한 교리로 여겨지지 않았다. 셋째, 본 교리를 주장한 학자들도 대체로 이를 영적으로 이해했다. 넷째, 웨스트민스터 신앙고백서에서 보듯이 지옥강하는 죽으심과 장사되심이라는 고백에 이미 그 의미가 들어 있다. 다섯째, 성도들이 본 교리를 고백하게 될 경우 이를 문자적으로만 이해하여 교리적 혼란에 빠질 여지가 다분하다.

13. 3. 그리스도의 승귀

중보자 그리스도의 승귀, 즉 높아지심은 부활, 승천, 보좌 우편에의 재위(在位), 재림을 포함한다.

우리의 믿음이 죽음을 이기는 것은 오직 그리스도의 부활 때문이다. 그리스도의 부활은 죽음으로 죽음을 이기신 승리의 선포이다. 이로써 우리가 거듭남의 산 소망을 가지는 것은(벧전 1:3), 무덤에서 아들을 일으키심으로 아버지가 아들의 죽음을 우리를 위한 죽음으로 받으셨음을 인 치셨기 때문이다. 그러므로 진정 그리스도의 부활은 "구원의 온전한 완성"이 된다.

부활의 권능은 다음과 같다. 첫째, "그리스도의 죽음에 의해서 죄가 말소되고 죽음이 말살되었으며, 그의 부활에 의해서 의가 회복되며 생명이 소생했다"(롬 4:25; 빌 3:10-11; 벧전 1:21). 그리스도의 죽음을 생각할 때마다 부활을, 부활을 생각할 때마다 죽음을 묵상해야 한다. 부활이 없다면 그리스도의 죽음은 단지 교훈에 머물게 되고 죽음이 없다면 부활은 허탄한 사변에 불과하기 때문이다(고전 15:17; 롬 8:34). 둘째, 부활의 권능으로 우리가 "중생하여 의에 이른다." 그리하여 새 생명 가운데서 행하게 된다(롬 6:4; 골 3:3). 셋째, 그리스도의 부활로 우리 자신의 부활에 대한 확신을 갖게 된다(고전 15:12-26) (2.16.13).

승천으로 말미암아 "그리스도 자신의 왕국이 참으로 신성하게 시작되었다." 그리스도가 올라가심은 성령을 부어주시기 위함이셨다(요 16:7; 행 2:33). 그분은 우리 안으로 오시기 위해 이 땅을 떠나셨다(요 14:18-19; 14:16). 그리하여 세상 끝날까지 함께 하겠다는 약속을 이루시고자 하셨다(마 28:20; 요 14:16). 승천하심으로써 주님은 약속하신 일을 이루시고 "더욱 뚜렷하게 현존하는 능력으로" 천지를 주관하시게 되었다. 승천으로 말미암아 우리는 그리스도를 항상 마음에 모시게 되었다. 승천으로 "몸이 모든 하늘 위로 들려 올라가신 것같이 그의 능력과 역사는 모든 하늘과 땅의 한계를 넘어 확산되었다." 더 이상 이 땅에서 그의 육체적 현존을 지각할 수는 없으나 그의 존귀와 위엄은 여전히 이곳을 가득 덮고 있다(막 16:19; 히 1:3) (2.16.14).

그리스도의 승천하심이 통치의 시작이라면 보좌 우편에 계심, 즉 재위는 통치의 계속을 의미한다(행 2:30-36; 3:21; 히 1:8). 즉 그리스도가 "만물 위에 교회의 머리"로서(엡 1:20-22; 빌 2:9; 고전 15:27) 계속적으로 중보하심이 재위의 은총이다(2.16.15).

승천과 재위의 은혜는 무엇인가? 첫째, 주께서 승천하심으로 아담 이후 닫힌 문을 여셨다(요 14:3; 엡 2:6). 둘째, 주께서 우리의 중보자로서 하늘 성소에 계신다. 그분이 화목 주로 역사하심으로 우리가 보좌에 가까이 갈 길을 얻었다(히 7:25; 9:11-12; 롬 8:34). 셋째, 그리스도는 자신을 주심으로 다스리신다. 자신의 영을 부어주시고, 자신의 의를 전가해 주심이 주의 다스림이다. 주께서 하늘 성소에서 성령을 내려주사 우리를 성결하게 하시고 각종 은사를 주셔서 성도의 삶을 살게 하신다. 그리하여 종국적으로 "자신의 교회를 세우시는 일을 완성하신다"(2.16.16).

승귀의 마지막은 재림이다. 주께서 "자신의 능력으로" 다시 오신다. 승천하신 때처럼 보이는 모습으로 하늘에서 내려오신다(행 1:11; 마 24:30). 그때 산 자들과 죽은 자들이 모두 변화되어 심판대 앞에 서게 된다(고전 15:51-52; 살전 4:16-17).

주께서 심판 주로 오시는 것이 우리에게는 "놀라운 위로"가 된다. 왜냐하면 그때 주께서 우리를 "자신의 영예에 동참하는 사람들"로 삼아 주시기 때문이다(마 19:28). 심판날에 우리는 지금 우리에게 주신 약속이 심판의

그리스도의 비하	성육신
	고난당하심
	죽으심
	장사되심(지옥강하)
그리스도의 승귀	부활
	승천
	재위
	재림

▲ 그리스도의 비하와 승귀

보좌에서 실행되는 것을 볼 것이다(요 5:22). 우리의 모든 죄가 심판하고 계시는 어린 양 예수 그리스도의 공로로 말미암아 낱낱이 사해졌음을 세세히 확인하게 될 것이다(롬 8:33-34). 그리하여 그때부터 우리는 아멘의 찬송을(고후 1:20) 그칠 수 없게 될 것이다. 그 찬송의 입술이 새 하늘과 새 땅의 삶 가운데 영원히 닫히지 않을 것이다(2.16,17-18).

[제14주제: 기독교 강요 2.16.19-2.17.6]

그리스도의 대리적 무름:
사랑의 시작은 의(義)

14. 1. 성부의 사랑과 성자의 공로

그리스도의 위격적 연합과 사역을 다룬 후 구원론으로 넘어가기 전에 속죄론이 논의된다. 속죄론은 중보자 예수 그리스도가 이루신 의 자체나 보좌 우편에서 행하시는 의의 진가 자체가 아니라, 의의 전가의 가치를 다룬다. 그리스도가 우리의 죄를 대속하시기 위해 대제사장으로서 친히 제물이 되사 단번에 영원한 제사를 드리셨다. 속죄론은 제물이나 제사 자체가 아니라, 제사의 제물가치(祭物價値)를 논점으로 삼는다.

속죄(atonement, at-one-ment)라는 단어는 문자적으로 죄의 값을 치르고 하나가 된다는 의미를 가지고 있다. 칼빈과 개혁주의 신학자들은 이를 "satisfactio"라는 라틴어로 표현했다. 이 단어는 본래 "빚 갚기, 보석금 내기" 그리고 "사죄, 사과, 탄원"이라는 어의를 가진다. 이로부터 "만족"이라는 뜻이 파생되었다. 필자는 이러한 뜻을 포괄하는 성경적 개념으로서

"무름"이라는 단어를 사용한다.

무름은 중보자 그리스도의 대속적 공로의 가치를 표현한다. 그것은 배상과 보상을 아우르는 개념이다. 그리스도의 무름은 십자가에서 다 이루신 의의 전가로 열매를 맺는다. 그것은 대리적이며, 아버지께서 우리를 위하여 아들을 주시기까지 하신 그 사랑의 방식에 상응한다. 속죄의 일차적 동기는 하나님의 절대적인 주권적 사랑에 있다. 주께서 우리의 대속제물이 되신 것은 아버지의 뜻을 이루고자 하심이셨다(사 53:10; 눅 2:14; 갈 1:4; 골 1:19-20).

그리스도의 무름은 만세 전에 있었던 삼위 하나님의 구원협약에 기초한다. 그것은 아들의 공로로 인한 아버지의 죄 사함으로 아버지와 우리가 화목에 이르는 대속의 원리를 제시한다. 주께서 친히 자신의 몸을 속죄의 제물로 삼아 "하나님의 의로운 심판을 위한 무름의 값"을 치르심으로써 우리가 용서받게 하셨으며(2.12.3), "영원한 화목의 법에 따라서" 우리가 그분과 함께 "연합체"를 이루도록 하셨다(2.15.6).[1)]

삼위 하나님은 성자의 대리적 무름을 영원 전에 작정하셨다. 하나님의 자비는 아들을 주셔서 죽기까지 복종하는 자리에 세우시고 그 공로를 조건 없이 우리의 것으로 삼아주시는 데 있었다. 그러므로 하나님의 뜻 가운데, 아들의 "공로"는 우리의 구원을 위해 필연적이었다. 그리스도가 "생명의 주"로서(행 3:15) 우리의 "인도자"요 "시조"가 되신 것은 그분이 "영원 전에 정한 대로" 모든 것을 다 이루셨기 때문이다.

하나님의 사랑이 그리스도의 공로의 "제1 원인"이다. 하나님이 아들을

---

1) 이와 같이 대속적 무름은 "expiatio(속죄)", "propitiatio(용서)", "reconciliatio(화목)", 세 가지 요소를 포함한다. expiatio는 특정한 죄의 값을 지불하는 것이며(객관적, 소극적), propitiatio는 그 죄를 없던 것으로 하는 것이고(주관적, 소극적), reconciliatio는 상호 교제를 지속하는 것을(총체적, 적극적) 의미한다. 이 가운데 reconciliatio는 expiatio와 propitiatio를 전제하는 포괄적 개념이다.

값으로 치르고 우리를 사신 것은 단지 그것을 기뻐하셨기 때문이다. "하나님의 그저 기뻐하심", 이것이 우리를 사랑하신 유일한 조건이었다. "하나님의 거저 베푸시는 호의"와 "그리스도의 순종"은 서로 대립되거나 배치되는 것이 아니라 함께 역사한다.

따라서 그리스도의 공로에는 관심 없이 하나님의 사랑만을 강조하는 궤변론자들의 주장은[2] 지극히 허망되다. 하나님의 사랑은 관념적이지 않으며 아들을 주시기까지 하시는 실제적인 것이었다. "예정과 하나님의 은혜를 비추는 가장 밝은 빛은 사람이신 구주 그리스도 예수시다."[3] 어거스틴은 성자 하나님이 "인성 가운데" 구속사역을 성취한 것이 성부 하나님의 은총 없이는 불가능했다고 지적하면서 "하나님을 참으로 기쁘시게 하는 것 외에 어떤 다른 공로도 그리스도에게는 없다."고 단언하였다(2.17.1).

"하나님이 세상을 이처럼 사랑하사 독생자를 주셨으니 이는 그를 믿는 자마다 멸망하지 않고 영생을 얻게 하려 하심이라"(요 3:16).

하나님의 사랑이 "지고한 원인 혹은 기원"이 된다. 하나님이 먼저 우리와 화목하기를 원하셨다(골 1:19-20; 고후 5:19). 그리고 그리스도 안에서 우리를 택하셔서(엡 1:4-5) 거저 주시는 은혜 가운데(엡 1:6) 우리를 서로 화목하게 하셨다(엡 2:15-16). 하나님이 우리를 사랑하시사 그 아들을 우리 죄를 위한 "화목제물"로 보내셨다(요일 4:10; 요일 2:2). 하나님이 독생자를 "우리 구원의 질료"로 삼으셨다. 구원의 공로는 그리스도를 믿는 우리의 믿음이 아니라 그리스도 자

---

[2] 중세 유명론자들과 칼빈시대의 소시누스주의자들이 이런 입장을 가지고 있었다.
[3] 명문선 57.

신께 있다. 믿음은 "형상인(形相因)"[4]으로서 "이차적이며 부수적"이다.

하나님은 "자신의 호의로" 자신의 아들을 주심으로써 우리와 화목하셨다. 하나님의 뜻은 성자께서 "그 자신으로부터 얻은 것"을 우리에게 나누어 주심에 있다. 하나님이 죄를 알지도 못하는 자를 우리를 대신하여 죄를 삼으셔서 우리의 의가 되게 하셨다(고후 5:21). 성부의 사랑으로 말미암아 성자의 의가 역사하게 되었다. 성부께서 성자의 의로써 사랑하셨다. 성부께서 친히 "의의 원천"이 되셨다.

"사랑의 시작은 의(義)이다"[5] (2.17.2).

14. 2. 그리스도의 대리적 무름[6]

그리스도가 "우리가 빚진 형벌을" 대신 "무르셨다." 그리스도의 "의"가 우리의 공로로 여겨졌다. 아들의 순종으로 우리를 의인 삼으신 일로 아버지의 "호의"가 나타났다(롬 5:19). "그리스도의 순종으로" 우리가 의인으로 인정되었다(2.17.3).

"피흘림이 없은즉 사함이 없느니라"(히 9:22).

---

[4] "형상인(formalis causa)" 혹은 "도구인(instrumentalis causa)"은 그 자체로 질료인이 되지 못하나 질료인을 얻기 위한 수단이 되는 원인이다. 믿음이 숟가락이라면 은혜는 밥이다. 배부르게 하는 것은 밥이지 숟가락이 아니다. 그러나 밥은 숟가락이 없이는 담을 수 없다. 성도가 구원받는 것은 믿음 때문이 아니라 은혜, 즉 그리스도의 공로 때문이다. 다만 그 은혜는 믿음의 숟가락에만 담긴다.

[5] 명문선 58.

[6] "대리적 무름(satisfactio vicaria)", 이는 언약적 개념이다. 주께서 새 언약의 머리로서 우리의 죄를 전가 받으시고 우리에게 자신의 의를 전가해 주셨다.

우리의 죄를 사하시려 그리스도가 피를 흘리셨다(마 26:28; 눅 22:20). 오직 그분의 피로 우리가 깨끗하게 되었다(요일 1:7). 주께서 단번에 자신을 제물로 드려 많은 사람들의 죄를 담당하시려고 세상 끝에 나타나셨다(히 9:22, 28). 그리하여 "새 언약의 중보자"로서 부르심을 입은 자들에게 영원한 기업을 얻게 하셨다(히 9:15). 주께서 자신의 피로 영원한 속죄를 이루사 단번에 성소에 들어가셨다(히 9:12). 그분이 징계를 당하시고 땅에서 끊어지심으로(사 53:5, 8) 우리가 아버지와 화목을 누리게 되었다. 주께서 저주의 죽음을 당하셨으므로(갈 3:13; 벧전 2:24) 우리가 참 자녀의 영원한 생명을 누리게 되었다.

"그리스도의 희생제사로 말미암는 죄를 사하고, 용서하며, 무르는 힘을 우리가 인정하지 않는다면 그분의 은총은 너무나 희미해질 것이다"[7] (2.17.4)

하나님은 자신의 말씀을 변개치 않으신다. 하나님은 자신의 말씀에 대한 순종에서 의를 찾으신다. 하나님의 공의는 불순종의 "값"에 대한 무름을 요구한다(고전 6:20). 그 무름의 "속전"을 주께서 자신을 "화목제물"로 드림으로써 치르셨다(롬 3:24-25; 딤전 2:6). 그리하여 우리의 불순종에도 불구하고 우리가 순종의 의를 누리게 된다.

"우리는 그리스도의 은혜를 통해 하나님이 율법 가운데 우리의 행위에 대해서 약속하신 것을(레 18:5; 행 13:39) 얻게 된다."[8]

---

7) 명문선 59.
8) 명문선 60.

우리의 죄값에 대한 그리스도의 "지불", 즉 "보상"으로 말미암아 우리가 "죄 사함"을 받았을 뿐만 아니라 하나님의 "은혜"를 입고 거룩한 삶을 살게 되었다. 그리스도 안에서 다시 산 자마다 그분을 양식으로 먹음으로써 산다(요 6:55, 57; 엡 5:2). 그분이 "생명의 실체"가 되시기 때문이다(2.17.5).

성부께서는 독생자를 아끼지 아니하시고 세상을 위해 내주셨다(롬 8:32; 요 3:16). 그리고 자신의 뜻을 이룬 아들을 높여서 지극히 뛰어난 이름을 주셨다(빌 2:9). 아버지의 뜻은, 아들이 우리를 위한 속죄제물로서 자신을 거룩하게 구별하여 드리는 것이었다(요 17:19). 아들의 영광은 아버지의 뜻을 이루는 데 있었다.

"그리스도가 이런 고난을 받고 자기의 영광에 들어가야 할 것이 아니냐"(눅 24:26).

칼빈은 사도신경이 그리스도의 사역을 보여주는 "일람표와 같이" 성경의 순수한 가르침을 그 속에 다 포함한다고 보았다(2.16.18). 주께서 행하신 모든 것은 우리를 위한 대리적 속죄를 이루기 위함이셨다. 오직 우리의 의는 그분의 "예"를 "아멘"으로 받음에 있다(고후 1:20). 우리의 순종은 아멘의 순종 외에는 없다. 놀라운 대속의 은혜를 노래한 아래 수사(修辭)를 보라!

"우리는 구원 전체와 그 모든 부분이 예수 그리스도 안에 포함되어 있다는 것을 안다(행 4:12). 그러므로 우리는 가장 작은 한 부분이라도 다른 곳에서 끌어오려고 하지 말아야 할 것이다. 만약 우리가 구원을 구한다면, 우리는 바로 예수의 이름으로 인해서 그것이 '그분 안에' 있음을 배우게 될 것이다(고전 1:30). 만약 우리가 성령의 다른 은사들을 구한다면, 그것들은 그분의 기름 부음 가운데서 발견될 것이다. 만약 우리가 능력을 구한다면, 그것은 그분의 주권에; 순결함을 구한다면, 그분의 잉태에; 온유함을 구한다면, 그분의 나심에서 찾을 수 있을 것이다. 왜냐하면 나심으로 그분은 모든 면에서 우리와 같이 되셔서(히 2:17) 우리의 고난을 느끼셨기 때문이다. 만약 우리가 구원을 구한다면, 그것은 그분의 수난에 있다; 형벌로부터의 방면(放免)을 구한다면, 그분의 징계에; 저주로부터 사함을 구한다면, 그분의 십자가에(갈 3:13); 무름을 구한다면, 그분의 희생제물에; 정결함을 구한다면, 그분의 피에; 화목을 구한다면, 그분의 지옥강하에; 육신의 죽음을 구한다면, 그분의 무덤에; 삶의 새로움을 구한다면, 그분의 부활에; 영생을 구한다면, 또한 그곳에; 하늘 왕국의 유업을 구한다면, 그분의 하늘로 들어가심에; 만약 보호, 안전, 모든 선한 것들의 부함과 넘침을 구한다면, 그분의 왕국에; 떨림 없는 심판을 구한다면, 그것은 그분께 주어진 심판하는 권세에 있다. 요약하면, 모든 종류의 선한 것들로 충만한 곳간이 그분께 있으니, 다른 곳이 아니라, 이 샘에서 우리를 가득 채우도록 하자"9) (2,16,19).

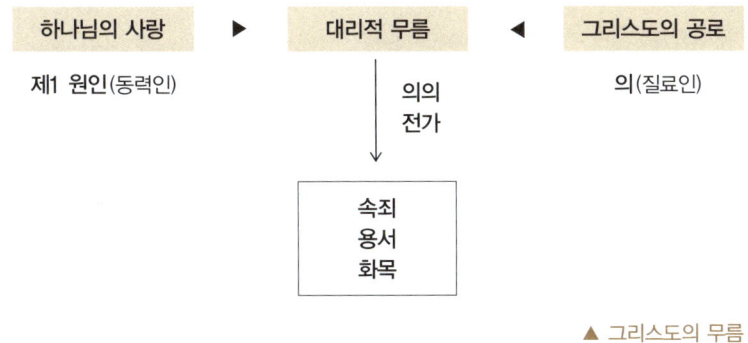

▲ 그리스도의 무름

---

9) 명문선 61.

Institutio Christianae Religionis

제3권
15-24주제

성령, 우리 안에 오신 보혜사 하나님

[제15주제 : 기독교 강요 3.1.1-3.1.4]

성령:
성도와 그리스도의 연합의 띠

15. 1. 성령의 우주적·일반은총적·특별은총적 역사

『기독교 강요』에서 성령론에 전적으로 할애된 부분은 오직 제3권 1장 한 장밖에 없다. 성령의 신격이 이미 삼위일체론에서 다루어졌기 때문에 (1.13.14-15), 여기에서는 예수 그리스도의 공로가 개인 구원의 과정에서 작용하도록 역사하는 성령의 "은밀한 사역"[1]에 대해서만 논의한다.

칼빈이 제목을 붙였듯이 『기독교 강요』 제3권은 "우리가 그리스도의 은혜를 받는 방식과 그것으로부터 우리에게 나타나는 열매들과 그것에 따르는 효과들"[2]을 다룬다. 이는 조직신학의 구원론에 해당한다. 칼빈은 『기독교 강요』 제2권 마지막 장을 중보자 예수 그리스도의 공로의 구원론적 의의와 가치를 다루는 속죄론에 할애했다. 그리고 제3권에서는 그 공로가

---

1) 성령의 작용과 관련해서 자주 사용되는 형용사인 "은밀한(arcanus)"이라는 단어의 의미는 "내적"이며 "인격적"이라는 뜻이다. 즉 성도의 구원 과정에서 역사하는 성령의 특별한 은총을 표현한다.
2) "De modo percipiendae Christi gratiae, et qui inde fructus nobis proveniant, et qui effectus consequantur."

어떻게 성도들에게 적용되는지를 논의한다. 성령의 부으심은 이러한 구원론의 서장(序章)으로 자리잡고 있다.

일찍이 100년 전, 칼빈 출생 400주년을 기념하는 글을 통해서 워필드(B. B. Warfield)가 지적했듯이, 칼빈은 성령의 신학자로서 『기독교 강요』 전권을 통하여 성령의 우주적, 일반은총적, 특별은총적 역사를 광범위하게 다룬다.

첫째, 성령의 우주적 역사는 창조와 섭리에 미친다. 하나님은 "말씀과 성령의 능력으로" 천지를 무에서 창조하셨다(1.14.20). 그리고 창조하신 것을 섭리로 보존하고 통치하신다(1.13.14).

둘째, 성령의 일반은총적 역사는 인류 창조와 섭리와 관련된다. 사람이 하나님의 형상을 따라 지음받은 것은 성령의 은혜와 능력으로 말미암는다(1.15.5). 사람의 영혼은 무로부터 실체가 시작된 것이지 이미 존재하는 어떤 본질을 주입받아 존재한 것이 아니다.[3] 하나님은 타락한 인류에게조차도 "영의 선물들"을 수여하셔서 만물의 영장으로서 고급스러운 문화적, 사회적 삶을 살게 하셨다(2.2.15–16). 이러한 성령의 일반은총을 누리기 때문에 사람들은 심판의 때에 자신들의 무지를 하나님 앞에서 변명할 수 없게 된다.

우주적 역사	일반 창조, 섭리
일반은총적 역사	인류 창조, 섭리
특별은총적 역사	구원의 은총

▲ 성령의 역사

셋째, 성령의 특별은총적 역사는 그리스도가 우리 안에 내주하셔서 우리를 의롭게 하시며 거룩하게 하시는 구원의 은총과 관련된다. 이러한 성령의 역사는 오직 택함받은 백성에게만 미치기 때문에 이를 교회적 은총이라고도 부를 수 있다. 『기독교 강요』 제3권에 제시된 성령의 사

---

3) 이 부분은 칼빈의 창 2:7 주석 참조.

역이 이에 해당한다.

워필드의 이러한 분류는 칼빈의 성령론에 대한 수작(秀作)을 남긴 크루쉐(Werner Krusche)가 "성령과 우주", "성령과 사람", "성령과 교회"라는 제목으로 성령론을 다룬 것과 일맥상통한다. 칼빈은 삼위일체론에서 성령의 신격을 다루면서 그분을 창조주 영(Spiritus Creator)과 중생주 영(Spiritus Regenerator)으로 부르면서 전자는 우주의 아름다움을 보존하실 뿐 아니라 이 세상이 아름답게 장식되기 전의 혼돈의 덩어리도 돌보신 분으로서의 특성을, 후자는 고유한 생명력으로 생명을 주심으로써 생명을 살리시는 분으로서의 특성을 제시한다고 강조했다(1.13.14-15). 워필드와 크루쉐가 간파한 성령의 처음 두 가지 역사와 나머지 세 번째 역사는 각각 칼빈이 말한 창조주 영과 중생주 영의 능력과 작용에 부합한다.

15. 2. 보혜사 성령: 그리스도의 영

칼빈은 그리스도를 믿음으로써 그분의 공로를 우리의 공로로 삼는 사역을 성령의 "은밀한 작용"이라고 부른다. 이를 위해서는 "우리의 밖에" 계신 그리스도가 "우리의 안에" 계심으로써 우리와 "하나가" 되셔야 한다.[4]

그리스도가 우리의 "머리"시며(엡 4:15) "많은 형제 중에서 맏아들이" 되시므로(롬 8:29) 우리가 그분께 "접붙임을" 받고(롬 11:17) 그분으로 "옷" 입어야 한다(갈 3:27).

하나님의 영광과 권능을 성부, 성자, 성령 삼위 하나님이 한 분으로서 증

---

[4] 보좌 우편에 계신 중보자 그리스도가 자신의 영을 보내주심으로 "우리의 밖에(extra nos) 그리고 "우리의 안에(in nobis)" 계신다.

언하시듯이 성도의 구원을 증언하는 이도 "성령과 물과 피" 셋이 있으니 "이 셋은 합하여 하나"이다(요일 5:7-8). 물은 "씻음"을, 피는 "희생제물"을, 성령은 "인(印)"을 뜻한다.

"증언하는 이는 성령이시니 성령은 진리니라"(요일 5:6).

성도는 이러한 성령의 역사로 말미암아 예수 그리스도의 "피 뿌림을" 얻고 거룩함에 이른다(벧전 1:2; 히 9:22). 성령의 은밀한 사역으로 말미암아 예수 그리스도의 보혈의 공로가 구원 과정 가운데서 우리 안에서 역사한다. 사도는 이를 "주 예수 그리스도의 이름과 우리 하나님의 성령 안에서 씻음과 거룩함과 의롭다 하심을 받았느니라"(고전 6:11)고 말한다. 이렇듯, 성령은 진리의 영으로서 그리스도의 의를 증언할 뿐만 아니라 능력의 영으로서 그것을 우리에게 전가시키신다.

"그리스도가 우리를 자신에게 효과적으로 연결시키시는 고리는 성령이시다"[5] (3.1.1).

성령은 아버지와 "그리고 아들로부터(Filioque)" 나오신다. "중보자로서" 그리스도는 성령의 은혜를 아버지로부터 받는다. 그러나 "하나님으로서" 그리스도는 그 은혜를 스스로 "자신으로부터" 부여하신다.[6] 성부 하나님은 아들에게 성령의 "전적인 충만을" 주셔서 그가 자신의 은혜를 나누어

---

5) 명문선 62.
6) 칼빈의 요 14:16 주석 참조.

주는 "수종자와 청지기"가 되게 하셨다. 그러므로 성령을 "아버지의 영" 혹은 "아들의 영"이라고 부른다. 성령의 교통으로 아버지의 사랑과 아들의 은혜가 함께 역사한다(고후 13:13; 롬 5:5).

주께서 영원하신 말씀으로서 아버지와 같은 영에 참여하시고 아버지와 우리 사이를 중보하시기 때문에 성경은 우리가 받은 "양자의 영"을 "그리스도의 영"이라고도 부른다(롬 8:9, 11, 15). 그리스도의 영의 역사로 십자가의 의가 우리 각 사람에게 "선물의 분량대로"(엡 4:7) 전가된다. 그리하여 우리가 그리스도와 함께 한 자녀요 상속자가 된다(롬 8:17). 그리스도의 영은 "살리는 영"으로서(고전 15:45; 롬 8:11) 우리를 거듭나게 하고, "성결의 영"으로서(살후 2:13; 벧전 1:2; 롬 1:4) 우리를 거룩하게 하신다(3.1.2).

"그리스도는, 자신의 영의 능력으로 우리를 조명하여 믿음에 이르게 할 때 동시에 우리를 그의 몸에 접붙여서 모든 선에 참여하는 자가 되게 하신다"[7] (3.2.35).

```
그리스도의 영 ─ 양자의 영 ┬ 새 생명(生命)의 영: 살리는 영 ┬ 자녀됨
                          └ 새 생활(生活)의 영: 성결의 영 ┴ 후사됨
```

▲ 그리스도의 영

15. 3. 성령의 이름들

성령의 역사가 없다면 그리스도의 공로가 우리에게 무익할 것이다(3.1.2; 3.3.19; 3.11.1).

---

[7] 명문선 63.

"우리가 마음껏 성령께 몰두하기 전에는 그리스도는 단지 쉬고 계신 분이시다. 왜냐하면 우리가 그분을 우리 바깥에 계신 분으로, 참으로 멀리 떨어져 계신 분으로, 냉랭하게 바라보기 때문이다. ……그리스도를 우리에게 연합시키시는 분은 오직 성령이시다. 우리가 그리스도의 영의 은혜와 능력에 힘입어 그분의 지체들이 되었기 때문에 그분은 우리를 아우르고 우리는 그분을 소유하게 된다."[8]

오직 성령의 역사로 말미암아 그리스도는 몸의 머리가 되시며 신랑이 되신다(엡 5:30).

보혜사 성령은 그 구원 역사를 표상하는 각각의 이름에 따라서 다양한 속성으로 계시된다.

첫째, 성령은 "양자의 영"이라고 불린다(롬 8:15). 성령은 하나님이 우리의 아버지 되심을 증언하시고 우리가 그분을 아빠 아버지라고 부르게 하신다(갈 4:6).

둘째, 성령은 "우리의 기업에 대한 보증이며 인"이라고 불린다(고후 1:22; 엡 1:14). 성령의 감화로 우리는 우리 자신이 신실하신 하나님의 보호 아래에 있음을 확신하게 된다.

셋째, 성령은 "의로 말미암아 살아 있는 것"이라고 불린다(롬 8:10).

넷째, 성령은 "물"이라고 칭해진다. 성령은 은밀한 중에 물을 주어 의의 싹을 돋게 하기 때문이다. 성령은 갈한 자에게 물을 주고 마른 땅에 시내가 흐르게 하신다(사 44:3). 목마른 자들은 물을 마셔야 하리니(사 55:1), 주께서 자신에게 와서 마시라고 하신다(요 7:37). 주께서 생수의 강, 성령의 강의 근원

---

[8] 명문선 64.

이 되신다(요 7:38). 물은 또한 씻음의 상징이 된다(겔 36:25).

다섯째, 성령은 은혜를 시냇물과 같이 부어 생기를 돋게 하므로 "기름" 혹은 "기름 부음"이라는 이름을 가진다(요일 2:20, 27).

> - 양자의 영
> - 우리의 기업에 대한 보증과 인
> - 의로 말미암아 살아 있는 것
> - 물
> - 기름 혹은 기름 부음
> - 불
> - 샘
> - 주의 손
>
> ▲ 성령의 이름

여섯째, 성령은 사악한 육욕을 태워버리고 헌신과 사랑의 불길을 일으키므로 "불"이라고 불린다(눅 3:16).

일곱째, 성령은 모든 은사가 솟아나는 "샘"이라고 불린다.

여덟째, 성령은 "주의 손"으로 칭해진다(행 11:21). 성령의 작용으로 하나님의 구원 섭리가 이루어지기 때문이다.

"우리 안에 선한 무엇이 있다면 그것은 성령 자신이 베푸시는 은혜의 열매이다."[9] 이렇듯 성령을 칭하는 이름들은 무수한 그 열매들만큼이나(갈 5:22-23) 다양하다(3.1.3).

15. 4. 성령과 믿음, 그리스도

성령의 특별은총적 역사가 작용함은 오직 성도의 믿음으로 말미암는다. 믿음은 성령의 선물이다. 믿음은 성령이 행하는 "주요한 일"이다. 성령은 믿음을 주실 뿐만 아니라 믿음 가운데 구원사역을 행하신다. 성령은 오직 믿음으로 우리를 "복음의 빛으로" 인도하시기 때문에, 성령의 힘과 사역을 표현하는 말씀들은 대체로 믿음과 관련된다.

---

[9] 명문선 65.

"약속의 성령으로 인치심"을 받아(엡 1:13) 믿어 거듭난 사람은 누구나 혈육이 아니라 하나님으로부터 났다(요 1:12-13). 오직 이를 알게 하시는 분도 하나님이시다(마 16:17). 믿음은 오직 "성령으로부터 생긴다." "거룩하게 하심과 진리를 믿음"이 오직 성령의 역사로 말미암는다(살후 2:13).

성령이 "내적 교사"로서 하나님이 우리 안에 거하시고 우리가 그분 안에 거하는 줄 알게 하신다(요일 3:24; 4:13). 성령의 감화가 없으면 아무도 자신의 가난함과 벗음과 눈 먼 것을 보지 못한다(계 3:17). 곧 성령은 "하늘나라의 보고(寶庫)를 여는 열쇠"와 같다.

성도는 성령의 감화로 그리스도를 믿어 구원에 이른다. 주께서 믿음과 함께 성령을 부어주신다(행 2:33). 아버지가 아들의 이름으로 보내시는 성령은 "진리의 영"으로서 아들을 증언하고 아들이 말한 모든 것을 생각나게 하신다(요 14:17, 26; 15:26; 16:13). 주께서 "자신의 영으로" 자신에게 맡겨진 사람들을 이끄시지 않으시면 아무도 진리를 알 자가 없다(요 6:44; 12:32; 17:6). 그러므로 성령과 마찬가지로 그리스도 자신도 "내적 교사"라고 불림이 합당하다.

주께서 성령과 불로 세례를 주시고(눅 3:16) "자신의 복음을 믿게" 하시므로 우리는 새로운 피조물로 거듭나서(고후 5:17) 하나님의 성전으로 거룩하게 구별된다(고전 3:16-17; 6:19; 고후 6:16; 엡 2:21).

주께서 자신의 영을 부어주심으로써 그 영을 받은 사람들 속에 사시며 여전히 중보하신다. 주께서 우리 속에 사시는 것이 성령의 임재이며, 우리 안에서 일하시는 것이 곧 보혜사 성령의 구원 역사이다(3.1.4).

[제16주제 : 기독교 강요 3.2.1-3.2.43]

믿음: 감화와 확신

16. 1. 믿음: 그리스도를 아는 지식

우리는 "그리스도로 말미암아" 하나님을 믿는다(벧전 1:21). 구원의 유일한 길은 그리스도시다. "그리스도의 손"을 잡지 않고 하나님의 두성에 이를 자는 아무도 없다. 어거스틴이 말한 바와 같이, 주님은 하나님으로서 우리가 가려는 목적지(quo, whereto)시며, 사람으로서 우리가 걸어가는 길(qua, whereby)이시다.

하나님은 "가까이 가지 못할 빛"에 거하시므로(딤전 6:16), 오직 "예수 그리스도의 얼굴에 있는 하나님의 영광을 아는 빛"이 우리 마음에 비추어져야 우리가 하나님을 알 수 있다(고후 4:6). 그리스도가 "세상의 빛"이시므로 오직 그분을 따르는 자만이 어둠에 다니지 않고 "생명의 빛"을 얻는다(요 8:12). 그러므로 "생명의 원천"이신 하나님께 가는 길은(시 36:9) 오직 중보자 예수 그리스도밖에 없다. 그분은 "길이요 진리요 생명"이시다(요 14:6).

"영생은 곧 유일하신 참 하나님과 그가 보내신 자 예수 그리스도를 아는 것이니이다"(요 17:3).

예수 그리스도는 "하나님의 영광의 광채시요 그 본체의 형상"이시다(히 1:3). 오직 아버지만이 아들을 아시고 아들과 아들의 소원대로 계시를 받은 자 외에는 아버지를 알 자가 없다(눅 10:22). 그러므로 우리는 중보자 그리스도가 어떤 분이며 무엇을 행하셨는지 알고자 힘써야 한다(고전 2:2). 그리고 세상을 향하여 "우리 주 예수 그리스도께 대한 믿음을 증언"해야 한다(행 20:21). 왜냐하면 우리는 모두 그분을 믿어 거룩하게 된 무리이기 때문이다(행 26:17-18)(3.2.1).

믿음이란 교회를 맹목적으로 높이면서 그것의 권위와 판단에 무모하게 복종하는 것이 아니라 하나님과 그리스도를 아는 것이다(3.2.3). 믿음의 근거는 "무지"가 아니라 "지식"이다. 이러한 지식은 하나님의 어떠하심과 우리를 향한 그분의 "뜻"을 아는 생명의 지식이다. 그리스도가 의와 성결과 화평으로서 우리를 하나님과 화목하게 하셨으므로(고후 5:18-19) 우리가 구원을 얻는다.

그러므로 교회의 지시대로 따르기만 한다면 말씀에 무지해도 믿을 수 있다고 하는 로마 가톨릭의 "맹목적 신앙[1]"이라는 개념은 허구이다. "아는 것 없이" "믿는 것"은 맹목적 추종이지 참 신앙이 아니다. 사도 바울이 "사람이 마음으로 믿어 의에 이르고 입으로 시인하여 구원에 이르느니라"고 전했을 때(롬 10:10), 이는 하나님이 보내신 자 예수 그리스도를 "확실히

---

[1] 로마 가톨릭은 지식의 유무에 따라서 믿음을 "맹목적 신앙(fides implicita)"과 "명확한 신앙(fides explicita)"으로 나눈다. 그러나 하나님의 지식인 계시에 의존하지 않는 신앙은 공허할 뿐이다.

인정하고 아는 것"을 의미한다(3.2.2).

하나님은 각 사람이 "믿음의 분량대로" 지혜롭게 생각하기를 원하신다(롬 12:3). 연약한 믿음도 "참 믿음"이다. 처음부터 무지하든지 알고 믿든지 하는 것이지, 모르고 믿은 후 어느 순간 알게 되는 것이 아니다. 비록 구체적으로 어떤 사실을 다 알지는 못해도 하나님의 은혜로 말미암은 "경건한 정서(情緒)"[2)]에 감화되어 예수 그리스도를 구주로 인정하는 사람은(요 4:42) 모두가 참 믿음의 성도이다(3.2.4-5).

"그리스도를 아는 참 지식" 없이는 구원에 이를 자가 아무도 없다. 왜냐하면 복음은 그리스도를 믿어 구원에 이르는 "좋은 교훈"을 알려주는 "믿음의 말씀"이기(딤전 4:6) 때문이다. 복음은 율법의 의를 성취하신(롬 10:4; 갈 3:25) 그리스도를 증언하는 말씀이다. 복음으로 그리스도께 듣고 가르침을 받아 그리스도를 배우게 된다(엡 4:20-21).

"듣는 것"이 "믿는 것"이다. 들어서 배우는 것이 곧 믿는 것이다(사 54:13; 요 6:45). 그리하여 선지자들은 여호와의 말씀을 들음으로써 생명에 이를 것을 선포하였다(사 55:3; 시 95:7). 말씀을 기록하게 하신 것은 듣도록 하기 위해서며, 듣게 하신 것은 믿도록 하기 위해서이다(요 20:31). 믿음과 말씀은 마치 태양과 그 광선이 분리될 수 없듯이 나눠질 수 없다.

"믿음을 떠받쳐서 지탱하는 기초는 말씀이다. 말씀이 빗나가면 믿음은 쓰러

---

2) 라틴어 "affectus"는 "영향", "정서", "감동", "감화", "정동(情動)" 등 다양하게 번역되어 왔다. 칼빈과 개혁주의 신학자들 특히 존 오웬이나 조나단 에드워즈 등이 구원론을 다루면서 이 개념을 강조하였다. "affectus"는 전적인 성령의 역사로 말미암아 일어나는 내적인 파장(波長) 즉 울림, 그것에 대한 반응 즉 떨림, 그리고 떨림으로 인한 되울림 즉 성도로부터 나오는 일체의 영적 반향(反響)을 아우른다. 이러한 역동적 이해는 하나님의 주권과 인간의 책임을 함께 강조하는 칼빈에게 있어서 특히 현저하다. 필자는 우리가 상용하는 "정서(情緒)"라는 말이 이러한 뜻을 함축적으로 잘 표현한다고 본다. "affectus"는 느껴지고, 느끼고, 느낌대로 풀어내는 것(緒)이다.

진다. 그러므로 말씀을 제거한다면 결단코 아무 믿음도 남지 않는다."[3]

믿음은 "우리를 향한 하나님의 뜻을 아는 지식"을 내포한다. 그리스도 안에서 우리는 하나님이 "계신 것"과 그분의 "어떠하심"을 알게 된다.[4] 그리고 그분이 우리를 위하여 어떤 분이 되고자 하시는지, 즉 우리를 향한 그분의 뜻을 깨닫게 된다.

이 지식은 오직 하나님의 말씀에서만 나온다. 하나님의 말씀은 "거역할 수 없는 진리"를 계시한다. 하나님은 신실하시며(롬 3:3) 거짓이 없으시다(딛 1:2). 믿음은 "하나님의 진리에 대한 감화"이다. 즉 믿음은 복음의 말씀에 순종하는 것이다(롬 1:5; 빌 1:3-5; 살전 2:13) (3.2.6).

하나님의 말씀은 진리와 사랑이신 주님을 계시한다. 시편 기자는 반복해서 여호와의 "긍휼과 진리"를 노래했는데(시 25:10; 36:5; 40:10-11; 89:14, 24; 92:1-3; 98:3; 100:5; 108:4; 115:1; 117:2; 138:2) 이는 그가 그리스도를 "유일한 보증"으로 바라보았기 때문이었다. 다음 정의는 이러한 믿음의 본질을 잘 기술한다.

"믿음은 우리를 향한 하나님의 선하심에 대한 굳고 확실한 지식이다. 이 지식은 그리스도 안에서 거저 주신 약속의 진리에 기초하는 것으로 성령을 통해서 우리의 마음에 계시되고 우리의 심장에 새겨진다"[5] (3.2.7).

믿음은 하나님의 약속에 기초하며 그 위에 지탱되고 유지된다. 이 약속

---

3) 명문선 66.
4) 이는 하나님의 "존재(quid est)"와 "속성(qualis est)"을 아는 지식을 의미한다.
5) 명문선 67.

은 그리스도의 순종-"예"-으로 성취되었다(고후 1:20). 모든 약속은 하나님의 사랑을 증언한다. 그 사랑이 그리스도 안에서 계시되었으며(마 3:17; 17:5; 엡 1:6) 완성되었다. 값없이 주신 은혜의 약속을 바라보지 않는 믿음은 견고하게 설 수 없다. 그 약속을 그리스도 안에서 붙들지 않는 믿음은 우리를 하나님께로 인도할 수 없다. 그러므로 오직 "믿음의 말씀"에 의지하여(롬 10:8) 그 진리이자 성취이신 그리스도께 붙들려 있어야 한다. 성도는 그리스도의 말씀을 맡음으로 그분과 함께 화목케 하는 직분을 감당한다(고후 5:18). 열매를 위해서 뿌리가 필요하듯이 믿음을 위해서는 말씀이 필요하다(시 9:10; 77:11; 119:41; 143:5) (3.2.29-32). 믿음은 말씀에 의지하여 하나님께 나아가는 것이다. "믿음은 하나님으로부터 도망치는 것이 아니라 찾아야 한다"(3.2.7).

16. 2. 믿음 : 성령의 감화

믿음은 지각적인 인식이 아니라 성령의 "조명(照明)으로" 하나님의 말씀을 확신하는 것이나. 믿음은 성령의 말씀에 순종하는 것이다(롬 1:5). 그러므로 머리가 아니라 마음으로 믿어서 의에 이르게 된다(롬 10:10). 믿음은 그리스도를 생명의 원천으로(요 4:14; 7:38) 받아들이는 것이다(요 6:29). 믿음은 그리스도를 아는 지식에 기초하며 "그분의 영"으로 말미암아 거룩하게 되어 "경건한 정서"에 잠기는 것이다(엡 1:13-14; 고후 1:21-22; 5:5) (3.2.8, 36).

"믿음은 우리를 향한 하나님의 선하심을 아는 지식과 그 선하심이 실재함에 대한 확실한 감화이다"[6] (3.2.12).

---

6) 명문선 68.

구원에 이르는 믿음은 오직 선택된 사람들에게만 단번에 그리고 영원히 부여된다(살전 1:4-5; 딛 1:1; 유 3). 믿음의 선물은 그것에 대한 확고한 보증과 인침과 함께 성령과 말씀의 역사로 주어진다(엡 1:14; 고후 1:22). 하늘에 계신 아버지가 심지 않으신 믿음은 없으며(마 15:13) 참 믿음을 가지고 종국에 파선(破船)하는 사람은 아무도 없다(딤전 1:19; 3:9). 왜냐하면 믿음으로 말미암은 성도의 구원은 "썩지 않을 씨로 된" 것이기(벧전 1:23) 때문이다.

오직 양자의 영을 받은 사람만이 주의 선하심을 맛보게 된다(롬 8:15; 갈 4:6). 하나님의 선하심은 오직 아들의 사랑으로 역사한다. 아버지가 아들에게 "사랑의 영"을 주셔서 그 영을 부음받은 우리가 서로 사랑하게 하셨다(롬 5:5).

"사랑으로써 역사하는 믿음뿐이니라"(갈 5:6).

"사랑"의 열매를 맺는 "거짓 없는 믿음"만이 참되다(딤전 1:5). 로마 가톨릭은 선행을 보이는 성숙한 믿음과 아직 이 단계에는 이르지 못한 초보적인 믿음을 구별하고 전자를 "내실적 신앙", 후자를 "형식적 신앙"이라고 부르나 이는 전혀 성경적 근거가 없다. 믿음은 전적으로 선물이기 때문에 사람의 공로에 따라서 계층 혹은 계급을 둘 수 없기 때문이다[7](3.2.9-12).

믿음은 "경건에 관한 순수한 가르침"이다. 믿음은 그리스도를 소유하는 것이다. "그 안에 지혜와 지식의 모든 보화가 감추어져" 있다(골 2:3). 믿음

---

[7] "형식적 신앙(fides informis)"과 "내실적 신앙(fides formata)"의 구분은 "하나님은 자질에 따라서 행한 사람에게 은혜를 거절하지 않으신다(Facientibus quod in se est Deus non denegat gratiam)"라는 로마 가톨릭의 공로주의에 기초한다. 신앙은 자질과 선행의 유무에 관계없이 은혜로 주어지는 것이므로 이러한 구분 자체가 있을 수 없다.

은 성경의 전체 교훈을 아우른다. "믿음의 비밀"은 "믿음의 말씀"에 깃든다(딤전 3:9; 4:6). 오직 믿음에 의해서 기도가 드려지고, 구원의 전체 과정이 이루어지며, 영원한 생명이신 그리스도가 우리 안에 거하시게 된다(3.2.13).

믿음을 지식이라고 할 때, 이는 감각적인 지식을 초월한다. 마음으로 믿음에 도달한 때에도 그 믿는 바를 감각적으로 이해할 수 있는 것은 아니다. "믿음의 지식"은 주관적 "이해"가 아니라 진리 자체의 객관적 "확실성"에 기반한다. 믿음이 "지식" 혹은 "인식"으로 불릴 때(엡 1:17; 4:13; 골 1:9; 3:10; 딤전 2:4; 딛 1:1; 몬 6절; 벧후 2:21; 요일 3:2), 그 진리는 합리적인 논증이 아니라 이러한 확실성을 경험하게 하는 성령의 "감화"로 확정된다.

"이는 우리가 믿음으로 행하고 보는 것으로 행하지 아니함이로라"(고후 5:7).

오직 "믿음으로 말미암아", 그리스도를 모시고, 그분의 사랑 안에서 터가 굳어지고, 그분의 사랑의 너비와 길이와 높이와 깊이를 깨달아 충만한 은혜에 이르게 된다(엡 3:17-19). 그러므로 하나님의 말씀은 우리의 이해력이 아니라 성령의 감화력에 의지할 때에만 참 지식으로서 온전히 받아들여진다(3.2.14).

믿음은 성령의 은밀한 사역을 통하여 이르게 되는 "확실하고 확고한" 감화이다. 믿음으로 말씀의 객관적 "확실성"에 대한 주관적 "확신"에 이른다. 믿음으로 순전한 하나님의 말씀을 듣고(시 12:6; 18:30; 잠 30:5) 그분의 선하심을 신뢰하게 된다(골 2:2; 살전 1:5; 히 6:11; 10:22). 그러므로 믿음에서 확신이 생기고 확신에서 "담대함"이 생긴다고(엡 3:12) 사도는 말한다(3.2.15).

성령이 믿음의 "조성자"이며 "원인"이시다. 성령의 "조명"이 없으면 아무도 하나님의 말씀을 믿는 믿음에 이를 수 없다. 성령은 우리를 정결케 하며 동시에 하나님을 아는 지식으로 채운다. 그리고 아는 바대로 지키며 살게 한다(딤후 1:14). 우리는 믿음으로 성령을 받는다(갈 3:2). 이는 먼저 믿고 이어서 성령을 받는다는 뜻이 아니다. 믿음은 오직 성령과 함께 그리고 성령으로써, "하나님의 고유한 선물"로 수여되기 때문이다(3.2.33).

오직 성령으로 우리는 하나님의 깊은 것을 통찰한다(고전 2:10-16). 성령이 "내적 교사"로서 우리의 마음을 비추지 않으면 아무도 하늘의 비밀을 알 만한 날카로운 시력을 얻을 수 없다(3.2.34). 믿음은 사람의 지혜가 아니라 성령의 능력을 의지한다(고전 2:4-5). "믿음의 역사"는(살후 1:11) "하나님의 역사"이다. 하나님의 역사는 자신의 아들을 주심으로써 그 아들의 영을 받은 자마다 "믿음의 마음"(고후 4:13)을 가지고 모든 좋은 것들에 참여하게 하심에 있다(3.2.35).

우리가 받은 성령은 하나님께로부터 온 영으로서(고전 2:12) 우리가 그분의 자녀인 것을 증언하신다(롬 8:16). 믿음으로 말미암아, 성도는 하나님의 영원하신 아들이신 주께서 이 땅에 오셔서 자신의 사역을 다 이루시고 부활, 승천하셔서 보좌 우편에서 부어주시는(행 2:33) 보혜사 성령, 곧 "그리스도의 영"을 받는다. 오직 그리스도의 영을 받은 사람만이 "그리스도의 사람"으로서(롬 8:9) 자신 안에 그리스도가 사시며(요 14:17), 그리스도가 자신 안에 사심을 안다(요일 3:24; 4:13). 그 사심은 영원한 것이다(3.2.39).

16. 3. 믿음의 삶

진정한 성도는 성령의 역사로 말미암은 "견고한 감화로" 흔들림 없이 그리스도를 믿음으로써 하나님의 어떠하심을 깨닫고 그분의 사랑과 관용을 확신한다. 그리고 이러한 확신 가운데 하나님과 "화평"을 누린다(롬 5:1). "믿음의 최고 요체"는 하나님 앞에서 화평을 누리고 그분의 약속을 신뢰하는 데 있다(3.2.16).

믿음은 여호와를 온전히 바라며(시 27:14) 그분의 말씀 가운데 요동치 않는 것이다. 우리는 아직 희미하게 본다(고전 13:12). 그러나 믿음으로, "확실하게", 하나님을 본다. 작은 창을 통해서 들어온 빛이 넓은 집을 비추듯이, 성령 가운데 복음을 믿음으로써 하나님의 영광을 바라본다. 그리하여 우리가 주의 형상으로 변해간다(고후 3:18).

"세상을 이기는 승리는 이것이니 우리의 믿음이니라"(요일 5:4).

믿음의 빛은 결코 꺼지지 아니하니 재(灰) 아래서도 명멸하지 않는다. 하나님의 말씀이 마르거나 죽지 않듯이, 사탄도 믿음이 거하는 속마음의 자리까지는 내려오지 못한다(3.2.17-21). 하나님 앞에서의 "두려움"과 "떨림"이 있다고 하나 그것이 "믿음의 화평"을 해치지는 못한다. 오히려 성도는 경건한 두려움으로 구원을 이룬다(빌 2:12). 경건은 하나님에 대한 "경외"와 함께 그분의 은혜에 대한 "감미로움"과 "달콤함"을 누리는 것이다(3.2.22-23, 26-28).

믿음으로 말미암아, 우리는 "그리스도께 속한 모든 선한 것들"과 "그분 자신"께 동참한다. 주께서 우리 안에 계신다. 그리하여 우리가 그분과 함께 "연합체"가 된다(3.2.24).

믿음으로 그리스도와 연합한 자녀는 그분 안에서 그분과 함께 소망하며 사랑한다. 믿음은 바라는 것들, 곧 소망의 "실체"이다. 그러므로 소망이 없으면 믿음은 무너지고 만다. 믿음은 보이지 않는 것을 소망하니(롬 8:24-25) 이는 믿음 자체가 "보이지 않는 것들의 증거"가 되기 때문이다(히 11:1). 믿음과 소망은 같이 있으되(벧전 1:21) 오직 사랑으로 역사한다. 그 믿음은 사랑의 주를 믿는 믿음으로서 그분께만 소망을 두기 때문이다(3.2.41-43).

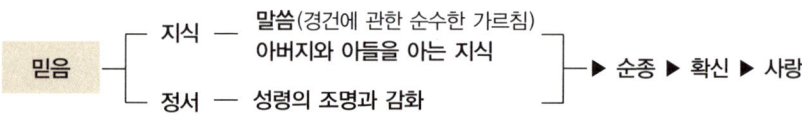

▲ 사랑으로 역사하는 믿음

[제17주제 : 기독교 강요 3.3.1-3.5.10]

중생으로서의 회개:
옛사람의 죽음과 새사람의 삶

17. 1. 육의 죽음과 영의 삶

복음은 믿음의 대상이 되는 말씀이다. 믿음을 통해서 얻게 되는 "복음의 총체"가 "회개와 죄 사함"이다(눅 24:47; 행 5:31). 성도는 이 두 가지로 "생명의 새로움"과 "값없는 화목"을 얻는다. 죄 사함을 얻고 은혜를 받음은 "오직 믿음으로" 말미암는다.

회개는 믿음을 따를 뿐 아니라 믿음과 함께 일어난다(3.3.1). 주 그리스도와 세례 요한이 "회개하라 천국이 가까이 왔느니라"고 선포하신 것을(마 3:2; 4:17; 행 20:21) 근거로 회개가 믿음에 앞선다고 주장하는 것(루터)은 타당하지 않다. 성도의 구원에 있어서 믿음과 회개는 동시에 일어난다. 다만 회개의 "기원"이 믿음에 있다고 할 수 있는데 이는 시간적 선후가 아니라 교리적 이해에 따른 것이다. 믿음과 회개는 동시적이며, 구원의 역사 또한 동시적이다(시 130:4; 호 6:1).

신비주의를 추구했던 재세례파, 인문주의적 경향이 강했던 츠빙글리의 후예들 그리고 이그나티우스 로욜라를 따르는 예수회 회원들은 회개 후에 믿음이 따르며 믿음이 있은 후에는 이제 더 이상 이전의 회개는 필요없다고 한다. 이들은 믿음 전의 회개를 "율법적 회개", 믿음 후의 회개를 "복음적 회개"라고 구별하여 전자는 믿음 없이 단지 죄로 인한 벌이 두려워서 양심의 가책을 가지는 것에 불과하나, 후자는 그 상처에 대한 "약"으로서 그리스도를 믿고 그분을 도피처로 삼아 위로를 받는 데 이르는 회개라고 한다(히스기야, 왕하: 20:2; 사 38:2; 니느웨 사람들, 욘 3:5, 9; 다윗, 삼하 12:13, 16; 24:10; 베드로, 마 26:75; 눅 22:62; 오순절, 2:37). 그런데 그들이 말하는 믿음 없는 회개라는 개념은 아무 의미가 없다. 가인(창 4:13)과 사울(삼상 15:30)과 유다(마 27:4)가 믿음 없이 외형적으로만 자신의 죄를 뉘우친 것을 굳이 율법적 회개라는 이름을 붙여서 다룰 필요는 없을 것이다. 오직 믿음에서 생기는 회개만이 성도의 구원과 관련하여 신학적 의미가 있기 때문이다(3.3.2, 4).[1)]

　　회개는 "죽음"[2)]과 "삶"[3)]의 두 요소가 있다. 자신과 죄에 대해서는 죽고 하나님과 의에 대해서는 사는 것이다. 이러한 회개는 그리스도를 믿는 믿음과 분리되지 않는다. "참 회개"는 그리스도의 죽으심과 사심에 연합함으로 옛사람은 죽고 새사람이 사는 "회심"과 다르지 않다. 회개에 해당하는 히브리 단어는 "회심" 혹은 "되돌아옴"을, 헬라어 단어는 "바꿈"을 의

---

1) "율법적 회개(poenitentia legalis)"와 "복음적 회개(poenitentia evangelica)"를 믿음의 유무로 나누는 자들은 율법을 언약의 은혜 가운데 이해하지 않고 단지 문자로만 바라보기 때문이다.
2) 라틴어 "mortificatio"를 "죽이기"로 번역하고 성화 단계에서의 회개와 연결시키고자 하는 경향이 있다. 그러나 이 단어는 하나님이 죽이심으로 죽는 그 상태, 즉 "죽음"을 의미한다. 이 단어는 성화 단계에서의 노력을 의미하기보다는 칭의 단계에서의 불가항력적인 은혜를 본질적으로 표현한다.
3) 라틴어 "vivificatio"를 "살아남" 혹은 "살림"이라고 번역하는 경우 자기갱생의 공로를 부각시키는 우를 범하게 된다. mortificatio와 같이 vivificatio도 칭의 단계의 불가항력적인 은혜를 본질적으로 함의한다. 그러므로 하나님이 살려 주심으로써 살아있는 상태, 즉 "삶"이라고 번역함이 마땅하다.

미한다. 회개는 회심과 믿음과 중생의 요소를 가지고 있으나 돌이킴 자체에 더욱 주목한다.

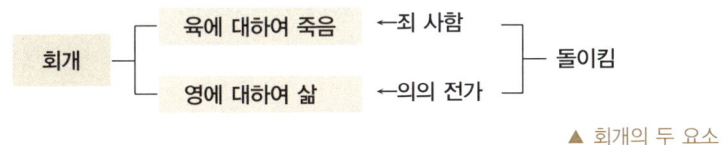

▲ 회개의 두 요소

"회개는 우리의 삶에 있어서의 하나님을 향한 진정한 회심이다. 이로써 우리는 하나님에 대한 진실하며 진지한 두려움을 가지고 나아가게 된다. 회개는 우리의 육과 옛사람의 죽음과 영의 삶으로 이루어진다"[4] (3.3.5).

첫째, 회개는 하나님을 향한 진정한 회심이다. 이는 외면적인 행위뿐만 아니라 영혼 자체의 "변화"를 의미한다. 새로운 믿음을 가지고(겔 18:31), 마음과 뜻을 다하여(신 6:5; 10:12; 30:2, 6, 10) 하나님을 섬기는 마음의 할례를 받는 것이다(신 10:16; 30:6; 렘 4:1, 3-4). 이는 두 마음을 품지 아니하고(약 1:8) 오직 하나님 한 분만을 경외하며 바라보는 것이다(3.3.6).

둘째, 회개는 "하나님을 진지하게 두려워하는 데서"[5] 생긴다. 하나님의 공의로운 심판대 앞에 설 것을 바라보고 미리 자신의 죄를 숨김 없이 다 내어놓는 것이다(렘 4:4; 행 17:30-31). 세상의 염려가 아니라 "하나님의 뜻대로 하는 근심"(고후 7:10)을 하는 것이다(3.3.7).

셋째, 회개는 육에 대해서는 죽고 영에 대해서는 사는 것이다. 육체의 소

---

[4] 명문선 69.
[5] 칼빈은 "하나님에 대한 두려움(timor Dei)"을 단지 소극적이거나 부정적인 것으로만 보지 않는다. 율법이 하나님의 뜻을 드러냄으로써 성도에게 신학적이고 규범적인 작용을 하듯이 하나님에 대한 두려움도 이러한 적극적인 작용을 한다고 여긴다.

욕을 좇지 않고 성령의 소욕대로 행하려는 것이다. 그리하여 "회개의 합당한 열매"를 맺는 삶을(눅 3:8; 행 26:20; 롬 6:4) 지향한다(3.3.5). 회개의 열매는 행악을 그치고 선을 행함으로 나타난다(시 37:3, 8, 27; 사 1:16-17). 참 회개는 성령의 감화를 받아서 자기를 부인하므로 "옛사람"을 벗어버리고 심령이 새롭게 되어 "새사람"을 입는(엡 4:22-24) 것이다(3.3.8).

회개의 두 요소인 죽음과 삶은 우리가 "그리스도에 동참함으로"[6] 말미암는다. 우리 옛사람이 예수와 함께 십자가에 못 박히고 그분과 함께 죽었으므로 그분과 함께 다시 살게 된다(롬 6:6, 8, 11). 다시 산 자로서 우리는 주의 영으로 새롭게 되므로 새사람을 입는다. 그리하여 지식에까지 새로움을 받는다(고후 3:18; 엡 4:22-24; 골 3:10). 이런 측면에서 하나님의 형상을 우리 안에서 회복시키는 "중생"의 주요한 열매로서 회개를 바라보아야 한다(3.3.9).

17. 2. 계속적인 회개의 삶

구원에 이르는 회개로 중생한 사람은 옛사람에 대해서는 죽고 새사람으로 거듭난 삶을 산다. 그는 죄의 종이 아니라 의의 종으로서 새로운 삶을 산다. 이제는 중심에 그리스도가 사시므로 육체의 소욕을 버리고 그분의 영의 소욕대로 산다. 다만 거듭난 사람의 삶이 아직 완전하지는 않으니, 이는 그 안에 탐심의 불을 촉발시키는 "부싯깃"이 여전히 남아있기 때문이다. 이는 성도의 지상의 삶 동안에 계속된다. 죽을 육의 몸을 가지고 있는 동안에 성도는 여전히 "정욕"에 매여 산다. 이러한 육체의 소욕은 "연약

---

[6] 여기서 "그리스도에 동참함(Christi participatio)"은 "그리스도와의 연합(unio cum Christo)"과 같은 의미이다. 칼빈은 교회의 본질과 성찬론을 다룰 때 "participatio"를 "unio"를 전제하는 개념으로 사용한다.

함"에 머무는 것이 아니라 그 자체로 "죄"가 된다(3.3.10-11).[7]

중생으로 말미암아 "죄의 지배"는 끝이 나지만(엡 5:26-27) "죄의 질료"[8]는 여전히 남아 있다. 죄는 지배력을 잃으나 여전히 성도들 가운데 남아있다. 죄의 형벌인 사망의 "죄책"으로부터 자유롭게 된 사람일지라도 여전히 죄를 짓는다. 옛사람을 십자가에 못 박고(롬 6:6) "죄의 법", 즉 사망의 법으로부터 자유롭게 된 사람에게도(롬 8:2) 여전히 죄의 흔적이 남아있다(3.3.11). 사람의 "욕심"과 "육욕"은 "무질서한 것들"이다. 그것들은 하나님의 "질서"에 어긋나므로 죄가 된다(3.3.12).

어거스틴과 암브로시우스가 말한 바와 같이, 중생으로 말미암아 죄의 법은 폐지되었으나 죄는 여전히 죽을 육신 가운데 역사한다. 그러므로 지상의 삶을 사는 동안 죄를 없애지는 못하나 죄가 죽을 몸에 왕노릇하지 못하게 해야 한다(롬 6:12)(3.3.13).

거듭난 사람은 성령을 "지도자"로 좇는 삶을 살기 때문에 더 이상 죄를 짓지 않게 된다고 주장하는 재세례파의 주장은 그릇되다. 성령은 우리를 성화시키기 위해서 파송되었다. 우리는 성령에 의해서 성화되지만 여전히 죄와 허물에 대하여 무기력함을 드러낸다. "사탄의 사자"가 여전히 육체를 찌르고 있다(고후 12:7). "영의 새로운 것"과 함께 "의문의 묵은 것"이 여전히 남아서 다투고 있다(롬 7:6).

"나에게 이르시기를 내 은혜가 네게 족하도다 이는 내 능력이 약한 데서 온

---

[7] "정욕(concupiscentia)"은 인간의 본질적 "연약함(infirmitas)"이 아니라 "죄(peccatum)"이다. 로마 가톨릭은 이 단어를 "사욕편정(邪慾偏情)"이라고 번역하면서 그것이 최초의 인류에게 부여된 하나님의 형상에 본성적으로 들어 있었기 때문에 그 자체를 죽음에 이르는 죄라고 여길 수는 없다고 한다.
[8] 여기서 "죄의 질료(peccati materia)"는 죄의 소욕, 즉 정욕(concupiscentia)을 의미한다.

전하여짐이라 하신지라 그러므로 도리어 크게 기뻐함으로 나의 여러 약한 것들에 대하여 자랑하리니 이는 그리스도의 능력이 내게 머물게 하려 함이라 그러므로 내가 그리스도를 위하여 약한 것들과 능욕과 궁핍과 박해와 곤고를 기뻐하노니 이는 내가 약한 그 때에 강함이라"(고후 12:9-10).

우리에게는 여전히 약한 것들이 남아 있어서 죄를 짓기 쉽다. 그러나 여전히 중보하시는 그리스도가 우리 안에 역사하셔서 자신의 강함으로 모든 것을 능히 이기게 하신다(3.3.14).

성도의 삶 가운데 맺는 회개의 열매는 하나님에 대한 경건과 사람에 대한 사랑을 아우르는 "거룩함"과 "순결함"이다. 내면적인 감동이 없는 외면적 회개는 참 회개가 아니다. 참 회개는 한 마음을 품고(약 4:8), 그 마음을 찢고(욜 2:13) 하나님 앞에 자신의 잘못을 고백하는 것이다(3.3.16-17). 거듭남에 이르는 칭의 단계의 회개와 거룩함에 이르는 성화 단계의 회개는 구별되나 모두 죄 사함이라는 열매를 함께 맺는다(막 1:4; 눅 3:3).

"그러므로 너희가 회개하고 돌이켜 너희 죄 없이 함을 받으라"(행 3:19).

회개의 제1 원인은 하나님의 "긍휼"에 있다(사 55:6-7). 회개에 공로가 있어서 죄 사함의 조건을 갖추는 것이 아니다. 거듭난 성도가 "계속적 회개"로 거룩함에 이르는 죄 사함을 받는 것도 전적으로 하나님의 은혜이다(사 55:6-7) (3.3.18-20).

회개는 하나님이 주시는 "특별한 선물"이다. 하나님은 "생명 얻는 회개"(행 11:18)로 우리를 거듭나게 하셔서 "선한 일"을 행하도록 하신다(엡

2:10). 하나님의 뜻은 성도가 강퍅한 마음을 버려(사 63:17) 성령을 거역하는 죄를 짓지 않고(마 12:31-32; 막 3:28-29; 눅 12:10) 계속적 회개로(히 6:4-6; 10:26-27) 영생에 이르는 것이다. 그러므로 "구원에 이르는 회개"(고후 7:10)는 성도의 삶 가운데서 줄곧 역사한다(3.3.21-25).

성도의 삶은 회개의 삶으로 그것에는 다음과 같은 "성향"[9]이 있다(고후 7:11).

첫째, 하나님의 뜻대로 하는 근심 가운데서 갖게 되는 "간절함"이 있다.

둘째, 자신의 의를 버리고 용서를 구함으로써 정결함에 이르고자 하는 "사죄(謝罪)의 변명"이 있다.

셋째, 자신의 잘못에 대하여 노하고 하나님으로부터 멀어졌던 것에 대해서 뉘우치는 "의분(義憤)"이 있다.

넷째, 하나님의 진노에 대하여 근심하며 떠는 "두려움"이 있다.

다섯째, 마땅한 의무를 기꺼이 순종하려는 "사모함"이 있다.

여섯째, 수렁에서 건짐을 받은 사람으로서 맡겨진 일을 행하고자 하는 "열심"이 있다.

일곱째, 엄격히 죄의 값을 헤아리며 하나님의 은혜를 겸손히 구함으로써 깨닫게 되는 "징벌"이 있다.

그러므로 클레르보의 베르나르는 "회개는 마치 쓴 쑥에 꿀을 섞어 먹음과 같으니 달게 해서 먹으면 쓴 것이 약이 된다."고 말했다(3.3.15).

17. 3. 로마 가톨릭의 궤변

크리소스톰(John Chrysostom)이 말했듯이, "회개는 죄를 씻어내는 약이며 하

---

[9] 필자가 "성향"으로 번역한 라틴어 "affectio"는 일차적으로 "정서"라는 뜻이 있다.

늘의 선물이자 놀라운 능력이며 율법의 힘을 능가하는 은총이다." 회개 자체가 "죄 사함의 원인"이 되는 것은 아니다. 오직 주님의 자비만이 우리를 자유롭게 하며(사 61:1; 눅 4:18) 수고롭고 무거운 짐을 벗겨 주신다(마 11:28) (3.4.3).

로마 가톨릭 신학자들은 회개가 "마음의 통회", "입의 고백", "행위의 보속"10)으로 이루어진다는 궤변을 늘어놓는다(3.4.1). 그들의 주장은 회개 자체를 선행의 의로 여기는 공로주의로부터 기인한다.

첫째, 마음의 통회 자체가 회개의 은총을 받기 위한 공로가 되지 못한다. 회개에 있어서, 마음을 찢는 그 자체에서 능력을 찾는 것보다 하나님의 구속의 은총을 찬미함이 더욱 합당하다(3.4.3).

둘째, 죄를 제사장 앞에서 고백할 필요가 없다. 주께서 다 이루셨으므로 "제사 직분이 바꾸어졌은즉 율법도 반드시 바꾸어지리니"(히 7:12) 사람 앞에서 죄를 고백함이 합당치 않다. 심지어 구약의 제사장도 죄의 고백을 듣는 직분이 없었다(신 17:8-9). 서로 죄를 고하며 기도하라는 말씀이나(약 5:16) 사람들이 세례 요한에게 죄를 자복했다는 말씀은(마 3:6) 죄를 듣고 사하는 권세를 특정인에게 위임한 것이 아니다. 병이 나은 나병환자들을 제사장에게 보낸 것은 그들에게 죄를 고백하라고 그런 것이 아니라 그들의 병이 나았음을 선포하기 위해서였다(마 8:4; 막 1:44; 눅 5:14; 17:14). 오직 찬송을 하나님께만 드리듯이 죄의 고백도 그러해야 한다. 크리소스톰은 다음과 같이 말했다. "동료에게는 아무것도 고백하지 마십시오. 그의 말을 퍼뜨릴는지 모릅니다. 여러분의 상처를 주님께 보이십시오. 그분은 여러분을 돌보시는 친절한 의사이십니다."

---

10) 로마 가톨릭은 "마음의 통회(contritio cordis, compunction of heart)", "입의 고백(confessio oris, confession of mouth)", "행위의 보속(satisfactio operis, satisfaction of works)"을 회개의 세 가지 요소로 여긴다.

열쇠의 권한은 주님의 교회에 주신 말씀을 선포하는 권능을 의미하는 것이지 사제에게 사죄권을 부여한다는 것이 아니다(3.4.4-6, 14-15, 20-24). "죄를 고백하는 유일한 방법"은 다음에 있다.

"죄를 사하시고, 잊고, 지워버리시는 분이 주님이시므로, 그분의 은총을 얻기 위해서 우리의 죄를 그분께 고백하자. 그분이 의사시다. 그러므로 우리의 상처를 그분께 보여드리자. 상처 입으시고 징계를 받은 분이 그분이시므로, 그분께 평화를 간구하자. 중심을 헤아리시며 모든 것을 아시는 그분 자신 앞으로 속히 가서 우리의 마음을 쏟아 놓자. 종국적으로, 그분이 죄인을 부르시므로 우리는 지체 없이 그분께 나아가자"[11](3.4.9).

셋째, 죄 사함에 이르는 회개는 그리스도를 믿음으로써 그분의 의를 전가받아서 구원에 이르게 되는 생명의 능력이 있다. 그러므로 회개로 말미암아 "죄과(罪科)"는 용서받았으나 여전히 "형벌"이 보류되어 있으므로 그것을 갚아야 된다는 로마 가톨릭의 사상은 은혜의 교리 자체를 뒤집는 것이다.

죄 사함은 값없는 용서로 인한 것이다(사 52:3; 롬 3:24-25; 5:8; 골 2:13-14; 딤후 1:9; 딛 3:5). 오직 그리스도가 하나님의 어린 양으로서 우리를 위한 "무름"이 되신다. 그러므로 우리로부터 나오는 "보속(補贖)"[12]이 가당치 않다. 로마 가톨릭은 보속의 공로로 전가의 은혜를 대체하고 있다(3.4.25-26). 죄의 삯은 사망이니, 사람이 스스로 갚아서 어찌 다 생명의 값을 무를 수 있겠는가?

---

11) 명문선 70.
12) 로마 가톨릭은 그리스도의 대속적 공로로 말미암은 "무름"을 뜻하는 라틴어 "satisfactio"를 "보속"이라고 번역하고 이를 죄에 대한 배상을 치르는 성도의 공로에 적용하고 있다.

오직 그리스도의 피로 죄 사함을 얻고 화목에 이르게 될 뿐(골 1:14, 20), 무엇으로도 먼저 드려서 갚음을 얻을 수 없다(3.4.27). 죄를 가져가신 분께서 친히 벌을 감당하셨다. 그리스도가 자신을 죄의 값, 즉 "속전"으로(딤전 2:6) 드리셔서 "구속"을 이루셨다(롬 3:24; 고전 1:30; 엡 1:7; 골 1:14)(3.4.30). 로마 가톨릭은 이러한 보속설로부터 연옥과 면죄부라는 전혀 비성경적인 사설(邪說)을 고안해 내었으며(3.5.1-10), 사제를 중보자의 자리에 세워서 보속을 대행하는 악폐를 조장했다(3.4.20-23).

하나님이 행하시는 두 종류의 심판이 있다. "보복의 심판"과 "징계의 심판"이다. 성도들에게는 오직 "징계의 심판"만이 있다(욥 5:17; 잠 3:11-12; 히 12:5-6). 주께서는 징계 가운데 인자를 베푸시고(시 89:30-33), 연단을 시키시나 타버리지 않게 하신다(사 48:10). 성도를 징계하시는 것은 오직 세상과 함께 정죄 받지 않도록 하기 위해서이다(고전 11:32)(3.4.31-33).

우리에게 공로가 있다면 그것은 그리스도의 의를 거저 값없이 구하는 공로밖에 없다. 전적으로 의지(依支)하는 공로, 전적으로 기대는 공로, 그것은 사실 공로가 아니다. 그러므로 모든 것이 하나님의 은혜로다!

세 요소	비판
마음의 통회	죄에 대한 뉘우침에는 어떤 공로도 없다
입의 고백	오직 주님만이 유일하신 중보자로서 내적인 고백을 들으신다
행위의 보속	오직 주님의 무릎의 공로로 거저 다 받기에 족하다

▲ 로마 가톨릭이 주장하는 회개의 세 요소에 대한 비판

[제18주제 : 기독교 강요 3.6.1-3.10.6]

그리스도인의 삶: 미래를 묵상하며 자기를 부인하고 십자가를 지고 주님을 좇는 삶

18. 1. 그리스도인의 삶의 교리

『기독교 강요』 가운데 그리스도인의 삶의 교리를 다룬 이 부분은 별도의 작은 책으로 출판되었는데 사람들은 이를 "황금의 소책자"라고 불렀다.[1] 이곳에서 칼빈은 성경 말씀으로 "삶을 형성하는 방법"을 "간단하게" 제시하고 있다.

철학자들은 논술의 명석함과 정연함을 가지고 장황하게 삶의 윤리를 논하지만 생명에 이르는 "보편적인 준칙"을 가르치지는 못한다. 그러나 하나님의 법에는 우리 안에서 하나님의 형상을 회복시키는 "신기함"이 들어 있다. "중생의 목표"는 이 신기함으로 성도들의 삶이 하나님의 의와 "조화와 일치"를 이루도록 하는 데 있다(3.6.1).

성령의 역사로 말미암아 "의를 사랑하는 마음"이 하나의 "규범"으로 우

---

1) 이렇게 불린 것은 이 분책(分冊)의 황금색 표지 때문이었다.

리 안에 수립된다. 우리는 그 규범을 지키는 데 "열심"을 다해야 한다. 우리는 "거룩함이라는 끈"으로 하나님께 묶여있다. 성경은 하나님이 거룩하시므로 우리도 거룩해야 한다고 가르친다(레 19:2; 벧전 1:15-16) (3.6.2). 하나님이 그리스도 안에서 우리를 자신과 화목하게 하신 것은(고후 5:18) 우리가 그리스도를 "본" 삼아서 살도록 하기 위함이었다.

우리가 하나님의 자녀가 되는 유일한 "고리"는 예수 그리스도이시다. 주님 안에서 하나님의 형상이 우리의 영혼에 새겨진다(히 1:3). 우리는 모두 주님의 대속의 은총을 받았다. "그러므로" 마땅히 주님을 닮아가는 삶을 살아야 한다.

"하나님은 자신을 아버지로 나타내셨다. 그러므로, 이제 우리가 그분의 자녀로서 살지 않는다면, 그 극한 배은망덕에 대해서는 어떤 변명도 할 수 없을 것이다(말 1:6; 엡 5:1; 요일 3:1). 그리스도가 자신의 피로 우리를 씻으심으로써 정결케 하셨다. 그리고 세례를 통하여 그 정결함으로 자신과 교통하게 하셨다. 그러므로, 더러운 것들로 우리를 다시 더럽히는 것은 온당치 않다(엡 5:26; 히 10:10; 고전 6:11; 벧전 1:15, 19). 그리스도가 우리를 자신의 몸에 접붙이셨다. 그러므로, 그분의 지체로서 우리는 어떤 흠이나 점으로도 자신을 흉하게 하지 않도록 특별히 주의해야 한다(엡 5:23-33; 고전 6:15; 요 15:3-6). 우리의 머리이신 그리스도는 승천하셨다. 그러므로, 세상에 속한 것들에 대한 사랑을 버리고 진심으로 하늘을 향하는 것이 마땅하다(골 3:1-4). 성령이 우리를 성소로 삼으시고 하나님께 드리셨다. 그러므로, 하나님의 영광이 우리를 통해서 빛나도록 하고 더러운 죄로 우리를 더럽히는 어떤 일도 행하지 않도록 주의해야 한다. 우리의 영혼과 육체는 천상적인 순결과 시들지 않는 면류관을 받도록(벧전 5:4) 정해져 있다. 그러므로, 우리는 주의 날까지 그것들을 순수하고 흠 없이 지켜가도록 온 힘을 기울여 노력해야 한다(살전 5:23; 빌 1:10)"[2] (3.6.3).

그러므로 참 성도는 유창한 말과 헛된 사색에 사로잡혀 궤변을 일삼으며 욕망에 젖어 썩은 옛사람의 삶을 살 것이 아니라(엡 4:22, 24), 그리스도를 "선생"으로 삼는 "제자"로서 마땅하게 처신해야 한다. 따라서 그 삶이 성경의 가르침, 즉 "교리"에 부합되어야 한다. "우리의 구원은 교리로부터 출발한다." 교리는 기독교의 삶 전체를 아우르는 성경적 진리를 의미한다. 참 교리는 "입술의 교리"가 아니라 "삶의 교리"이다. 교리는 우리의 마음 속 가장 깊은 곳으로 들어와서 일상생활에 스며든다. 그리하여 궁극적으로 우리를 변화시켜 복음의 열매를 맺게 한다(3.6.4).

복음은 성도의 삶 가운데 지속적으로 역사한다. 그러나 아무도 지상의 삶을 사는 동안에 "복음적 완전"[3]에 도달할 수는 없다. 하나님은 성도의 "순전함"을 요구하신다(창 17:1; 시 41:12). 이는 하나님 한 분만 믿고 섬기는 "영혼의 순수한 단순성"을 지니고, 심령에 받은 말씀대로 좇아 살고자 하는 "올바른 영적 삶의 원리"에 충실한 마음의 자세를 뜻한다. 지상의 삶의 가치는 "선 자체에" 이르도록 쉬지 않고 주의 길을 가는 데 있다. 이는 육체의 연약함을 벗어 버리고 "그분과 충만한 사귐에 이르기까지" 계속되어야 한다(3.6.5).

---

2) 명문선 71.
3) "복음적 완전(evangelica perfectio)"이란 말씀에 완전히 부합하는 삶을 의미한다.

18. 2. 자기를 부인하고 십자가를 지는 삶

하나님은 성도의 삶 자체를 예배로 여기신다.

"너희 몸을 하나님이 기뻐하시는 거룩한 산 제물로 드리라"(롬 12:1).

이 명령이 마음을 새롭게 함으로 변화를 받은 성도를 향한 하나님의 뜻이다(롬 12:2). 그리스도가 그 속에 사시는 사람은(갈 2:20) 심령이 새롭게 됨으로(엡 4:23) 변화를 받아서 주님의 말씀에 순종하는 삶을 살게 된다.
"기독교 철학"[4)]의 요체는 "너희는 너희 자신의 것이 아니라"(고전 6:19)는 말씀에 비추어 자기 자신을 부인함에 있다.

"우리는 우리 자신의 것이 아니다: 그러므로 우리의 이성이나 의지가 우리의 계획과 행위를 좌우하지 않게 하자. 우리는 우리 자신의 것이 아니다: 그러므로 우리의 육신을 좇아 우리에게 유익한 것을 목표로 삼지 말자. 우리는 우리 자신의 것이 아니다: 그러므로 할 수 있는 대로 우리 자신과 우리 자신에 속한 모든 것을 내려놓자.

반면에, 우리는 하나님의 것이다: 그러므로 우리는 그를 위해 살고 그를 위해 죽자. 우리는 하나님의 것이다: 그러므로 그의 지혜와 의지가 우리의 모든 행위를 다스리도록 하자. 우리는 하나님의 것이다: 그러므로 우리 삶의 모든 부분을 합당하게 드려서 오직 진정한 목표를 바라고 노력해 가도록 하

---

4) 칼빈은 『기독교 강요』 서문에서 "기독교 철학(christiana philosophia)"은 "그리스도의 철학(philosophia Christi)"이라고 하였다.

자(롬 14:8). 자기 자신이 자신에게 속한 것이 아니라는 가르침을 받고 이성의 지배와 다스림을 벗어 버린 채 하나님께 복종하는 자는 얼마나 복된가! 자기 유익을 구함은 역병과 같아서 가장 신속하게 우리를 파멸로 인도할 것이니, 구원의 유일한 정박지(碇泊地)는 아무 것에도 지혜롭고자 아니하며 스스로 어떤 것도 뜻하지 아니하고 오직 주님의 이끄심만 따름에 있다"[5] (3.7.1).

자기를 부인하는 삶은 하나님의 뜻을 심중에 깊이 새기고 그분의 영광에 합당한 것만을 추구한다. 그리고 하나님을 전적으로 의뢰하고 그분이 주시는 것으로만 살고자 소원한다(시 131:1-3) (3.7.8-9). 자기애에 빠져 있는 자신을 치료하는 유일한 길은 자기에 갇혀 헤어나지 못하는 세상의 염려를 내어버리고, 하나님이 요구하시는 일만을 귀하게 여기며, 그분의 기뻐하심에 따라서 모든 일에 열심을 다하는 삶을 사는 데 있다(3.7.2).

하나님을 향한 경건의 계명과 이웃을 향한 사랑의 계명을 지키기 위해서는 무엇보다 먼저 온갖 경건치 못한 것들과 정욕에 사로잡힌 것들을 내버려야 한다. 그리고 오직 "하늘의 기업"을 바라며 이 땅에서 근신과 정절과 절제와 공평으로(딛 2:11-14) 나그네의 삶을 살아가야 한다. 사욕을 채우려는 투쟁욕과 이기심은 가장 무서운 역병과 같다(요일 2:16; 엡 2:3; 벧후 2:18; 갈 5:16).

그러므로 성도는 "하나님이 택하사 거룩하고 사랑받는 자처럼"(골 3:12) 겸손히 자신을 낮추고 남을 낫게 여기며(빌 2:3) 섬기는 삶을 살아야 한다.

"누가 너를 남달리 구별하였느냐 네게 있는 것 중에 받지 아니한 것이 무엇이냐 네가 받았은즉 어찌하여 받지 아니한 것같이 자랑하느냐"(고전 4:7).

---

5) 명문선 72.

먼저 받은 자로서 형제를 사랑하고 우애하며 존경하기를 먼저 해야 한다(롬 12:10). 나는 나로 말미암지 않는다는 자기부인의 겸손이 없는 곳에는 교만과 억측만 있을 뿐 진정한 사랑의 마음은 배태되지 않는다(3.7.3-4).

"사랑의 규범"[6]은 자신의 유익을 구하지 아니하고(고전 13:4-5) 청지기와 같이 공공의 선을 위하여 자신의 은사를 쪼개어 나누는 데 있다(벧전 4:10). 모든 사람을 향하여, 그들 속에 있는 하나님의 형상을 헤아려 선을 행함이 마땅하다(히 13:16). 더욱이 믿음의 가정을 향하여, 그들 안에 임재하신 그리스도의 영을 바라보고 "지체 간의 교통"을 통해 서로 사랑의 의무를 다하는 것이 마땅하다. 이웃에 대한 "사랑의 직무"는 외면적인 행동에 그치는 것이 아니라 "긍휼과 박애의 마음"을 품을 것을 요구한다(3.7.5-7).

"경건의 법칙"은 운명이라는 소경에 자신의 삶을 맡기는 것이 아니라 모든 것을 "하나님의 손", 즉 섭리 안에 두는 것이다(3.7.8). 우리는 좋은 뜻을 가지고 있지만 무능하다. 심지어 그 뜻조차도 항상 일정하지 않다. 오직 여호와 하나님은 항상 동일하고 신실하시다. 그러므로 우리는 하나님을 부인하는 자리에서 자기를 부인하는 자리로 내려앉아야 한다. 이제는 주님의 띠를 띠고 주께서 원하시는 곳으로 가야 한다(요 21:18). 그러므로 우리 자신을 부인하고, 오직 여호와를 즐거이 인정하자!

"우리는 미쁨이 없을지라도 주는 항상 미쁘시니 자기를 부인하실 수 없으시리라"(딤후 2:13).

경건한 마음으로 자기를 부인하고 위에 계신 하나님께 향하여 나아가

---

[6] 칼빈은 "사랑"을 뜻하는 단어로 amor, caritas, dilectio를 구별없이 사용한다.

는 길이 주님의 십자가를 지는 것이다. 이 땅에 오신 주님의 삶 전체가 십자가의 일부분이었다. 주님은 친히 받으신 고난으로 순종함을 배우셨다(히 5:8).

하나님은 주님을 맏아들로 삼으셔서 그분과 함께 자녀가 된 우리가 그분의 형상을 본받도록 하셨다(롬 8:29). 그리하여 우리가 주님의 고난에 참여함으로 아들의 영광을 함께 누리는 길을 여셨다(행 14:22; 빌 3:10-11). 고난과 역경은 성도가 그리스도와 "연합체"가 되었다는 보증이 된다(3.8.1).

하나님의 음성을 듣고 일생 동안 순종하는 것이 십자가를 지는 삶이다. 십자가의 시련을 통해 우리는 아버지의 깊은 뜻과 자비를 경험하게 된다. 주께서 하나님의 버리심을 두고 기도하셨듯이(마 26:39; 27:46) 다윗도 하나님이 얼굴을 가리심에 대해서 근심했다고 노래했다(시 30:6-7). 고난은 자녀의 복된 길이다. 십자가를 지는 것은 사랑하는 아들이요 기뻐하는 자로서 아버지의 뜻을 이루는 유일한 길이다(3.8.2).

"자신에 대한 맹목적인 사랑"은 피할 수 없는 병(病)과 같으나 고난은 오래 참음으로 연단을 이루는(롬 5:3-4) 약(藥)과 같다. 징계는 아버지의 사랑이 온전히 머무는 참 자녀의 표가 된다(잠 3:11-12; 히 12:8; 벧전 1:7; 창 22:1, 12). 징계를 주심은 우리가 세상과 함께 정죄받지 않게 하려 하심이다(고전 11:32). 그러므로 의를 위해 고난받는 것이 "특별한 위로"가 된다. 고난은 하나님이 "자신의 군대에게 주신 특별한 표"이다(3.8.7).

예수의 이름을 위하여 능욕받는 일이(행 5:41) 그분을 구주로 모신 우리에게 합당하다. 우리의 산 소망이 살아계신 하나님께 있으므로(딤전 4:10) 우리가 십자가를 짐으로써 그리스도의 고난에 참여함을 즐거워해야 한다(벧전 4:12-13; 고후 4:8-10). 애통하는 자에게 복이 있음은 주께서 우리를 위해 친히 애

통하시기 때문이다(눅 22:44; 마 26:37; 막 14:33; 마 26:38).

주님의 의가 우리에게 전가됨으로써 우리가 그분과 함께 고난받아 그분과 함께 영광에 이른다(롬 8:17). 그러므로 고난 앞에서도 우리는 주님을 향하여 감사와 찬양을 올려드림이 합당하다. 우리는 "십자가의 수난"을 "영적 기쁨으로" 조절해야 한다(3.8.3-11).

18. 3. 미래를 묵상하는 삶

성도에게는, 지상의 삶을 마치면 영생의 "면류관"이 마련되어 있다. "미래의 삶에 대한 묵상"이 없다면 "십자가의 훈련"을 감내(堪耐)할 자가 아무도 없다(3.9.1). 인생은 연기나 그림자 같으니(시 102:3, 11), 삶의 공과(功過)를 누가 스스로 헤아려 기뻐하고 슬퍼할 것인가?

그러나 "지상의 삶의 비참한 조건"이 전혀 헛되지 않으니, 이는 우리가 그것을 통하여 역사하시는 하나님의 은혜로 말미암아 이후에 받을 하늘나라의 영광을 준비하기 때문이다. 하나님은 우리가 받을 "영원한 영광의 기업"을 주시기 전에 지상의 삶 가운데서 그분의 부성적 사랑을 경험하게 하신다. 그러므로 현세의 삶도 하나님이 주시는 귀한 은총이다(3.9.2-3).

지상의 삶이 중요하지만 그것은 천상의 삶에 비할 바 못된다. 천상이 우리의 고향이라면 지상은 단지 타향이 아니겠는가? 세상의 삶이 죽음으로 끝이 난다면 천상의 복지(福地)에 비해서 지상은 무덤이 아니고 무엇이겠는가? 이후에 우리가 육신에서 놓여서 완전한 자유를 누리게 된다면 육신의 삶이 수형(受刑)의 삶이 아니고 무엇이겠는가?

육체의 장막을 벗고 나면 우리가 하늘의 영광으로 빛날 것이다. 죽음은 벗고자 함이 아니요 완전한 것을 입고자 함이다(고후 5:2-3).

그러므로 "그리스도의 학교"에서 배우자! 그분의 죽음과 부활에 참여한 자로서 소망의 삶을 살자! 비록 우리가 "도살당할 양"(롬 8:36)과 같을지라도 끝내 우리의 눈물을 씻겨 주심으로(계 7:17; 사 25:8) 우리의 고난을 기쁨으로 바꾸실(고전 15:19) 하나님을 바라보자!

"이런 일이 되기를 시작하거든 일어나 머리를 들라 너희 속량이 가까웠느니라"(눅 21:28).

비록 지금은 우리가 주님과 떠나 있으나(고후 5:6) 현세의 삶이 "초소(哨所)"와 같으니 육신의 질곡(桎梏) 가운데 한탄이 있을지라도(롬 7:24) 이곳에 머무는 것이 여전히 유익하지 않겠는가?(빌 1:23-24)

"우리가 살아도 주를 위하여 살고 죽어도 주를 위하여 죽나니 그러므로 사나 죽으나 우리가 주의 것이로다"(롬 14:8).

오직 "부활의 권세"를 믿고 의지하는 자만이 그리스도의 십자가가 모든 것을 이기는 은혜를 체험할 것이다. 이것이 "우리의 유일한 위로"가 된다(3.9.4-6). 지상에서 "나그네 삶"을 살 동안에(레 25:23; 대상 29:15; 시 39:13; 119:19; 히 11:8-11, 13-16; 13:14; 벧전 2:11) 우리는 육의 무절제를 억제하고 주께서 원하시는 것을 힘써 행해야 한다(롬 13:14). 우리는 선한 모든 것을 "선물"로 받았으니 하나님이 정하신 "목적"대로 그것들을 사용해야 한다. 만물은 유용할 뿐만 아니라 아름다움과 향기를 지니고 있다(창 2:9; 시 104:15). 하나님은 사람이 단지 동물적인 삶을 사는 것에 그치게 하지 않으시고 자신의 형상에 따라 지음받은 대로 마땅한 "즐거움"을 얻게 하셨다(3.10.1-2).[7]

하나님은 우리에게 모든 것을 주시되 언젠가는 청산(淸算)해야 할 것으로서 위탁하셨다(눅 16:2). 그러므로 있는 자도 없는 자같이 여기고 겸비해야 할 것이다(고전 7:29-31). 과도히 욕심을 부리지 말고 가진 것으로 만족하는 절제의 삶을 살아가야 한다(눅 16:2). 하나님은 각자에게 고유한 "소명"을 주셨다. 소명에 따른 삶은 지상에서는 낮고 천해 보일지라도 하나님 앞에서는 빛날 것이며 아주 귀히 여김을 받을 것이다(3.10.3-6).

> 미래를 묵상하며 자기를 부인하고 십자가를 지고 주님을 좇는 삶

▲ 그리스도인의 삶의 교리[8]

---

[7] 여기에서 칼빈은 단지 필요를 채우는 "uti"를 넘어서서 그것을 내적으로 즐거워하는 "frui"에 대해서 언급한다.

[8] "기독교 철학"을 "그리스도의 철학"이라고 부른 칼빈에게 있어서 "그리스도인의 삶의 교리"는 다음 세 가지 요소로 제시되는 "그리스도를 좇는 교리"와 다르지 않다: "미래의 삶에 대한 묵상(meditatio futurae vitae)", "자기 부인(abnegatio nostri)", "십자가를 지는 것(crucis tolerantia)." 라틴어 "tolerantia"는 원래 무거운 짐을 끌고 버틴다는 의미가 있다. 이로부터 "인내"라는 뜻이 파생되었다.

[제19주제 : 기독교 강요 3.11.1-3.13.5]

이신칭의(以信稱義):
죄 사함과 그리스도의 의의 전가

19. 1. 의롭다 여기고 받아주심

『기독교 강요』에서 이신칭의 교리는 회개와 중생 그리고 그리스도인의 삶의 교리 이후에 자리한다. 이는 통상 개혁주의 신학자들이 구원서정(救援序程)[1]으로 믿음과 중생과 함께 칭의를 먼저 논하고 이어서 성화를 다루는 방식과는 사뭇 다르다. 칼빈이 이러한 순서를 취한 것은 그가 본 교리를 구원의 전체 과정에 공히 적용되는 원리로 보았기 때문이었을 것이다. 또한 이로써 그는 행위가 결여된 믿음은 헛되다는 사실을 주목시키려 했을 것이다.

성도의 구원에는 "이중적인 은혜"가 있다. 첫째로, 그리스도의 대리적 속죄로 말미암아 하나님과 화목하게 되어 그분을 아버지로 모시게 되는

---

1) 구원서정(ordo salutis, order of salvation)"은 그리스도의 의가 성도에게 적용되는 구원의 전 과정을 가르치는 순서를 의미한다. 대체로 개혁주의 신학자들은 먼저 예정을 논하고, 그리스도와의 연합, 소명, 중생, 회개(회심), 신앙, 수양(자녀 삼으심) 등이 칭의와 함께 동시에 일어남을 말한 후, 성화와 영화를 다룬다.

은혜이다. 둘째로, 그리스도의 영에 의해서 거룩하게 됨으로써 흠 없고 순결한 삶으로 나아가는 은혜이다. 전자는 칭의 단계의 은혜를, 후자는 성화 단계의 은혜를 제시한다(3.11.1).

칭의는 오직 그리스도를 믿음으로 말미암는다. 성경은 이신칭의의 교리를 구원진리의 정수라고 가르친다(합 2:4; 롬 1:17; 3:28; 엡 2:8). 성도는 그리스도의 의를 전가(轉嫁)받아 의롭다고 여겨진다(3.11.2). 그리하여 그 의에 "옷 입혀져" 그분과 교제하는 자리에 서게 된다(3.17.8).

칭의는 "죄 사함"과 "그리스도의 의의 전가"를 포함한다.[2] 빛이 들어오면 어둠이 물러가듯이, 이 두 가지는 동시에 일어난다(3.11.2). 칭의는 하나님이 우리의 "죄책", 즉 사망의 형벌을 면제해 주시는 데 그치는 것이 아니라 그리스도의 "중재"의 공로를 우리의 것으로 삼아 주시는 적극적인 은혜를 내포한다.

첫째, 소극적인 측면에서 칭의에는 죄 사함의 은혜가 있다. 죄 사함은 죄를 "방면하는 것"으로 이는 그리스도의 핏값으로 인한 "무름"으로 말미암는다. 주께서 우리의 죄를 대속하기 위해 사람이 되셨다. "이 사람을 힘입어"(행 13:38) 우리가 죄 사함을 얻게 되었다.

죄 사함을 받는 무조건적 은혜는 구약 백성에게도 선포되었다. "하나님이 이방을 믿음으로 말미암아 의로 정하실 것"(갈 3:8)이 구약의 아브라함에게도 계시되었다. 하나님은 예수 믿는 자를 의롭다 하신다(롬 3:26). "의롭다 하신 이는 하나님이시니" 아무도 정죄할 수 없다(롬 8:33-34). 즉 칭의가 없는 죄 사함은 없다(3.11.3).

---

[2] 칼빈은 구원의 은혜를 다루면서 그 두 요소로서 "죄사함(remissio peccatorum)"과 "[그리스도의] 의의 전가(imputatio Christi iustitiae)"를 누차 강조한다. 적극적 전가가 없는 소극적 사함은 없다. 그러므로 모든 구원 역사는 원상으로의 회복이 아니라 이전보다 더 나은 회복을 의미한다.

둘째, 적극적인 측면에서 칭의에는 그리스도의 의의 전가의 은혜가 있다. 칭의로써 죄 사함을 받은 사람은 단지 죄 짓기 이전의 상태로 되돌아가는 것이 아니라 그리스도의 대속사역의 은총으로 말미암아 "새 것"이 된다(고후 5:17). 무조건적 은총 가운데 영생의 자녀로 "받아주심", 이것이 의롭다 "칭함을 받는다" 혹은 "의롭다 여김을 받는다"는 뜻이다(3.11.2).[3]

구원론의 요체가 여기에 있다. 그러므로 칼빈은 이신칭의 교리를 "종교의 중심축"[4]이라고 부른다(3.11.1). 성도의 구원 과정에 있어서 칭의는 한번 일어날 뿐이므로 단회적이다. 그러나 칭의로 전가된 의는 구원의 전체 과정에서 작용한다. 칭의의 선물은 "자질"이 아니라 "거저 전가해 주신 의"로서 오직 그리스도의 중보로만 역사한다.[5] 이런 측면에서 칼빈은 칭의를 "우리 자신과 구속주 사이에 서로 유사한 것을 찾고 이에 응답하는" 과정이라고 부른다.[6]

칭의의 은혜는 하나님이 영원 전에 선택한 백성을 자신의 자녀로 "받아주심"에 있다(엡 1:5-6). 칭의의 은혜로 성도는 "일한 것 없이 하나님께 의로 여기심을 받는 사람의 복", 즉 "불법이 사함을 받고 죄가 가리어짐을 받는" 사람의 복, "주께서 그 죄를 인정하지 아니하실" 사람의 복을 누린다(롬 4:6-8).

"허물의 사함을 받고 자신의 죄가 가려진 자는 복이 있도다 마음에 간사함

---

[3] "의롭게 되는 것(iustificatur)"은 "의롭다고 여겨지는 것(iustus habetur)"이다.
[4] 여기서 종교는 기독교(religio Christiana)를 지칭한다. "중심축(cardo)"은 문자적으로 "문지도리" 혹은 "돌쩌귀"를 의미한다.
[5] 칼빈의 롬 5:17 주석에서 인용.
[6] 칼빈의 롬 6:10 주석에서 인용. 롬 6:7 주석에서 칼빈은 칭의를 "중생의 시작으로부터 영생의 삶에 동참하는 때까지 계속되는 그리스도의 죽음 안에서의 교제"라고 하였다.

이 없고 여호와께 정죄를 당하지 아니하는 자는 복이 있도다"(시 32:1-2).

하나님이 죄를 알지도 못하신 이를 우리를 대신하여 죄로 삼으신 것은 우리로 하여금 그분 안에서 "의"가 되게 하셔서 우리가 그분과 화목하게 하려 하심이다(고후 5:18-21). 이렇듯 칭의는 하나님이 죄의 형벌을 사함과 함께 죄를 용서하심으로써 죄인을 자신과 화목하게 하시는 구원의 요소를 모두 포함한다(사 59:1-2; 롬 5:8-10) (3.11.4, 21-22).[7]

19. 2. 그리스도의 의의 전가

우리는 오직 그리스도의 의의 전가로 말미암아 의롭다고 여겨진다. 십자가에서 다 이루신 주님의 의가 우리에게 전가되어 교통됨으로써 우리가 값없이 의롭다 함을 얻은 하나님의 자녀로서 인침을 받고 그리스도의 향기를 풍기며 살아가는 자리에 선다. 칭의는 의의 전가의 상태, 즉 성도가 전가받은 의를 누리는 그리스도와의 연합에 그 본질이 있다(3.11.21-23). 이러한 연합은 오직 믿음으로 말미암아 일어난다. 믿음은 구원의 도구적 원인으로서 그 자체로 어떤 공로도 없다.

"믿음은 우리가 그리스도를 모셔 들임으로 그분의 의와 교통할 수 있게끔 하는 도구이다."[8]

---

7) 앞에서 언급한 바와 같이 구원은 속죄(expiatio), 용서(propitiatio), 화목(reconciliatio)의 세 요소를 포함한다.
8) 칼빈의 롬 3:22 주석에서 인용.

오시안더(Andrea Osiander)는 칭의를 그리스도의 의의 전가에서 찾지 않고 그분의 신성이 우리의 본성과 혼합됨으로써 야기되는 자질적인 변화라고 본다. 오시안더는 칭의를 하나님의 "본질"과 "속성"의 "주입"[9]으로 이해하였다. 그리하여 칭의를 사람이 신의 본성에 참여함으로 보았다. 하나님이 자신의 본질을 우리 안에 주입하심으로써 갖게 되는 이러한 의를 오시안더는 "본질적 의"라고 불렀다.

이렇듯 칭의를 자질의 변화라고 보는 입장에서는 "의롭다 하심"을(롬 4:4-5; 8:33) "의롭게 만드심"으로 이해한다(3.11.5-6). 그 결과 칭의와 성화의 구별이 모호해진다. 이 경우 믿음을 도구적 원인으로 여기지 않고 그 자체를 자질을 얻는 또 다른 자질로 보기 때문에 그리스도의 의를 사람의 의로 대체하게 된다(3.11.7; 3.14.21).

칭의는 신성을 주입받아서 신이 되는 것(神化)[10]이 아니라, 그리스도의 의를 전가받아서 의롭다 함을 얻는 것이다. 여호와가 "우리의 의"가 되심은 (렘 51:10; 23:6; 33:16) 그분의 신성을 부어주심으로 말미암은 것이 아니라 친히 아들을 보내시사 "자기 피로" 우리를 사도록 하셨기 때문이다(행 20:28). 주께서 "의로운 종"이 되신 것은(사 53:11) 단지 신성에 있어서만 그러하신 것이 아니었다(3.11.8). 오시안더는 "믿음이 곧 그리스도이다."라고 말하였다. 이는 믿음을 자질로 보고, 이로써 우리의 자질과 그리스도의 신성을 유비

---

[9] 칼빈은 자질에 대해서는 "주입(infusa)"이라는 단어를, 의에 대해서는 "전가(imputatio)"라는 단어를 분명히 구별해서 사용한다.
[10] 초대교회의 아타나시우스나 갑바도기아 교부들은 "신화(deificatio, deification)"라는 단어를 성화 (sanctificatio)와 유사한 의미로 사용하였다. 그러나 이후 반(半)펠라기우스주의적인 로마 가톨릭 교회와 19세기 이후 자유주의 신학자들의 공로 사상이 대두되면서 이 개념이 극단적으로 사용되어서 사람이 신이 된다는 의미를 포함하게 되었다. 예컨대, 슐라이어마허에 있어서 구원은 일종의 감정적 해탈의 경지에 이르는 것인데 그때 사람이 신성에 동참하게 된다. 즉 예수와 같은 신이 된다. 이런 뜻에서, 슐라이어마허는 그리스도가 우리 구원의 원형(Urbild)이 되는 것은 우리에게 단지 한 예(Vorbild)가 되기 때문이라고 주장하였다.

하려는 발상에서 나온 말이다. 그러나 믿음은 단지 도구일 뿐, 그 자체가 공로가 될 수 없다. 공로는 오직 그리스도께 있다(3.11.7).

주께서 "한 사람"으로 오셔서(롬 5:19) 죽기까지 순종하심으로써(빌 2:7) 우리가 그 안에서 의가 되었다(고후 5:21). 주께서 우리에게 생명의 떡과 영생하는 음료가 되심으로(요 6:48, 55) 우리가 그분과 연합하여 한 몸을 이루게 되었다. 중보자의 신인양성 위격 가운데 주께서 "우리에게 열려있는 샘"이 되셨다(골 2:3; 요 17:5, 19). 그러므로 신성만의 중보를 주장하는 오시안더의 입장은 용납될 수 없다(3.11.9, 12).

그리스도로 옷 입고 그분의 몸에 접붙임을 받은 성도들에게는 그분의 의가 전가된다. 성도들은 그리스도의 영의 임재로 말미암은 "신비한 연합"으로 그분과 교제하며 교통한다. 칭의는 의의 "본질적 내주"가 아니라 의의 전가로 말미암아 의롭다고 여김을 받는 것이다(3.11.10-11).

칭의는 그리스도의 본질을 주입받음으로써 의롭게 되는 것이 아니라 그분의 의를 전가받음으로써 의롭게 여겨지는 것이다. 거저 주시는 의가 아니면 믿음에서 나오는 의가 아니다(롬 4:2-8). 복음은 율법의 행위에 의하지 아니하고 오직 믿음으로 의롭다 함을 얻는 의를 가르친다(롬 1:17; 3:21, 24, 28). "값없이" 의롭다 하심을 얻게 되는 것은 오직 믿음으로 말미암는다(롬 3:24). 하나님은 자신을 믿는 자의 믿음을 의로 여기신다(롬 4:5). 성경이 모든 것을 죄 아래에 가두었기 때문에(갈 3:21-22) 행위로 하나님 앞에 의롭다 할 사람은 아무도 없다(3.11.19).

행위가 귀한 것은 사실이지만 행위의 가치는 그 자체에 있는 것이 아니라 하나님이 그것을 인정하심에 있다. 하나님은 행위와 무관하게 믿음을 의롭게 여기신다(롬 4:6). "사랑으로써 역사하는 믿음"(갈 5:6)이 의롭게 한다.

이는 믿음이 사랑으로 말미암는다거나 믿음과 사랑이 함께 의롭다 함을 얻는다는 뜻이 아니라 참 믿음에는 사랑이 따른다는 의미이다.

선행의 수를 헤아리는 자는 자신의 공로를 받을 빚으로 여기기 때문에 (롬 4:4) 순수한 믿음이 있을 수 없다(3.11.20). 자기 의를 세우려고 하는 자는 하나님의 의에 복종하지 아니한다(롬 10:3). 그런 사람은 여전히 자신의 행위를 자랑하고(롬 4:2) 하나님이 거저 주시는 은혜를 믿는 믿음에서 멀어져 있으므로 의롭다 함을 얻을 수 없다. "믿음의 의"와 "행위의 의"는 양립할 수 없다. 구원의 의는 율법에서 난 것이 아니며 오직 그리스도를 믿음으로 말미암는다. 그것은 "믿음으로 아버지께로부터 난 의"이다(빌 3:9)(3.11.13).

로마 가톨릭 궤변론자들은 칭의에 있어서 믿음과 행위의 의가 함께 작용하는 것으로 여긴다. 그들은 믿음의 선물을 받은 자가 그 믿음으로 선행을 함으로 의에 이른다는 입장을 견지함으로써 그리스도의 의는 간접적으로만 전가된다고 주장한다. 믿음은 자신의 행위에 대한 공로를 확신하는 것이 아니라 그리스도의 대속을 의뢰하는 것인데 그들은 이를 곡해하고 있다.

스콜라 신학자들은 칭의와 성화를 구별하지 않고 양자 모두 선행으로 말미암는 것으로 이해한다. 다만 칭의에는 하나님의 공로가 "합력적으로" 역사하나[11] 성화에는 "합당하게" 역사한다는[12] 측면에서만 다르다고 본다. 그들은 하나님은 칭의에서는 공로를 도우시고 성화에서는 공로를 계산하신다고 본다. 롬바르드(Peter Lombard)는 그리스도의 죽음이 있으므로 우리의 선행이 생명에 이르는 공로가 있다고 하여 자신이 일종의 펠라기우

---

[11] "합력적 공로(meritum de congruo, congruent merit)", 이는 칭의 단계에서 성도를 돕는 하나님의 은혜를 의미한다.
[12] "합당한 공로(meritum de condigno, condign merit)", 이는 성화 단계에 작용하는 은혜로서 더 이상 돕지는 않고 단지 공로를 헤아려서 상급을 주시는 하나님의 은총을 의미한다.

스주의에 서 있음을 분명히 했다(3.11.15).

우리가 의롭다 함을 얻는 것은 행위의 공로와 무관하게, 행위의 공로 없이 오직 그리스도의 대속과 그것을 인정하시는 하나님의 사랑을 믿음으로 말미암는다. 아무도 율법으로는 의롭게 되지 못한다(갈 3:11-12; 합 2:4). 율법의 의에는 행위가 필요하나 믿음의 의에는 행위가 필요없다. 율법의 의를 행하는 사람은 그것으로 살 것이다(롬 10:5). 그러나 아무도 율법의 행위로는 온전할 수 없다. 오직 "믿음으로 말미암는 의"로만(롬 10:6) 구원에 이른다(3.11.17-18).

우리는 자신의 행위를 보지 말고 아버지의 자비와 아들의 순종에서 공로를 찾아야 한다. 하나님은 의의 조건을 찾으시되 자신 안에서 찾으신다. 그러므로 독생자를 통하여 구속의 의를 다 이루셔서 성도 각각에게 전가해 주신다. "믿음의 의"는 "하나님의 자비"와 "그리스도의 완전함"을 의뢰하고 확신하며 바라는 것이다[13](3.11.14, 16). 칭의는 오직 믿음으로 말미암는다. 믿음에 행위를 더함은 믿음을 부정하는 것이다.

"만일 은혜로 된 것이면 행위로 말미암지 않음이니 그렇지 않으면 은혜가 은혜 되지 못하느니라"(롬 11:6).

19. 3. 법정적 칭의

클레르보의 베르나르는 구주의 상처(傷處) 외에 우리가 쉴 곳은 아무데도

---

[13] 주님은 다 이루신 의를 우리에게 전가해 주시기 위해서 여전히 중보하신다. "구속사적 중보"는 역사상 십자가에서 다 이루신 단회적 중보를 의미한다. "구원론적 중보"는 다 이루신 그 의를 성도 개인에게 전가해 주시는 개인 구원 과정에 있어서의 계속적 중보를 의미한다. 우리가 구속사적-구원론적 관점에서 언약을 다룰 때 중보자 그리스도의 중보의 일체성(unitas)과 연속성(continuitas)을 우선적으로 이해해야 할 필요성이 여기에 있다.

없다고 하였다. 그는 "구주의 자비가 나의 공로다."라고 외쳤다. 그리고 다음과 같은 역설적인 말을 남겼다.

"공로가 넉넉지 못함을 아는 것이 공로로서 넉넉하다. 공로가 있는 체하지 않는 것이 공로로서 넉넉하므로, 공로가 없음이 심판을 받기에 넉넉하다"[14](3.12.3).

진정 하나님 앞에서 의롭다 할 인생이 아무도 없다(시 143:2). 사람 앞에 옳다 함을 받는 것으로는 하나님께 미움을 받는다(눅 16:15). 자책할 것이 아무것도 없다고 여겨도 그러한 의는 하나님 앞에서 의롭다 함을 받지 못한다(고전 4:4).

칭의는 하나님이 그리스도의 의의 전가를 법정적(法廷的)으로 선포하심에 있다. 칭의는 "인간의 법정"이 아니라 "하늘 심판대"에서 옳다 함을 받는 것이다(시 51:4). 주께서 있는 그대로 헤아리시면 아무도 하나님 앞에 설 자가 없다(시 130:3; 143:2; 욥 9:2-3). 사람은 다 악을 행하기를 물을 마시듯 한다(욥 15:15-16). 누가 하나님 앞에 순결함을 자랑하며(욥 25:5) 밝음을 자랑하겠는가?(욥 3:9) 행위를 두고 하나님 앞에 변론할 자는 아무도 없다(고전 4:4)(3.12.1-2).

하늘 심판대 앞에서 우리의 모든 행위는 한낱 더러운 쓰레기와 오물에 불과하다. 여호와께서는 심령을 감찰하신다. 그러므로 사람이 보기에 정직하거나 깨끗한 행위라도(잠 21:2; 16:2) 하나님 보시기에는 모두 더럽고 가증스러울 뿐이다. 누가 깨끗한 것을 더러운 것 가운데서 나게 할 수 있겠는가?(욥 14:4) 아직 무엇을 가졌다고 생각하면 그것은 "겸손"이 아니다. 우리

---

[14] 명문선 73.

는 모든 자랑을 버리고 오직 하나님의 자비만을 의지해야 한다. 교만한 자는 버려지나 "곤고하고 가난한 백성"은 남아 보호를 받는다(습 3:11-12). 그러므로 "모든 교만과 안일함"을 떨쳐 버리고 오직 그리스도의 의를 신뢰하고 바라는 자만이 의롭다 칭함을 받게 된다(3.12.3-8).

하나님은 우리를 의롭다 하심으로써 자신의 의를 나타내려 하신다(롬 3:25-26). 우리의 구원은 전적으로 주 안에 있다. 자신에 대한 자랑을 완전히 버릴 때에만 하나님을 자랑할 수 있다(렘 9:23-24; 고전 1:16-31). 우리가 주님의 것이라는 사실 외에 아무 자랑도 우리에게는 없다(고전 6:19-20). 믿음으로 의롭다 하시는 분께서 믿음조차 선물로 주신다(엡 2:8-9). 그러므로 "자랑하는 자는 주 안에서 자랑하라"(고전 1:31). 만약 우리의 행위의 공로가 조건이 된다면 믿음의 의는 무가치하게 될 것이다(롬 4:14). 자신의 공로를 의지하지 않고 오직 믿음으로 주님의 의를 구하는 자에게는 참 평강이 있다(3.13.1-3).

"따라서 성도들 자신이 천국의 기업을 소망하고 나아가는 유일한 길은 그리스도의 몸에 접붙임을 받고 값 없이 의롭다 여김을 받는 데 있다는 것을 심중에 확정하는 일이 우리에게 꼭 필요한 처방이다. 왜냐하면 칭의에 있어서 믿음은 단지 수동적인 그 무엇에 불과하기 때문이다. 믿음은, 하나님의 은혜를 획득하기 위하여 우리에게 속한 것은 아무것도 끌어들이지 않으며 단지 우리에게 없는 것을 그리스도께로부터 받아들일 뿐이다"[15](3.13.5).

---

15) 명문선 74.

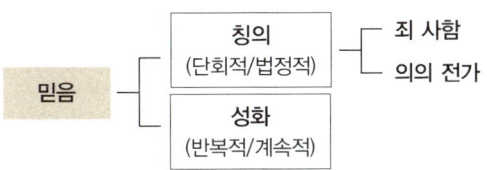

▲ 믿음의 이중적 은혜

믿음이 없으면 약속이 소용없다. 하늘의 "기업"은 오직 믿음으로 말미암아 온다. 믿음은 진리를 확신함에 있다. 하나님의 인자와 진리는 함께 역사한다. 진리가 무엇인가? 그것은 그리스도가 영원한 구원협약에 따라서 대속의 의를 다 이루심이 아닌가? 스스로 모든 일을 다 이루시는 하나님께 능치 못함이 없으시다(마 19:25-26). 오직 믿음의 의는 거저 주시는 전가의 의니 아무도 그것을 하나님으로부터 끊을 자가 없다(롬 8:35). 오직 믿음으로 "우리는 우리에게 없는 것을 그리스도께로부터 받게 된다"[16](3.13.4-5). 그러므로 전적인 은혜로다! 아멘.

---

[16] 명문선 75.

[제20주제 : 기독교 강요 3.14.1-3.18.10]

성화: 중보자 예수 그리스도의 계속적 중보로 거룩해짐

20. 1. 성도의 선행

사람은 삶 속에서 맺는 열매, 즉 "의"에 따라서 네 가지 종류로 분류된다. 첫째, 하나님을 인정하지 않고 우상숭배에 자신을 바치는 사람이 있다. 이는 하나님을 모르는 이방인을 지칭한다. 둘째, 입으로 하나님을 고백하고 성례에도 참여하나 명목상 그리스도에 속한 사람이 있다. 이는 속사람의 변화가 없고 하나님을 아는 지식으로 종교적 호기심을 채우는 데 머무는 부류이다. 셋째, 마음의 불법을 숨기고 외식하는 위선자가 있다. 말씀을 암송하기도 하고 말씀대로 산다고도 하지만 하나님의 뜻을 좇아서 행하지 않는 사람을 지칭한다. 넷째, 하나님의 영으로 중생하여 "진정한 거룩함"에 이끌리는 사람이 있다. 이는 전적인 은혜로 의롭다 함을 받고 거룩함에 이르는 성도를 지칭한다.

첫 번째 종류는 육에 속한 사람으로서(창 6:3) 마음이 거짓되고(렘 17:9), 그

계획하는 바가 온통 악하며(창 8:21), 생각이 허무하고(시 94:11), 하나님을 찾지도 않으며(시 14:1-3), 두려워하지도 않는다(시 36:1; 롬 3:18). 이들의 행실은 심히 악하여 음행과 우상숭배와 당 짓는 것과 투기를 일삼는다(갈 5:19-21). 하나님은 불신자들에게도 여러 재능을 선물로 주시지만 그들의 부패한 마음에서 나온 행위는 모두 가증스러울 뿐이다(3.14.1-3).

두 번째와 세 번째 종류에 속한 사람도 하나님의 영에 의해서 거듭나지 못했다는 측면에서는 첫 번째 종류의 사람과 다르지 않다. 이들의 행위 역시 하나님이 받지 않으신다. 하나님은 성실을 돌아보시고(렘 5:1, 3) 참 믿음으로 순결한 영혼의 헌신을 받으시기 때문이다(행 15:9). 거룩한 것에 기름이 묻으면 어찌 얼룩지지 않겠는가?(학 2:11-14) 중심을 보시는 하나님이 어찌 외식하는 자의 행위를 의롭게 보시겠는가?(3.14.7-8)

하나님 앞에서 의와 불의가 구별되는 것은 "행위의 법"이 아니라 "믿음의 법"으로 말미암는다. "제일 기초는 살아 있는 참 믿음에 있다"(3.14.8). 그리스도를 믿는 믿음이 없이는 하나님을 기쁘시게 못한다(히 11:6). 어거스틴이 말한 바와 같이 믿음이 없으면 선행도 죄로 변한다.[1]

"그리스도와의 교통이 없는 곳에 결단코 성화는 없다."[2]

하나님이 예수 그리스도의 핏값으로 값없이 우리를 부르셨듯이 그 부르심에 따라 우리가 선한 일을 행하는 것도 오직 그분의 은혜로 말미암는다(엡 2:10; 딤후 1:9). 하나님이 없는 것을 있는 것같이(롬 4:17) 우리를 새로운 피조

---

1) "믿음의 법(lex fidei)" 외에 "행위의 법(lex operum)"이 따로 없다. 오직 믿음으로 행한 행위만이 하나님 앞에서 참되기 때문이다.
2) 명문선 76.

물로 만드셔서(고후 5:17) 선한 일을 행하게 하셨다. 온 천하의 모든 것이 다 그분의 것이듯이(욥 41:11) 우리의 선행도 우리의 것이 아니다. 우리가 스스로 선을 행함은 불가능하니 그것은 돌에서 기름을 짜내는 것보다 더 어려운 일이다.

여호와께서 긍휼히 여김을 받지 못하던 자를 긍휼히 여기사(호 2:19) 자신의 의로써 구원을 베풀지 아니하시면(사 59:15-16; 호 14:4) 의인도 없을 뿐더러 의로운 행위도 없다. 오직 택하심을 받은 성도만이 "성령의 거룩하게 하심으로 순종함과 예수 그리스도의 피 뿌림"(벧전 1:2)을 얻는다. 이렇듯 "순종함"도 은혜의 선물이다(3.14.1-6).

네 번째 종류에 속한 사람은 하나님의 은혜로 거듭나서 순결한 생활을 하며 마음과 뜻을 다하여 율법에 순종하는 삶을 살아간다. 성령의 인도함을 받는 성도들도 여전히 육체의 연약함 가운데서 계속적으로 죄를 짓게 된다. 죄를 짓지 않고 오직 선만 행하는 사람은 아무도 없다(전 7:20; 왕상 8:46). 하나님의 눈앞에는 별들까지도 순결하지 못하다(욥 25:5). 그러므로 "그리스도의 의의 중재로" 허물을 사함받고 죄가 가려지는 은총이 평생 필요하다(시 32:1; 롬 4:7)(3.14.9).

하나님 앞에서 의롭다 함을 받은 성도는 자신의 자질에 따른 선행의 공로로만 상급을 받게 된다는 로마 가톨릭의 교리는 궤변에 불과하다. 오직 전가된 그리스도의 의만이 성도의 전체 구원 과정에서 역사하기 때문이다.

"이는 그리스도가 우리를 하나님과 화목하게 하시는 영원한 중보자가 되심으로 그분의 죽음이 영원한 작용을 하기 때문이다. 즉 죄 씻음, 무름, 속죄 그리고 종국적으로 우리의 모든 불법을 가리는 완전한 순종을 실현한다."[3]

하나님은 오직 믿음을 의로 정하셨다(롬 4:3; 합 2:4). 믿음의 의는 행위에서 나온 것이 아니므로 자랑할 공로가 없다(엡 2:8-9). 율법의 속박에서 자유를 얻은 성도에 관해서도 우리는 율법에 따른 "행위"가 아니라 율법의 명령에 포함되어 있는 "약속"을 헤아려야 한다. 율법의 가르침은 선하나 그것을 행함은 오직 은혜로 말미암기 때문이다(3.14.7-11). 믿음으로 말미암은 은혜는 칭의와 성화에 모두 미친다. 양자를 분리하면 우리는 단지 "불구(不具)가 된 믿음"만을 가지게 될 것이다.[4]

로마 가톨릭 신학자들은 선행에는 의를 얻기에 고유한 가치는 없지만 은혜를 받아들이는 공로가 있다고 항변한다. 그들은 은혜를 받아들이는 행위를 "잉여 행위"라고 부른다. 그리고 잉여 행위의 공로로 말미암아 성도가 누리는 은혜를 "받아들이는 은혜"라고 부른다. 어떻게 공로 없이 베푸시는 하나님의 은혜를 받아들이는 공로가 있을 수 있는가? 우리가 먼저 은혜를 받아들이는 것이 아니라 하나님 편에서 먼저 우리를 받아들이는 은혜로 우리가 의롭다 함을 받고 거룩함에 이르는 것이 아닌가?

우리는 모든 일을 다 행한 후에도 단지 "무익한 종"이라고 고백해야 한다(눅 17:10). 우리가 율법의 가르침에 따라 다 행했다고 해도 그것은 단지 해야 할 것을 행한 것에 불과하다(겔 18:24; 약 2:10). 하물며 그것의 지극히 작은 부분이라도 온전히 순종할 수 없는 지상의 삶 가운데서(신 27:26; 갈 3:10; 레 18:5) 어느 성도가 과연 잉여 공로를 말할 수 있겠는가?

---

3) 명문선 77.
4) 칼빈의 롬 3:22 주석에서 인용.

성도의 선행조차도 그리스도의 은혜로 말미암는다. 크리소스톰의 고백과 같이, "우리가 가진 모든 것은 노예의 소유물과 마찬가지다. 그것은 마땅히 주인에게 속한 것이다." 그러므로 우리는 행위의 의를 믿어서는 안 되며 그것을 자랑해서도 안 된다(3.14.12-16).

20. 2. 행위의 공로 없음

성도가 영생을 얻음에 있어서 행위는 아무런 공로도 없다. 굳이 철학자의 논법을 들어서 설명해 본다면, 구원의 동력인은 하나님의 거저 주시는 사랑, 즉 자비다. 구원의 형상인 혹은 도구인은 믿음이다. 구원의 질료인은 대제사장으로서 친히 자신을 제물로 드리신 그리스도이시다.

"하나님이 세상을 이처럼 사랑하사 독생자를 주셨으니 이는 그를 믿는 자마다 멸망하지 않고 영생을 얻게 하려 하심이라"(요 3:16).

본문은 이러한 구원의 세 가지 원인을 뚜렷하게 제시한다. 마지막으로 구원의 목적인은 여호와의 일을 인정하고 그분께 영광을 올려드림에 있다.[5]
사도 바울은 성부의 은혜가 동력인, 성자의 공로가 질료인, 성령의 감화로 말미암은 믿음이 형상인, 이로써 삼위 하나님께 찬미를 돌림이 목적인이 됨을 말씀 가운데 수차례 증언했다(롬 3:23-26; 엡 1:3-14).

---

5) 칼빈은 『기독교 강요』와 『로마서 주석』 등에서 구원의 동인을 다루면서 "동력인(動力因 혹은 동기인, causa efficiens)"으로 하나님의 사랑, "질료인(causa materialis)"으로 그리스도 자신 혹은 그분의 죽음, "형상인(cuasa formalis)" 혹은 "도구인(causa instrumentalis)"으로 믿음, "목적인(causa finalis)"으로 하나님의 영광을 논한다. 칼빈은 자신의 신학을 개진함에 있어서 철학적 개념을 거의 사용하지 않는데, 이 경우는 아리스토텔레스의 논법을 사용한다.
6) "종속적인 원인(causa inferior)", 이를 "이차적인 원인(causa secundaria)"이라고도 부른다.

하나님은 스스로 구원을 이루시되 성도의 행위를 "종속적인 원인"[6]으로 삼으신다. 다만 행위를 요구하시되 오직 은혜로 이루신다. 구원의 서정에 있어서 칭의, 성화, 영화 사이에는 시

동력인	하나님의 사랑
질료인	그리스도의 공로(값)
도구인 (형상인)	믿음
목적인	하나님께 영광

▲ 구원의 원인

간상 전후가 있으며 각각의 과정에서 성도의 거룩함이 요구되지만 오직 이전의 은혜가 이후의 은혜의 원인이 될 뿐이다. 그러므로 하나님은 우리의 것을 사랑하시되 친히 주신 것, 즉 자신의 것으로서 사랑하신다(3.14.17, 20-21).

성도의 선행은 하나님의 은혜를 선포하며 "그 너비와 길이와 높이와 깊이"(엡 3:19)를 증언한다. 성도의 선행은 "하나님의 선물로서 그분의 선하심을 깨닫게 하며 소명의 표로서 그분의 택하심을 돌아보게 한다." 오직 은혜, 전적 은혜를 찬미한 어거스틴의 다음 노래에 귀 기울이자.

"저는 제 손으로 한 일들을 추천하지 않습니다. 왜냐하면 주께서 그것들을 보시고 공로보다 더 많은 죄를 발견하실까 두렵기 때문입니다. 오직 한 가지, 저는 다음을 말하고 바라고 간구합니다. 주님의 손으로 지으신 것을 버리지 마옵소서. 제 속에서 제 일이 아니라 주님의 일을 보시옵소서. 저의 행위를 보신다면, 주님은 그것을 정죄하실 것입니다. 그러나 주님 자신의 행위를 보신다면, 주님은 그것에 면류관을 씌우실 것입니다. 저에게 선행이 있다면 무엇이든지 주님께로부터 온 것입니다"[7] (3.14.19-20).

구원의 의는 오직 "하나님의 자비"와 "그리스도와의 교제" 그리고 "믿

---

[7] 명문선 78.

음"으로 말미암는다. 하나님의 전적인 은혜로 말미암아 새 생명으로 거듭난 사람이 행하는 선행은 전적으로 그분에 대한 빚을 갚는 것에 불과하다. 선행의 공로는 오직 하나님 편에 있다. "행위에 칭찬할 만한 것이 있다면 그것은 하나님의 은혜이다." 선행에는 어떤 공로의 가치도 없다. 그러므로 "아담으로 인해서 없어진 인간의 공로는 잠잠하게 하라. 그리고 하나님의 은혜가 그리스도를 통해서 지배하게 하라."

"우리에게 아무 공로가 없음을 아는 것이 우리에게 충분한 공로이다."[8]

하나님의 상급은 "보상"이 아니라 은총이다. 우리가 누리는 모든 것은 (마 25:29; 눅 8:18) 값없이 거저 받은 것이다(사 55:1). 하나님의 지극히 풍성한 은혜를 받는 것은 당연히 받을 만하기 때문이 아니라 그분이 그런 "값"을 붙여 주셨기 때문이다.

"우리가 다 그의 충만한 데서 받으니 은혜 위에 은혜러라"(요 1:16).

하나님은 우리 자신뿐만 아니라 우리에게 주신 은혜의 선물 위에도 영예를 더하시니, 은혜로 주신 것들 위에 상급을 더하신다(1.15.1-4).

그러므로 "모든 경건의 총체"가 "이신칭의" 교리에 함축되어 있다. 로마 가톨릭 신학자들은 공로가 충분한 신앙만이 성도를 의롭게 한다고 보아서 이신칭의 교리를 폐기하였다. 그들은 사람들이 선천적인 능력으로도 자유의지 가운데 선행의 공로를 쌓을 수 있다고 보았다.

---

8) 명문선 79.

그러나 그리스도의 의로 거듭난 사람 외에 아무도 하나님 보시기에 선을 행할 자유의지를 가지고 있지 않다. 자유의지는 하나님이 택하셔서 선한 일을 위하여 지으신 자에게만 선물로 주시기 때문이다(엡 2:10; 요일 3:8-9). 진정 그리스도께 접붙임받아(롬 11:19) 그분의 자녀와 상속자로 거듭난 사람(롬 8:17; 갈 4:5-7), 오직 은혜로 그리스도와 함께 죽은 사람만이 그분의 생명을 몸에 나타내며(고후 4:8-10) 그분의 형상을 본받아(롬 8:29) 지식과 의지까지 새로워져 자기를 부인하고 십자가를 지고 그분을 좇게 된다(마 16:24; 눅 9:23).

그리스도는 우리를 위한 "의"와 "구원"이 되셨다. 그분은 우리가 우리의 자질이나 노력으로 의와 구원에 이를 "능력"을 주신 것이 아니라, 믿음으로써 그 의를 전가받은 하나님의 자녀가 사망에서 생명으로 옮겨(요일 5:12, 요 5:24; 6:40) 영원한 생명의 상속자가 되게 하셨다(딛 3:7; 롬 5:1-2).

그러므로 우리는 그리스도로 말미암아 공로를 얻을 기회를 얻는 것이 아니라 그분의 공로 자체를 얻는 것이다. 그리스도는 우리를 위해 자신을 주시고 이제 우리 안에 사심으로써(요일 3:24) 우리를 자신과 함께 하늘에 앉히시고(엡 2:6) 자신이 사랑하는 나라의 상속자가(골 1:13) 되게 하신다(3.15.5-8).

> "요약컨대, 그의 모든 것이 우리의 것이며 우리는 그 안에 모든 것을 가지고 있으므로, 우리 안에는 아무것도 없다. 덧붙여 말해서 우리가 주 안에서 성전으로 자라가기를 원한다면, 마땅히 우리는 그것을 이 기초 위에 세워야 한다."[9]

---

9) 명문선 80.

20. 3. 행위도 의롭다 여기심

믿음과 선행은 굳게 결합되어 있지만 칭의는 오직 믿음으로 말미암는다. 믿음으로 그리스도의 의를 붙잡으면 거룩함도 붙잡지 않을 수 없다. 주께서 우리에게 "지혜와 의로움과 거룩함과 구속(救贖)"이 되시기 때문이다(고전 1:30). 성도가 그리스도의 의에 "동참하는 것"이 구원의 전 과정에 역사하는 은총이다. 그리스도를 나눌 수 없듯이(고전 1:13) 칭의와 성화도 나눌 수 없다. 칭의는 성화의 출발이다(3.16.1).[10]

하나님이 우리를 부르신 것은 옛사람을 십자가에 못 박고 새 생명의 삶을 살도록 하시기 위함이다(롬 6:4, 6; 살전 4:3, 7; 딤후 1:9; 히 9:14). 죄에서 자유하게 하심은 의에 순종하게 하려 하심이다(롬 6:18). 성도는 자신을 정결케 하여(요일 3:3; 고후 7:1; 딤후 2:20-21) 주님의 본을 따라 자기를 부인하고 십자가를 지고 살아야 한다(벧전 2:21; 요 15:10; 13:15; 마 16:24; 눅 9:23). 그러므로 먼저 우리를 사랑하신 하나님의 은혜로 우리도 서로 사랑함이 마땅하다(요일 4:11; 요 13:34).

거룩함의 최고 열매는 자기 자신을 구별해서 하나님께 올려드리는 예배로 가장 아름답게 맺힌다. 주께서 우리를 헤아리심은 우리로 자신을 경외케 하려 하심이다(시 130:4). 그리하여 "가장 거룩한 피"를 흘리시고 그 값으로 우리를 사셨다(3.16.1-4). 그러므로 우리는 우리 자신과 우리의 착한 행실을 예배의 제물로 삼아 하나님께 영광을 올려드려야 한다(마 5:16; 롬 12:1).

"그것이 너무나 귀하므로 그것을 얻으려면 거저 받는 길뿐, 우리의 어떤 선으로도 그 값을 치를 수 없다고 우리는 말한다. 실로 그것이 우리에게는 거

---

[10] 이러한 칼빈의 입장은 개혁주의 신학자들 특히 존 머레이(John Murray)에 의해서 결정적 성화론(decisive sanctification)으로 깊이 논의되었다.

저 주어지는 것이지만, 그리스도는 그리하시지 않고 많은 것 즉 자신의 가장 거룩한 피를 값으로 지불하셨다. 그것 외에는 어떤 것으로도 하나님의 심판을 만족시킬 충분한 값이 되지 않았기 때문이다. 이 가르침을 받게 될 때 사람들은, 그들이 죄를 지을 때마다 매번 그 가장 거룩한 피가 뿌려지나 자신들로서는 어찌할 수 없다는 것을 깨우치게 된다."[11]

거듭난 사람 자체가 그러하듯 거듭난 사람의 행위도 여전히 완전하지 않다. 그러나 복음의 약속은 우리 자신을 하나님 앞에서 의롭다 할 뿐 아니라 우리의 행위도 그분을 기쁘시게 할 것으로 삼는다. 하나님은 행위의 가치 그 자체를 헤아리시기보다는 자신의 긍휼하심과 선하심으로 그것을 자신의 영광의 자리로 끌어당기신다(3.17.3).

"오직 믿음에 의해서 우리뿐만 아니라 우리의 행위도 의롭다고 칭함을 받는다"[12] (3.17.10).

하나님이 은혜로 우리를 "받아들이심"으로 우리의 행위도 인정을 받게 된다(행 10:35; 벧전 1:17; 2:5).

"주님은 자신이 베푸신 모든 선행을 또한 자신이 받으실 가치가 있는 것으로 여기심으로 자신의 너그러움을 더하신다"[13] (3.17.5).

---

11) 명문선 81.
12) 명문선 82. 칼빈은 『기독교 강요』 초판에서부터 그리고 제2차 신앙교육서 그리고 로마서 주석 등에서 이를 반복해서 강조한다.
13) 명문선 83.

하나님이 자신의 계명을 지키는 자에게 천대의 언약을 이행하시겠다고 약속하셨다(신 7:9; 왕상 8:23; 느 1:5). 율법은 언약의 법이다. 율법에는 이미 "복음의 약속"이 지시되어 있다. 복음은 율법의 폐지가 아니라 성취이다(3.17.6-7). 성도들의 행위가 의롭다고 간주되는 것, 즉 의로 인정됨은(롬 4:22) 그것이 그리스도의 "완전함"으로 덮이고 그분의 "순결하심"으로 깨끗하게 되기 때문이다. 선행은 우리의 공로도 아니며 의도 아니다. "선행은 의롭다고 간주된다. 달리 말하면, 의롭게 되도록 여겨진다"(3.17.8).

율법 자체에서 의를 이루는 것은 불가능하다. 아무도 하나님의 법을 스스로 다 지킬 수 없기 때문이다(롬 2:13). 믿음의 행위는 은혜의 열매이지 율법의 의를 행위로 이룸이 아니다. 다만 행위가 없는 믿음은 죽은 것이라고 불리는 것은 참 믿음은 그 은혜로 말미암아 선행의 열매를 맺기 때문이다(약 2:14-26). 그러므로 행위자에게 값없이 은혜를 베풀어 주시지 않으면 그 행위도 아무 가치가 없다(3.17.11-15).

행위의 의에 "값"이 있다고 말할 수 없듯이 믿음에도 아무 공로가 없다. 믿음은 단지 "도구"에 불과하다(3.18.8). 오직 값은 그리스도의 피에만 있다. 하나님은 "선행의 의"를 자신의 은총으로 확정하신다. "오직 은총으로!" (3.18.5).

"하나님의 은혜는 '종들의 삯이 아니라 아들들의 기업이다'"[14] (3.18.2).

선한 일을 시작하신 하나님이 주 안에서 마지막까지 이루신다(빌 1:6). 하나님은 의롭다 하신 자녀를 영화롭게 하기 위하여 거룩함을 선물로 주신

---

14) 명문선 84.

다(롬 8:30).

주께서 말씀하시는 "상", "보상", "보수"는 마땅한 대가가 아니라 모두 하나님으로부터 내리는 "복"이다(3.18.1, 4). "이 복을 소유하고 즐기는 것이 영생이다"(3.18.3). 하나님은 우리가 마땅히 해야 할 행위를 공로로 여겨 주시고 마치 빚을 갚듯이 우리에게 은혜의 상급을 베풀어 주신다(잠 19:17).

영생의 조건은 모든 계명을 다 지켜 행하는 데 있으나(마 19:17; 약 2:10-11) 우리는 그것을 거저 주시는 선물로 받았다. 그러므로 영생의 의를 채울 수조차도 없는 우리의 행위에 대하여 어떤 상급을 요구한다는 것은 전혀 사리에 맞지 않다. 우리에게는 잉여 공로가 없는 것은 물론이거니와 구원에 합당한 공로조차 없기 때문이다. 하나님이 우리에게 베풀어 주시는 상급은 우리의 공로에 대한 보상이 아니라 은혜 가운데 은혜를 더하시는 선물인 것이다. 영생도 선물이며 더하여 주시는 상급도 선물이다. 모두가 전적인 은혜의 선물이다!(3.18.6-7, 9-10) 아멘.

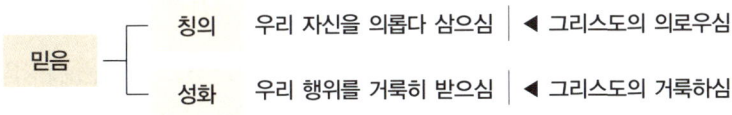

▲ 구원의 은혜

[제21주제 : 기독교 강요 3.19.1-3.19.16]

그리스도인의 자유:
기꺼이 하나님의 말씀에 순종하는 자유

21. 1. 칭의의 부록

그리스도인의 삶의 교리는 "칭의의 부록"이라고 불리는 그리스도인의 자유의 교리에서 절정에 이른다(3.19.1). 그리스도인의 자유는 "영적"이다. 육적인 자유는 육체에 속한 것을 추구하므로 방종하나 영적인 자유는 영생의 순종에 이른다(3.17.1). 성도의 참된 자유는 수고하고 무거운 세상의 짐은 주님께 다 내려놓고 그분의 멍에를 메고, 그분께 배우며, 그분의 짐을 지고, 그분을 좇는 삶을 사는 데(마 11:28-30; 16:24) 있다(3.18.9).

"그리스도가 우리를 자유롭게 하려고 자유를 주셨으니 그러므로 굳건하게 서서 다시는 종의 멍에를 메지 말라"(갈 5:1).

예수 그리스도가 자유하게 하시는 영으로 우리 속에 내주하신다(갈 2:20).

그리스도의 영을 받은 자마다 그와 함께 한 형제와 상속자가 된다(롬 8:9, 14-17; 갈 4:6-7; 히 2:11). 그리스도인의 자유는 주님의 고난과 부활에 참여함으로써(롬 6:1-11) 옛사람이 죽고 새사람이 살게 된 거듭난 사람의 삶을 지칭한다(빌 3:10-11).

우리는 우리의 몸에 있는 예수의 흔적을 성도의 자유의 표(表)라고 부를 수 있다(갈 6:17). 예수의 흔적이 무엇인가? 그것은 부활의 성도가 예수의 생명을 나타내기 위해서 예수의 죽으심을 자신의 몸에 짊어짐이 아니겠는가?(고후 4:10)

주께서 우리를 위해 채무자가 되셔서 죄의 값을 치르셨다. 거저 다 갚으셨으므로 우리가 갚을 빚이 전혀 남아있지 않다. 어거스틴은 이렇게 말했다.

"신실하신 주께서 스스로 우리의 채무자가 되셨다. 우리로부터 무엇을 받았기 때문이 아니라 모든 것을 약속하심으로써 그리하셨다"[1] (3.18.7).

주께서 약속하신 성령을 부어 주심으로써 우리 자신뿐만 아니라 우리의 행위도 의롭다 여김을 받게 하셨다. 그리스도의 대리적 무릎이 우리의 자유를 위한 값으로 지불되었다. 그분이 다 이루시고 다 주셨으므로 더 이상 우리가 갚을 빚이 남아있지 않다.

모든 빚이 이미 다 지불되었다. 다만 우리가 빚진 자가 되는 것은 이제 육체가 아니라 주의 영으로 살고자 하기 때문이다(롬 1:14; 8:12-13). 빚이 없으나 빚진 자로 사는 자는 복 되다. 그 빚이 이미 은혜로 탕감(蕩減)되었으므로, 이제 그 빚이 공로로 여겨지므로!

---

[1] 명문선 85.

성도는 죄의 빚을 무름받고 의의 빚을 진다. 의의 빚은 자유의 빚, 은혜의 빚이다. 사실 그것은 빚이 아니다. 의의 종은 종이 아니라 자유자이다(롬 6:18). 주님의 멍에를 메고 주님께 배우는 자는 이미 세상의 멍에에서 해방된 자이다(마 11:29).

주님의 멍에는 은혜의 멍에요, 쉼의 멍에요, 자유의 멍에이다. 주께서 우리를 의롭다 부르시고 거룩하게 하시는 것은 우리가 그분의 "쉬운" 멍에를 메고 그분의 "가벼운" 짐을 지는(마 11:30) "영광의 자유"에 이르도록 하시기 위함이다(롬 8:21). 그러므로 진정한 그리스도인의 자유를 깨닫지 못하면 복음의 진리나 내적 평화가 심중에 깃들 수 없다(3.19.1).

21. 2. 세 가지 자유

그리스도인의 자유는 성도가 지상의 삶 가운데 누리는 구원의 은혜와 상응한다. 칭의의 은혜로 성도는 율법의 저주에서 자유롭게 된다. 이를 첫 번째 자유라고 한다.

성화의 은혜로 성도는 육체의 소욕에서 벗어나 성령의 감동에 따라 하나님의 뜻대로 살게 된다. 이를 두 번째 자유라고 한다.

두 번째 자유 중에서 하나님의 뜻대로 살되 연약한 사람을 위해 삼가는 자유가 세 번째 자유로서 다루어진다.

이러한 세 가지 자유는 칭의와 성화가 그러하듯이 서로 구별은 되나 분리되지는 않는다.

21. 2. 1. 율법의 저주로부터의 자유

칭의는 값없이 의롭다 함을 받는 것이므로 그 은혜를 누리는 자는 행위에 대한 보상(補償) 혹은 보속(補贖)의 논리에 얽매이지 않는다. 성도는 율법의 의를 다 이루시고 그것을 전가해 주시는 그리스도를 의지함으로써 "하나님 앞에서 칭의를 확신하게 된다." 그리스도의 대속적 은총이 없다면 성도는 "모든 율법에 대한 채무자"로서 끊임없는 압박과 저주에 시달리게 될 것이다.

그리스도가 우리를 위해 율법의 의를 다 이루셨다. 그리하여 그 의를 전가받은 우리가 율법의 속박에서 자유를 누리게 하셨다. 율법의 명령을 다 지켜 행함으로써 스스로 구원에 이를 자는 아무도 없다. 오직 은혜로 말미암아 율법의 저주에서 해방된 사람만이 삶을 "일종의 경건의 묵상"으로 여기며 살게 된다(살전 4:3, 7; 엡 1:4) (3.19.2).

모세의 율법에 계시된 모든 규범과 의식(儀式)이 그리스도의 십자가에서 다 성취되었다. 그리스도가 우리를 자유롭게 하시려고 자유를 주셨다(갈 5:1). 이 자유를 확신하지 않고 "율법 안에서 의롭다 함을 얻으려 하는" 사람은 "그리스도에게서 끊어지고 은혜에서 떨어진 자"이다(갈 5:4).

이 땅에 오신 주께서 육신의 할례를 받으심으로써 "율법 전체를 행할 의무를 가진 자"로서 우리의 자리에 서셨다. 그리하여 우리가 받을 육신의 할례를 폐하셨다(갈 5:2-3). 이제 우리는 "불필요한 일들에" 속박되지 않고 그리스도를 믿는 믿음 가운데서 "충만한 평온"을 얻는다. 그리고 그 가운데 의에 대한 소망을 가지고 사랑의 수고를 다하는 참 자유를 얻게 된다(갈 5:5-6) (3.19.3).

21. 2. 2. 뜻을 다하여 하나님의 뜻에 순종할 자유

두 번째 자유는 "자발적으로"[2] 율법에 순종하는 성도의 자유를 제시한다. 이는 율법의 제3 용법에 상응한다. 성도는 율법의 저주에서 해방되었으므로 "강압적인 필요에 의해서가" 아니라 자원해서 율법에 계시된 하나님의 뜻에 순종한다. 성경은 다음과 같이 "깨어서 기꺼운 마음으로 하나님께 순종하라고" 가르친다.

> "너는 마음을 다하고 뜻을 다하고 힘을 다하여 네 하나님 여호와를 사랑하라"(신 6:5).

비록 의롭다고 여겨졌다고는 하나 완전한 순종으로써 하나님께 인정받을 성도는 아무도 없다. 불완전한 것은 악한 것과 마찬가지니 불완전한 것을 의롭게 보시는 분의 자비가 아니면 아무도 그분 앞에 기도나 예배를 드리거나 헌신함으로써 그분을 기쁘시게 할 수 없다.

그러므로 자신의 행위가 불완전함을 인식하되 그것조차 받으시는 하나님의 은혜로 자유롭게 된 사람만이 하나님의 뜻을 자원하여 순종하게 된다(3.19.4).

율법의 준엄한 속박에서 해방되어 하나님의 부성적(父性的) 자비를(말 3:17) 의뢰하는 사람은 "쾌활하며 생동력이 넘치도록" 그분의 이끄심을 좇는다. 성도는 비록 하나님의 거룩하심에 전적으로 합하는 일을 수행할 수는 없어도 그분이 "자신의 순종과 기꺼운 마음"을 기쁘게 받아 주신다는 것을

---

[2] "자발적으로(ultro)", 이 단어는 "기꺼이" 혹은 "뜻을 다하여" 등으로 번역되는 라틴어 "libenter"와 의미가 같다.

확신한다(3.19.5).

율법 아래 있지 않고 은혜 아래 있는 백성은 더 이상 죄가 왕노릇하지 못하기 때문에 의의 종, 의의 병기로서 자신을 하나님께 드린다(롬 6:12-14). 그러므로 사도는 거룩한 조상의 행위를 믿음으로 헤아린다(히 11장). 오직 믿음으로 의롭다 함을 받은 사람만이 중심을 보시는 하나님 앞에서 선을 행할 의지를 갖게 되기 때문이다(3.19.6).

21. 2. 3. 구원과 무관한 것으로부터의 자유

세 번째 자유는 그 자체로는 구원과 무관한 "중립적인 것들(아디아포라)"[3]과 관련된다. 어떠한 경건의 의무에도 절대적으로 매이지 않는, 외부적인 사물에 대해서는 경우에 따라서 행하거나 행하지 않는 것이 자유롭다. 예컨대 육식을 하는 것과 의복을 입는 것이 이러한 자유의 대상이 된다. 만약 이러한 자유에 대한 확신이 없다면 우리의 양심은 어디에서도 쉼을 얻을 수 없으며 끝없는 미신으로 빠져들게 될 것이다. 양심은 한번 올가미에 얽어 매이면 이후에는 쉽게 빠져나올 수 없는 깊이 뒤엉킨 "미로"로 들어가게 마련이다.

만약 성찬의 보(褓)를 아마포로 사용할 수 있는지 의심하기 시작하면 이후에는 대마포에 대해서도 불안할 것이고 마지막에는 삼 부스러기에 대해서도 의심이 생길 것이다. 만약 조금 더 맛있는 음식이 불법으로 보이면 값싼 빵을 먹든지 상용 음식을 먹든지 하나님 앞에서 평화롭게 먹을 수 없을 것이다.

---

[3] "adiaphora"는 "구원과 무관한 것들(things indifferent to God's salvation)"을 가리킨다.

이러한 것들에 대해 판단할 때 그것들을 "사용하는 것"을 "하나님이 원하시는지 그렇지 않은지를" 먼저 숙고해야 한다. 즉 하나님의 "뜻"에 맞게 행하거나 금하거나 해야 한다(눅 16:2; 고전 7:29-31) (3.19.7).

"외적인 것들"로부터 "자유를 누리는 명분"이 하나님의 뜻에 있다면 그것들의 용(用), 불용(不用)에 절대적으로 얽매일 필요가 없다. "미신적인 편견"이 개입될 때에는 그 자체로 정결한 것들도 불결하게 된다.

"무엇이든지 스스로 속된 것이 없으되 다만 속되게 여기는 그 사람에게는 속되니라"(롬 14:14).

그러므로 자기가 옳다 하는 기준으로 정죄하지 말고 믿음 가운데 자유를 누려야 한다(롬 14:22-23). 예컨대, 자유로운 선택에 맡겨진 의식(儀式)들은 하나님이 우리에게 주신 "용법"에 따라 양심에 거리낌 없이 행하면 된다. 다만 그것들은 "덕을 세우는 데" 유익해야 한다(3.19.8).

"그리스도의 자유의 법칙"은 어떤 형편에도 만족하고 빈부(貧富)와 고하(高下) 간에 대처할 수 있는 그리스도인의 성숙에 기반한다(빌 4:11-12). 그러므로 제어할 수 없는 욕망이나 무절제한 낭비 그리고 허영과 교만을 버리고, 오직 모든 일을 정결한 "마음과 양심"으로(딛 1:15) 행해야 한다. 이제 위로를 받고, 배부르며, 웃고(눅 6:24-25), 상아 침상에서 잠을 자며(암 6:4), 전토에 전토를 더하고(사 5:8), 연회에 수금과 비파와 소고와 포도주를 갖추는(사 5:12) 자들에게는 화가 있다(3.19.9). 중립적인 것들에 관해서는 행하는 것이나 행하지 않는 것 자체로는 하나님 앞에서 의를 말할 수 없다. 다만 그것으로 "연약한 사람들"이 걸려 넘어지지 않도록 주의해야 한다. 자유는 사람 앞에서 새로운 것을 얻는 것이 아니라, 행하거나 자제하는 것이 하나님 앞에서 온전한 것이다(3.19.10).

"걸려 넘어지게 하는 것"[4])과 관련해서 두 가지 형태의 사람들을 고려해야 한다.

첫 번째 형태는 연약한 사람들이 어떤 일로 실족하는 경우로, 이를 "걸려 넘어지게 당하는 것"[5])이라고 한다. 구원과 무관한 것들은 성경 교리에 대한 깊은 이해가 없는 사람들을 세우기 위해서 행하거나 행하지 말아야 한다. 하나님이 그것들을 주신 고유한 목적은 생명을 살리는 데 있기 때문이다. 이러한 것들을 경박함이나 방자함 혹은 무분별함으로 강요하여 스스로 설 수 없는 자들이 신앙의 본질을 오해하도록 해서는 안 된다. 이러한 것들은 경건을 위해서 "삼가야 할 것들"이다.

사도는 믿음이 연약한 자를 받으라고 했다(롬 14:1). 그리고 부딪힐 것을 형제 앞에 두지 말라고 했다(롬 14:3).

"그런즉 너희의 자유가 믿음이 약한 자들에게 걸려 넘어지게 하는 것이 되지 않도록 조심하라"(고전 8:9).

오히려 믿음이 연약한 사람들의 약점을 감당하고 선을 행함으로써 그들을 세우도록 해야 한다(롬 15:1–2). 자유하나 사랑으로 종노릇함으로써(갈 5:13) 누구에게나 거치는 자가 되어서는 안 된다(고전 10:29, 32).

---

4) "걸려 넘어지게 하는 것"이라는 뜻으로 라틴어 "scandalum(scandal)"과 "offendiculum(offense)"가 함께 사용된다. 이 두 단어는 하나님의 뜻을 거스르는 불법을 포괄적으로 가리킨다.
5) "걸려 넘어지게 당하는 것(scandalum datum)", 이는 타인의 악의로 믿음이 연약한 자가 당하게 되는 불법을 의미한다.

두 번째 형태는 바리새인적인 교만에서 비롯되는 불법이다. 이는 구원과 무관한 것들을 주신 하나님의 목적을 이해하고 있음에도 불구하고 그것들을 행하여 경건의 진보를 이루기보다는 오히려 사악하게 회피함으로써 자신과 타인을 올무에 빠지게 하는 일을 일컫는다. 이를 "스스로 걸려 넘어지게 하는 것"[6]이라고 부른다.

연약한 자들에게는 하나님이 규범을 주신 궁극적인 목적을 생각하며[7] 덕스럽게 행해야 하지만, 바리새인들과 같은 사람들에게는 규범 그 자체대로[8] 엄격히 적용해야 한다. 왜냐하면 이러한 위선자들은 자신들의 악의로 스스로 걸림이 되기(마 15:12) 때문이다. 이렇듯 악의적으로 자초한 걸림은 무시해야 한다(마 15:14)(3.19.11).

성도는 사랑을 추구하되 "이웃의 덕을 세우는 데" 특히 유의해야 한다. 자유하나 스스로 매임이 이를 위함이다(고전 9:19-22; 갈 2:3-5).

"모든 것이 가하나 모든 것이 유익한 것은 아니요 모든 것이 가하나 모든 것이 덕을 세우는 것은 아니니 누구든지 자기의 유익을 구하지 말고 남의 유익을 구하라"(고전 10:23-24).

모든 것을 사랑으로 하되, 다만 사랑의 이름으로 하나님의 진리를 거스를 수는 없다. 즉 이웃 때문에 하나님께 거쳐서는 안 된다.[9]

---

6) "스스로 걸려 넘어지게 하는 것(scandalum acceptum)", 이는 자신의 악의로 스스로 걸려 넘어지거나 타인을 걸려 넘어지게 하는 불법을 의미한다.
7) 말씀을 주신 하나님의 뜻에 합당하게, 즉 목적론적으로(teleologically).
8) 말씀의 규범 그 자체에 충실하게, 즉 의무론적으로(deontologically).
9) 아디아포라 교리의 핵심은 하나님의 뜻에 부합하게 덕을 세우는 것(건덕, aedificatio)을 교회의 최고 가치로 여기라는 가르침에 있다.

"우리의 자유는 사랑 아래 종속되어야 한다. 또한 마찬가지로 사랑 자체는 믿음의 순수성 아래 종속되어야 한다."[10]

그러므로 연약한 자들을 언제든지 연약한 채로 두고 그저 사랑하고자 하지 말며 교리의 젖을 먹여(고전 3:2) 그들을 자라게 해야 한다(3.19.13).

21. 3. 양심

그리스도인의 자유는 주께서 핏값을 치르고 주시는 선물이다(벧전 1:18-19). 우리의 영혼이 여전히 율법에 예속되어 있다면 그리스도의 죽음이 헛되다 할 것이다(갈 2:21). 우리의 양심은 세상의 법과 규칙이 아니라(갈 5:1, 4) 하나님 앞에서 자유롭다.

우리에게는 이중적 통치가 있다. 하나는 "영적 통치"이다. 이로써 양심은 경건과 하나님에 대한 예배에 이르는 훈련을 받는다. 다른 하나는 "정치적 통치"이다.[11] 이로써 사람들 가운데서 더불어 사는 시민법적 직분에 관한 교육을 받는다.

양심은 하나님의 법정 앞에서 올바른 지식을 가지고 사리를 분변하는 지각이다.[12] 양심은 하나님 앞에서 사람의 숨은 속을 드러내는 "일천 명의 증인들"과 같다. 양심이 증인이 되어 하나님 앞에서 송사하거나 변명하게 되므로(롬 2:15-16) 이는 "일종의 하나님과 사람 사이의 중간자"가 된다.

---

10) 명문선 86.
11) 칼빈은 "영적 통치(regimen spiritualis)"와 "정치적 통치(regimen politicum)"를 분명하게 구별하지만 서로 분리시키지는 않는다. 이는 자연법과 율법의 관계를 다룰 때 취한 입장과 유사하다.
12) 양심(conscientia)은 지식(scientia)과 함께(cum, con) 작용하는 지각(sensus)이다.

"실로 사람들은 마음과 지성으로 사물들에 관한 지식을 이해한다. 그때 그들은 '안다(scire).' 라고 일컫는다. 이로부터 '지식(scientia)' 이라는 말이 나온다. 마찬가지로 사람들이 하나님의 심판에 관한 지각을 가지게 될 때-그것이 마치 증인과 같이 집요하게 그들을 심판관의 법정에 몰아가므로-아무도 자신의 죄를 감출 수 없다. 이러한 지각을 '양심(conscientia)' 이라고 부른다. 양심은 일종의 하나님과 사람 사이의 중간자이다. 그것은 사람이 이미 알고 있는 것을 자기 자신 속에 억누르고 있지 못하도록 해서 그 죄과가 밝혀질 때까지 줄곧 파헤치기를 그치지 않는다."[13]

그러므로 성도는 "양심의 법정"에서 내려지는 선고에 따라 하나님을 찾고(벧전 3:21) 거짓 없는 사랑을 하게 된다(딤전 1:5). 양심에 따라 먹기도 하고 먹지 말기도 해야 할 것이다(고전 10:28–29). 양심은 하나님께 상관된다. 그것은 "마음의 내적인 순수함"이다. 양심에 있어서 우리는 하나님 앞에서 영적인 자유를 누린다. 그러나 그것이 곧 정치적 자유를 무한히 누림을 의미하지는 않는다(3.19.14–16).

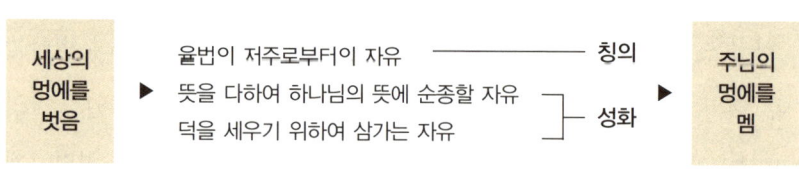

▲ 그리스도인의 자유

---

13) 명문선 87.

[제22주제 : 기독교 강요 3.20.1-3.20.52]

기도: 믿음의 주요한 훈련

22. 1. 그리스도를 믿는 믿음으로 구함

"믿음이 성령의 주요한 작품"이라면(3.1.4) 기도는 "믿음의 주요한 훈련"이다(3.20의 제목). 기도는 그리스도의 영을 양자의 영으로 받아 하나님의 자녀임을 확신하는 성도가(롬 8:9, 16) 그 영의 탄식으로(롬 8:26) 하나님을 아빠 아버지라고 부르며(롬 8:15; 갈 4:6) 나누는 대화이다.

하나님은 독생자 예수 그리스도 안에 감추인 하늘 보화를 그 아들을 바라고 믿고 의지하며 그 안에서 안식하는 자에게 주신다. 이것은 어떤 삼단논법으로도 이끌어 낼 수 없는 "신비하고 은밀한 철학"이다. 오직 이것은 하나님이 눈을 열어 자신의 빛으로 빛을 보게 하신 사람만이 볼 수 있다(시 36:9).

우리 자신에게 없는 것이 예수 그리스도 안에 풍성하게 넘치며(골 1:19; 요 1:16) 그것이 골짜기로 흘러내리는 샘물과 같이 우리에게 부어진다. 이러한 믿음 없이 드리는 기도는 그저 허공을 채울 뿐이다. 왜냐하면 기도로 캐낼 "하늘 보화"는 오직 그리스도께만 속하여 우리 자신의 공로로는 얻을 수 없기 때문이다.

오직 아들의 부요하심을 믿는 자만이 모든 선한 것을 주관하시는 "주"시오 "수여자"이신 아버지께 합당한 간구를 드릴 수 있다. 기도를 통하여 하늘 아버지는 "우리의 없음"을 아들의 "충만"으로 채워 주시기 때문이다. 그러므로 아들을 믿는 믿음으로 기도함으로써, 즉 복음에서 난 믿음으로 기도함으로써 우리 심령은 하나님의 이름을 부르는 훈련을 받게 되는 것이다(롬 10:14-17) (3.20.1).

주께서 복음으로 제시한 보화가 기도로 "채굴된다." 하늘에 계신 아버지는 우리가 자신 앞에 놓인 보화를 향하여 기도의 손을 내뻗기 원하신다. 하나님의 약속은 헛되지 않으니, 아들을 믿는 자에게는 하늘 성소의 문이 기도로 열리게 하신다. 우리는 연약하고 무능하며 허물과 죄에 눌려 쓰러져 있을 뿐이다. 그러므로 하나님의 이름을 "부르는 것"이 "구원을 위한 유일한 보루"가 된다(욜 2:32).

기도 가운데 우리는 하나님의 "섭리", "능력", "선하심"이 작용하기를 바라는 데 그치지 않고 그분 자신의 "전적인" "현존"을 간구한다(3.20.2). 여호와 하나님은 졸지도 주무시지도 않으신다(시 121:4). 그분은 우리의 마음을 헤아리시고 우리의 필요를 먼저 아신다. 그럼에도 불구하고 우리의 기도를 통해 마음의 간구를 듣고자 하시는 것은 우리를 훈련시켜 더 큰 유익을 얻게 하려 하심이다. 기도는 우리에게 유익한 모든 것이 하나님으로부터 온다는 사실을 입증한다.

"여호와께서는 자기에게 간구하는 모든 자 곧 진실하게 간구하는 모든 자에게 가까이 하시는도다"(시 145:18).

"여호와의 눈은 의인을 향하시고 그의 귀는 그들의 부르짖음에 기울이시는도다"(시 34:15; 벧전 3:12).

기도는 믿음으로 거듭난 성도가 믿음 가운데 자라가는 훈련이다. 기도를 통해 성도는 하나님께 구하여 얻는 법을 깨닫고 날마다 그분을 더욱 의뢰하게 된다. 그러므로 믿음이 결여된 기도는 하나님이 받지 않으신다(3.20.3).

22. 2. 기도의 직무

기도는 모든 성도에게 주어진 하나의 "직분"이다. 왜냐하면 기도를 통해 성도는 하나님의 뜻을 분별하고 그 뜻에 순종함으로 자신의 믿음이 잠자거나 무기력해지지 않도록 해야 하기 때문이다. 우리가 기도하는 이유는 다음과 같다.

첫째, "언제나 하나님을 찾으며 사랑하며 예배하는 열망"을 더욱 불타게 하기 위해서이다. 기도하면서 우리는 하나님을 거룩한 구원의 닻이자 피난처로 여기는 습관을 갖게 된다.

둘째, 우리 양심이 수치스럽다고 가책하는 욕망이나 소원이 영혼 속으로 스며들지 못하도록 하기 위해서이다. 기도를 통해 우리는 마음의 모든 소원을 먼저 하나님 면전에 토로하게 되기 때문이다.

셋째, 하나님의 섭리에 대하여 영혼 깊은 곳에서 나오는 진정한 감사를 드리기 위해서이다. 기도하는 가운데 우리는 모든 은혜가 하나님의 작정과 이루심으로 말미암는다는 것을 경험하게 된다.

"모든 사람의 눈이 주를 앙망하오니 주는 때를 따라 그들에게 먹을 것을 주시며 손을 펴사 모든 생물의 소원을 만족하게 하시나이다"(시 145:15-16).

넷째, 하나님이 기도의 소원을 이루심으로써 우리가 "감화되어" "더욱 뜨겁게 그분의 선하심을 묵상하도록 하기 위해서"이다.

다섯째, 기도를 통해 이루신 하나님의 일을 우리가 "더욱 큰 기쁨으로" 받아들이도록 하기 위해서이다.

여섯째, 연약한 가운데서도 우리가 사용되는 "쓰임새 그 자체와 그것에 대한 경험"을 통해 살아계셔서 역사하시는 하나님의 섭리와 경륜의 어떠함을 심중에 확증하도록 하기 위해서이다. 이로써 우리는 하나님이 우리와 함께 계셔서 우리의 길을 여시고 우리를 단지 말씀으로만 달래시는 것이 아니라 "눈앞의 도움으로" 도우신다는 것을 확신하게 된다(3.20.3).

22. 3. 기도의 법

기도는 성도의 성화에 필수적이다. 기도하는 사람은 다음과 같은 "기도의 법"을 따라야 한다.

첫째, 기도는 하나님과의 "대화"이다. 그러므로 기도하는 사람은 순전한 영혼으로 이성의 맹목적인 추구를 그치고 하나님의 성품에 부합하는 간구를 드려야 한다. 허무한 인간 본성의 한계에 붙들려 드리는 기도는 오히려 하나님을 자신 안에 제한할 뿐이다(3.20.4).

기도는 성령의 역사로 말미암은 "마음의 감동"을 올려드리는 것이다. 진정한 성전은 자기 자신이므로 기도는 "영과 진리로"(요 4:24) 드려야 한다(3.20.29-30). 그리고 기도를 통해 듣는 "친밀한 위로의 말씀"을 세속적인 것으로 불순하게 만들지 말아야 한다. 오직 우리의 담대함은 아버지의 "뜻대로" 무엇을 구하든 들으시는 데 있다(요일 5:14). 기도는 세상의 찌끼 위에 앉아서 넋두리하듯 내뱉는 한탄이 아니다(렘 48:11; 습 1:12).

성경은 기도로 우리의 속마음을 하나님 앞에 쏟아 놓으라고 한다(사 37:4; 시 62:8; 145:19). 하나님은 기도의 "교사"요 "인도자"로서 성령을 주셔서 우리 속에서 친히 탄식하게 하심으로써(롬 8:26) 우리가 그 영 가운데 깨어(고전 14:15) 기도하게 하신다. 그러므로 성도는 오직 여호와를 바라며(시 25:1) 연약함 가운데서도 성령의 감화를 좇아 간구하는 일에 더 큰 열심을 내야 한다(3.20.5).

둘째, 기도할 때 우리는 자신의 "무능함"을 절감하고 "진지하나 강렬한" 간구를 드려야 한다. 기도를 단지 부과된 일을 요식적으로 행하듯 해서는 안 된다. 진정으로 갈망하며 얻기를 구하지 않는 기도는 허탄할 뿐이다. 우리가 구해야 할 것은 무엇보다 하나님의 영광으로(마 6:9; 눅 11:2) 그것이 우리에게 가장 큰 유익이다(3.20.6). 우리는 항상 연약하여 넘어지기 쉽기 때문에 고난을 당해도(약 5:13) 그것을 "주를 만날 기회"로 여겨야 한다(시 32:6).

무엇보다 하나님이 끝까지 이끄시는 성도의 "견인"을 믿고 "항상"(엡 6:18) "쉬지 말고"(살전 5:17) 기도해야 한다. 하나님은 자기를 찾는 자를 만나 주시고 가까이 하신다(렘 29:13-14; 시 145:18). 그러나 진실함과 간절함 없이 정욕이나 시기로 구하는 것은 받지 않으신다(사 29:13; 약 4:3). 성령을 근심케 하는 행실 가운데 드리는 기도를 하나님은 즐거워하지 않으시기 때문이다 (요 9:31; 잠 15:8; 21:27; 28:9; 사 1:15; 렘 11:7-8, 11).

"무엇이든지 구하는 바를 그에게서 받나니 이는 우리가 그의 계명을 지키고 그 앞에서 기뻐하시는 것을 행함이라"(요일 3:22).

그러므로 기도할 때에는 자기의 악행을 버리고 진정 낮은 자리에서 "거지의 품성과 마음씨"[1]를 가지고 기도해야 한다(3.20.7).

셋째, 기도하는 사람은 모든 영광을 하나님께만 돌리고 자신의 가치는 일체 생각하지 말아야 한다. 즉 자기신뢰를 완전히 버려야 한다. 오직 우리는 긍휼히 여기시는 주께서 자신의 뜻을 이루시기를 바라야 한다(단 9:18-19). 주님을 토기장이로 우리를 진흙으로 여기고(사 64:5-9) 주의 이름을 위해 우리가 빚어지기를(렘 14:7) 간구해야 한다(3.20.8). 기도의 문을 여는 "열쇠"는 상한 심령이다(시 25:7, 18; 51:17; 143:2).

기도는 값없이 베푸시는 하나님의 자비에 의지한다(3.20.9). 그러므로 자신의 공로를 헤아리지 않고 날마다 이끄시는 하나님의 은총에 의지하여 경건한 삶에 힘쓰고 오직 그분의 "관용"을 붙드는 자가 구하는 바를 얻게 된다(3.20.10).

기도를 드림으로써 우리는 하나님께 더욱 가까이 나아가려 한다. 그러므로 그 장애가 되는 죄를 회개하고 사함을 구하는 기도를 언제나 잊지 않

---

1) "거지의 품성과 마음씨(mendici personam et affectum)." 칼빈은 자녀로서의 기도를 드리되 절박한 심정으로 그리하라는 뜻으로 이러한 표현을 자주 사용한다.

아야 한다. 무엇보다도 모태로부터 지은 모든 죄를 기억하지 않으시기를 기도드려야 한다(시 25:7, 18; 51:5). 주님은 중풍병자의 병보다 영혼을 먼저 구원하셨다(마 9:2). 구약의 조상들도 기도를 "피의 속죄"로서 거룩하게 구별하여 드렸다(창 12:8; 26:25; 33:20; 삼상 7:9). 하나님은 회개하는 자를 사하시고 정결케 하신다(요일 1:9).

넷째, 기도하는 자는 응답하시는 하나님의 부성적(父性的) 사랑에 소망을 두고 그분을 굳게 믿어야 한다. 참 회개와 믿음 가운데서 기도의 심령이 온전해진다. 믿음이 기도에 선행(先行)한다. 무엇이든지 믿고 구하는 것은 다 받으리라는 말씀이(막 11:24; 마 21:22; 약 1:5-6; 5:15) "기도의 본질"에 가장 부합한다. 하나님은 외적인 언사(言辭)가 아니라 믿음에 따라서 응답하신다(마 8:13; 9:29; 막 11:24). 하나님의 뜻대로 구하는 기도는(요일 5:14) 말씀을 믿는 믿음에서 비롯된다(롬 10:14, 17). 말씀에 대한 믿음을 토로하는 것이 기도이다(엡 6:16-18)(3.20.11).

이 네 가지 방법에 따라 기도드릴 때 무엇보다 "하나님의 성품과 말씀을 아우르는 묵상"이 있어야 한다. 하나님은 자녀들의 음성을 들으시며(시 50:15; 65:1-2; 삼하 7:27) 그것을 가장 기뻐하신다(시 147:10-11). 구하고 찾고 문을 두드리라는 명령에는 주시고 찾게 하시고 열어주시겠다는 약속이 함께 있다(마 7:7-8). 하나님의 뜻이 이러하므로 성경은 가장 주요한 "경건의 직무"로서 기도를 가르친다(3.20.13).

그러므로 오직 주님의 긍휼히 여기심에 소망을 두고 담대히 그분의 보좌로 나아가야 할 것이다(히 4:16; 엡 3:12). 주께서 우리의 도움이 되시니 주야로 그분의 자비를 구해야 한다(시 5:3; 33:22; 56:9)(3.20.12). 하나님은 우리가 부르기 전에 미리 들으시는 분이시나 우리의 간구를 기다리고 계시니 이는 기도로 우리를 자신의 영광의 도구로 삼고자 하심이다.

기도하는 가운데 우리는 자신의 공로를 헤아리지 않고 하나님의 약속과 성취의 은총만을 구할 뿐이다. 오직 주의 인자하심에서 위로를 찾고(시 119:76) 하나님의 언약에 용기를 얻으며(창 32:11-12) 여호와의 이름으로 전적인 구원을(욜 2:32; 롬 10:13) 간구하는 것이다(3.20.12, 14). 하나님은 성도를 향한 헤아릴 수 없는 계획을 가지고 계신다. 하나님은 진실로 간구하는 자에게 가까이 하신다(시 145:18). 그는 우리의 간구에 응답하시고(시 91:15), 부르기 전이라도 응답하신다(사 65:24). 오직 상한 심령과 가난한 심령으로 기도를 통해 하나님과의 "친밀한 대화"로 나아가는 자가 복이 있도다!(3.20.15-16)

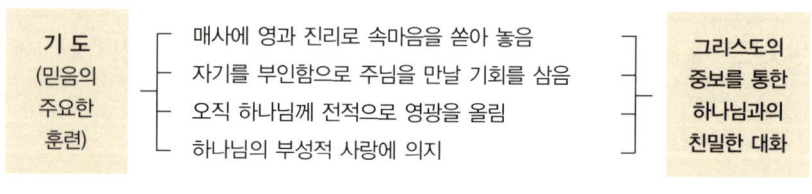

▲ 기도의 은총

22. 4. 예수님의 이름으로 기도드림

부활하시고 승천하셔서 하나님 우편에 계신 예수 그리스도가 성령을 부어주셨다. 성령의 임재로 주께서 우리 안에 사시며 하늘 성소에서 우리를 위하여 대언하신다. 주님은 우리의 "대언자"시며(요일 2:1) "중보자"로서(딤전 2:5; 히 8:6; 9:15) 우리를 위해 친히 간구하신다. 주님의 중보로, "두려운" 하나님의 "영광의 보좌"가 "은혜의 보좌"로 바뀐다.

그러므로 오직 주님의 이름으로 구하여 주님을 통해 아버지께서 약속하신 것을 받는다(요 14:13-14; 16:24, 26). 하나님의 약속은 아들의 순종으로만 성취되니 우리는 단지 아멘 하여 그것을 우리의 것으로 삼는다(고후 1:20). 기도는 그리스도의 "예"에 "아멘" 하여 그분의 공로를 우리의 것으로 삼는 것이다(3.20.17).

구약의 대제사장들은 오실 예수 그리스도를 예표한다. 이제는 주께서 우리의 흉패를 자신의 가슴에 달고(출 28:9-21) 친히 하늘 성소에서 간구하신다. 이제는 그분의 육체 가운데로 열어 놓으신 생명의 길로(히 10:20) 우리가 나아간다(3.20.18). 예수님은 생명의 길이요 문이시다(요 14:6; 10:7).

성부께서 성자께 인치심으로(요 6:27) 그분을 우리의 목자와(마 2:6) 머리로(고전 11:3; 엡 1:22; 4:15; 5:23; 골 1:18) 삼으셨으므로 우리를 위해 중보 기도를 드리실 분은 주님밖에 없다. 성도 상호 간은 서로를 위해 기도는 하되 서로가 서로에게 중보자가 되지는 못한다(3.20.19).

그리스도는 "구속의 중보자"요 성도는 "중재의 중보자"라고 하는 궤변은 도무지 가당치 않다. 우리의 유일한 대언자는 "하나님 우편에 계신 자"로서(롬 8:34) 중보자 예수 그리스도밖에 없다(요일 2:1; 딤전 2:5). 우리를 위해 중보하시는 분은 "화목제물"이 되사(요일 2:2) 지상에서 죽으시고 하늘로 올리우신(히 7:26; 9:24) 어린 양 예수 그리스도 한 분밖에 없다(3.20.20).

천사는 "섬기는 영"이다(히 1:14). 그러므로 천사가 자신들의 머리이신 그리스도의 자리에서 중보자의 직을 감당할 수는 없다. 믿음의 조상들도 우리를 위한 중보자가 될 수 없다(렘 15:1; 전 9:5-6; 사 63:16). 노아, 다니엘, 욥도 자기의 생명만 건졌을 뿐이다(겔 14:14). 하나님은 오직 예수를 믿는 믿음 가운데 예수의 이름으로 드리는 기도만을 받으신다. 아들의 이름을 부르지 않고 아버지께 나아갈 자는 아무도 없기 때문이다. "말씀에 기초한 믿음은 기도의 어머니이다." 기도는 "경건의 직분"이다(3.20.21-27).[2]

기도는 "속마음의 정서"를 내뱉는 것이어야 한다(롬 8:27; 마 6:6). 구원을 감사하고(빌 4:6; 히 13:15), 그 은혜를 찬미하며(시 40:3; 102:17-18; 사 42:10; 고전 14:15; 골 3:16), 여호와를 사랑하는 심령을(시 18:1; 116:1) 토로하는 것이어야 한다. 그리하여 자신의 몸을 성전으로 여기고(고전 3:16; 6:19), 날마다 거룩해지고자 하나님의 뜻을 힘써 순종하며(딤전 4:5), 성령과 진리로(요 4:24) 드려야 하는 것이다. 이것이 "최선의 기도법"이다(3.20.28-30).

22. 5. 주께서 가르쳐 주신 기도

주님은 친히 "기도의 방법과 양식"을 가르쳐 주셨다(마 6:9-13; 눅 11:2-4). 우리는 진정으로 필요한 것이 무엇인지, 무엇을 구해야 하는지를 스스로 알지 못한다. 하나님 사랑과 이웃 사랑의 십계명을 주신 하나님은 하나님의 영광을 구하는 기도와 우리의 유익을 위한 기도를 아들을 통해 "판에" 새기듯 가르쳐 주셨다(3.20.34-35).

하나님 아버지께서 우리의 기도를 들으심은 독생자 예수 그리스도가 다 이루신 의를 우리의 것으로 삼고자 하심이다. 그러므로 오직 하나님의 자녀가 되는 권세를 가진 자만이(요 1:12; 요일 3:1) 아버지의 부성적인 사랑을 의지하여(시 27:10; 마 7:11; 사 49:15) 아들의 이름으로 기도한다. 하나님을 "우리"(갈 6:10) 아버지라고 부름은 우리가 모두 동일한 양자의 영을 받았기 때문이다. "하늘에 계신"이라고 부르는 것은(마 23:9; 왕상 8:27) 우리의 아버지께서 만

---

[2] 로마 가톨릭은 사제의 중보를 위시하여 천사와 성인의 중보 그리고 마리아의 중보를 여러 방면으로 다양하게 인정한다.

유시오 만유 안에 편재(遍在)하시기(사 66:1; 행 7:49; 17:24) 때문이다(3.20.36-40).

먼저 하나님께 영광을 올리는 기도로 "이름이 거룩히 여김을 받으시오며"라고 기도한다. 여호와의 이름은 "영광의 표지"로서 그분의 능력, 선하심, 지혜, 공의, 자비, 진리를 포함한다(시 48:10).

"나라이 임하옵시며"라는 기도는 하나님의 "통치"가 편만하기를 간구하는 것이다. 성령의 임재는 하나님의 다스림이다. 성령으로 만물이 창조되고 운행되며, 그 은밀한 역사로 감화된 성도가 주의 자녀로 마땅한 삶을 살게 된다(고후 4:16).

그리고 "뜻이 하늘에서 이룬 것같이 땅에서도 이루어지이다"라고 기도한다. 이는 하나님의 뜻에 맞추어 우주가 운행되며 우리의 마음과 영이 새롭게 되기를 구하는 것이다(시 51:10)(3.20.41-43).

이어지는 간구로 우리의 유익을 위한 첫째 기도는 "일용할 양식"에 관한 것이다. 먹고 마시는 것도 주의 영광을 위해 해야 한다(고전 10:31). "오늘날"이라고 함은 주님의 섭리가 시시각각 끊이지 않음을 믿고 구하라는 것이다. "우리에게" 주시기를 구하라고 했으니 "나의" 이기적인 물욕을 드러내서는 안 된다. 사람이 떡으로만 사는 것이 아니기 때문이다(신 8:3; 마 4:4). 또한 이것은 우리의 수고로는 아무것도 얻을 수 없음을 고백하는 것이다(레 26:20; 신 8:17-18).

"우리 죄를 사하여 주옵시고"라는 기도는 단지 소극적인 것만은 아니다. 죄 사함에는 의의 전가가 함께 있다. 죄를 안고는 의의 선물을 받을 수 없다. "우리가 우리에게 죄 지은 자를 사하여 준 것같이"라고 구하는 것은 하나님의 은혜는 무조건적이므로 우리도 남의 허물을 헤아리지 않겠다는 신앙을 고백하는 것이다.

마지막으로 "우리를 시험에 들게 하지 마옵시고 다만 악에서 구하옵소서."라고 기도한다. 이는 십자가의 그늘에 거하는 백성으로서 사망의 권세에 놓이지 않게 해 달라는 간구이다. 시험이 없지는 않으나 성령의 능력으로 시험을 이겨서 하나님의 자녀로서 마땅한 자리에 서게 해 달라는 애통함이다. 시험에는 재물, 명예, 권세 등과 같은 적극적 유혹과 빈곤, 치욕, 고난, 경멸 등과 같은 소극적 유혹이 있다(3.20.46).

우리의 최고의 교사이신 주께서 기도의 "공식"을 가르쳐 주셨다. 오직 우리는 하나님의 보내신 자 예수 그리스도의 말씀만 들어야 한다(마 17:5). "완전한 기도"가 아들의 음성으로 제시되었다. 모든 기도는 "나라와 권세와 영광이 아버지께 영원히 있사옵나이다."라는 간구로 귀결된다. 그리고 오직 양자의 영을 받은 자만이 외치는 다음 음성으로 끝나야 한다. "아멘(Amen)"(단 9:18-19) (3.20.47-49).

[제23주제 : 기독교 강요 3.21.1-3.24.17]

예정:
하나님이 기뻐하신 뜻에 따른 영원한 작정

23. 1. 예정의 비밀

"생명의 언약"이 모든 사람에게 동등하게 적용되지는 않는다. 하나님은 어떤 사람은 "구원으로", 어떤 사람은 "멸망으로" 작정하셨다. 경건한 마음으로 하나님의 수권을 믿는 성도는 인류의 창조와 더불어 예정의 섭리 또한 찬미할 것이다.

무조건적 선택의 은혜를 감사하는 사람만이 위로부터 내려오는 "가장 달콤한 열매"를 지상의 삶에서 미리 맛보게 될 것이다. 예정 교리에는 다음 세 가지 "유용함"이 있다.

첫째, 예정의 교리를 알기 전에는 "영원한 선택"이 하나님이 "값없이 베푸시는 자비의 샘에서" 나온다는 사실을 알지 못한다.

둘째, 이 가르침으로 인하여 "값없는 선택에 따라서" 구원을 받았다는 것을 깨닫고 하나님께 영광을 돌리게 된다. 선택의 은혜는 행위의 공로와는 무관하다.

"그런즉 이와 같이 지금도 은혜로 택하심을 따라 남은 자가 있느니라 만일 은혜로 된 것이면 행위로 말미암지 않음이니 그렇지 않으면 은혜가 은혜 되지 못하느니라"(롬 11:5-6).

선택은 하나님이 우리의 공로 때문에 치르는 "값"이 아니라 무조건적인 것이다.

셋째, 예정의 교리를 통해 구원의 비밀을 맛본 사람만이 "진정한 겸손"에 이르게 된다. 모든 구원의 경륜이 하나님과 그 아들의 수중(手中)에 있다. 하나님이 그리스도 안에서 택하셔서 영생의 자녀로 삼은 백성을 그분의 손에서 빼앗아 갈 자는 아무도 없다(요 10:28-29).

예정의 비밀은 하나님이 감추어 두신 "가장 고상한 지혜"에 속한다. 이 지혜의 "영원성"을 이성으로 풀려고 하는 "사람들의 호기심"은 단지 미로(迷路)를 헤맬 뿐이다. "하나님의 은밀한 뜻"은 오직 그분 자신의 말씀으로만 드러난다. 그러므로 이 경이로운 교리를 이해하기보다 경외해야 할 것이다(3.21.1).

성경이 예정에 대해서 알려 주는 것 이상으로 알려고 하는 어리석고 경박한 호기심은 하나님의 영광에 이르는 길을 막고 우리를 거친 들에서 방황하게 만들 뿐이다(욥 12:24). 어거스틴은 예정의 진리는 우리가 "왕의 침실로" 나아가는 지식과 지혜의 보화를 담고 있다고 했다. 그러므로 우리는 "일종의 유식한 무식"을 견지해야 한다. 우리가 파악할 수 없는 것들을 우리의 심령은 받아들일 수 있음을 알기 때문이다(요 16:12)(3.21.2).[1]

성경은 "성령의 학교"로서 우리에게 "필요할 뿐만 아니라 유익한 것"을 가르쳐 준다. 성경 가운데서 주님은 친히 입을 여신다. 우리는 육신과 마음의 귀를 열고 그 음성을 들어야 한다. 오묘한 일은 하나님께 속한다. 하나님은 자신의 일을 숨기심으로 영광을 받으신다(잠 25:2). 그러나 우리에게 필요한 것을 맞추어 나타내심으로 자신의 백성에 대한 사랑을 확증하신다(신 29:29). 그러므로 우리는 유식한 무식을 자랑하되 맹목적인 무지에 빠져서는 안 된다. "야수적인 무지"는 불경(不敬)과 다르지 않다(3.21.3). 예정은 핵심적인 성경 교리이다. 하나님이 비밀로 감추신 것은 그대로 두고 받되 알려 주신 것을 아는 가운데서 그리해야 한다(3.21.4).

23. 2. 선택과 유기

예정은 구속에 대한 "하나님의 영원한 작정"을 의미한다. 어떤 사람에게는 "영원한 생명"이, 어떤 사람에게는 "영원한 저주"가 예정되어 있다. 어떤 사람은 "생명으로", 어떤 사람은 "죽음으로" "미리 정해졌다." 이러한 선택은 개인적으로 일어난다. 그러나 그 섭리는 "여호와의 분깃"으로 택하신 "백성" 단위로도 선포된다(신 32:8-9). 하나님은 "오직 거저 베푸시는 사랑으로" 마른 나무와 같은 아브라함과 그 후손을 택하셨다(신 4:37; 7:6-8; 10:4-5; 23:5; 시 47:4).

선택은 하나님이 거저 베푸시는 "선물"이다. 그러므로 이러한 은혜를 "사람의 가치나 행위의 공로에서" 찾는 것은 무모하다(신 9:6; 출 32:9). 선택의

---

1) 어거스틴은 예정 교리의 고상함과 은밀함을 "왕의 침실"에 비유한다. 하나님의 비밀을 아는 지식은 추구되는 것이 아니라 주어지는 것이다. 그것을 스스로 알 수 없음을 아는 것이 올바로 아는 것이다. "일종의 유식한 무식(aliqua docta ignorantia)"을 자랑해야 하는 이유가 여기에 있다.

은혜는 "거저 베푸시는 언약의 원리"에서만 흘러나온다.

"여호와가 우리 하나님이신 줄 너희는 알지어다 그는 우리를 지으신 이요 우리는 그의 것이니 그의 백성이요 그의 기르시는 양이로다"(시 100:3).

"하나님의 기뻐하신 뜻" 외에 어디에서도 선택의 "이유"를 찾을 수 없다(엡 1:5, 11). 하나님이 아브라함의 언약을 기억하시고 야곱의 후손을 자신의 기업으로 뽑으셨기 때문에 그들에게는 복이 있다(시 33:2; 105:6, 42).

"그들이 자기 칼로 땅을 얻어 차지함이 아니요 그들의 팔이 그들을 구원함도 아니라 오직 주의 오른손과 주의 팔과 주의 얼굴의 빛으로 하셨으니 주께서 그들을 기뻐하신 까닭이니이다"(시 44:3).

오직 주께서 긍휼히 여기신 백성이 주의 뜰에 거하게 되니(사 14:1; 시 65:4) 선택의 은혜는 그 비밀이 오직 하나님의 뜻에만 있다(3.21.5).

하나님의 선택은 어떤 법에도 구속되지 않고 자유롭다. 선택의 은혜는 값없이 주어지므로 동등하게 분배되지 않는다. 하나님은 한 민족을 사랑하셔서 다른 민족보다 특별한 은혜를 베푸신다. 그리고 한 때 전체로 택함 받은 민족 가운데서도 또 어떤 사람은 "두시고" 어떤 사람은 "버리신다."

하나님이 야곱은 사랑하셨고 에서는 미워하셨다(말 1:2-3; 롬 9:13). 모두 이삭의 아들로서 언약의 후손이지만 "은혜의 비밀에 따른 놀라운 변경으로 말미암아" 야곱만이 택함을 받았다(시 78:67-68). 이러한 경륜에는 "하나님의 더욱 특별한 은혜"가 넘친다(3.21.6; 3.22.4).

하나님의 부르심에는 후회하심이 없다(롬 11:29). 이스라엘 자손을 뽑았지만 그 중에서도 "남은 자들"에게만(롬 9:27; 11:5; 사 10:22-23) 중생의 영을 부어주신 것은 구원이 혈육에 따르지 않고 언약을 좇아 그분의 자비에서 난다는 것을 보여주는 역사적인 실례이다. 아브라함의 후손 중에서도 오직 "이삭과 같이 약속의 자녀"만이(갈 4:28) 하나님 나라의 기업이 된다(롬 9:7-8; 갈 3:16). 구약시대에도 어떤 이방인들은 이스라엘의 수(數)에 들게 되었으니(신 32:9; 왕상 8:51; 시 28:9; 33:12) 이는 선택의 은혜가 지체의 머리이신 그리스도께 접붙임을 받는 영적인 후손에게 차별 없이 베풀어진다는 신약시대의 경륜을 미리 계시한 것이다.

구원은 "하나님이 거저 베푸시는 자비"에 기초한다. 하나님의 영원하고 불변하는 계획에 따라 어떤 사람은 영생으로, 어떤 사람은 영벌로 부르신다. 이러한 "부르심"이 선택의 증거이다. 부르신 자는 의롭다 하시고, 거룩한 길에 서게 하시며, 종국적으로 영화에 이르게 하시기 때문이다. 각 사람을 향한 하나님의 뜻은 "구원으로 받아들이심"과 "멸망 가운데 버려두심" 중 하나에 있다(3.21.7).

23. 3. 예지예정론 반박

하나님은 공로를 미리 아시고 자신의 은혜를 받을 가치가 있다고 예지하신 사람들을 자녀로 선택했다는 예지예정론(豫知豫定論)은 성경이 가르치는 건전한 교리를 사악하게 왜곡한다. 예정은 하나님의 무조건적, 절대적 은혜에 따른 것이기 때문에 미리 자질을 헤아리고 그 "예지"에 따라서 작정했다는 주장은 자체로 모순된다.

우리의 "경험"은 선택의 은혜가 하나님이 거저 주시는 선물임을 밝히 증언한다. 삼위 하나님의 구원협약에 따라서 그리스도가 영원 전에 구속주로 작정되시고 우리는 그분의 지체로 선택되었다. 이는 우리의 자질을 불문하고 택하심이니 택자들의 "공로"가 아니라 오직 택하신 분의 "기뻐하심"에 따른 것이었다. 그러므로 예정을 예지에 종속시키는 것은 어리석은 짓이다. 어거스틴이 말했듯이, "그리스도가 선택의 가장 분명한 거울이다." 우리에게는 어떤 고귀함도, 공로도, 가치도 없다. 다만 하나님이 우리를 택하신 것은 자신의 은혜를 베풀기에 우리가 합당하다고 여기셨기 때문이다. 의원이 환자를 그렇게 여기듯이 말이다(2.21.5; 2.22.1).

"곧 창세 전에 그리스도 안에서 우리를 택하사 우리로 사랑 안에서 그 앞에 거룩하고 흠이 없게 하시려고 그 기쁘신 뜻대로 우리를 예정하사 예수 그리스도로 말미암아 자기의 아들들이 되게 하셨으니 이는 그가 사랑하시는 자 안에서 우리에게 거저 주시는 바 그의 은혜의 영광을 찬송하게 하려는 것이라"(엡 1:4-6).

"창세 전에" "그리스도 안에서" 택하심이 있었다. 이는 오직 그리스도의 은혜로 말미암은 무조건적 선택을 의미한다. 사람의 "가치"가 아니라 그리스도의 대속적 공로를 믿는 은혜만이 역사한다. "거룩하고 흠이 없게 하시려고" 택하셨으므로 자질이 예정에 선행하지 못한다. 선택에는 이러한 목적이 있지만, "그 기쁘신 뜻대로"라는 말씀에 "더욱 우월한 원인"이 제시되어 있다(3.22.2).

하나님은 "오직 자기의 뜻과 영원 전부터 그리스도 예수 안에서 우리에게 주신 은혜대로" 우리를 선택하셨다(딤후 1:9). 구원의 작정은 행위로 말미암지 않고 부르시는 이로 말미암는다(롬 9:11). 하나님이 오직 자신의 기쁘신 뜻대로(엡 1:5, 9) 우리를 택하신 것은 우리를 자신의 은혜를 찬양하는 도구로 삼고자 하심이었다(엡 1:6, 12, 14).

거룩함이 선택에서 나온 것이지 거룩함으로 선택하신 것이 아니다. "미래의 거룩함, 그것은 선택으로부터 기원한다." "양자 삼으심"이 "하나님의 부르심에서" 나온다. "누가 주께 먼저 드려서 갚으심을 받겠느냐"(롬 11:35), "너희가 나를 택한 것이 아니요 내가 너희를 택하여 세웠나니"(요 15:16).

하나님이 이삭과 야곱은 부르셨으나 이스마엘과 에서는 그리하지 아니하셨다(창 21:12; 25:23). 하나님이 므낫세가 아니라 에브라임에게 더 큰 영예를 주신 원인은 오직 그분의 "은밀한 선택"에서만 찾을 수 있다. 모든 것을 미리 아시는 하나님은 우리의 공로나 자질이 아니라 우리의 전적 무능과 부패를 예지하셨다. 그리하여 무조건적으로 선택하셨다.[2] 공로로 말하면 야곱과 에서는 하나님 앞에서 우열을 가릴 수 없다. 다만 하나님이 한 사람에게는 긍휼을 베푸시고 다른 한 사람에게는 그리하지 아니하셨을 뿐이다.

"모세에게 이르시되 내가 긍휼히 여길 자를 긍휼히 여기고 불쌍히 여길 자를 불쌍히 여기리라 하셨으니 그런즉 원하는 자로 말미암음도 아니요 달음

---

[2] 하나님은 모든 것을 예지하신다. 우리의 전적인 무능과 전적인 부패도 만세 전에 예지하셨다. 예지예정론은 하나님이 자질을 예지하시고 선택하셨다고 주장한다. 이는 전적타락을 부인하는 입장에 필연적으로 따르는 귀결이다. 하나님은 자질이 없음을 예지하고 선택하신 것이다. 그러므로 예지선택이 아니라 무조건적 선택이다.

박질하는 자로 말미암음도 아니요 오직 긍휼히 여기시는 하나님으로 말미암음이니라"(롬 9:15-16; 출 33:19).

하나님이 미리 아신 자들을 택하신다고 함은(롬 11:2; 벧전 1:2; 행 2:33) 무조건적인 은혜를 베푸실 언약의 자녀들을 미리 마음에 두셨다는 의미이다. 창세 전에 그리스도를 구속주로 정하신 하나님이(벧전 1:19-20) 우리를 "긍휼의 그릇"으로(롬 9:23) 삼으셨다. "주께서 자기 백성을 아신다."(딤후 2:9)라는 말씀의 뜻이 여기에 있다(2.22.4-6).

이 땅에 오신 주님은 택자들을 아버지께서 자신에게 주신 자들, "아버지의 것"이라고 부르셨다(요 6:37, 39; 15:19; 17:6, 9). 또한 아버지께서 자신에게 주신 백성을 친히 택하셨다고 하심으로써(요 13:18) 함께 일하심으로 경륜을 이루시는 삼위일체 하나님의 비밀을 드러내셨다.

삼위 하나님은 창조 전에 협약하신 대로 아들을 보내셔서 아버지께 속한 백성을 끝까지 보전하도록 하셨다(요 10:28; 17:11-12). 우리가 아들을 믿고 아들 안에서 보호받게 되는 것은 우리가 "아버지의 선물"이라는 사실에서 비롯된다. 우리의 양자됨은 오직 아버지의 은밀한 기뻐하심에 따른 것이다(3.22.7).

아퀴나스(Thomas Aquinas)가 주장한 예지예정론의 논법에 따르면 하나님의 선택이 사람의 공로에 종속된다(3.22.9). 그러나 사람의 공로는 구원의 어떤 동인도 되지 않는다. 우리의 유일한 피난처는 "하나님의 헤아리심과 긍휼"에 있다. 만약 하나님이 우리가 우리의 자질로 선하게 될 것을 예지하고 선택하셨다고 한다면 결국 우리가 먼저 그분을 선택한 것이 될 것이다. 어거스틴은 이렇게 말한다.

"하나님의 은혜는 선택을 받아야 할 자들을 발견하는 것이 아니라 만드는 것이다"[3] (3.22.8).

그리스도의 이름을 믿음으로써 자녀가 되는 권세는 오직 하나님께로부터 난 자들에게만 있다(요 1:12-13; 6:46). 먼저 보내심이 있고 믿음이 따른다(요 6:39-40). 선택은 "믿음의 어머니"며 믿음은 선택에 대한 "보증"이다. 하나님은 우리가 믿을 수 있도록 하실 뿐만 아니라 믿음 자체를 주신다. 이러한 전적인 은혜는 "선택의 불변하는 항구성"을 제시한다. 선택에는 이러한 특성이 있으므로 "견인(牽引)"의 은혜가 필히 따른다(3.22.10; 3.24.3).[4]

23. 4. "공로 없는 은혜"와 "마땅한 형벌"

예정의 경륜은 오직 하나님의 "뜻"에 달려있다. 아무도 신적 경륜에 대한 이유를 물을 수 없다. 하나님의 뜻은 "완전함이 무엇인지 알려주는 최고의 규준"이며 "모든 법 중에 최고의 법"이다(3.23.2). 진흙이 토기장이와 쟁론하여 그릇의 어떠함을 다툴 수는 없다(롬 9:21-23). "하늘 아버지께서 심으시지 않은 것은 뽑힐 것이니"(마 15:13) 유기가 없다면 선택도 없게 될 것이다(3.23.1).

사람의 잣대로는 하나님의 은밀한 뜻을 측량할 수 없다. 하나님의 섭리와 판단은 우리의 헤아림을 넘어선다(롬 9:19-23; 11:33). 하나님은 모든 일을 예지하시되 그냥 방임하지 않으시고 자신의 작정대로 주장하신다. 하나님의

---

[3] 명문선 88.
[4] "성도의 견인(perseverantia, perseverance)"은 칭의의 법정성에서 이미 전제된다. 칭의 때 인치는 의는 구원의 전체 과정에 역사하기 때문이다.

뜻이 "사물들의 필연성"이다. 누가 깊음을 알되 그 밑바닥까지 미칠 수 있겠는가? 그러므로 "성실한 무지"가 "무모한 지식"보다 낫다.[5]

"공로를 찾아보라. 그대는 형벌만을 발견할 것이다. 오, 깊도다! 베드로는 부인하나, 강도는 믿는다. 오, 깊도다! 그대는 이성을 찾으나, 나로 깊음에 떨게 하라. 그대는 논변을 일삼으나, 나로 경이로움에 잠기게 하라. 그대는 논쟁하나, 나로 믿게 하라. 나는 깊음을 본다. 그러나 그 끝에는 미치지 못한다."[6]

하나님은 원하시는 모든 것을 행하셨다(시 115:3). 사람의 넘어짐도 하나님의 섭리에 따른 것이다. 그러나 사람은 "자신의 죄악 때문에" 넘어진다. 타락의 원인은 그분의 예정에 있지 않고 사람의 불순종에 있다. 그러므로 예정론이 무책임한 사람을 만든다는 비난은 합당하지 않다. 섭리는 하나님께 있으나 "죄의 질료"는 사람에게 있다(3.23.2-9).

하나님의 예정은 편파적이지 않다. 구원에는 사람의 신분이나 지위나 성품에 따른 차별이 없기 때문이다(고전 1:26; 갈 3:28; 약 2:5; 골 3:25; 엡 6:9). 선택과 유기에는 오직 하나님의 공의와 자비만이 역사할 뿐이다. 공의의 하나님이 유기된 백성에게는 "마땅한 형벌"을 부과하시고 선택된 백성에게는 "공로 없는 은혜"를 베푸신다.[7]

---

5) "성실한 무지(fidelis ignorantia)"는 앞에서 언급한 "유식한 무식(docta ignorantia)"에, "무모한 지식(temeraria scientia)"은 "야수적 지식(bruta inscitia)"에 상응한다.
6) 명문선 89.
7) "공로 없는 은혜(gratia immerita)"는 값없이 베푸시는 무조건적 선택의 은혜를 가리킨다. "마땅한 형벌(poena debita)"은 원죄와 자범죄로 말미암아 빚진 대로 받는 조건적 형벌을 뜻한다. 선택의 은혜는 무조건적이다. 그러나 유기는 무조건적 징계가 아니다. 유기는 밟아 내리시는 것이 아니라 그냥 두시는 것이다. 그러므로 핑계치 못한다.

주님은 자비하심으로 모든 사람에게 긍휼을 베푸실 수 있으나 모든 사람에게 값없는 은혜를 나누어 주시지는 않는다. 그분은 구원의 주시며 동시에 심판의 주가 되시기 때문이다. 어거스틴이 말한 바, "하나님은 받을 가치가 없는 자에게 주심으로 거저 베푸시는 은혜를 드러내시고, 모든 사람에게 주시지 않음으로 모든 사람이 받아야 할 것이 무엇인지를 나타내신다"(3.23.10-11; 3.24.8-17). 우리는 이러한 "주의 마음"을(롬 11:34) 알 수 없으므로 만인에게 차별 없이 복음을 전하도록 힘써야 한다(3.23.12-14).

우리는 "부르심"과 "선택"이 하나로 연결되어 있음을 말씀과 성령의 조명으로 확신하게 된다. 하나님은 아들의 형상을 본받도록 우리를 부르셨다. 그러므로 하나님의 선택을 확신하는 사람마다 거룩한 생활을 힘쓰게 된다(살전 4:3; 엡 1:4; 2:10). 성도의 거룩한 삶은 성령의 은밀한 역사로 확신되는 "내적인 소명"에서 비롯된다(말 4:6; 마 11:15; 눅 8:8). 이것이 전적인 은혜로 말미암은 선택의 보증이 된다(롬 8:29-30)(3.24.1-3, 8).

만세 전 하나님의 선택이 그리스도 안에서 협약되었다. 전가된 그리스도의 의가 아니라면 무조건적 선택이 무의미하다. 무조건적 선택의 값없는 은혜는 그리스도의 보혈의 공로로부터만 흘러나오기 때문이다. 클레르보의 베르나르가 말했듯이, "하나님 자신께서 나에게 전가하시려고 작정하지 아니하신 것은 존재하지 않는 것과 같다."[8]

그리스도는 생명의 떡이시다(요 6:35). 이 떡을 먹는 자마다 죽지 아니한다(요 6:51, 58). 오직 그분을 믿는 자마다 그분의 떡을 먹는다(요 3:16). 우리는 양이며 그분은 목자가 되셔서(요 10:3) 우리를 자신의 보호 아래 두신다(요 6:37, 39; 17:6,

---

[8] 명문선 90.

12). 그리고 끝까지 지키신다. 그리스도 안에 거하는 자마다 다시 내어 쫓김이 없고(요 6:37), 하나도 버림이 되지 않으며(요 6:39), 아무도 뽑히지 않는다(마 15:13). 오직 그리스도 안에서 택함받은 백성만이 견인의 은혜를 누린다. 그리스도 안에서 택함 받고(엡 1:4), 그로 옷 입고(롬 13:14), 그에게 이른다(엡 4:15). 영원한 구원의 작정이 영원한 생명에 대한 약속을 담고 있으므로!(3.24.4-7)

| 선택: 공로 없는 은혜 | ⇒ 영원한 생명: 무조건적 시은(施恩) ⇒ 무조건적 감사 |
| 유기: 마땅한 형벌 | ⇒ 영원한 저주: 조건적 시벌(施罰) ⇒ 핑계치 못함 |

▲ 이중 예정

[제24주제 : 기독교 강요 3.25.1-3.25.12]

최후의 부활:
죽을 것이 죽지 아니함을 입음

24. 1. 부활의 소망

중세시대의 역사관은 정태적(靜態的)이었다. 그 시대 사람들은 로마 가톨릭 교회의 영원하고 변함없는 구조를 신뢰했다. 교회에 의해서 주도되는 세상 질서로 하나님의 섭리가 제한되었다. 하나님은 많은 부분을 교회에 맡기고 쉬고 계신 분으로서, 성도들의 삶을 주장하시기보다는 단지 그들의 공로를 저울에 다는 일 정도를 계속하신다고 믿었다. 종말의 소망이 가르쳐지지 않았으며 연옥 교리를 조작하여 사후에도 공로가 필요하다고 주장했다.

그러나 사후의 영생에 대한 확고한 소망이 없다면 우리의 지금 처지가 짐승보다 나을 것이 없지 않겠는가? 우리가 얻을 면류관이 없다면 십자가를 지고 주님을 좇는 현세의 삶이 무슨 의미가 있겠는가? 본향의 복이 없다면 이곳의 나그네 삶이 그저 고통스럽지 않겠는가?

지상의 삶을 살면서 우리가 넘어지고 쓰러져도 다시금 일어나 머리를 드는 것은(눅 21:28) 죽는 날과 종말의 부활을 "그리스도의 학교에서" 기다리기 때문이다. 그리스도가 처음 열매가 되셔서 천국 백성이 받을 영광을 미리 보여 주셨다. 언약 백성의 삶은 종말을 지향한다. 종말의 미래를 묵상하는 자는 그 열매를 이미 맛보아 즐거이 자기를 부인하고 십자가를 지고 주님을 좇는 삶을 살게 된다(3.9.1-6; 3.10.4, 6).

이 소망은 "복음 진리의 말씀을 들은 것"에 터를 잡는다(골 1:4-5). 예수님을 우리가 보지 못했으나 믿고 사랑하고 "말할 수 없는 영광스러운 즐거움으로" 기뻐함은 복음의 약속인 영혼의 구원을 확신하기 때문이다(벧전 1:8-9). 이 소망이 사랑과 믿음을 굳세게 한다. 이 소망으로 우리가 보물을 하늘에 쌓기 때문에 우리의 마음도 그곳을 향한다(마 6:21). 마지막 날에 "우리의 크신 하나님" 예수 그리스도가 영광 가운데 나타나셔서 "복스러운 소망"을 이루실 것을 믿기 때문에 우리는 마음을 끌어올려 "위에서 부르신 부름의 상"을 소망하며 날마다 경건하고 의로운 삶을 살려고 애쓴다(빌 3:14; 딛 2:12-13).

"육신의 감옥에 갇힌" 우리가 지상의 삶을 사는 동안에도 오히려 담대한 것은 "하늘에 있는 영원한 집"이 있음을 알기 때문이다. 부활의 권능으로 죽을 것이 생명에 삼키었으므로 우리는 잠시 보이는 것이 아니라 보이지 않는 영원한 것을 바라고 믿으며 지금의 몸으로 주를 기쁘시게 하는 자가 되기를 힘쓴다(고후 4:18-5:10; 롬 8:25). 믿음은 "바라는 것들의 실상이요 보지 못하는 것들의 증거"이다. 믿음은 소망의 실상이며 소망과 함께 역사한다(히 11:1). "소망의 본질"이 여기에 있다.

"이는 너희가 죽었고 너희 생명이 그리스도와 함께 하나님 안에 감추어졌음이라 우리 생명이신 그리스도가 나타나실 그때에 너희도 그와 함께 영광 중에 나타나리라"(골 3:3-4).

복음은 종말에 열매를 맺지만 지금 이미 역사한다. "의의 태양"이신(말 4:2) 그리스도가 "우리에게 생명을 비추셨다"(딤후 1:10). 그리하여 우리가 "사망에서 생명으로" 옮겨졌다(요 5:24). 이제는 외인이나 나그네가 아니라 하나님의 권속으로서 그분 나라의 시민이 되었다(엡 2:19). 하나님이 우리를 "그리스도 예수 안에서 함께" 하늘에 앉히셨다(엡 2:6). 부활의 소망은 이러한 현재적 복에 감사하는 자에게만 넘친다. "복된 부활을 계속적으로 묵상하는 데 익숙해진 사람만이 복음의 유익을 누리게 된다"(3.25.1).

성도가 이 지상의 나그네 삶 가운데 누리는 "유일하고 완전한 복"은 "하나님과의 결속"을 이루는 것이다. 철학자들도 최고의 선으로서 신과의 합일을 말하는 경우가 있지만 그들은 그 "거룩한 고리"가 성도의 그리스도와의 연합에 있다는 사실은 몰랐다.

성도는 이미 그리스도와 한 몸으로서 연합되었지만 그 연합을 계속 심화시켜 가야 한다. 사도 바울은 이미 그리스도 예수께 잡힌 바 되었지만 잡힌 바 된 그것을 잡으려고 날마다 달려간다고 하였다(빌 3:12). 성도는 그 속에 이미 그리스도가 사시지만 마지막에 하늘에서 그리스도를 만날 것을 기다리며 현재의 삶을 소망 가운데 산다(빌 3:20).

그리스도가 친히 제사장으로서 제물이 되셔서 단번에 영원한 제사를 드리셨다(히 10:12). 그리하여 "우리의 부활을 위한 모든 일이" 이미 다 성취되었다. 그리고 그 일들의 효과로 우리 몸을 속량하시기 위해서(롬 8:23) 자기를 바라는 자들에게 다시 나타나실 것이다(히 9:28). 그러므로 오직 부활을 향하여 마음을 끌어올리는 사람만이 그리스도의 은혜를 이미 지상의 삶에서 경험하게 된다(3.25.2).

24. 2. 몸의 부활

세상을 떠나는 것이 영생으로 들어가는 문이라면 세상은 무덤이 아니고 무엇이겠는가? 죽음이 진정한 자유에 이르는 과정이라면 육신의 삶이 감옥의 수형(受刑)이 아니고 무엇이겠는가? 그러나 육신으로 태어남이 헛되지 않음은 현세의 삶 없이는 죽음을 통한 새로운 삶이 없기 때문이다. 그리스도 안에서 죽은 자가 다시 살아남이 없다면 그분에 관하여 전하는 것과 그분을 믿는 것이 다 헛되다(고전 15:14). 그분 안에서 우리가 바라는 것이 단지 이 세상의 삶에 제한된다면 우리는 더욱 불쌍한 사람이 된다(고전 15:19).

영혼 불멸을 주장하는 철학자들은 많으나 육신의 부활을 인정하는 경우는 거의 없다. 성경은 부활을 믿는 데 있어서 이성의 장애물을 제거하는 두 가지 길을 제시한다. 그 하나는 그리스도의 부활에서 "유사함"을 찾는 것이며 또 하나는 그 일을 이루시는 하나님의 "전능하심"을 기억하는 것이다.

부활하신 주께서 영원한 생명을 취하고 영광을 입으신 채 하나님 우편에 계신다. 그곳에서 부활의 몸을 입으신 참 사람이자 참 하나님으로서 여전히 우리를 위해 중보하신다. 그리하여 "미래의 부활의 보증"이 되신다. 따라서 우리의 부활을 생각할 때마다 "그리스도의 형상"을 먼저 떠올려야 한다. 그리스도가 죽으셨으나 다시 사심으로 죽음을 이기신 것은 오직 우리를 위한 것이었다. 그리스도가 "머리"로서 첫 열매가 되셔서 온 몸의 지체에게 "부활의 본"을 보이셨다.

그리스도가 부활하심으로써 "완전한 구원을 조성하신 분"이 되셨다. 그분이 다시 살아나지 않았다면 "우리의 양자됨"이 무익하고 "우리 구원의 효과"가 무용했을 것이다. 그리스도가 썩지 아니하는 "순전한 몸"으로 계시다가(엡 1:20; 시 16:10; 행 2:27) 마지막에 다시 오셔서 "우리의 낮은 몸을 자기 영광의 몸의 형체와 같이 변하게 하신다"(빌 3:21). 우리가 그리스도와 함께 죽었으니 우리의 생명이 그분과 함께 아버지 안에 감추어져 있다. 그분이 나타나실 때 그 생명도 또한 우리에게 영광 가운데 나타날 것이다(골 3:1-4).

"우리가 항상 예수의 죽음을 몸에 짊어짐은 예수의 생명이 또한 우리 몸에 나타나게 하려 함이라"(고후 4:10).

다시 사신 그리스도가 교회의 머리가 되셔서 우리를 "미래의 삶을 공유하는 지체로" 삼으셨다. 주의 영을 받은 자마다 그 영의 "능력"과 "작용"으로 다시 살게 되었다. 주께서 "부활이요 생명"이 되셔서 그를 믿는 자마다 죽어도 사는 은혜의 길을 여셨다(요 11:25).

"먼저는 첫 열매인 그리스도요 다음에는 그가 강림하실 때에 그리스도에게 속한 자요"(고전 15:23).

그리스도의 부활은 단지 관념에 불과한 것이 아니라 "우리의 영혼을 지탱하는 확고한 실체"이다. 하나님의 놀라운 섭리에 의해서 부활이 증명되었다. 주께서 다시 사셨음이 천사들에 의해서 선포되었다(마 28:6; 눅 24:6). 제자들은 부활하신 주님을 만났으며 직접 그분의 몸을 보고 만졌다 (눅 24:40; 요 20:27). 부활 후 주님은 "확실한 많은 증거로 친히 살아 계심을 나타내사 사십 일 동안 그들에게 보이시며 하나님 나라의 일을 말씀"(행 1:3) 하셨다. 그리스도는 사도들과 오백여 형제들이 "보는 가운데" 승천하셨다(행 1:9; 고전 15:6).

그리스도가 우리 안에 들어오시기 위해 고난을 당하시고, 죽으시고, 부활하시고, 승천하셨다. 우리가 보혜사 성령을 위에 계신 그리스도께로부터 부음받았음이(행 2:33; 요 16:7) 그분이 참 하나님과 참 사람으로서 지금도 중보하심에 대한 "확실한 증거"가 된다. 오직 이러한 중보의 은혜로 그리스도의 의를 전가받은 사람만이 부활을 미리 맛본다(3.25.3).

몸의 부활을 믿는 믿음은 그리스도 안에서 그 권능이 역사함을 의지할 뿐만 아니라 하나님의 무한한 능력을 신뢰한다. 씨가 죽지 않으면 열매를 맺지 못하는 자연의 원리도 부활에 대한 교훈으로 삼을 수 있으나(고전 15:36) 진정한 부활의 본은 그리스도의 다시 사심 외에 어디에서도 찾을 수 없다.

부활의 섭리는 신비에 속한다. 우리는 그것을 이성으로 이해하기보다 찬미한다. 이사야 선지자는 세계의 기민이 사망 기운데 처할지라도 주의 백성은 다시 살아나리라고 예언하였다(사 26:19). 다윗은 사망이 임박한 순간에도 생명이 되시는 여호와를 피난처로 의뢰함을 노래하였다(시 68:20). 욥은 육체의 장막을 벗은 후 땅 위에 서실 구속자를 자신의 눈으로 보리라고 절규하였다(욥 19:25-27).

에스겔 선지자는 전능하신 하나님이 마른 뼈에 힘줄과 살과 가죽을 더하시고 생명을 주사 자신의 군대를 삼으시는 모습을 부활의 환상으로 보았다. 이로써 태초의 창조의 권능이 다시금 상기되었다. 하나님은 마른 뼈들을 채우시고 각 마디를 상합하게 하신 후 "생기"를 넣으시고 "너희가 살아나리라"고 선포하셨다(겔 37:1-10). 이러한 말씀들은 부활이 "소망의 질료"이며 "모든 해방(解放)의 주요한 본"이 됨을 깨닫게 한다.

아들을 죽기까지 내어주신 하나님이 그리스도의 공로로 우리의 몸을 영광의 몸으로 변화시키신다(빌 3:21). 오직 주님은 항상 미쁘시므로(딤후 2:13) 우리를 마지막 날까지 지키신다(딤후 1:12). 그리고 친히 "의로우신 재판장"이 되셔서 심판날에 우리로 "의의 면류관"을 받게 하신다(딤후 4:8). 우리가 지금은 환난을 받으나 주께서 마지막에 나타나실 때에 하나님이 "안식으로" 그것을 갚아 주신다(살후 1:6-8). 이렇듯 성도의 부활은 성부의 기뻐하시는 뜻 가운데 성령의 역사로 성자께서 육신 가운데 이루신, 삼위일체 하나님의 구속사역의 첫 열매에 동참하는 성도의 소망이자 그 실상이다(3.25.4).

24. 3. 부활의 영원한 복

그리스도의 부활로 성부는 성자의 죽음을 우리를 위한 대속의 죽음으로 인정하셨다.

"만일 죽은 자가 다시 살아나는 일이 없으면 하나님이 그리스도를 다시 살리지 아니하셨으리라"(고전 15:15).

몸의 부활이 없다면 그리스도가 "살려 주는 영"이 되셨음이 무의미하다(고전 15:45). 몸의 부활을 부인하는 이단들은 대체로 다음 세 가지 유형으로 분류된다.

첫째, 고대의 천년왕국론자들은 요한계시록 20:4의 말씀을 곡해하여 그리스도의 통치를 천년 동안으로 제한했다. 그들은 영생과 영벌을 인정하지 않았으며(마 25:41, 46) 그 전제가 되는 몸의 부활도 거부했다. 만약 영생으로 부활하는 성도의 복이 유한하다면 다시 사신 그리스도의 영광도 완전하지 못할 것이며 "그리스도의 왕국"도 일시적인 것에 불과하게 될 것이다(3.26.5).[1)]

둘째, 몸의 부활과 함께 영혼의 부활까지 주장하는 사람들이 있다. 이들은 영혼이 "하나님의 형상의 주요한 좌소"로서(1.5.5; 1.15.2) 그분의 신성을 최대한 반영하며 불멸성의 표지들이 그 가운데 새겨져 있다는 것을 부인한다. 그들은 영혼의 불멸성이 하나님이 주신 "선물"임을 망각하고 몸이 영혼보다 "조건"에 있어서 더 낫다고 주장한다. 이러한 생각에 따르면 영혼은 이 세상의 삶 동안에만 몸을 살려주는 덧없는 호흡에 불과하며, 그것의 장막인 몸도 "성령의 전"으로 불릴 수 없다.

지상의 몸은 쇠하는 집과 같으나(벧후 1:14) 그것이 무너지면 영원한 집이 있다(고후 5:1). 우리가 지금은 주님과 떠나 사나(고후 5:6) 몸을 떠나게 되면 그분과 영원히 함께 살게 된다(고후 5:8). 이러한 소망은 오직 영혼의 불멸성을 믿는 믿음 가운데서만 나올 수 있다. 영혼의 "본질"이 죽음 후에도 그대로 유지되지 않는다면 주께서 강도와 함께 낙원에 있으리라는 말씀(눅 23:43), 자신의 영혼을 아버지 손에 부탁하신다는 말씀(눅 23:46), 주님을 "영혼의 목자와 감독"으로(벧전 2:25) 여기고 자신의 영혼을 그분께 드리고자 하는 스데

---

1) 칼빈은 여기에서 문자적으로 천년왕국을 주장하던 고대의 극단론자들을 비판된다. 이러한 논거로 칼빈이 무천년설을 주장했다고 단정하는 학자들이 많다. 그러나 전체적인 문맥을 고려해 보면 칼빈의 종말론이 역사적 전천년설에 신학적 기반을 둔 무천년설을 견지한다고 볼 여지도 적지 않다.

반의 기도는(행 7:59) 헛될 것이다.

사후의 "중간 상태"에 관하여 지나치게 사변적인 호기심을 갖는 것은 바람직하지 않다.[2] 사후 우리의 영혼은 땅에서 들리신 주님의 영접을 받으며(요 12:32) "아브라함의 품"이라고 불린 곳에서(눅 16:22) 함께 살 것이다. 그러나 "모든 일"은 주께서 다시 재림하실 때까지 "유예된다."[3] 왜냐하면 성도를 위한 "영광의 면류관"이 그때 수여되기 때문이다(3.25.6).

셋째, 영혼의 불멸을 부인하지는 않으나 부활시 이전의 몸이 아니라 새로운 몸을 받는다고 주장하는 사람들이 있다. 그러나 성경은 현재 입고 있는 몸으로 부활할 것임을 분명히 가르친다.

"이 썩을 것이 반드시 썩지 아니할 것을 입겠고 이 죽을 것이 죽지 아니함을 입으리로다"(고전 15:53).

동일한 몸으로 부활할 것이기 때문에 몸을 깨끗하게 하라고 하며(고후 7:1), 몸으로 행한 것으로 판단을 받으며(고후 5:10), 예수의 생명이 죽을 몸에 나타난다고(고후 4:11) 하였다. 또한 성도들의 몸이 그리스도의 지체라고 하며(고전 6:15), 손을 들어 기도하기를 원하고(딤전 2:8), 몸을 제물로 드리고(롬 12:1), 몸으로 주님께 영광을 돌리라고 하였다(고전 6:20).

주님은 자신의 몸을 성전에 비유하면서 부활을 말씀하심으로 몸의 부활이 있을 것임을 분명히 보여주셨다(요 2:19). 무덤에 있는 자들이 생명의 부활

---

2) "중간 상태(intermedius status, intermediate state)"는 죽음 후 부활 전까지, 즉 중간기의 영혼의 상태를 뜻한다.
3) 성도는 칭의의 법정적인 의의 전가로 영원한 부활의 삶을 이침받았다. 성도는 이미 부활의 백성이다. 그러므로 부활을 기다리고 있다. 부활의 은혜는 유예되었다. 지상의 삶 가운데 우리는 부활의 "유예된 은혜(gratia suspensa)"를 미리 맛본다.

과 심판의 부활로 나아온다는 말씀도 몸의 부활을 미리 알리신 것이다(요 5:28-29). 주께서는 부활하심으로 인간의 타락으로 들어온 "우연한 죽음"[4]을 육체 가운데서 생명으로 이기셨다(마 10:28; 27:52-53). 그리고 우리가 자신의 부활에 참여함으로써 육체 가운데서 "회복"에 이르게 하셨다(3.25.7).

세례와 성찬은 그리스도와 연합한 성도들의 "미래 부활의 표"가 된다(골 2:12). 우리의 몸은 의의 무기이다(롬 6:13, 19). 그리스도의 흔적이 몸에 있다(갈 6:17). 우리의 몸은 성령이 거하는 전이며, 하나님께 영광을 올리는 처소이다(고전 6:19-20). 이 몸은 죽을 것이나, 다시 살리심을 받는다(롬 8:11; 고전 6:13-14). 그리하여 주님의 영광의 몸의 형체와 같이 변화된다(빌 3:20-21; 요 6:39-40).

영원한 복을 묵상하며	예수님의 생명을 우리 몸에 드러냄
	우리 몸을 의의 무기로 드림
	우리 몸을 찬미의 도구로 삼음

▲ 부활의 현재적 의미

주님이 재림하실 때 성도는 "신령한 몸으로" 다시 살아난다(고전 15:44). 그리하여 죽어 썩을 것이 썩지 않고 영원히 살 것을 입는다. 부활로 성도의 몸은 영광스럽게 변화된다. 다만 "특성"에 있어서 그렇게 될 뿐, "실체"는 동일하다. 부활의 "비밀"이 여기에 있다(고전 15:50-54).[5] 우리는 이 비밀에 대해서 "너무 자유롭고 공교한 철학적 사색을 하는 방자함을" 버려야 한다(3.25.7-8).

지금까지 우리가 다룬 세 가지 사설(邪說)들은 성경이 약속한 부활한 성도들의 "영원한 복"을 앗아 간다. 주님은 이 땅에서 자신의 몸의 영광을 다양한 은사로 드러내기 시작하셨고, 부활 후 높아지심으로 그 영광을 날

---

[4] "우연한 죽음(mors accidentalis)", 이는 죽음이 인간에게 있어서 비본질적이라는 사실을 말해준다. 죽음은 본성의 연약함이 아니라 본성의 타락으로 인한 형벌로 들어왔다. 죽음은 본성적(naturalis)이거나 본래적(originalis)이지 않다. 그것은 사건적이며 비본래적, 즉 우연적(accidentalis)이다.

[5] 부활로 우리 몸의 "특성(qualitas)"은 변화된다. 그러나 그 "실체(substantia)"는 동일하다. 부활은 제3자로 환생(還生)하는 것이라거나 신이 되는 것(神化)이 아니다.

로 더하시다가 재림의 때에 완성하신다. 그때에 "심판의 부활"로 나온 자들은 영원한 벌을 받게 되고 "생명의 부활"로 나온 자들은(요 5:29; 행 24:15) 그 영광의 광채와 위엄에 휩싸이며 하나님을 "참 모습 그대로" "대하여" 보게 된다(요일 3:2; 고전 13:12). 하나님을 마주봄은 그분 자신의 영광과 능력과 의를 나누어 받음과 그분 자신과 하나가 되는 은혜를 누림을 모두 포함한다.

하나님은 모든 선한 것의 부요함이 담긴 마르지 않는 샘이다. 그러므로 "최고선"과 "모든 종류의 복"을 그분에게서 찾아야 한다. 영벌은 이러한 하나님으로부터의 단절이며(살후 1:9) 영생은 하나님의 형상을 회복하여 그분과 "한 몸"이 되어 그분의 자녀로서 완전한 삶을 사는 것을 의미한다. "우리 마음의 관념"으로는 이 신비의 "숭고함"을 다 품을 수가 없다.

이성의 그릇으로는 성도가 부활하여 누릴 "즐거움"과 "달콤함"을 다 담을 수 없다. 모든 사람이 이 자리에 이르고자 하지만 어떻게 그곳에 이를 것인지에 대해서 생각하는 사람은 거의 없다. 부활의 복이 귀한 만큼 지금 부활의 삶이 복된 것이다(시 90:7-17) (3.25.9-12). 그러므로 부활의 미래를 묵상하며 자기를 부인하고 십자가를 지고 주님을 좇는 삶을 살자!

> "하나님은 한번 살피시면 모든 사람을 흩어 다 없앨 수 있으시나, 그리하지 아니하시고 이 세상을 두려워하는 자신의 예배자들을 오히려 격려해서 십자가를 지고 전진하도록 채찍을 가하신다. 그리하여 자신이 만유 안에 만유가 되는 날까지 이르게 하신다"(3.25.2)[6]

---

6) 명문선 91.

Institutio Christianae Religionis

제4권
25–30주제

교회, 그리스도와 연합하여 자라가는 한 몸

[제25주제 : 기독교 강요 4.1.1-4.2.12]

참 교회: 건전한 교리의 일치와 형제적 사랑으로 그리스도와 연합된 교회

25. 1. 교회의 머리이신 그리스도

칼빈은 교회의 기초를 그리스도 안에서 창세 전에 이루어진 선택에서 찾는다. 사도신경의 "나는 거룩한 공교회를 믿습니다."[1]라는 부분을 해석하면서 칼빈은 교회의 본질을 다음과 같이 한 문단으로 제시한다.

"우리는 선택된 자들의 총수(總數)로 이루어진 거룩한 공교회가……한 교회며 연합체이고 한 하나님의 백성임을 믿는다. 우리 주님 그리스도가 그들의 지도자며 통치자, 이른바 몸의 머리가 되신다. 그들은 하나님의 선하심에 따라 세상이 창조되기 전에 그리스도 안에서 선택되어 하나님의 왕국으로 모이게 되었다(엡 1:4). 교회는 둘 혹은 셋이 있을 수 없으므로 이 연합체는 보편적, 즉 우주적이다. 하나님에 의해서 선택된 자들은 모두 그리스도 안에서

---

1) "credo sanctam ecclesiam catholicam."

하나로 묶이고(엡 1:22-23), 한 머리에 의지하여 한 몸으로 자라가며, 그 몸의 지체들로서 서로 결합되어 함께 지어져 간다(엡 4:16). 그들은 진정 한 믿음, 소망, 사랑 가운데서 하나가 되며, 같은 하나님의 영 가운데서 영생의 유업을 위해서 부르심을 받는다(롬 12:5; 고전 10:17; 12:12, 27). 이 연합체는 또한 거룩하다. 왜냐하면 하나님의 영원한 섭리에 의해서 선택된 사람들의 수만큼 교회의 지체들이 받아들여지며 그들은 모두 주님에 의해서 거룩해지기 때문이다(요 17:17-19; 엡 5:25-32)."[2)]

교회는 그리스도와 성도들의 "연합체"[3)]로서 유일하고, 보편적이며, 거룩하다.[4)] 우리가 교회에 대한 믿음을 고백할 때 그것은 지상의 "가시적 교회"와 함께 고금(古今)과 미래에 택함받은 전체 하나님의 백성으로 이루어진 "비가시적 교회"를 포함한다.[5)]

성령의 "인침"을 받은 성도는 오직 하나님에 의해서만 분변(分辨)된다(딤후 2:19; 엡 1:13). 하나님 홀로 자신의 교회에 대한 지식을 가지고 계신다. 교회는 "하나님의 은밀한 선택"에 기초하며 그 선택에 따라서 "내적 소명"을 받은 사람들에 의해서 구성된다. 이러한 선택과 소명이 그리스도 안에서 만세 전에 작정되었다.

따라서 "교회의 머리"이신 그리스도께 접붙임을 받지 않으면 한 몸의

---

2) 명문선 92. 참고. 존 칼빈 [라틴어직역 기독교강요], 문병호 역 (서울: 생명의말씀사, 2009), 2.21
3) "societas." 칼빈은 이 단어를 사용함으로써 "성도의 그리스도와의 연합"과 "한 몸"이라는 개념을 부각시킨다. 이는 결혼과 유비된다(엡 5:31-32). 이러한 어의(語義)를 살리기 위하여 필자는 이를 "연합체(聯合體)"로 번역하였다.
4) 381년 콘스탄티노플 공의회에서 교회의 유일성(una), 보편성(catholica), 거룩성(sancta), 사도성(apostolica)이 선포되었다. 칼빈은 교회의 본질을 다루는 이곳에서는 유일성, 보편성, 거룩성에 대해서만 말하고 사도성에 대해서는 로마 가톨릭의 교황 제도를 비판하는 곳에서 자세히 논한다.
5) 교회의 본질을 성도와 그리스도와의 연합으로 보는 입장에서는 "가시적 교회(ecclesia visibilis)"와 더불어 "비가시적 교회(ecclesia invisibilis)"를 필히 고백하게 된다. 그러나 교회를 단지 유형적 직제(職制)로 이해하는 경향이 있는 로마 가톨릭에서는 오직 "가시적 교회"만을 인정하게 된다.

"지체"가 될 수 없다(롬 12:5; 고전 10:17; 12:12, 27; 엡 1:22-23; 5:30). 그리스도께 연합되어 그분의 의를 전가받는 성도만이 "미래의 기업"을 분깃으로 받는다. 교회가 "보편적", "우주적"이라고 불리는 것은 한 성령을 받아서 한 믿음과 소망과 사랑으로 하나 된 성도들이 그리스도께 연합되어 함께 자라가기 때문이다(엡 4:16).

그리스도와 연합한 지체들은 "형제적 일치"를 이루며 "형제적 사랑"을 나눈다(행 4:32). "성도의 교통"은 머리이신 그리스도를 통하여 하나님이 거저 주신 은혜와 은사를 서로 나누는 것이다(엡 4:4). 이러한 연합과 교통이 있기 때문에 교회는 다음과 같은 "열매"를 맺는다.

첫째, 교회는 선택의 영원한 섭리에 의해서 존속된다.

둘째, 교회는 그리스도의 "견고한 터"에 주추(柱礎)를 놓고 서 있으므로 그분 자신으로부터 떨어지는 일이 없다.

셋째, 교회의 품 안에 있는 이상 우리는 항상 진리와 함께 있다.

넷째, 교회의 지체로서 성도는 항상 하나님의 연합체 안에 머물게 된다(욜 2:32; 옵 17). 교회의 구성원으로서 성도는 머리이신 그리스도의 의를 전가받아 자신의 것으로 삼게 된다(4.1.2-3).

25. 2. 가시적 교회와 비가시적 교회

비가시적 교회는 하나님의 눈에만 보이고 사람의 눈에는 보이지 않는다. 가시적 교회에는 비록 신앙을 고백하고 성례에 참석하며 직분을 수행하는 자라도 "위선자"가 많이 섞여 있다. 가시적 교회의 지체로서 비가시적 교회에 속하지 않는 자가 있고 그 반대의 경우도 있다(4.8.7).

어거스틴이 말한 바와 같이, "밖에도 양이 많고 안에도 이리가 많다." 오직 주님만이 끝까지 구원으로 이끄실 자를 아신다(마 24:13; 딤후 2:19). "주님의 은밀한 판단"은 우리의 인식력을 넘어선다. 그러므로 무조건적 선택 외에 비가시적 교회의 "표징"이 따로 없다. 성도의 신앙이 선택에 앞서지 못한다. 신앙의 확신이 선택의 조건이 되지 못한다. 하나님은 오직 자신의 사랑만을 저울에 올리실 뿐이다(4.1.8-9).

가시적 교회의 "표지"는 "말씀의 순수한 선포"와 "성례의 합당한 거행"으로 제시된다.[6] 교회는 그리스도의 "신부"요 "몸"으로서 만물 안에서 만물을 충만케 하시는 충만이 티나 주름 잡힌 것 없이 거룩하게 존재한다(엡 1:23; 5:23-32). 교회가 "진리의 기둥과 터"라고 불리는 이유가 여기에 있다(딤전 3:15). 말씀의 양식이 공급되고 성례의 연합이 있는 곳에는 하나님의 교회가 있다.

오직 교회만이 "건전하고 온전한 교리"를 보존한다. 그러므로 비록 결점이 있더라도 이러한 교리에 서 있는 공동체를 떠나는 것은 배교(背敎)와 다름없다. "주요하며" "절대적인" 다음 교리들을 버린 교회는 몸에서 잘려나간 단지 명목적인 죽은 교회에 불과할 뿐이다.

> "하나님은 한 분이시다. 그리스도는 하나님이시며 하나님의 아들이시다. 우리의 구원은 하나님의 자비에 있다. 그리고 이와 유사한 교리들."[7]

---

[6] 칼빈은 교회의 "표지(標識, nota)"로서 "말씀의 순수한 선포(pura verbi Dei praedicatio)"와 "성례의 합당한 거행(legitima sacramentarum administratio)"을 제시한다. 칼빈 이후 개혁주의 신학자들은 정당한 권징의 시행을 제3의 표지로 삼는다. 칼빈 역시 권징의 중요성을 누차 강조하나 그것을 교회의 표지로서 직접 언급하지는 않는다.

[7] 명문선 93. 이러한 근본 교리들은 칼빈이 그리스도인의 세 번째 자유로 다룬 아디아포라의 영역에 속하지 않는다. 그러므로 언제든, 어디에서든, 누구에게든, 심지어 연약한 자들에게도 가감 없이 가르쳐지고 그 준수가 요구되어야 한다.

교회는 사도들과 선지자들의 터 곧 그들의 교훈 위에 세워졌으며 그 모퉁잇돌은 그리스도 예수시다. 그분 안에는 지혜와 지식의 모든 보화가 감추어져 있다(골 2:3). 교회는 머리이신 그분에 부착하는 한 진리의 연합체로서 존재하게 된다(4.1.9-12; 4.2.1).

25. 3. 교회 : 신자들의 어머니

하나님은 자신의 놀라운 섭리의 방식으로 "우리의 능력에 맞추셔서" 교회를 주시고 믿음을 더하심으로써 우리가 날마다 진보하도록 하셨다. 하나님은 교회에 복음의 보물을 맡기셔서 말씀을 통해 성도들이 참 경건에 이르는 외적인 도움을 받도록 하셨다. 그들은 유아기와 아동기를 지나는 동안 교회의 도움과 섬김, 보호와 지도를 받아 성인이 되고 궁극적으로 "믿음의 목표에" 이르게 된다.

사도 바울은 교회를 구성하는 우리가 위에 있는 예루살렘의 자녀들이라고 하였다(갈 4:26). 성도는 율법하에서뿐만 아니라 그리스도가 오신 후에도 "모성적인 돌봄"을 받아야 한다.

"하나님 자신이 아버지가 되시는 어떤 사람에게든 진실로 교회는 어머니가 될지니라"[8] (4.1.1).

지상의 삶을 사는 동안 가시적 교회는 어머니의 역할을 한다. 교회가 성도를 잉태하여 낳고 젖을 먹여 기른 후 마지막 때까지 보호하고 양육해 주

---

[8] "quibus ipse est pater, ecclesia etiam mater." 칼빈은 어거스틴, 루터와 마찬가지로 키프리안의 전통을 따라서 교회를 경건한 사람들의 오직 한 분이신 어머니라고 보았다.

지 않는다면 아무도 영생의 열매를 맺을 수 없다. 교회는 하나님이 그 수에 들게 한 자녀들의 모임이며(시 87:6), 이스라엘 백성의 공회이자 호적이다(겔 13:9). 하나님은 교회에 두신 이름을 영원토록 보존하신다(사 56:5).

성도는 교회라는 "학교"를 떠나서는 구원의 진리를 배울 수 없다(사 37:32; 욜 2:32). 하나님은 "교회의 교육"을 통해 우리가 그리스도를 믿는 것과 아는 일에 있어서 장성하길 바라며 이로써 그리스도의 몸을 세우고자 하신다(엡 4:10-13). 교회는 교리를 "영혼의 영적 양식"으로 먹인다. 그리하여 말씀을 들음으로써 믿음이 자라며(롬 10:17; 사 59:2) 궁극적으로 "신앙의 일치"에 이르도록 이끈다(엡 4:13).

하나님이 교회에 주신 특별한 은혜는 사람의 혀와 입을 사용하셔서 그 지체들이 "자신의 음성"을 듣게 하신 것이다. 하나님의 임재는 교회를 통한 말씀의 임재였다. 구약의 선지자들은 성전을 하나님의 얼굴이며 하나님의 이름이 있는 곳이라고 불렀다(출 20:24; 시 42:2). 지극히 높으신 하나님은 손으로 지은 곳에 계시지 아니하시나(행 17:48; 사 66:1-2), 교회를 자신의 거처로 삼으시고(사 57:15; 시 132:14), 그곳에서 안식하시며(시 132:14), 그룹 사이에 좌정하셔서 그곳의 예배와 찬양을 받으신다(시 80:1). 사도 바울은 그리스도의 얼굴에 있는 하나님의 영광을 아는 빛을 마음속에 비춰 주시기를 간구했는데(고후 4:6) 이는 하나님의 "천상의 교리"를 듣고자 함이었다(고후 4:7).

가르치는 직분이 사도와 교사에게 부여되지만 오직 성령의 감화로 듣게 하시고 듣는 자로 하여금 자라게 하시는 분은 하나님이시다(고전 2:4; 3:7; 15:10; 갈 3:2). 성도는 교회의 어머니됨과 함께 하나님의 아버지 되심을 망각하지 말아야 한다. 어머니의 품에서 생명의 도리를 배운 자녀로서 아버지의 질서에 기꺼이 순복해야 한다(엡 4:12) (4.1.4-6).

성화의 과정에 있는 성도가 완전하지 않듯이 지상에 있는 교회는 오류가 없지 않다. 고린도교회에는 성도들 사이에 분쟁과 시기가 끊이지 않았다. 심지어 부활을 부인하는 사람들도 있었다. 은사가 무분별하게 남용되었으며 사랑으로 서로 교통하지 못했다. 그러나 사도 바울은 그곳을 "그리스도의 교회이며 성도들의 연합체"라고 불렀다(고전 1:2).

주님은 교회의 주름 잡힌 것을 펴시고 티를 씻어내심으로써 거룩하고 흠이 없게 하신다(엡 5:26-27). 교회는 거룩한 주님의 몸이지만 여전히 거룩해가는 과정에 있다(욜 3:17; 사 35:8; 52:1).

"교회는 날마다 진보하므로 거룩하다. 교회는 아직 완전하지 않다." [9)]

자비로우신 하나님은 지상의 개(個)교회가 "성화의 증거"를 제대로 드러내지 못하는 경우에도 그 존재는 인정하신다. 갈라디아 지방에는 다른 복음을 좇는 사람들이 많이 있었다. 그곳에서 "온전한 순결함"을 찾을 수는 없었다. 그러나 사도 바울은 그곳에 여러 교회들이 존재한다고 전하였다(갈 1:2, 6).

교회는 비록 완전하지 않더라도 여호와의 영원한 거처요 쉴 곳이 된다(시 132:13-14). 낮과 밤의 운행이 계속되는 한 하나님의 교회는 영영 쇠하지 아니한다(렘 31:35-36). 그러므로 각자는 자기의 신앙을 살피기는 하되(고전 11:28) 자의로 판단하여 어머니의 품을 떠나는 일이 없도록 해야 한다(4.1.13-15, 17).

성도들은 교회의 품 안에서 "서로 간에 고통을 감내하며" 성령의 하나

---

9) 명문선 94.

되게 하신 것을 힘써 지켜가야 한다(엡 4:3). 교회의 됨됨이를 자의로 판단하여 그 존재를 부인하거나 다른 지체들의 연약함과 허물 때문에 걸려 넘어져서 "연합체의 명찰"을 떼어내 버리고 성도의 교통에서 이탈하는 우는 범하지 말아야 한다(4.1.16).

세례는 성도가 그리스도의 몸에 접붙임을 받아 "하나님의 가족"이 되었다는 표(表)이다. 하나님은 교회 안에서 한 가족이 된 자녀들을 특별히 보호하신다. 그들의 죄는 "하나님의 관대하심과 중보하시는 성자의 공로와 성령의 거룩하게 하심으로" 매일 사함을 받는다(신 30:3-4; 시 89:30-33; 왕상 8:46-50; 렘 3:12; 겔 18:23, 32; 33:11). 그러므로 길이 용서하시는 하나님의 자비를 무시하지 않는 한 우리는 다른 지체의 허물과 불법을 이유 삼아서 교회의 존재를 부인하거나 교회를 떠나는 무모함을 보이지는 않게 될 것이다.

주께서 돌아오라고 부른 자를 누가 감히 거부할 수 있겠는가? 그리스도 안에서 하나님의 은혜와 자비가 나타나서 성도가 그분과 화목하게 되었으니(딛 1:9; 3:4; 딤후 1:9; 고후 5:18) 누가 스스로 헤아려 그 사랑으로부터 혹은 자신을 혹은 남을 끊을 수 있겠는가?

"그리스도의 교회에는 죄행(罪行)에 대한 항속적인 은혜가 깃들어 있다. 왜냐하면 교회가 설립됨에 따라서 죄 사함이 더불어 덧붙여지기 때문이다."[10]

그러므로 언약의 자녀로서 어머니와 같은 교회의 품속에 즐거이 머물도록 하자!(4.1.17-21, 23-29)

---

10) 명문선 95.

25. 4. 참 교회

"교회의 교제"는 "온전한 교리의 일치와 형제적 사랑"이라는 두 고리가 "그리스도 안에서 혹은 그리스도에 의해서" 하나로 연결될 때 참되다(빌 2:1, 5; 롬 15:5).[11] 그리스도 안에서 사랑과 진리가 함께 역사하듯이 성도들은 그리스도를 믿는 한 믿음 가운데서 그분을 한 주로 섬기고(엡 4:5) 그분을 머리로 한 연합체를 이룬다(4.2.5).

참 교회는 그리스도의 말씀이 지배하고 그리스도의 홀이 다스리는 그리스도의 나라이다. 그리스도의 영의 내주하심이 그 나라의 통치방식이다. 양이 목자의 음성을 듣고 따르듯이(요 10:4,5, 14, 27) 진리에 속한 성도는 그리스도의 소리를 듣는다(요 18:37).

참 교회의 지표는 "건전하고 타락하지 않은 그리스도의 진리"에 있다. 교회의 사도성은 정치적 사도권의 계승이 아니라 사도 시대 때부터 변함없이 "만장일치로" 보존되어 오던 교리의 계승에서 비롯된다. 교회가 그리스도의 몸으로서 참된 것은 "하나님의 교리에 대한 한 진리"를 동일하게 믿고 고백하기 때문이다(4.1.10; 4.2.2-4).

교회의 머리는 한 분 그리스도이시므로 그분만이 교회의 "유일한 감독"이 되신다. 주께서 우리를 위해 죽임 당하신 어린 양으로서 목자가 되셨다. 우리를 위해 종으로 오셔서 모든 일을 다 이루시고 이제 우리의 주가 되셨다. 그러므로 사죄권은 오직 우리를 위해 죽으신 주께만 있다(4.2.6). 하나님이 교회에 주신 "열쇠의 권한"은 복음을 전하고 그 약속으로 성도들을 권

---

11) "온전한 교리의 일치와 형제적 사랑(consensio sanae doctrinae et fraterna caritas)", 이는 참 교회의 특성을 수직적이며 수평적인 차원에서 표현한 것이다. 교회는 그리스도 안에서 진리와 사랑이 만나는 곳이다. 그곳은 곧 십자가이다. 십자가의 세로대는 진리를, 십자가의 가로대는 사랑을 표상한다. 주께서 그 교차점에 달려 죽으셨다.

면하라는 것이지 그리스도의 중보직을 대신하라는 뜻은 아니다(4.1.22).

참 교회는 그리스도 안에서 한 몸이 된다. 참 교회가 빛으로 비추고 시내로 적시고 가지로 열매를 맺게 됨은 그것이 빛의 근원이시며 생수의 샘이시며 나무 되시는 그리스도께 붙들려 있기 때문이다. "하늘 교사의 교리"를 미리 듣지 않았다면 "언약의 율법"이 구약 백성에게 아무 소용이 없었을 것이다. 그리스도의 음성을 듣지 않았다면 "교회의 주요한 힘줄이며 영혼"인 주님의 말씀을 선포하는 사역이 단지 죽은 문자를 좇는 일에 불과하게 되었을 것이다(4.2.6-7).

그리스도의 말씀으로 제정되지도 않은 성례들을 거행하고 여전히 구약의 피 제사와 같은 미사를 드리는 것은 단번에 영원한 제사를 드려서 모든 대속 사역을 다 이루신 그분을 여전히 십자가에 못 박는 것이다. 이는 마치 벧엘에 제단을 쌓는 것 같아서(왕상 12:31) 하나님이 받지 않으실 뿐만 아니라 미워하시는 것이다.

미혹의 터에 자리 잡고 우상의 가증스러운 것을 버팀목으로 서 있는 거짓 교회는 멸망의 표 외에 보일 것이 없다. 교회의 유일하신 머리이신 그리스도를 속히 떠나 적그리스도를 그 중앙에 앉히고, 섬기고, 의지하는 사교(邪敎)에서는 "합법적인 교회 형태"를 찾을 수가 없다(4.2.8-12).

교회가 진리 안에서 진정 참된 것은 주의 자녀들이 삼위일체 하나님 안에서 한 몸을 이룰 때이다.

"그리스도와 아버지는 하나라는 말씀이 의미하는 바를 올바로 이해하기 위해서는 그리스도로부터 중보자의 인격을 박탈하는 일이 없도록 주의하자. 오히려 그분을 교회의 머리로 여기고 그분의 지체로서 그분과 하나가 되도록 하자. 우리는 가장 아름답게 이 연합을 보존해야 한다. 왜냐하면 아버지와 아들의 한 분 되심이 무익하거나 무용하지 않듯이 그 연합의 능력이 성도들의 몸 전체로 퍼져 갈 것이기 때문이다. 이로부터 우리는 그리스도가 자신의 본질을 우리에게 주입해 주시기 때문이 아니라 자신의 영의 능력으로 자신의 생명과 아버지로부터 받은 모든 복으로 우리와 교통하시기 때문에 우리가 그리스도와 하나가 된다는 사실을 믿게 된다."[12]

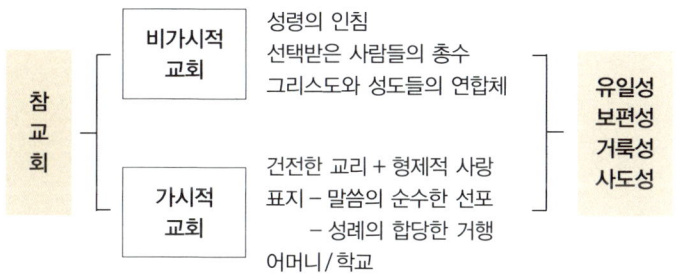

▲ 교회의 본질

---

12) 칼빈의 요 17:21 주석에서 인용.

[제26주제 : 기독교 강요 4.3.1-4.7.30]

교회의 직분: 머리이신 주님께로 자라감

26. 1. 대리적 사역

하나님은 자신의 말씀으로 교회를 다스리실 때 자신의 "가시적 현존"은 드러내지 아니하시고 사람들을 "도구"로 사용하신다. 다만 사람들은 "대리적 사역"을 감당할 뿐 그 고유한 "권리"와 "영예"는 언제나 하나님께 있다. 하나님이 보이지 않는 섭리를 이루심에 있어서 사람들을 보이는 손으로 사용하시는 이유는 다음과 같다.

첫째, 사람들을 "사신(使臣)"으로 삼으심으로써(고후 5:20) 그들에 대한 "자신의 배려"를 드러내시기 위함이다. 하나님은 사람들의 입을 사용하셔서 성소에서 친히 말씀하시듯 하신다. 그리하여 자신의 은밀한 뜻이 사람의 말로 해석되어 전해지게 하신다. 우리 자신을 "하나님의 성전"이라고 부르는 이유가 여기에 있다(고전 3:16-17; 6:19; 고후 6:16).

둘째, 우리가 우리와 같은, 심지어 우리보다 못한 사람들의 입을 통해 자신의 말씀을 듣게 하심으로써 "겸손에 이르는 훈련"을 가장 효과적으로 받게 하시기 위함이다. 하나님 자신의 지혜의 보화를 연약하고 깨어지기 쉬운 질그릇에 숨기신 이유가 여기에 있다(고후 4:7).

셋째, 구원의 진리와 영생에 관한 가르침을 통해서 그것을 "고리"로 삼아 교회의 지체들 "상호 간에 사랑"이 자라게 하기 위함이다. 한 믿음으로 한 주를 섬기는 성도들이(엡 4:4-7) 하나가 되는 최선의 길은 목회자로 선택된 사람의 입을 통해 동일한 가르침을 받는 데 있다.

하나님은 "성도를 온전하게 하여 봉사의 일을 하게 하며 그리스도의 몸을 세우려" 교회에 직분을 부여하신다(엡 4:12). 그리하여 교회의 각 지체가 "머리"이신 그리스도에게까지 자라게 하신다(엡 4:15). "사람들의 사역"은 교회를 움직이는 "힘줄"과 같은 작용을 한다. 그러므로 교회의 "직제(職制)"와 "사도적이며 목회적인 직분"은 "교회정치"에 필수적이다(4.3.1-2).

- 사람에게 맞추어 자신의 음성을 들려주심
- 겸손에 이르는 훈련을 받게 하심
- 교회 지체들 간의 사랑이 자라게 하심

▲ 대리적 사역의 의의

26. 2. 교회 직분의 영예와 신비

교회 직분은 성도가 누리는 최고의 영예이다. 하나님은 가르치는 자들을 세우셔서 자신의 교리를 해석하고 선포하게 하신다. "복음의 사역"은 그것이 "성령과 의와 영생의 경륜"을 이루기 때문에 가장 뛰어나고 영광스러운 일이다(고후 3:9; 4:6).

하나님은 베드로를 택하셔서 고넬료에게 진리의 빛을 비추도록 하셨으며(행 10:3-6), 아나니아를 준비시키셔서 사도 바울이 구원의 교리와 세례에 의한 성결의 도를 받도록 하셨다(행 9:6). 그리고 사도 바울을 복음의 도구로 사용하시고자 친히 셋째 하늘로 이끄셔서 "말로 표현할 수 없는 말"을 듣게 하셨다(고후 12:2-4).

하나님의 뜻이 이러하므로 복음의 일꾼들의 발이 아름다우며(사 52:7), 그들의 말을 듣는 것이 곧 하나님의 말씀을 듣는 것이고(눅 10:16), 그들이 "세상의 소금"이며 "세상의 빛"으로(마 5:13-14) 여겨진다(4.3.3).

하나님의 일은 하나님이 친히 하신다(골 1:29; 갈 2:8; 고전 3:7; 고전 15:10). 교회의 일꾼들은 다만 그 도구로 사용될 뿐이다. 그들에게 임한 성령의 능력으로 말미암아(고후 3:6; 고전 2:4; 갈 3:2) 그들에 의해서 복음의 씨가 효과적으로 뿌려지고, 새 생명이 태어나며, 곳간에 들일 열매를 맺게 된다(고전 3:9; 벧전 1:23; 고전 4:15; 요 15:16) (4.1.6).

만물을 충만케 하시는 주께서는 무엇보다 교회의 성도들 각자를 온전하게 하셔서 직분을 감당하게 하신다. 그리스도의 영을 받아 그분의 지체된 성도는 그분의 은사로 말미암아 그분을 닮아감으로써 그분의 몸을 이루는 고유한 기능을 감당한다(엡 4:10-16).

교회의 사역이 그러하듯이 성령의 은사도 다양하다. 마치 다양한 성부(聲部)들이 모여서 화음을 이루듯이 성도들은 각자의 은사를 다른 은사와 조화롭게 사용해야 한다. 성령의 은사가 없는 곳에는 직분의 수여도 없다. 직분은 성령의 은사로 표현된다(롬 12:6-8).[1] 성령의 은사는 직분에 종속된 것이 아니라 직분을 예비한다.

---

1) 동일한 본문에 대한 칼빈의 주석 참조.

"하나님의 부르심을 받은 사람들마다 사역과 관련된 은사를 받는다. 왜냐하면 하나님은 사도와 목사를 세울 때 다만 그들에게 가면만을 씌운 것이 아니라 은사를 공급하시기 때문이다. 이 은사가 없으면 그들은 그들의 직분을 감당할 수 없다. 그러므로 하나님의 권위에 의해서 사도로 부르심받은 사람은 단지 허망하고 무익한 이름만을 얻는 것이 아니라 명령과 더불어서 능력을 동시에 받게 된다."[2)]

하나님은 성도들에게 다양한 은사를 주심으로써 직분을 잘 감당하여 그리스도의 몸을 이루게 하신다. 은사는 다양하지만 영은 하나인 것과 같이 직분은 다양하지만 몸은 하나이다. 모든 지체가 "그리스도 안에서 하나가 되는 것"이 교회 사역의 신비이다(4.3.2).

26. 3. 성경적 직분: 경건과 사랑

교회의 "통상직"은 목사, 교사, 장로, 집사로 구성된다. 이들은 오순절 성령 강림과 더불어 그리스도의 교회가 설립된 이후 계속되는 "항존직"이다. 반면에 초창기 교회의 필요에 응한 "비상직"으로서 사도, 선지자 그리고 복음 전하는 자가 있었다(엡 4:11). 이들은 조직된 교회가 생길 때까지 존재했기 때문에 "임시직"이라고 불린다.

임시직은 다음과 같다. 사도는 만민에게 복음을 전파하고, 죄를 사함받는 세례를 주고, 성찬을 거행했다(막 16:15; 마 28:19; 눅 22:19). 사도라는 명칭은 주님의 일꾼으로 보냄받은 자라는 의미를 가지고 있다. 사도들은 주의 이름

---

2) 칼빈의 엡 4:11-14 주석에서 인용.

통상직 (항존직)	비상직 (임시직)
목사	사도
교사	선지자
장로	복음 전하는 자
집사	

▲ 교회의 직분

을 듣지도 못한 곳에 교회를 최초로 설립한 사람들이었다 (롬 15:19-20; 고전 3:10).

사도들의 직분은 말씀 선포와 성례 거행으로 요약되는데 (마 28:19; 눅 22:19-20) 이 직분이 오늘날 목사로 계승되었다. 사도들이 전 세계를 향한 사역을 감당했다면 목사들은 자신들에게 맡겨진 무리만을 섬겼다. 엄격하게 말하면 사도의 명칭은 열두 제자와 바울에게만 사용할 수 있다 (눅 6:13; 갈 1:1). 그러나 의미상 교회의 모든 사역자들을 지칭하기도 한다.

선지자는 하나님의 "특별한 계시"를 뛰어나게 받은 사람으로서 나중에는 교사의 직분으로 대체되었다. 선지자는 "하나님의 뜻을 해석하는 자"로 여겨졌다.

복음을 전하는 자는 사도들을 도와서 복음을 전하고 성례를 시행하는 일을 하였다. 이 직분은 비록 주님에 의해서 세움을 받았으나 사도에는 미치지 못한 사람을 칭한다 (눅 10:1). 이러한 세 가지 직분들은 "정당하게 조직된 교회"에는 존재할 여지가 없다 (4.3.4-5).

교회의 통상직은 목사, 교사, 장로, 집사로 구성된다. 성경에서는 목사직 혹은 장로직을 수행하는 사람들을 "목사", "장로", "감독", "사역자"라는 호칭으로 다양하게 일컫고 있다. 에베소서 3:11에서 사도 바울은 장로와 집사에 대해서는 언급하지 않는다. 그러나 다스리는 은사와 구제하고 긍휼히 여기는 은사를 말함으로써 장로와 집사의 직분이 초대교회부터 존재했음을 간접적으로 표현한다 (롬 12:8; 고전 12:28; 딤전 5:17).

목사의 직분은 "그리스도의 교리로 사람들을 가르쳐서 진정한 경건에 이르게 하고, 거룩한 성례를 거행하며, 올바른 권징을 지키고 시행하는 것"[3]이다(4.3.6). 즉 말씀 전파와 성례 거행, 가르침 그리고 도덕적인 지도와 권징 시행을 포함한다.

하나님이 인간에게 주신 최고의 은사는 자신의 음성을 인간의 입을 통해 들려주시는 설교에 있다(고전 9:16-17). 목사의 설교를 통해 성도는 그리스도의 얼굴에 빛나는 하나님의 영광을 바라보게 된다. "선포된 설교"는 가시적 교회가 서 있는 기초이며 성도를 하나로 묶는 "고리"가 된다(4.1.5). 그러므로 목사의 직분을 감당하기 위해서는 하나님의 소명과 말씀에 대한 선하고 거룩한 지식과 더불어 그 말씀을 잘 전하여 사람들을 세울 수 있는 능력이 필요불가결하다.[4]

사도 바울이 자신과 사도들을 가리켜 "그리스도의 일꾼이요 하나님의 비밀을 맡은 자"(고전 4:1)라고 했을 때 이는 목사에게 맡겨진 직분을 칭한다고 볼 수 있다. 말씀을 통한 목사의 가르침과 충고와 권고는 공적인 담화와 개인적인 훈계를 포함한다(딛 1:9; 행 20:20-21, 31). 사도와는 달리 목사에게는 특정 지역 내에서 각각에게 맡겨진 "양떼"를 목양할 소명이 고유하게 부여된 이유가 여기에 있다(4.3.6-7).

교사의 고유한 직분은 "성경 해석"을 통해 "순수하고 건전한 교리"를 보존하는 데 있다. 목사는 이러한 교사직을 겸한다(4.3.4).

장로는 고린도전서 12:28의 "다스리는 것"과 로마서 12:8의 "다스리는 자"의 사역과 관계된 직분이다. 문자적으로 연장자를 의미하는 장로의 직분이 이러했으므로 감독이라는 이름으로도 불렸다. 장로는 "도덕적인 견

---

[3] 명문선 96.
[4] 제네바 교회 규칙서(1541)에서 칼빈은 이를 목사의 자격으로 규정하고 있다.

책"과 "권징"을 시행하는 직분을 감당한다. 장로의 다스림은 기독교인 군주가 교회를 통치하는 것과는 다르다(4.3.8).

집사는 가난한 사람들을 구제하는 사역과 가난하고 병든 사람들을 돌보는 사역으로 이루어진다. 즉 "구제하는 자"와 "긍휼을 베푸는 자"로 이루어진다(롬 12:8). 집사 직분은 "공적인 교회의 사역"이며 단지 목사를 돕는데 그치는 것이 아니라 고유한 사역을 감당하는 독립된 직분이다(4.3.9).

교회 직분론은 내적으로는 예배의 경건을, 외적으로는 이웃에 대한 사랑을 동시에 추구한다. 성도의 일상의 삶과 교회의 삶은 구별되나 분리되지는 않는다. 교회의 직분은 말씀 선포와 성례 거행에 제한되지 않고 권징과 구제에까지 미친다. 교회는 어머니요 학교로서 성도의 경건과 함께 도덕적 삶을 가르치고 훈육한다. 그러므로 성속(聖俗)의 극단적 이원론에 서서 예배가 교회의 관할에만 속하듯이 성도의 일상적 삶은 오직 국가의 세속 권세에만 속한다고 주장하는 것은 바람직하지 않다. 역으로 성도의 모든 삶은 오직 교회에만 속하며 국가의 통치에는 무관하다고 보는 극단적 일원론도 성경의 가르침과 어긋난다.

우리는 오직 그리스도가 제정하신 직분에 따라서 진리 가운데 서로 섬기고 순종하는 사랑을 교회 속에서 배우고 실천해야 한다. 우리는 다음 말씀을 교회 통치의 제1 원칙으로 삼아야 한다.

"모든 것을 품위 있게 하고 질서 있게 하라"(고전 14:40).

교회의 직분을 맡은 일꾼들은 먼저 "소명"을 받아야 하며(히 5:4), 그 소명에 응하는 확고한 믿음이 있어야 한다(롬 1:1; 고전 1:1). 소명의 증거는 "우리 마음의 증언"이다. 직분을 주시는 분께서 은사를 먼저 부여하시기 때문에(고전 12:7-11) 소명은 받은 은혜로 확증된다.

또한 하나님의 일을 맡은 사역자는 "건전한 교리"에 따라 "거룩한 삶"을 사는 경건한 사람이어야 한다(딤전 3:2-3, 8-13; 딛 1:7-8). 이러한 조건도 전적인 은혜로 부여된다. 주님은 제자들을 파송하실 때 그들에게 필요한 성령과 능력을 먼저 부여하셨다(눅 21:15; 24:49; 막 16:15-18; 행 1:8). 사도 바울의 고백과 같이 교회의 직분은 사람에게서 난 것이 아니며 사람으로 말미암은 것도 아니고 오직 예수 그리스도의 은총과 그것을 우리의 것으로 삼아 주신 아버지의 사랑으로 말미암는다(4.3.10-14).

26. 4. 교회의 열쇠

고대 교회는 성경적 가르침에 충실하게 직분을 감당했다. 처음에는 장로와 집사의 직분만이 있었다. 장로들 가운데 일부가 가르치는 장로, 즉 목사로서, 치리하는 장로로서 그리고 가르치는 교사로서 각각 섬겼다. 감독은 가르치는 장로들을 대표하였다.

각 도시에는 목사와 교사로 구성된 "장로회"가 있어서 견책과 치리의 일을 감당했다(딛 1:9). 장로회는 "가르치고, 권고하고, 교정하는 직무"를 감당했다.[5] 각각의 지역을 주관한 장로회가 교회의 몸의 일부로 여겨졌으며 "지방감독"이라고 불리는 대표를 두었다. 그리고 니케아 공회 이후에는 규율을 유지하기 위해 지방감독 중에서 일인을 "대감독"으로 그리고 대감독

---

5) 초대교회 때부터 존재했던 "장로회(presbyterorum collegium)"는 그 구조와 기능에 있어서는 칼빈이 제네바 교회에 두었던 목사 장로회(consistoire, consistory)나 오늘날 당회와는 근본적으로 달랐으나 치리회로서의 의의와 가치 그 추구 목적에 있어서는 매우 유사했다.

보다 지위와 위엄이 더 높은 "총대감독"을 두었다. 이러한 구조는 교회정치의 효율성을 추구한 것일 뿐 "교권제도"[6]를 지향하지는 않았다(4.4.1-4).

감독은 집사들에게 재정과 구제에 관한 일을 맡기고 관리했지만 전횡을 일삼지는 않았다. 교회의 재산은 사분(四分)해서 성직록, 빈민구호, 교회 건물 수리, 이웃을 섬기고 그들의 긴급한 일에 대처하기 위한 비용으로 각각 사용되었다. 성찬에서도 그러하듯이, 주의 일을 섬기는 사람이 정해진 공적 경비 외에(고전 9:14; 갈 6:6) 교회의 비용을 사용(私用)하거나 갈취할 때에는 자신의 죄를 먹고 마시는 것으로 여겼다(고전 11:29).

아직 교회가 건전했을 동안에는 법이 아니라 "양심의 순수성"과 "삶의 순결성"이 직분자의 삶을 판단하는 기준으로 여겼다(4.4.5-8). 교회의 감독은 평신도가 선거로 뽑았으며 나머지 직분자는 대체로 감독이 임명했다. "평신도의 찬성에 의한 선거만이 하나님이 주신 권리"라고 키프리안은 말하였다(4.5.2). 감독을 포함한 장로와 집사가 직분에 나아가는 예식은 오직 "안수"밖에 없었다(4.4.10-15). 안수는 직분이 하나님의 말씀과 교회의 규율에 따라 합법적으로 부여됨을 선포하고, 하나님께 자신을 드린다는 의미와 함께 직분의 위엄을 드러낸다(4.3.14-16).

이와 같이 성경적 직분론에 충실했던 초대교회와는 달리 교황을 최상위로 한 계급구조에 근간을 둔 "로마 교황청"의 정치제도는 기본적으로 세속적이고 권위적이며 전제적(專制的)이었다. 교회 지체들의 고유한 권한이었던 선거권이 전적으로 "참사회원들"에게 넘어갔다. 직책이 없음에도 불구하고 직분이 무분별하게 주어졌다. 이는 의무가 없는 명령은 불가하다는 칼케돈 회의(451)의 결정에 위배된다. 사제는 말씀과 성례의 직임을 감

---

[6] "교권제도(hierachia)", 이는 교회 직제의 계급구조를 뜻한다.

당했던 장로가 아니라 "제사장"으로 여겨졌다(4.5.1-4).

로마 교황은 "수위권(首位權)"을 주장하여 그리스도 대신 교회의 머리임을 자처하며 자신에게 복종하지 않으면 목 잘린 지체가 된다고 호도(糊塗)했다. 그리스도가 멜기세덱의 반차를 좇는 대제사장으로서 단번에 영원한 제사를 드리시고 지금은 하늘 성소에서 중보하시는 교회의 머리가 되심이 부인되었다. 로마 교황은 베드로에게 부여된 열쇠의 권한에 따라 자신에게 사죄권과 중보권이 있다고 주장했다. "제사 직분이 바꾸어졌은즉 율법도 반드시 바꾸어지리니"(히 7:12), 십자가에서 구약의 제사법이 성취되었지만 교황은 여전히 구습에 머물러 몽학선생과 같이 은혜의 성도들을 예속시켰다(4.6.1-2).

주께서 베드로를 "반석"이라고 부르시고 그 위에 교회를 세우겠다고 하신 것은(마 16:18) 이후 디베랴 바닷가에서 확정하셨듯이 그에게 목양의 권세를 주시겠다는 의미이다(요 21:15; 벧전 5:2). 교회의 기초는 오직 예수 그리스도시다(고전 3:11). 그리스도만이 교회의 머리이시며 그분이 제정하신 "질서"와 "정치 형태"에 따라 우리 지체들은 함께 한 몸이 된다(엡 4:4-5, 16; 골 2:19). 주께서 "보배로운 산 돌"로서 "모퉁잇돌"이 되시고 우리가 그 위에서 하나로 지어져간다(엡 2:20-21; 벧전 2:5-6).

하나님이 사도들에게 부여하신 "매고 푸는 권세"는 사죄권이 아니라 그들이 전하는 복음에 능력이 있음을 제시한다(마 16:19; 18:18; 요 20:23). 사도들이 화목하게 하거나 벌을 주는 직분을 가졌다는 말씀도 동일한 맥락에서 받아야 한다(고후 5:18; 10:6).

로마 가톨릭은 은밀하게 뽑은 자신들의 대표에게 온갖 영예를 부여하여 하나님의 성소에 앉히고(살후 2:4) 하나님의 나라를 훼방하는 일을 서슴지 않는다(단 7:25; 계 3:10; 13:5). 로마 가톨릭은 교황제에 대한 교부들의 지지를 거론하지만, 키프리안은 한 사람에게 주신 것은 모든 사람에게 주신 것이라고 했고, 어거스틴은 베드로에게 열쇠를 주시겠다는 주님의 말씀을 교회에 대한 말씀으로 여겨야 하며 이는 모든 교회에 하신 말씀이라고 하였다. 그러나 이미 불법의 은밀한 활동은 시작되었다(살후 2:7). 교황청의 "은밀한 신학"은 제1조가 하나님을 부인함이요, 제2조가 그리스도에 관한 모든 말씀과 가르침을 허위라고 조장함이요, 제3조가 미래의 삶과 최후의 부활을 한낱 우화로 여김이다. 교황주의자들에 의하면 베드로는 주님의 특별한 기도로 인하여(눅 22:32) 이미 이 지상에서 천상의 존재가 되었기 때문에 과오를 범할 수 없는 존재로 여겨진다(4.6.3-10; 4.7.25-27).

보편적 교회는 있으나 "보편적 감독"은 있을 수 없다. 특정한 사람을 교회의 머리라고 부른다면 그 사람이 넘어지면 전체 교회가 넘어지게 될 것이다(4.6.17; 4.7.4, 21-22). 예수께서 베드로에게 주신 특별한 것이 있다면 그것은 교회의 모든 지체에게 함께 주신 것이다(4.6.3). 이 땅에 오신 주님은 한 사람을 다른 사람 위에 특별히 높이지 않으셨다. 사도들은 교회가 조직적으로 형성되기 전에 선도적으로 복음을 선포하는 사명을 감당했으며 교회를 세계적으로 창설하였다. 그들의 직분에 특별한 의미가 있었던 것은 사실이지만 그들에게 교회의 머리가 되는 권능이 부여된 것은 아니었다.

지상의 성도가 그러하듯이 지상의 교회는 여전히 불완전하다. 그러므로 여전히 거룩해져야 한다.

"개혁된 교회는 항상 개혁되어져 가야 한다(ecclesia reformata est semper reformanda)."

[제27주제 : 기독교 강요 4.8.1-4.13.21]

교회의 권세:
교리권, 입법권, 사법권(권징)

27. 1. 교리권

교회에 부여된 "고유한 권세"는 "영적인" 것으로서 "교리권", "사법권", "입법권"으로 이루어진다. 하나님이 교회에 권세를 주신 것은 무너뜨리려 하신 것이 아니라 세우려 하심이었다(고후 10:8; 13:10). 하나님을 대리하여 교회의 권세를 수행하는 사역자는 그리스도 안에서 자신을 사람들의 종으로 여겨야 한다(고전 4:1). 왜냐하면 오직 주님만이 교회의 머리며 유일한 교사이시기 때문이다.

"이는 내 사랑하는 아들이요 내 기뻐하는 자니 너희는 그의 말을 들으라"(마 17:5).

교리권은 "교리를 전하는 권한과 그것에 대한 설명"으로 이루어진다

교리권	말씀의 선포와 교육
입법권	말씀에 대한 질서를 세움
사법권	말씀에 따른 치리

▲ 교회의 권세

(4.8.1). 제사장이나 선지자 그리고 사도나 그 후예가 권위나 가치를 갖게 되는 것은 그들의 "직분" 곧 그들이 위탁받은 "말씀"으로 말미암는다. 주님은 제자들에게 그들이 받은 것 외에는 말하지 못하게 하셨다.

모세는 여호와 하나님께 받은 것을 선포하였다(출 3:14). 그러므로 백성이 그를 여호와의 종으로 믿었다(출 14:31). 선지자들은 여호와의 말씀을 들은 후 성실하게 전하였다(겔 3:17; 렘 23:28). 오직 하나님이 말씀하신 것만 "알곡"이었으며 그 외에는 모두 "겨"와 같았다(렘 23:28). 선지자들은 자신들의 연약함과 허물을 인정하고(렘 1:6; 사 6:5) 오직 여호와께서 그들의 입에 두신 말씀만 대언하였다(렘 1:9). 제사장들 역시 여호와의 입으로 들은 것을 진리의 법대로 전하였다. 먼저 그들은 듣는 편에 속하였다(신 17:9-13; 말 2:4-7).

사도들은 보내심을 받은 소명이 자신들을 보내신 분의 것을 천하 만민에게 전하는 데 있음을 깨달았다(요 7:16; 마 28:19-20). 제자들이 세상의 빛과 소금이라고 칭해진 것은 세상이 그들을 통해 그리스도의 음성을 들을 수 있었기 때문이다(마 5:13-14; 눅 10:16). 제자들이 가진 유일한 권세는 그들이 맡은 말씀에 있었다(마 16:19; 18:18; 요 20:23).

"교회의 권세는 무한하지 않으며 주님의 말씀에 종속되어 있다. 그것은 주님의 말씀 안에 내포되어 있다."[1]

그러므로 교회의 교리권에 대한 제1 원칙은 언제나 불변하다.

---

1) 명문선 97.

"하나님의 종들은 그분 자신으로부터 배우지 않은 것을 가르쳐서는 안 된다."[2]

하나님의 말씀을 듣고자 하는 자는 그분의 영원하신 지혜이신 아들께 먼저 배워야 한다. 믿음의 일꾼들은 언제나 "주의 영"으로 하나님을 봄으로써 하나님을 알았다(고후 3:18). 구약시대 족장들에게 작용한 "은밀한 계시" 역시 아들로 말미암았다. "아들의 소원대로 계시를 받는 자 외에는"(마 11:27) 아무도 "하나님의 비밀"을 영혼에 담을 수 없었다(4.8.2-5).

구약시대의 선지자들과 제사장들은 그들이 받은 율법을 가감 없이 좌로나 우로나 치우치지 말고 지키라는 여호와의 명령을 수행했다(신 4:2; 5:32; 12:32). 하나님은 그들의 입에 자신의 말씀을 두심으로써 그들이 율법의 표준을 벗어나지 않고 자신의 뜻을 선포하게 하셨다(말 2:7; 4:4).

신약시대에는 하나님의 지혜가 육신으로 나타나심으로(히 1:1-2) 의의 태양이 정오의 밝은 빛과 같이 비추게 되었다. 그리하여 완전한 진리가 우리의 심령 가운데 조명되었다. 주님의 오심을 말세 혹은 마지막 때라고 부르는 것은(행 2:17; 딤후 3:1; 벧전 1:20; 벧후 3:3; 요일 2:18) 그때 "그리스도 교리의 완전함"이 육신으로 계시되었기 때문이다. 주께서 오셔서 "모든 것을" 우리에게 알려 주셨다(요 4:25). 그분 안에 "지혜와 지식의 모든 보화가 감추어져"(골 2:3) 있다. 그러므로 더 이상 새로운 계시는 없다.

오직 하나님만 참되시다(롬 3:4). 그러므로 기록하는 자와 전하는 자가 모두 "하나님의 말씀"을 하는 것같이 해야 한다(벧전 4:11). 성도는 아들의 말씀에 복종함으로써(고후 10:4-5) 아버지께 영광을 돌리는 자리에 서야 한다. 유

---

2) 명문선 98.

일한 선생은 그리스도시다(마 23:8, 10). 사도들은 "그리스도의 영이 선행(先行)하셔서" 명령하신 것만 전했다(마 28:19-20). 사도들은 "확실하고 진정한 성령의 필사자(筆寫者)들"이었다. 그들은 새로운 교리를 만들어 낸 것이 아니라 "그리스도의 말씀"을 들은 대로(롬 10:17) 기록했다(4.8.6-9).[3]

성령과 하나님의 말씀은 함께 역사한다. 성령의 지배를 받는 교회는 말씀에 종속되어 있어야 한다. 교회는 그리스도의 신부이다. 그러므로 그리스도가 말씀하시기를 그치시는 곳을 그 한계로 여기고 머물러야 한다. 성령이 교회 가운데 역사하시기 때문에 교회가 제정하는 것이 하나님의 말씀을 갈음한다는 로마 가톨릭의 궤변은 진리에서 아주 동떨어져 있다.

주께서 보혜사 성령을 보내셔서 자신의 가르침을 생각나게 하신다(요 16:7, 13, 26). 성령의 내주하심이 그리스도 예수의 복음의 완성이다. 주께서는 자의로 말씀하지 않으셨고 아버지께서 주시는 것을 말씀하셨다(요 12:49-50; 14:10). 그러므로 성령이라는 이름으로 하나님의 말씀을 가감하는 것은(신 4:2; 계 22:18-19) 금해야 한다(4.8.13).

교회는 무오하지 않다. 하나님은 교회가 겸손을 버리고 교만해질 만큼 은혜를 베푸시지는 않는다. 교회가 정결하고 티나 주름 잡힌 것이 없으며 "진리의 기둥과 터"라고 불리는 것은(엡 5:26 27, 딤전 3:15) 그리스도가 교회의 머리이심을 그치시고 교회에 모든 것을 맡기셨다는 뜻이 아니다. 주께서 교회를 성결하게 하셨으나 "성화의 시초"가 보일 뿐 그 "끝"은 그분이 오셔서 교회를 지성소적인 임재로 충만하게 하실 때 이루어진다(히 9-10장). 교회는 "거룩하고 정결하다." 그러나 지상의 성도가 그러하듯이 교회도 아

---

[3] 칼빈은 성경 기록에 있어서 기계적 영감설이 아니라 유기적 영감설을 주장한다. 그가 성경기록자들을 "성령의 필사자들(spiritus sancti amanuenses)"이라고 부른 것은 하나님이 그들에게 친히 말씀을 불어 넣어 주셨다는 계시 구술의 영감을 강조하기 위함이었다.

직 완전하지 않다. 교회가 이러할진대, 교회의 "공회의"가 "오류를 범할 수 없다."고 주장할 수 있겠는가?[4]

교회는 새로운 교리를 창출해 낼 수 없다. 교리로 완전하게 할 만큼 말씀은 불완전하지 않으며, 교리로 채워야 할 만큼 말씀은 부족하지 않다. 교리는 말씀의 진리를 체계적으로 고백하게 하는 가르침으로 작용한다. 로마 가톨릭은 하나님이 성도들이 감당하지 못할 것을(요 16:12) "관습들로" 교회에 주셨다고 주장한다. 그러나 우리가 모든 진리로 인도함받는 것은 오직 보혜사 성령의 역사로만 말미암는다(요 16:13). 하나님의 말씀은 성령 외의 어떤 다른 것을 매개로 계시되지 않는다(4.8.10-12, 14-16).

성경은 교회의 인정에 따라서 비로소 권위를 갖게 되는 것이 아니다. 또한 성경은 교회의 해석에 따라서 비로소 그 내용이 확정되는 것도 아니다. 교회의 "성경 승인권"이나 "성경 해석권"이 성경의 권위와 진리를 담보하지 못한다.[5] 성경의 진리는 사람의 모임이나 의견에 따라서 결정되거나 해석되지 않는다. 모든 "판단"은 오직 성경 그 자체에서 나온다. 그러므로 아무도 성경에 기록된 하나님의 말씀을 가감할 수 없다(신 4:2; 12:32; 잠 30:6; 계 22:18-19) (4.9.1-2, 8, 13-14).

하나님의 말씀을 전하거나 가르치지 않고 오히려 그 말씀을 자의로 해석하거나 가감하는 헛된 목자들은 "맹인"이며 무지하고 탐욕이 많은 "벙어리 개들"과 같다(사 56:10-11). 그들은 먹을 것을 찾는 "우는 사자"(겔 22:25-26)나, 교활하기가 그지없는 "새 잡는 자의 거물"(호 9:8), "흉악한 이리"(행 20:29-

---

[4] 로마 가톨릭은 지상 교회의 무오를 교황의 무오에 근거해서 주장한다.
[5] 로마 가톨릭 교회는 "성경 승인권(potestas approbandae scripturae)"과 "성경 해석권(potestas interpretandi scripturam)"을 통하여 교회의 전통(traditio)을 성경과 동일한 권위가 있는 것으로 세운다.

30)와 다를 것이 없다. 그들은 가르친다 하나 다 거짓을 행하고, 거짓 예언을 일삼는(렘 6:13; 14:14) "거짓 선생"(벧후 2:1), "적그리스도"(살후 2:4)이다(4.9.3-7).

27. 2. 입법권

하나님이 교회의 예배와 그리스도인의 삶의 규범을 만드신 "유일한 입법자"이시다. 교회는 법을 만들어 성도들의 양심을 억압할 권한이 없다. 우리가 가진 영적 자유는 하나님이 주신 것이다. 이 자유를 "인간의 전통"으로 맬 수는 없다.

참 경건은 하나님을 경외하는 가운데 그분의 말씀을 듣는 데 있다. 양심은 "유일한 자유의 법"인 복음의 다스림을 받아야 그리스도 안에서 은혜를 누릴 수 있다. 사람이 만든 법은 사람을 구원하는 데 아무 유익이 없다. 서기관과 바리새인이 많은 법으로 남을 억압했듯이(눅 11:46; 마 23:4) 전통은 말씀의 은혜를 해치기만 할 뿐이다(4.10.1).

로마 가톨릭은 교회법을 "자유의 법, 달콤한 멍에, 가벼운 짐"[6]이라고 부르지만 오히려 그것으로 성도의 양심을 무겁게 구속(拘束)한다. 양심은 "일천 명의 증인들"이라고 불리는데, 이는 그것으로 말미암아 우리의 영혼이 하나님의 선한 뜻을 분별하기 때문이다. 모든 사람은 그 속에 "양심의 법정"이 있기 때문에 올바른 삶의 규범을 제시하는 율법을 마음에 새긴다(롬 2:15-16). 진정한 분별력과 사랑은 양심의 소리를 듣는 것에서 비롯된다(고전 10:28-29; 딤전 1:5; 행 24:16). 위정자를 존중해야 하지만(롬 13:1) 인간의 법이 그 자체로 양심을 구속하지는 않는다. 성도의 양심은 주님의 멍에를 메

---

[6] "leges libertatis, suave iugum, onus leve."

고 주님께 배우는 길에서 참 자유를 누린다(벧전 3:21). 그 멍에는 쉽고 그 짐은 가볍다(마 11:30) (4.10.2-5).

교회 입법의 고유한 권한은 하나님께만 속한다. 교회의 주교들은 영적 입법자가 아니며 교회 통치의 전권을 위임받은 것도 아니다. 하나님이 유일한 재판장이자 입법자시니 능히 살릴 자를 구하시고 멸할 자를 벌하신다(약 4:11-12; 사 33:22). 그러므로 주의 사역자는 자신에게 맡겨주신 양을 지배하려고 해서는 안 된다(벧전 5:2-3). "모든 의와 거룩함의 완전한 규범"이 하나님의 "뜻"에 있다. 하나님께 드리는 온전한 예배는 그분의 뜻을 순종하고 섬기는 데 있다. 따라서 그분의 뜻을 거스른 경건과 예배의 규범은 모두 거짓되다.

하나님의 뜻은 그리스도 안에서 우리를 완전하게 세우려 하심에 있다(골 1:28). 하나님의 뜻은 우리가 지혜와 지식의 모든 보화가 감추어져 있는 그리스도를 따르도록 하심에 있다(골 2:3, 8). 머리이신 그리스도를 붙들지 아니하는 자마다 여전히 "그림자"에 속하고 "사람의 전통과 세상의 초등학문"에 매여 있으니(골 2:8, 17, 19) 말씀을 떠난 교회의 법은 죽을 것으로만 역사한다(4.10.6-8).

로마 가톨릭의 "교회법"은 의식과 예배에 관한 규정과 권징에 관한 규정을 포함하는데 이는 유대 형식주의와 외식주의를 계승한 "유전(遺傳)"과 다를 바 없다(마 15:3). 그것은 하나님의 거룩한 말씀보다는 세상의 초등학문을 따르고(갈 4:9) 그리스도의 교훈을 무시하고 세속적 금욕주의를 조장할 뿐이다(골 2:23). 그리스도가 율법의 실체며 완성이시다. 율법은 그리스도를 숨기거나 부끄럽게 여기지 않고 오히려 그분을 드러내야 한다.

"너희가 세상의 초등학문에서 그리스도와 함께 죽었거든 어찌하여 세상에 사는 것과 같이 규례에 순종하느냐"(골 2:20).

그리스도가 구속의 의를 다 이루셨으므로 성도는 "영과 진리로" 예배를 드려야 한다(요 4:23). 구원의 전체 과정이 오직 그리스도가 다 이루신 의의 전가로 말미암는다. 로마 가톨릭은 미사라는 의식을 교회법으로 조작하여 주께서 단번에 영원히 드리신 십자가의 제사를 무시하고 여전히 짐승을 잡아 드리듯 하고 있다. 그들의 법은 미사를 성도의 공로라고 규정한다.

성도의 행위는 그 자체의 가치 때문이 아니라 하나님이 그렇게 평가하시기 때문에 공로가 있는 것이다. 입법자이신 하나님이 받을 만한 것으로 여기시는 자비가 공로의 기원이다. 우리의 행위는 하나님이 거저 주시는 사랑에 의해서 의롭게 여겨질 뿐 그 자체를 본다면 불완전하고 미약하다. 의식이나 도덕적 행위가 의롭다고 여겨짐은 단지 형식이나 외식이 아니라 언약 백성에게 베푸시는 하나님의 자비로 말미암는다.

법을 만드는 자가 아니라 법을 순종하는 자를 하나님은 기뻐하신다(신 12:32; 렘 7:22-23). 인위적 의식이 아니라 심중에서 드리는 순종의 예배를 하나님은 받으신다(삼상 15:22-23; 렘 11:7). 법을 만들어서 새로운 짐을 지우는 것이 아니라 자유하게 하는 평화의 법을 순종하며 서로 사랑에 이르기를 하나님은 명령하신다(행 15:19-29).

그리스도가 거룩한 피로 사신 자유를 자의로 사용함으로써 연약한 자들을 걸려 넘어지게 하는 일을 하지 말아야 한다(고전 7:23; 8:1-13). 사제 독신제와 수도원의 맹세의 예들에서 보듯이(4.12.23-28; 4.13.8-21) 교회법이 순수한 하나님의 말씀에 섞인 누룩과 같이 사람의 교훈을 강요할 때(마 15:9; 16:12) 그것은 적그리스도의 도구가 될 뿐이다(4.10.9-26).

교회법의 목적은 "모든 것을 품위 있게 하고 질서 있게 하라"(고전 14:40)는 말씀에 따라서 교회가 사랑과 진리의 연합체를 이루는 데 있다. 교회법이 없다면 교회는 마치 "힘줄" 없는 몸과 같을 것이다. 교회의 모든 규율은 의식에 관한 것이든 도덕적 행위에 관한 것이든 자유로운 양심을 억압하지 않고 그리스도의 사랑으로 덕을 세우는 데 있다. 즉 "교회의 건덕(建德)"이 교회법의 제일 가치이다. 교회법은 지체들을 머리이신 그리스도께로 자라게 할 때에만 올바르다(4.10.27-32).

27. 3. 사법권 (권징)

교회의 재판권은 세속적 사법이 아니라 "영적인 제도"로서 "도덕적 권징"을 그 요체로 한다. 교회의 권징은 그리스도가 제자들에게 주신 "열쇠의 권한"에 부합한다.

복음의 교리는 땅에서 나온 것이 아니라 하늘에서 내려온 것이다.[7] 제자들이 부여받은 권한은 "교리의 저자"이신 그리스도를 대신하는 것이 아니라 그분의 구원을 선포하는 데 있다(마 16:19; 요 20:23). 열쇠의 권한은 권세가 아니라 "사역"이며 "복음적 설교"에 다름 아니다. 이러한 열쇠의 권한은 선포된 말씀을 어기는 자들에 대한 권징을 포함한다(마 18:15-18)(4.11.1-2).

교회의 사법권은 세상의 칼을 휘두르는 것이 아니라 말씀의 검을 사용하여(고후 10:4-6) 성도를 돌이키는 데 있다. 그것은 그리스도의 말씀에 따라 성령의 능력으로 시행되어야 한다(고전 5:4-5). 초대교회에서는 성경 말씀에

---

7) 로마 가톨릭은 이러한 열쇠를 스스로 제조(製造)하고 있다고 칼빈은 비판한다.

충실하게 "장로들의 회"가 이 일을 감당했다. 그러나 로마 가톨릭은 사제들이 교회의 재판권을 독점하고 "칼의 권세"를 휘둘렀다. 주님은 이방인의 습속으로 성도들을 판단하는 것을 금하셨다(마 20:25-26; 막 10:42-44; 눅 22:25-26). 우리의 무기는 육체에 있지 아니하다(고후 10:4)(4.11.3-10).

교회는 권징으로 영적인 재판권을 행사한다. "교회의 권징"은 주로 "견책"과 "출교"로 시벌(施罰)된다. 출교는 교회가 가할 수 있는 마지막 벌이다.[8] 그리스도의 구원이 교회의 생명이라면 권징은 교회를 지탱하고 움직이는 "힘줄"이다. 권징은 그리스도의 교훈을 반대하며 날뛰는 사람들을 억제하는 "굴레", 게으른 사람을 약동시키는 "박차", 타락한 사람들을 그리스도의 영의 온유함으로 징계하는 "아버지의 매"와 같다(4.12.1).

권징은 "사적인 충고"에서 시작된다. 성도는 한 몸의 지체로서 가족과 같이 서로 충고할 수 있다. 특히 말씀을 선포하고 성도의 신앙과 경건을 보살펴야 할 직분을 맡은 목사와 장로가 이 일을 감당해야 한다. 처음 단계의 경계(警戒)를 받고도 계속 죄와 악행을 범하는 사람에게는 재차 충고하고 그럼에도 불구하고 여전하면 장로회에서 공적 권위로 치리해야 한다(마 18:15-17). 은밀한 사적인 죄는 이와 같은 절차를 지킬 것이나 공공연히 드러난 공적인 죄는 즉시 그것을 모든 사람 앞에서 엄숙히 꾸짖어 다른 사람들이 두려워하게 해야 한다(딤전 5:20). 그리하여 적은 누룩이 온 회중에 퍼지지 않게 해야 한다(고전 5:1-7)(4.12.2-4, 6).

권징을 시행하는 목적은 다음 세 가지로 정리된다.

첫째로, 더럽고 부끄러운 삶을 사는 사람이 그리스도인이라고 불리는 것을 금함으로써 교회의 머리이신 그리스도께 치욕이 되지 않도록 하기

---

8) 칼빈 시대 제네바 교회에서는 수찬을 정지시킴으로 출교 시벌을 했다.

위해서이다. 건강을 위해 종기가 제거되어야 하듯이 부패한 성도는 그리스도의 몸 된 교회에서 배제되어야 한다(골 1:24; 엡 5:25-26).

둘째로, 선한 사람들이 악한 사람들과 지속적으로 교제함으로써 부패해지지 않도록 하기 위함이다. 적은 누룩이 온 덩어리에 퍼지게 되므로 성경은 행악하는 자들과 사귀는 것과 함께 먹는 것을 금했다(고전 5:6, 9, 11).

셋째로, 행악자가 자신의 행위에 대해서 부끄러움을 갖고 회개에 이르도록 하기 위함이다(살후 3:14; 고전 5:5).

권징의 방식으로 시행되는 "교정"과 "출교"는 폐하기 위함이 아니라 세우고자 함이다. 교정은 고쳐서 제자리에 세우는 것이며 출교는 연합체에서 떠나게 하되 다시 돌아올 길을 여는 것이다. 그러므로 엄격히 판단하되 온유한 심령으로 형제적 사랑을 가지고 행함으로써, 권징받는 사람이 너무 많은 근심에 빠져 절망하지 않도록 해야 한다. 출교는 저주가 아니다. 그러므로 "절제의 법칙"을 지켜야 한다(갈 6:1; 고후 2:7-8; 살후 3:15).

- 부패의 배제
- 부패의 방지
- 돌이켜 세움

▲ 권징의 목적

권징은 한 사람의 영혼을 구원하기 위한 적극적인 의의가 있지만 항상 교회의 전체 지체의 유익을 고려하여 시행되어야 한다. 어떤 경우이든 가라지를 뽑으려다 곡식을 다칠 수는 없기 때문이다(마 13:29) (4.12.5, 8-13). 키프리안의 다음 말은 한 생명을 천하보다 귀하게 여기라는 하나님의 말씀에 비추어 깊이 새길 귀한 교훈이 된다.

"가능하거든 긍휼히 여기며 한 사람을 교정하라. 그러나 불가능하거든 끝까지 참고 사랑으로 신음하며 슬퍼하라"[9] (4.12.11; 4.1.16).

---

[9] 명문선 99.

[제28주제 : 기독교 강요 4.14.1-4.16.32]

성례: 보이지 않는 은혜의 보이는 표
세례: 그리스도와 연합한 성도로서 살아남의 표

28. 1. 성례: 보이지 않는 은혜의 보이는 표

28. 1. 1. 성례의 의의: 언약의 비밀을 인침

성례는 복음 선포와 함께 우리의 믿음을 돕는 은혜의 방편이다. 어거스틴은 성례를 "거룩한 것에 대한 보이는 표(表)" 혹은 "보이지 않는 은혜에 대한 보이는 형상"이라고 정의하였다. 성례는 "외형적인 표상으로서" 하나님의 은혜와 그것을 의지하는 우리의 믿음을 인치는 "증언"과 "증거"가 된다.[1]

성례는 이중적 의의가 있다.

첫째, 성례로써 하나님은 "우리를 향한 자신의 인자하심에 대한 약속

---

1) "인(印)친다(signare, obsignare)"는 말은 "도장을 찍다", "각인하다", "마음에 새기다"는 문자적인 의미가 있다. 성경에서는 우리가 영원히 하나님의 소유된 자녀가 되었다는 법정적인 선포로 말미암은 견인의 은혜를 극적으로 강조하기 위해 이 단어가 주로 사용된다(고후 1:22; 엡 1:13; 4:30; 계 7:3; 참고. 요 6:27).

들"을 우리의 양심에 인치신다. 그리하여 우리의 연약한 믿음을 지켜주신다.

둘째, 성례에 참여함으로써 우리는 "하나님을 향한 우리 자신의 경건"을 확증한다(4.14.1; 4.16.2).

성례의 "표징"을 통해 하나님은 이미 베풀어 주신 은혜의 "의미"를 우리의 심령에 "확증하고 인치고자" 하신다.[2] 주님은 하나님의 말씀에 대한 우리의 믿음을 강화시키고자 성례를 제정하셨다. 성도는 거듭났지만 "무지", "어리석음", "연약함" 때문에 여전히 하나님의 "도움"이 필요하다. 성례를 통해 하나님은 선생이 어린아이의 손을 잡고 인도하듯이 우리의 우둔한 능력에 자신을 맞추어 주신다. 그리하여 우리의 믿음이 "지탱되고 유지되게" 하신다(4.14.3, 6).

성례에 해당하는 라틴어 단어 "sacramentum"은 어원상 군인의 충성 맹세를 뜻한다. 초대교회 교부들이 이 단어를 사용한 것은 그 어의(語義)가 하나님과 사람 사이의 언약관계를(고후 6:16; 겔 37:27) 적절하게 표현한다고 보았기 때문이다. 이 단어를 채택하는 과정에서 "하나님 앞에서는" 우리의 신앙을 지키고 "사람들 앞에서는" 우리의 고백을 확증하는 성례의 역동적 의미가 부각되었다. 라틴 신학자들이 이 단어를 쓴 것은 그것이 언약, 말씀(교리), 믿음의 세 요소를 함축하고 있다고 보았기 때문이다(4.14.13).

"sacramentum"이라는 단어는 하나님과 사람 사이의 수직적 관계와 사람과 사람 사이의 수평적 관계를 아우르는 성례의 고유한 특성을 제시한다. 이는 성경에서 사용되는 "비밀(mysterium, μυστηριον)"이라는 단어와 그 뜻이 일맥상통한다(엡 1:9; 3:2-3; 골 1:26-27; 딤전 3:16). 어거스틴은 이 단어가 "하나님께

---

[2] 성례는 "표징(signum)"의 "의미(significatio)"를 "인치는 것(obsignare)"이다.

속한 것에 대한 표징"을 의미한다고 설명했다(4.14.2).

28. 1. 2. 성례의 두 요소: 표징과 말씀

성례는 "외형적인 표징"과 "말씀" 두 요소로 이루어진다. 말씀은 단지 소리에 불과한 주문(呪文)과는 다르다. 로마 가톨릭은 사제가 "축성경(祝聖經)"을 읽기만 하면 그것이 회중에 이해되지 않더라도 유효한 것으로 여겼다. 그러나 어거스틴이 말한 바와 같이, 성례에 있어서 "말씀의 능력"이 작용하는 것은 "그것이 말씀되기 때문이 아니라 믿어지기 때문이다."

성례의 말씀을 듣고 믿는 자만이 그것이 의미하는 대로 은혜를 받는다. "말씀의 가르침"이 없는 표징은 공허할 뿐이다. 왜냐하면 양자는 끊을 수 없는 고리로 연결되어 있기 때문이다(1.14.4). 성례가 "보이는 말씀"이라고 불리는 까닭이 여기에 있다(1.14.6).

성례는 "선행(先行)하는 약속"에 따르는 "부록"과 같다(4.14.3). 성례는 "믿음의 말씀"으로(롬 10:8) 거듭난 성도가 그 가운데 약속된 언약의 복을 누리는 한 가지 방편이다. 성례로 말미암아 믿음이 처음 생기는 것은 아니다. 성례가 "믿음의 기둥"이라고 불리는 것은 그것이 이미 역사하는 믿음을 아래로부터 지탱하여 받쳐주기 때문이다. 성례는 이미 받은 "영적인 선물들을 비추는 거울"과 같은 것이지 그것으로 말미암아 비로소 언약의 백성의 반열에 드는 것은 아니다(1.14.4).

사도 바울이 구약의 할례를 "인(印)"이라고 불렀듯이(롬 4:11) 세례와 성찬은 그리스도와 연합하여 그분이 삶과 죽음을 통해 이루신 의를 자신의 것으로 삼는 은혜의 "고상한 신비"를 가시적 표상으로 인치는 것이다. 그러므로 성례의 표징은 단지 외계적인 상징물에 불과한 것이 아닐 뿐만 아니라 그 자체로 신비로운 물체도 아니다. 오직 말씀을 믿는 믿음에 따른 "경건한 사려(思慮)로" 우리는 성례의 비밀을 경험하게 된다(4.14.3-6).

28. 1. 3. 성례의 작용: 성령과 믿음

성례는 하나님의 은혜와 자비에 대한 "보증"으로서 성도의 믿음을 "지탱시키고, 양육시키며, 확증시키고, 증진시킨다." 성례의 작용은 다음 세 가지로 요약된다.

> "첫째, 주님은 자신의 말씀으로 우리를 가르치고 교훈하신다. 둘째, 성례로 그 말씀을 확증하신다. 셋째, 자신의 영의 빛으로 우리의 마음을 비추시고 우리 가슴의 문을 말씀과 성례에 열도록 하신다"[3](4.14.7-8).

성례가 그 식무를 다하기 위해서는 "내적 교사"인 성령의 은밀한 역사가 있어야 한다. 성례를 통해 믿음이 더해지고 강화되는 것은 예식 그 자체에 "은밀한 힘"이 내재하기 때문이 아니다. "성령의 능력"이 없다면 가시적 표징은 그저 한 물체에 불과할 뿐 아무런 영적 작용도 할 수 없다. 성령이 "믿음을 낳고, 지탱시키며, 자라게 하고, 견고하게 한다."

"성령의 작용"으로 성례에는 "힘"과 "효력"이 있다. 성령의 조명으로 말미암아 외적인 말씀과 표징이 우리의 눈과 귀에서 영혼으로 옮겨진다. 성령은 "마치 매개하는 빛과 같이" 역사한다. 이 빛으로 말미암아 심겨진

---

3) 명문선 100.

말씀의 씨가 자라게 된다(마 13:3-23; 눅 8:5-15; 고전 3:7).

그러므로 성례 자체를 신앙의 대상으로 여기거나 하나님의 영광을 성례 자체에 옮겨서는 안 된다. 성례는 성령의 감화 가운데 믿음으로 받지 아니하면 아무 유익이 없다. 성례에 있어서 오직 그리스도와 그분의 대리적 공로를 믿는 사람에게만 하늘 보화가 부어진다. 그러므로 성령이 주시는 "내적인 은혜"와 성례의 "외적인 거행"은 구별되어야 한다(4.14.9-12, 17).

28. 1. 4. 성례의 실체: 그리스도

성례는 "의의 원인"이 될 수 없다. 성례로 구원의 믿음이 생기는 것이 아니며 "구원의 확신"이 나오는 것도 아니다. 어거스틴은 다음과 같이 말하였다.

> "보이는 표징 없이 보이지 않는 성화가 있을 수 있다. 역으로, 참 성화가 없는 보이는 표징이 있을 수 있다"[4](4.14.14).

성례의 "표징"은 "형상"과 "진리"로 작용한다. "형상"은 표징이 고유하게 지니고 있는 물질적 속성이며 "진리"는 그 형상이 뜻하는 의미이다. "진리"가 성례의 "실체"이다.[5]

성례의 표징이 제시하는 진리는 무엇인가? 그것은 그리스도와 연합하여 옛사람이 죽고 새사람이 살아나는 것과 새사람으로 살아가는 것을 의미한다. 이는 세례와 성찬의 의미와 부합한다. 세례가 성도가 그리스도와 연합

---

4) 명문선 101.
5) "표징(signum)"은 가시적 "형상(figura)"으로 비가시적 "실체(substantia)"를 제시한다(exhibere). 이 실체가 표징의 형상이 제시하는 "의미(significatio)" 즉 "진리(veritas)"이다.

을 시작하는 표라면 성찬은 성도가 그리스도와 연합을 계속하는 표이다.

  그러므로 구원의 "질료"가 되시는 그리스도가 성례의 "실체"가 되신다. 성례의 유익은 표징을 통해 그리스도와 그분의 대리적 속죄 사역을 믿는 믿음을 확증시키고 강화시키는 성령의 감화에 있다. 성례의 의의는 표징 자체의 "은밀한 힘"에 있는 것이 아니라 표징을 통한 믿음의 역사에 있다. 따라서 받는 사람의 믿음이 중요하다(4.14.15-16).

  구약시대에 계시된 많은 은혜의 표도 그 실체에 있어서는 신약의 성례와 다르지 않았다. 하나님은 언약 백성의 믿음을 강화하기 위해서 말씀과 함께 보이는 보증을 더하셨다(창 2:9; 3:22; 9:13-16; 15:17; 삿 6:37-40; 왕하 20:9-11; 사 38:8). 이러한 구약의 표징도 언약 백성이 그리스도를 믿는 믿음에 기초하여 제정되었다. 다만 구약 백성이 가시적인 표징을 통해 오실 주님의 현존을 경험했다면(창 17:10; 레 1-15장) 신약 백성은 세례와 성찬으로 대속의 사역을 다 이루시고 영으로 임재하신 주님 자신과 연합하여 그분의 죽음과 부활에 참여하고 그분의 살과 피를 먹고 마신다는 점에서 서로 구별된다(4.14.18-20).

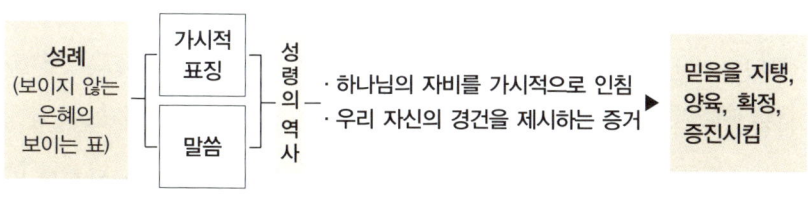

▲ 성례의 은혜

28. 2. 세례: 옛사람이 죽고 새사람이 사는 표

  "세례"는 그리스도께 접붙임을 받은 성도가 하나님의 자녀로서 몸 된 교회의 "연합체"에 "입교하는 표징"이다. 세례는 "교회에 들어가는 문"

이며 "신앙의 시작"이다(4.18.19). 세례는 하나님이 주신 것으로, 하나님 앞에서 우리의 믿음을 확증하고 사람들 가운데서 그 믿음을 고백하는 데 도움이 된다. 세례를 통해 성도는 다른 지체들 앞에서 자신이 하나님의 백성으로 인정받기 원한다는 사실을 고백하고 그들과 한 종교를 믿는 가운데 한 예배를 드림을 입증하며 자신의 신앙을 공개적으로 확증한다(4.15.1, 13).

세례의 유익은 크게 다음 세 가지로 정리된다.

첫째, 성령의 새롭게 하심으로 깨끗하게 씻음받은(엡 5:26; 딛 3:5) 성도에게 세례는 "구원하는 표"가 된다(벧전 3:21). 세례는 우리가 정결함을 받았다는 "표상"과 "증거"가 된다.

세례는 자신이 성도라는 사실을 사람들 가운데 드러내는 "표"나 "표지" 정도에 불과한 것이 아니다. 세례는 약속과 함께 자신의 뜻을 제정하신 하나님의 명령을 담고 있다(마 28:19; 행 2:38; 막 16:16). 세례를 받음으로 성도는 "그리스도의 피 뿌림을 통한" 구원의 은혜를 물이라는 표징으로 인침받는다. 그리하여 생명이 피에 있으므로 피흘림 없이는 죄 사함이 없다는 말씀을 (레 17:11; 히 9:22) 믿음 가운데 확증하게 된다. 그렇다고 "구원의 원인"이 세례에 있는 것은 아니다. 세례는 구원의 "선물들을 아는 것과 확신하는 것"을 인칠 뿐이다. 즉 믿음을 인칠 뿐이다.

칭의의 법정적 선포가 영원히 유효하듯이, 세례의 인침도 그 이후의 죄로 말미암아 무효가 되지 않는다. 구원의 은혜가 오직 그리스도의 대속적 공로로 말미암듯이, 세례는 그리스도와 연합한 성도가 오직 그분 안에서만 은총을 받는다는 사실을 공표한다. 그러므로 열쇠의 권한을 왜곡하여 세례 이후의 사죄권은 사제에게 있다고 가르치는 로마 가톨릭의 교리는 허망할 뿐이다(4.15.1-4).

둘째, 세례는 그리스도 안에서 옛사람이 죽고 새사람이 사는 거듭남의 표가 된다. 세례는 죄에 대한 "죽음"과 의에 대한 "삶"을 함께 제시한다.[6] 즉 세례는 죄 사함과 의의 전가로 말미암은 칭의의 은혜를 확증한다. 세례를 방편으로 성도의 심령에 새겨지는 은혜는 그리스도와 연합하여 그분의 의를 전가받음으로써 그분과 함께 죽고, 함께 사는 생명의 열매를 맺음에 대한 확신에 있다(롬 6:5, 8).

성도가 세례를 통해 심령에 새기는 은혜는 단지 다시 살아나는 것에 그치지 않고 새롭게 살아가는 것을 포함한다. 더 이상 죄의 종으로 살지 않고 의의 종의 삶을 사는 은혜가 세례로 고백된다(롬 6:17-18). 세례는 단회적이나 법정적으로 전가되어 성도의 삶 전체에 작용하는 그리스도의 의를 인치는, 즉 영생을 인치는 성례이다(롬 6:11; 골 2:11-12; 딛 3:5).[7]

"그러므로 우리가 그의 죽으심과 합하여 세례를 받음으로 그와 함께 장사되었나니 이는 아버지의 영광으로 말미암아 그리스도를 죽은 자 가운데서 살리심과 같이 우리로 또한 새 생명 가운데서 행하게 하려 함이라"(롬 6:4).

이렇듯 세례는 그리스도의 죽음의 효력이 새 생명과 새 생활 가운데 작용함을 인치는 거룩한 예식이다(4.15.5).

셋째, 세례는 우리가 그리스도와 "하나가 되어서" 그분이 주신 "모든 선한 것들에 동참하는 자들"이 되는 은혜를 확증한다. 주께서 세례를 받으신

---

[6] 즉 "mortificatio"와 "vivificatio."
[7] 세례로 인치는 은혜인 칭의는 영생에 대한 법정적 선포이다. 법정적이라 함은 단회적으로 선포되나 영원하다는 의미이다. 영생은 하나님의 자녀로서의 완전한 삶을 의미한다. 이는 구원의 의 전체를 아우르는 포괄적 개념이며, 오직 언약적 개념이다.

- 정결함의 표
- 거듭남의 표
- 그리스도와의 연합의 표

▲ 세례의 의의

것은 우리의 죄를 대신 지시고 우리를 자신의 자리에 함께 세우기 위함이셨다(마 3:13-15). 우리가 그리스도와 합하여 세례를 받음은 그분을 옷 입음이며, "새로운 영적 본성으로", 그분 안에서 그분과 함께 하나님의 자녀가 됨을 보증하는 것이다(갈 3:26-27).

회개의 세례는(마 3:6, 11; 막 1:4; 눅 3:16; 요 3:23; 4:1; 행 2:38, 41) 거듭난 삶 전체를 지배한다. 그러므로 한 번 받은 세례는 이후의 죄로 인하여 변개되지 않는다. 삼위일체 하나님은 세례 가운데 함께 역사하신다. 세례의 "원인"은 성부 하나님께 있다. 세례의 "질료"는 성자 하나님이다. 세례의 "효력"은 성령 하나님의 역사이다(4.15.6).[8]

세례의 이러한 세 가지 유익은 그리스도의 공로를 전가해 주시는 성령의 임재로 말미암는다. 세례 요한이 자신은 물로 세례를 주는 반면에 그리스도는 성령과 불로 세례를 주신다고 한 것은(마 3:11; 눅 3:16) 성령을 주시는 분, 곧 "내면적인 은혜를 조성하시는 분"이 그리스도이심을 증언하기 위함이었다. 세례가 확증하는 의는 오직 그리스도의 의의 전가로 말미암는다. 거듭난 성도는 "죄책과 저주로부터는" 해방되었으나(롬 8:1) 여전히 곤고함이 남아 있다(롬 7:18-24). 세례의 표징은 거듭난 사람으로서 다시 산 사람이 날마다 자신을 죽이는 은혜의 삶을 사는 데까지 미친다(4.15.7-12).

세례의 효력은 물이라는 표징 자체에서 비롯되지 않는다. 세례의 "실체"와 "진리"는 그리스도의 인격과 사역에 있다. 그리스도의 영의 역사로 우리가 한 몸이 되었듯이, 세례로 우리는 우리 자신과 그분과의 연합이

---

[8] 세례의 "원인(causa)", "질료(materia)", "효력(effectus)"을 성부, 성자, 성령께 돌리는 것은 삼위일체의 경륜에 대한 칼빈의 이해에 정확히 부합한다.

시작됨을 확증한다. 세례의 효력이 표징 자체에 있지 않듯이 그것을 거행하는 목사의 능력과 가치에 따라 좌우되는 것도 아니다. 세례는 그리스도의 복음을 선포하는 것과 분리될 수 없다(마 28:19) (4.15.14-16; 4.16.25).

28. 3. 유아세례 : 하나님의 언약의 시간표

유아세례는 "세례의 부록"이라 할 것이다. 이를 다룰 때 우리는 "교리의 순수성"과 "교회의 평화"를 함께 고려해야 한다(4.16.1). 신약의 유아세례는 '할례'라는 구약의 "신비한 예표"에 의해서 그 성례적 의의와 가치가 이미 두드러졌다(4.16.3).

구약시대의 할례는 인류의 부패한 본성을 잘라 버리고 새로운 생명으로 거듭나는 표로서 하나님의 언약의 자녀가 됨을 인치는 예식이었다. 포피를 베는 할례의 "인(印)"[9]은 아브라함의 후손들에게 잠정적으로 작용하였다. 할례로 구약의 성도들은 오실 그리스도의 피가 그 할례의 인에 대한 "실체"가 될 것임을 믿는 자신들의 믿음을 확증하였다(갈 3:16; 롬 4:11; 요일 1:7; 계 1:5).

구약시대 백성은 할례를 통해 세례의 영적 약속을 미리 누렸다. 세례가 그러하듯이 할례도 언약 백성이 누리는 보이지 않는 은혜에 대한 보이는 표였다. 할례와 세례는 무조건적 은혜와 영생의 "약속"을 공유한다는 측면에서 차이가 없다. 포피를 베는 것이나 물로 씻는 표상으로 "의미되는 본체"[10]는 주께서 대제사장으로서 제물이 되셔서 단번에, 영원히 자신을

---

9) 칼빈은 "인(sigillum)"이라는 단어를 "표징(signum)"과 유사한 의미로 사용한다. "상징(symbolum)"이라는 단어도 사용하지만 흔히는 않다. 다만 세례와 성찬에 관한 신학적 진술을 할 때에는 signum이라는 단어를 특정해서 사용하는 경향이 있다.
10) "의미되는 본체(res signata)", 이는 성례의 거행으로 표징이 제시하는 의미 자체, 즉 "significatio"를 뜻한다.

드리심에 있다(히 4:14; 5:5; 9:11). 그러므로 할례와 세례는 성례의 "내적 신비"를 공유한다.

비록 표징의 양식과 구속사적 경륜에 있어서는 차이가 있으나 할례와 세례는 그 "실체"나 "진리"에 있어서 동일하다. 할례의 예표가 세례로 성취되었다. 할례는 이후 오셔서 다 이루실 예수님을 믿는 믿음 가운데, 세례는 이미 오셔서 다 이루신 예수님을 믿는 믿음 가운데 거행되었다(4.14.22, 23-24; 4.16.1-4).

할례와 세례는 하나님의 자녀에게 주어진 동일한 언약의 약속을 확증한다. 그러므로 구약의 유아들에게 "언약의 약속을 인치기 위해서" 할례를 행했듯이(창 17:9-14) 이제는 믿음의 자녀가 세례를 받음이 합당하다. 유대인의 자손이 그러했듯이(스 9:2; 사 6:13), 성도의 자녀도 "언약의 상속자"로서 거룩하게 구별되어야 하기 때문이다(고전 7:14).

할례와 세례는 모두 언약의 자녀가 "하나님의 가족"이 되는 표이지만 그 경륜에 있어서 세례가 더욱 귀하다. 그림자가 몸으로서 성취되었으므로, 신약의 세례가 구약의 할례보다 그리스도와의 연합을 더욱 분명하게 확증하기 때문이다. 새로운 시대에는 세대를 이어서 복을 주시겠다는 은혜의 언약을(출 20:6) 그리스도가 성취하셔서 유아세례를 통해 그 의를 전가해 주신다는 "놀라운 위로"가 넘치게 된다.

유아세례는 사도시대 때부터 시작되었다. 세례를 제정하신 목적이 그리스도와 연합하여 하나님의 자녀가 된 백성이 또한 그분과 함께 하나님 나라의 상속자가 된다는 것을 인치는 데 있다는 것을 고려한다면 유아세례를 거행하여 교회는 연합체로서 사랑을 더하고, 부모는 자녀를 언약 백성으로 양육하며, 유아 본인은 더욱 믿음의 확신 가운데 자라게 되는 유익을 얻음이 마땅하다.

주님은 천국이 어린아이와 같은 사람들의 것이라고 하시며 어린아이들을 맞으시고 안수해 주셨다(마 19:13-15). 이로써 어린 영아와 유아를 천국 백성으로 인침이 합당함을 계시하셨다(4.16.5-9).

그리스도와 연합한 자녀는 "언약의 자손"으로서(행 3:25) 아브라함에게 약속된 복을 누리게 된다(창 12:2; 17:7; 갈 4:28; 롬 4:12). 할례로 인친 구약 언약의 약속도 영적이며 영생에 관한 것이었다. 표상은 육체를 베는 것이었지만 그 의미는 언약 백성으로 거듭남이었다(출 15:16; 19:5).

이렇듯 할례의 실체가 세례와 다르지 않으므로, 사도 바울은 세례를 "그리스도의 할례"라고 불렀다(골 2:11). 그리고 그 의미로서 그분의 죽음과 부활에의 연합을 제시했다(골 2:12).

그리스도가 할례의 수종자가 되신 것은 옛 조상들에게 주신 언약의 약속을 견고하게 하려 하심이었다(롬 15:8). 구약시대 유아들에게 거행된 할례는 그들이 "그리스도 밖에" 있는 이방인들과는 구별된다는 표였다. 당시 그분은 아직 "그림자"로 현존하셨다. 이제 세례는 "몸"으로 오신 그분 "안에" 있는 언약 백성을 인치는 표가 되었다(엡 2:11-13; 골 2:17). 이렇듯 세례가 할례의 완성이니 어찌 유아세례를 금하여 언약의 복을 감할 수 있겠는가?(4.16.10-16)

인류는 모태에서부터 죄 중에 잉태되어(시 51:5) 본질상 진노의 자녀로서 사망에 속하여 태어난다(엡 2:3; 고전 15:22). 하나님은 선악의 분별력이 없는 유아라도 자신의 뜻에 따라 거룩하게 하실 수 있다. 먼저 거듭나게 하시고 이후에 지식을 주신다. 할례가 그러하듯이(렘 4:4; 9:25; 신 10:16; 30:6) 세례 역시 회개의 표이다. 회개의 마음은 말씀을 듣고 믿음으로써 생긴다.

유아들에게는 성령의 역사로 말미암아 장래의 회개와 믿음을 위한 "씨"가 그들 안에 숨어 있다. 유아세례는 하나님이 세우신 언약을 확증하는 현재적 효과가 있다. 그 나머지 의미는 하나님이 "자신의 중생 시간표"에 따라 자라감에 따라서 때에 맞추어 부여하신다.

세례의 능력이 수세자의 공로로 말미암는다고 생각하는 사람들은 유아세례를 부인하게 될 것이다. 세례는 공로에 대한 대가가 아니며 그 자체로 구원에 이르게 하는 능력이 있는 것도 아니다. 세례는 하나님의 무조건적 선택의 은혜를 그분 자신의 섭리에 따라서 인칠 뿐이다. 하나님은 긍휼과 자비의 은총을 베푸셔서 유아들을 "가족"과 "권속(眷屬)"으로 자신의 집에 들이신다. 곧 자신의 집인 교회의 "지체"로 가입시키신다. 이를 인침이 세례니 유아세례가 복되지 아니한가! (4.16.17-21, 26, 31-32)

[제29주제 : 기독교 강요 4.17.1-4.19.37]

성찬: 그리스도와 연합한 성도로서 살아감의 표
로마 가톨릭 미사와 거짓 성례들: 새로운 유대주의

29. 1. 그리스도와 연합한 성도들의 영적 잔치

세례의 표징인 물에는 "씻음"이, 성찬의 표징인 떡과 잔에는 그리스도의 "무름"이 표상된다. 이러한 표상의 실체는 주께서 십자가상에서 찢기신 살과 흘리신 물과 피였다. 사도 요한이 예수께서 물과 피로 오셨다고 한 말씀에는(요일 5:6) 성례의 "숭고한 신비"가 이미 제시되어 있다(4.14.22).

	세례	성찬
표징	물	떡과 잔
의미	씻음(중생)	살과 피
제시	그리스도와의 연합의 시작의 표	그리스도와의 연합의 계속의 표

▲ 성례의 신비[1]

---

[1] 표징(signum)은 은혜에 대한 가시적 표(表)이다. 의미(significatio)는 표징의 실체이다. 제시(exhibitio)는 표징이 의미로서 드러남이다. 성례의 거행(significare)은 표징의 의미를 제시하는 것(exhibere)을 뜻한다.

성도의 그리스도와의 연합은 단지 외면적, 형상적 차원의 것이 아니며 내면적, 영적인 것이다.

"그리스도는 우리의 바깥에 계시지 않고 우리 안에 사신다. 그는 각 사람과 보이지 않는 끈으로 인격적인 교제를 하실 뿐만 아니라 날마다 놀라운 교통을 하신다. 그리하여 그가 우리와 완전히 하나가 되기까지 우리 속으로 들어오셔서 한 몸이 되사 날마다 자라 가신다"[2] (3.2.24).

그리스도는 성도 안에 사시고 성도는 그분 안에 산다. 그리스도와의 "연합"을 통한 성도의 "교제"와 "교통", 성찬은 이 "신비한 복"을 도장을 찍듯이 확증한다.

주께서는 친히 부어주신 영으로써 (행 2:33; 롬 8:9) 우리 안에 사신다 (갈 2:20). 그분은 "우리 밖에" 계시나 "우리 안에" 사신다. 그리스도의 영이 "고리"가 되어 우리를 그분과 연합시키고, "수로"가 되어서 "그분 자신과 그분께 속한 것"을 우리에게 전달해 주시기 때문이다. 성찬의 "물질적인 표징들로" 제시되는 "영적인 진리"는 중보자 그리스도의 초월하면서 내재하시는 임재의 비밀이라고 할 수 있다.

"나는 이 진리가 무엇인지를 세 가지 익숙한 말, 즉 의미, 그 의미에 놓여 있는 질료, 이 두 가지로 말미암는 능력 또는 효과로 설명하기 원한다. 의미는 표징이 지시하는 약속에 담겨있다. 나는 그리스도를 그분의 죽음과 부활과 함께 질료 혹은 실체라고 부른다. 그리고 그리스도가 주시는 구속, 의, 거룩

---

2) 명문선 102.

함, 영생 그리고 다른 모든 은총을 효과라고 이해한다"[3](4.17.11-12).

하나님이 "우리의 부족한 능력에 맞추어" 성찬을 제정하셨다. 그리하여 "최고의 아버지"로서 일생 동안 자녀들을 "기르시는" 자신의 사랑에 대한 "보증"을 삼으셨다.

성찬은 주께서 주시는 생명의 떡과 음료를 먹고 마심으로써 그분이 영생을 주시는 분이심을 확증하는 "영적 잔치"이다(요 6:51). 성찬의 "떡"과 "잔"은 우리의 영혼이 그리스도의 살과 피로부터 얻게 되는 "보이지 않는 자양분"을 표상한다. 우리를 위해 살을 찢기시고 피를 흘리신 주께서 "우리 영혼의 유일한 양식"이 되신다. 그 양식을 먹는 자마다 "생명을 살리는 죽음의 능력"으로 말미암아 영원히 살게 된다. 이러한 "은밀한 연합"이 떡과 잔의 표상으로 기념된다(4.17.1). 우리는 살아 계시는 하나님께 일용할 양식을 구한다. 성찬은 "끊이지 않는 양식"이다(4.18.19).

29. 2. 성찬의 신비한 은혜

성찬으로 우리는 그리스도께 속한 것은 무엇이든지 우리의 것으로 삼게 되는 은혜에 대한 증거를 얻게 된다. 떡과 잔이라는 성찬의 표징 가운데 그리스도가 찢기신 살과 흘리신 피로 "제시되신다."

성찬에 참여함으로써 우리는 그리스도의 의의 전가에 대한 "큰 확신과 달콤함"을 얻게 된다. 주께서 인자가 되심으로 우리가 하나님의 자녀의 반열에 들게 하셨다. 내려오심으로 우리가 하늘에 오를 길을 여셨다. 친히 죽

---

[3] 명문선 103.

으심으로 우리에게 영생을 선물로 주셨다. 무력해지심으로 우리가 강해지고, 빈곤에 처하심으로 우리를 부요하게 하셨다. 죄의 짐을 지심으로 우리가 의를 덧입게 하셨다. 살과 피를 취하시고 내어주심으로 우리가 부활의 육체 가운데 영생을 누리게 하셨다(4.17.2, 11).

성찬의 주된 기능은 그리스도의 몸을 우리에게 주는 것이 아니라, 그분의 몸을 "참된 양식"과 "참된 음료"로(요 6:55) 먹고 마시는 자는 영생을 얻으리라는(요 6:54) "약속을 인치고 확증하는 데" 있다. 십자가에서 이 약속이 수행되었으며 다 이루어졌다. 주께서 죽음을 삼키는 죽음을 당하셨다(벧전 3:22; 고전 15:54). 그리하여 그분의 살과 피를 영생의 양식으로 제공하셨다(요 6:48, 50). 그 양식을 먹음으로 마지막 부활의 때에 우리의 육체는 "썩지 아니함"과 "죽지 아니함"을 입게 된다(고전 15:53-54). 여기에 "일종의 유추"가 있다. 떡과 잔이 우리 신체에 영양을 공급하듯이 그리스도의 몸은 우리의 영혼에 힘과 생명을 주는 유일한 양식이다.

십자가에 달리신 그리스도의 몸이 우리의 영혼을 살리는 유일한 양식이다. 그러므로 성찬은 우리를 "그리스도의 십자가로 보낸다." 그리하여 "그분의 실체에 참여하는 자들"이 되게 한다.

"받으라, 먹으라, 마시라; 이것은 너희를 위하는 나의 몸이요; 이것은 죄 사함을 얻게 하려고 흘리는 나의 피니라"(마 26:26-28; 고전 11:24; 막 14:22-24; 눅 22:19-20).[4]

이러한 제정의 말씀을 통해 그리스도는 자신의 몸이 "우리의 것"이며

---

4) "accipite, edite, bibite; hoc est corpus meum, quod pro vobis traditur; hic est sanguis, qui in remissionem peccatorum effunditur."

"우리를 위한" 것임을 선포하셨다(14.17.3-4, 11).

29. 3. 영적인 그러나 실재적인 현존

그리스도가 자신의 몸을 대속물로 주셨다는 믿음 없이는 성찬의 복을 누릴 수 없다. 성찬은 대리적 속죄의 의가 성도의 구원에 역사함을 확증하되 오직 그것을 믿는 자에게만 그러하다. 믿음으로 성찬에 참여할 때에 표징 자체를 업신여겨서도 과도하게 찬양해서도 안 된다.

주님은 표징의 의미를 단지 관념상 인정하라는 것이 아니라 그것에 참여하라고 하셨다. 그리스도를 믿어 마음에 모신 성도가(엡 3:17) 그분의 살과 피를 먹고 마실 때 성찬의 신비한 "양분"으로 "능력"과 "생기"를 얻게 된다. 그러므로 성찬의 신비를 단지 성령의 내적 감화를 받는 정도로 여겨서는 안 된다(4.17.5, 7).

"그들에게는 먹는 것이 믿는 것에 불과하다. 나는, 믿는 것으로 그리스도의 살을 먹게 된다고 말한다. 왜냐하면 믿음으로 그것이 우리의 살이 되기 때문이다. 그리고 그 먹음이 믿음의 열매며 효과라고 말한다. 혹 그대가 더욱 분명한 표현을 원한다면, 그들에게는 먹음이 믿음이다; 나에게는 먹음이 믿음으로부터 나온 귀결로 여겨진다"[5](4.17.5).

예수 그리스도가 "생명의 말씀"으로서, "영원한 생명"을 주시기 위해 이 땅에 육신으로 오셨다(요 1:1, 4; 요일 1:1-2; 행 3:15). 그리스도가 "생명의 원천이며

---

[5] 명문선 104.

기원"이시다. 그분의 살은 생명의 떡이요 그분의 피는 생명의 음료이다(요 6:48, 51, 56). 주님을 영접하는 것이(요 1:12) "하나님과 사귐"을 갖는(요일 1:16) 유일한 길이다. 그것은 "말씀의 교제"와 "생명의 교통"으로 이루어진다(4.17.8).

그리스도의 몸에 참여함으로써 자신의 육체 가운데서 영원한 생명을 발견하는 것, 이것이 부활의 삶을 소망하는 성도에게 "놀라운 위로"가 된다. 그리스도의 몸은 마르지 않는 샘과 같아서 하나님으로부터 자신에게로 흘러 들어오는 생명을 끊임없이 우리에게 부어 주신다. 그분은 교회의 머리이시고 우리는 그분의 몸 된 교회의 지체이다(엡 1:23; 고전 6:15). 우리는 그 몸의 뼈와 살을 이룬다(엡 5:30; 창 2:23). 이러한 한 몸됨의 비밀이 크다(엡 5:32). "이 비밀을 설명하는 것보다 오히려 찬미하는 것이 낫다"(4.17.7-9).

성육신 후 그리스도는 자신의 신성에 따라서는 모든 곳에 동시에 계시나 자신의 인성에 따라서는 특정한 곳에 계신다. 부활 후에도 그리스도는 여전히 살과 뼈를 가지셨다(눅 24:39; 요 20:27). 그리고 그 "유한한 몸"으로 마지막 날까지 하늘에 머물러 계신다(행 3:21).

그리스도가 성령을 내려주심은 이제 그분이 육신으로는 우리와 함께 계실 수 없기 때문이다. 그리스도가 몸으로 이 땅을 떠나서 하늘로 올라가셨다. 그리하여 우리와 함께 계시지 아니하신다(마 26:11; 요 12:8; 막 16:19). 그러나 어거스틴이 말한 바와 같이, "엄위와 섭리와 형언할 수 없는 은혜"에 있어서는 항상 우리와 함께 계신다(마 28:20). 주님은 몸으로 하늘에 "올려져" 가셨다(행 1:9; 막 16:19; 눅 24:51). 그리고 "거기로부터"(빌 3:20) "본 그대로" 오실 것이다(행 1:11). 지금 그리스도의 "처소"는 하늘이다(4.17.12, 26-27).

주께서는 지금도 신성과 인성의 위격적 연합 가운데 계속적으로 중보하신다. 신성에 따라서는 그분은 "어디에나" 계신다. 그러나 인성에 따라서는 하늘 어느 곳에 계신다. 부활로 육체에 불멸성이 부여되었으나 육체의 고유한 속성이 제거된 것은 아니다. "육체의 현존"은 여전히 제한적이다. 그리스도는 부활과 승천 후에도 인성에 따라서는 "지역적으로" 현존하신다.[6]

성도가 공간적으로 떨어져 있는 그리스도의 몸을 받게 되는 것은 "성령의 은밀한 능력"으로 말미암는다. 성령은 성례의 약속을 효과적으로 실현한다. 성령은 표징에 의해서 "의미되는 실체"를 "제공하시고", "드러내시고 제시하신다." 그리고 그것을 우리의 심령에 "증거하시고 인치신다." 성령의 "작용"은 객관적인 성례의 거행과 주관적인 성도의 감화에 동시에 미친다. 그리스도는 부활과 승천으로 인성에 따라서 육체가 지상을 떠나셨다. 이는 성령의 능력으로 우리 가운데 그 육체의 "영적인 현존"을 이루기 위해서였다(4.17.10, 28).

성찬에는 "말씀 선포"가 필수적이다. 말씀의 제정에 따른 약속은 표징이 아니라 그것을 받는 사람을 향하여 주어진다. 성찬에 참여하는 자는 그 약속을 "믿음의 분수대로"(롬 12:6) 받아야 한다. 오직 그리스도가 그 안에 사는 사람만이 성령의 "은밀한 힘"으로 그분과 하나 된 가운데 "영적인 먹음"을 통하여 그분의 살과 피에 참여한다. 이 먹음은 영적이다. 그러나 "참되고 실재적이다."[7] "그리스도가 육체의 실체로 우리의 영혼에 생명을 불어넣어 주신다." 어거스틴이 말한 바, "가룟 유다는 주님의 떡을 먹었으나 다른 제자들은 그리스도를 떡으로 먹었다." 분명 영적이므로 물질적

---

[6] 하늘에 오르신 주님은 이전과 마찬가지로 신성에 따라서는 "어디에나(ubique)" 계시고 인성에 따라서는 "지역적으로(localiter)" 특정한 곳에 계신다. 그분은 어느 곳에 계시며 어디에나 계신다.
[7] 성찬에 있어서 그리스도의 현존은 영적, 그러나 실재적이다(praesentia spiritualis sed realis). 라틴어 "realis"는 현존한다는 의미로 "실재적"으로나, 실현되었다는 의미로 "실제적"으로 번역할 수 있다. 여기서는 성례적 의미를 부각시키기 위해서 전자를 택하였다.

이지 않다. 그러나 단지 상징적이지 않고 실재적이다. 그리고 말씀의 제정에 따라 참되다. 이러한 성찬의 신비는 이해되기보다 경험된다. 그 역사는 오직 성령의 "불가해한 능력"으로 말미암는다(4.17.32-34, 39-40).

성찬은 물질을 숭배하는 것이 아니라 받은 은혜대로 "마음을 들어 올려" 하나님의 영원한 영적 양식을 먹고 마시는 것이다(4.17.31, 35-36). 그것은 하나님 앞에서 자신의 믿음을 확증하는 동시에 이웃을 향한 사랑과 화목과 평화를 고백하는 예식이다.

> "우리가 축복하는 바 축복의 잔은 그리스도의 피에 참여함이 아니며 우리가 떼는 떡은 그리스도의 몸에 참여함이 아니냐 떡이 하나요 많은 우리가 한 몸이니 이는 우리가 다 한 떡에 참여함이라"(고전 10:16-17).

성찬은 그리스도와 연합한 성도들이 함께 먹고 마시며, 함께 자라가는 거룩한 잔치이다(4.17.38, 42).

29. 4. 로마 가톨릭의 화체설 비판

로마 가톨릭 신학자들은 사제의 "축성(祝聖)"으로 떡이 그리스도의 몸으로 변한다는 "화체설(化體說)"을 주장한다. 그들은 "변화"를 다음 세 가지로 설명한다.

첫째, "떡의 실체"가 없어진다. 떡은 자체의 고유한 속성을 잃는다. 둘째, 떡 가운데 그리스도의 몸이 새롭게 존재하며 그곳에서 지역적이며 육체적으로 현존한다. 셋째, 그리스도의 몸은 "떡의 형상"에 숨겨져 보이지 않는다.

로마 가톨릭 신학자들도 그리스도의 몸은 편재할 수 없기 때문에 승천하신 그대로 하늘에 계신다는 사실을 인정한다. 그럼에도 불구하고 그들은 성찬에서의 그리스도의 "지역적 현존"을 "육체적 현존"으로 이해한다. 그들의 궤변에 따르면 한 분 그리스도가 다수의 몸을 갖게 된다. 이러한 난점을 무마하기 위해서 그들은 떡의 실체와 형상을 이원론적으로 파악하여 성찬에 있어서 떡의 실체는 없어지고 떡의 형상은 변화되어 그리스도의 몸을 새로운 실체로 받는다고 한다. 그들은 하늘에 현존하는 몸이 떡에 현존하는 몸과 다르지 않다고 본다. 그리하여 그리스도의 육체는 인성의 제한을 받으나 무제한하다는 자가당착에 빠진다.

로마 가톨릭 신학자들은 성찬에 있어서의 그리스도의 현존을 육체적, 물질적으로 이해한다. 그들은 성찬의 표징으로부터 그것에 의하여 의미되는 실체인 그리스도의 몸을 분리시킨다. 그리하여 성례의 의의를 퇴색시킨다. 표징과 의미와의 관련성이 무시되므로 하나의 표징으로 살과 피가 동시에 제시된다고 본다. 그들은 이를 "병재(竝在)"라고 부른다. 그들은 성경적 진리에 따른 그리스도의 몸의 현존이 아니라 사제의 기적적 능력을 가정한 "은밀한 현존"을 주장한다. 그들은 "떡의 외형 아래에" 하늘에 계신 그리스도의 몸이 육체적으로 현존한다고 하는데, 전혀 비성경적인 "은밀한" 궤변에 불과할 따름이다(4.17.13-15, 18).

29. 5. 루터주의의 공재설 비판

로마 가톨릭 신학자들과는 달리 루터주의자들은 떡의 실체가 변하지 않는 가운데 그리스도의 몸이 현존한다고 주장한다. 다만 그들도 떡과 그리스도의 몸과의 "실체적 관련성"은 부인한다. 그들은 성찬의 의미를 떡이 그리스도의 몸을 표상한다는 사실에서가 아니라 그리스도의 몸이 떡과 함께 현존한다는 사실에서 찾는다. 그러나 "떡이 몸이다(panem esse corpus)"라는 말과 "몸이 떡과 함께 있다(corpus esse cum pane)"라는 말은 천양지판이다.

로마 교회는 화체설을 주장하여 그리스도의 몸을 떡에 "내포시키려고" 하는 반면에, 루터주의자들은 그것을 떡에 "부착시키려고" 한다. 그리스도의 몸을 썩을 요소들에 가두거나 고착시키는 것은 그분의 영광에 합당하지 않다. 뿐만 아니라 인성에 합당하지 않은 속성을 그분의 몸에 돌려서도 안 된다. 왜냐하면 주님은 참 하나님과 참 사람으로서 이 땅에서 대속사역을 완성하셨으며 지금도 신인양성 가운데 중보자 사역을 감당하고 계시기 때문이다(4.17.16-17, 19-20). 로마 가톨릭 신학자들은 "은밀한 현존"이라는 모호한 말로 하늘에 계신 그리스도의 몸이 떡 가운데도 육체적으로 현존한다는 주장을 한 반면에, 루터주의자들은 승귀한 그리스도의 몸이 모든 곳에 현존한다는 "편재성"[8]에 기초해서 자신들의 공재설(共在說)을 전개하였다.

루터주의자들은 승천하신 그리스도가 지니신 "영광의 몸"을(빌 3:21) 인성의 제한을 받지 않는 "보이지 않고 무한한 몸"이라고 곡해한다. 그들에 의하면 그 몸은 "동시에 여러 곳에 있으나 어떤 공간에도 제한되지 않는다." 이러한 궤변은 신인양성의 "속성 교통"에 대한 그들의 오해에서 기인한다.

성육신 이후 그리스도의 인격과 사역에 대한 말씀은 모두 위격적 연합

---

[8] "ubiquitas(ubiquity)."

교리 가운데 읽어야 한다. 어느 특정한 본성에 속하는 특성은 전체 위격에 돌려진다. 양성은 위격 안에만 있으며 위격을 통해서만 교통한다. 위격에 관한 한 주님은 항상 전체로 계신다. 그러나 위격에 속한 양성에 관한 한 각각의 성이 항상 전체로 서로 부합되는 것은 아니다. "그가 어디에 있든지 주님은 한 분이시다. 그러나 전체로서 그러하신 것은 아니다."[9]

승천하신 그리스도는 인성에 따라서는 하늘에 계시고 신성에 따라서는 어디에나 계신다. 신성에 따라서는 장소에 제한되지 아니하고 인성에 따라서는 동시에 여러 곳에 계실 수 없다. 한 성에 따른 것은 다른 성에 따를 수 없다. 그러나 어느 성에 따르든 그 주체는 양성의 위격이다. 즉 인성에 따라 특정한 곳에 계신 분도 신성에 따라 어디에나 계신 분도 예수 그리스도 자신이시다.

루터주의 신학자들은 이러한 양성의 위격적 교통을 곡해하여 양성이 위격을 통하지 않고 자체적으로 교통하여 서로 혼합되거나 변화된다고 보았다. 그들은 승천하신 그리스도의 몸은 신성에 혼합되어 육체인 채로 어디에든지 현존한다고 본 것이다. 그러므로 로마 가톨릭의 화체설과 마찬가지로 루터주의의 공재설도 성찬을 받는 성도의 믿음을 중요하게 여기지 않는다(4.17.29-31).

---

[9] "전부 그러나 전체는 아닌(totus, sed non totum)", 이는 그리스도의 위격적 연합 교리로 성찬론을 설명하는 과정에서 어거스틴과 롬바르드 등이 인용한 말이다. 위격적 연합 교리는 신인양성에 고유한 속성, 사역, 은사가 모두 한 위격에 돌려진다는 가르침이다. 성찬에 있어서 그리스도의 육체적 현존은 인성에 따른 것이다. 그렇지만 현존하시는 분은 신인양성의 주님 자신이시다. 즉 신인 양성 전체에 따른 것은 아니지만(non totum) 그 분 자신(totus)이 현존하신다. 인성에 따라서는 어느 곳에 계신 분이 신성에 따라서는 모든 곳에 계신다. 그러나 언제든 한 분이 어느 곳에도 모든 곳에도 계신다. 이렇듯 "totus"는 위격 혹은 위격의 한 분이심에, "totum"은 양성의 연합에 관련된다. "totus"라고 한 것은 한 분 자신 그 전부, 즉 위격이 주체라는 뜻이다. "non totum"이라고 한 것은 각각의 성은 고유한 성에 따라서 서로 혼합되거나 변화되지 않고 각각 고유하게 작용한다는 뜻이다.

성찬설	칼빈 영적 임재설	로마 가톨릭 화체설	루터주의 공재설
이해	말씀과 성령의 능력으로 그리스도의 몸이 영적 그러나 실재적으로 현존함	그리스도의 몸이 육체적으로 현존하여 떡의 실체를 대체함	그리스도의 몸이 편재함으로 성찬의 떡과 잔과 함께 현존함
비판		그리스도의 인성의 속성에 대한 오류	그리스도의 양성의 속성 교통에 대한 오류

▲ 성찬설

29. 6. 로마 가톨릭 미사와 거짓 성례들 비판

로마 가톨릭은 미사를 죄를 보속하기 위한 공로를 쌓는 희생제사로 여긴다. 이는 그리스도가 멜기세덱의 반차를 따르는 대제사장으로서 자신의 몸을 제물로 단번에 영원한 제사를 드리셨다는 사실을(히 5:6, 10; 7:17, 21; 9:11, 26; 10:10, 14, 21; 시 110:4; 창 14:18) 부인하는 것이다. 주님은 이 땅에 오셔서 대속의 의를 다 이루셨다. 그러므로 이제는 더 이상 다른 제사를 드릴 필요가 없을 뿐만 아니라(요 19:30; 히 10:18, 26) 죽을 인간이 제사장이 될 필요도 없다(히 7:17-19). 로마 가톨릭은 미사를 하나님께 치르는 "값"이라고 하고 이로써 "보속"의 공로를 말하는데, 이는 그리스도를 매번 십자가에 못 박는 것이다.

로마 가톨릭은 그리스도의 대속적 죽음의 공로를 불완전한 것으로 여기므로 그 죽음을 기념하는 성찬의 의의가 필히 곡해된다. 전적인 은혜를 감사하는 성찬과 여전히 자신의 공로를 헤아리는 미사가 어찌 온전히 양립할 수 있겠는가?(4.18. 1-3, 7, 14)

로마 가톨릭은 세례와 성찬 외에 비성경적인 다섯 가지 성례를 거행한다.

견진성사는 세례받은 성도들이 거룩한 영적 싸움을 싸울 능력을 주는 성례로 여겨진다. 그러나 이러한 의미는 이미 세례에 포함되어 있다. 우리가 세례를 받는 것은 "새 생명 가운데서 행하게 하려 함"(롬 6:4)이기 때문이다(4.19.5, 8).

고해성사는 사제의 중보를 통한 죄 사함을 외형적으로 선포하는 표로 여겨진다. 그들은 이를 "파선 후의 둘째 판자"라고 부른다. 그러나 회개에는 성례의 요소인 가시적인 표징이 있을 수 없다. 내면적인 통회가 회개의 표징이자 본체이기 때문이다. 견진성사와 마찬가지로 고해의 의미 역시 이미 세례에 포함되어 있다(4.19.15, 17).

종부성사는 임종을 맞이한 성도에게 기름을 부음으로써 질병의 치유와 영혼 구원을 구하는 예식이다. 그러나 이러한 성례를 제정한 말씀은 어디에도 없다(4.19.18-20).

신품성사는 일곱 가지 직분에 나아가는 서품의 예식이다. 그러나 이는 직분의 임명과 다르지 않으며 성례의 표나 말씀이 없다(4.19.22).

혼인성사는 남자와 여자가 한 몸이 되는 연합의 신비를 기념하는 예식으로 여겨진다(엡 5:28-32). 그러나 진정한 성례적 연합은 세례와 성찬을 통한 그리스도와의 교제와 교통으로 족하다(4.19.34-36).

이러한 로마 가톨릭의 거짓 성례들은 성도의 그리스도와의 연합을 무화(無化)시키고 단지 인간의 공로만을 부각시킬 뿐이다. 성례는 보이지 않는 은혜의 보이는 표이므로 말씀으로 제정되지 않은 예식은 오직 헛되고 참람할 뿐이다.

[제30주제 : 기독교 강요 4.20.1-32]

국가:
하나님의 일반은총적 다스림

30. 1. 국가통치의 목적

사람은 "영적 통치"와 "국가적 통치"라는 "이중적 통치"를 받는다.

영혼의 구원을 위한 영적 통치는 교회의 교리권, 입법권, 사법권으로 논의된다. 중생의 은혜는 국가와 신분과 인종을 넘어서 역사하는데 그것은 오직 그리스도의 공로로 말미암는다(갈 3:28; 골 3:11). 성도는 그리스도의 의로 맺어진 "영적인 열매"이다. 그러므로 그 관할이 "그리스도의 영적인 왕국"에 있다.

영적인 통치는 성도를 그리스도 안에서 자유롭게 한다. 성도는 그 다스림 아래에서 죄의 종의 멍에는 벗어버리고(갈 5:1) 주님의 멍에를 메고 의의 종으로서 살게 된다(마 11:28-30; 롬 6:15-20). 주님과 함께 새사람으로 거듭난 성도는 자기 안에 그리스도가 사심으로(갈 2:20) 이제는 "세상의 초등학문"을 버리고(골 2:20) 하나님의 법을 즐거워하며, "이 세상의 초보에 속한 것들"을 버리고 영원한 것들을 추구한다.

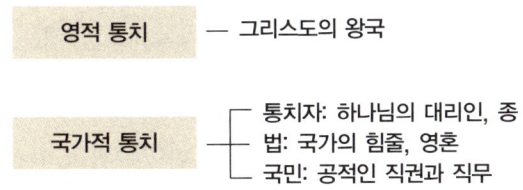

▲ 이중적 통치

한편, 국가적 통치는 세속 정부의 다스림을 통해 "시민질서"를 수립하고 유지하는 것을 목적으로 한다. 그것은 성도들의 경건한 삶에도 무관하지 않다.

> "국가통치는 우리가 사람들 가운데 살아가는 동안 하나님에 대한 외적인 예배를 존중하고 보호하며, 건전한 교리와 교회의 지위를 수호하고, 우리의 삶을 사회의 연합체에 적응시키며, 우리의 도덕을 시민 정의에 부합하도록 형성시키고, 서로 간에 화해하게 하며, 공공의 평화와 안온을 증진시키고자 하는 목적이 있다."[1]

"정부"의 역할은 단지 의식주를 채우고 문화적이며 사회적인 삶을 고양시키는 데 국한되지 않는다. 정부는 우상숭배나 하나님의 이름을 모독하는 행위를 금하고 하나님의 진리를 훼방하는 일이 없도록 방지하고 예배를 보호할 뿐만 아니라 적극적으로 돕는 역할을 감당해야 한다. 정부는 그 자체가 일반은총의 산물로서 "통치자, 법, 국민" 세 요소로 이루어진다

---

1) 명문선 105.

(3,19,15; 4,20,1-3).

사람은 "사회적 본성"을 공유한다. 사회생활에 요구되는 "성실"과 "공평"에 대한 관념이 모든 사람에게 있다. 사람들의 마음에는 법과 사회 질서의 "씨앗"이 심겨져 있다(2.2.13). 사람들이 국가를 이루고 시민법을 통해 통치자와 피치자의 질서를 세워가는 것은 하나님의 일반은총에 속한다(2.2.17). 하나님의 주권적 섭리는 창조와 구속 경륜뿐만 아니라 인류의 사회적 삶에도 미친다. 하나님이 "최선의 방식으로" 다스리지 않으시는 것은 하나도 없다(1.5.8).

30. 2. 통치자

하나님은 통치자의 역할을 인정하실 뿐 아니라 최고의 찬사로 그 가치를 칭송하신다. 하나님의 말씀을 받아서 다른 사람을 적합하게 판단하는 사람은 "신"이라고 불렸다(출 22:8; 시 82:1, 6; 요 10:35).[2] 그들은 하나님께 받은 "권세"를 가지고 그분 "대신" 다스리는 자로 세워졌다(롬 13:1-4). 하나님이 권능을 부여하지 않으시면 세상의 방백과 재상과 재판관이 그들에게 속한 백성을 다스릴 수 없다(잠 8:15-16).

교회에 부여된 다스리는 은사도(롬 12:8; 고전 12:28) 이러한 국가 통치의 원리를 간접적으로 보여준다. 하나님이 다스리는 자들을 자신의 "대리자들"로 삼으셔서 국가와 교회를 "세우심"은 단지 인류의 패역함 때문이 아니라 "신적인 섭리와 거룩한 질서로" 말미암는다.

---

2) 여기서 "신"이라고 함은 성령의 감동으로 신령한 지혜를 가진 사람을 일컫는다.

"시민국가의 권세는 하나님 앞에서 거룩하고 합법적일 뿐만 아니라 유한한 인생의 삶 전체에서 가장 거룩하고 나아가 어떤 것보다 더 영예롭다는 것을 아무도 의심해서는 안 된다."[3)]

하나님은 국가의 위정자를 "경건하게 하나님을 예배하는 자들을 위한 보호자로" 삼으셨다. 왕은 백성의 "양부(養父)"가 되고 왕비는 "유모"가 된다(사 49:23). 그러므로 모든 통치자는 하나님을 경외하며 그 아들에게 입 맞출 것이요(시 2:12), 성도는 경건한 생활과 평안을 위해서 그들을 위해 기도해야 한다(딤전 2:2). 성도가 군왕과 재판관을 위해 기도해야 함은 그들의 통치권이 하나님으로부터 말미암고 하나님께 돌아가야 함을 확신하기 때문이다.

왕은 여호와의 힘으로 인하여 기뻐하며 그분의 인자함으로 말미암아 흔들리지 않아야 한다(시 21:1, 7). 나라는 그분의 것이며 그분은 모든 나라의 주재가 되신다(시 22:28). 하나님은 정의를 사랑하고 악을 미워하는 왕에게 "즐거움의 기름"을 부으신다(시 45:7). 왕의 선정(善政)은 "주의 판단력"과 "주의 공의"로, "주의 기이한 일"과 "주의 성실"로, "주의 권능의 규(圭)"로 말미암는다(시 72:1; 89:5; 110:2). 오직 주께서 왕위를 견고케 하사 "왕관이 빛나게 하신다"(시 132:18).

통치자는 "하나님의 의를 실현하는 일꾼", "하나님의 진리를 입으로 선포하는 기관(器官)", "하나님의 행적을 기록하는 손"이며 그가 앉은 재판석은 "살아계신 하나님의 보좌"이다. 그러므로 통치자는 하나님의 섭리하심, 보호하심, 선하심, 인자하심, 의로우심을 드러내는 형상이 되어야 한다.

---

3) 명문선 106.

통치자는 "하나님의 종"이며 "하나님의 대사직(大使職)을 수행하는 자"이다. 그러므로 부지런하고(렘 48:10), 삼갈 것이며(대하 19:6-7), 모든 판단을 하나님께 돌려야 할 것이다(시 82:1). 모든 권세는 하나님께로부터 오는 것이므로 왕이 치리하는 것도 그분의 섭리에 따른 것이다(잠 8:15). 하나님은 국가를 세우실 때 그 통치자도 정하신다(4.20.4-7).

통치자의 "직분"은 십계명 전부에 미친다. 하나님을 향한 경건이 정부의 제일 관심사가 되어야 한다. 순수한 교리가 보전되고 예배가 보호되어야 한다. 하나님을 순수하게 예배할 때는 하나님의 법이 시민법보다 우선되어야 한다. 또한 통치자는 공평과 정의를 행하고 가난한 자와 고아와 과부를 학대하지 말고 무죄한 피를 흘리지 말아야 한다(렘 22:3). 오히려 낮고, 천하고, 굶주리고, 버림받은 사람들을 돌보고 그들을 압제하는 악인들로부터 건져내야 한다(시 82:3-4). 공정한 재판을 실시하여 하나님의 의가 외형이 아니라 진실에 있음을 나타내야 한다(신 1:16-17; 16:19; 17:16-20). 참으로 통치자는 "정의(正義)"를 행해야 한다.

"참으로 의(義)는 무죄한 사람들을 성실하게 지키고, 감싸고, 보호하고, 변호하고, 자유롭게 하는 것이다. 반면에 정(正)은 불경한 자들의 무모함을 막고, 그들의 힘을 제어하고, 그들의 비행을 벌하는 것이다"[4](4.20.9).

하나님은 사람의 손으로 자신의 심판을 대행하신다(롬 13:4). 악인을 의롭다고 여기는 자는 여호와를 기쁘시게 할 수 없다(잠 17:15; 24:24). 통치자는 하나님의 권위에 의지하여 공적인 보복을 가하는 수가 있다. 그리스도의 영

---

[4] 명문선 107.

적 왕국에서는 원수도 사랑해야 할 이웃이지만, 세상의 왕국에서는 적으로부터 자국민을 방어하기 위해 전쟁을 수행할 수도 있다.

그러나 통치자가 검을 들 때에는 선악시비에 대한 "공평한 판단"과 더불어 "관용"이 필요하다. 관용은 국왕을 자문하는 "최고 고문관"이라고 할 것이니 그것으로 말미암아 왕위가 견고해진다(잠 20:28). 관용은 국왕이 국민에게 베풀 "제일의 선물"이다.

국왕은 인간의 본성이 연약하다는 사실을 고려하여 국민에게 맞추어 다스려야 한다.[5] 무엇보다도 "하나님 앞에서 깨끗한 양심으로" 국정을 수행해야 한다(4.20.10–13).

30. 3. 법

시민국가에 있어서 위정자 곁에는 "법"이 있다. 법은 공화국의 "가장 견고한 힘줄"[6]이며 "영혼"이다. 법이 없다면 위정자가 존재할 수 없으며, 위성자가 없다면 법은 활력을 잃어버린다. "법은 무언의 통치자요, 통치자는 살아 있는 법이다."

법을 논의함에 있어서 일반 시민국가의 정치와 기독교 국가의 정치를 구별하여 다룰 필요가 있다. "기독교 국가"는 하나님의 법인 율법으로 다스려진다. 율법은 "도덕"에 관한 법, "의식"에 관한 법, "재판"에 관한 법으로 구성된다.

"도덕법"은 하나님 사랑과 이웃 사랑의 두 가지 규범으로 구성된다. 전

---

5) 칼빈은 회심 전에 출판된 자신의 인문주의 작품 『세네카의 관용론 주석』(1532)에서 하나님이 통치자에게 맞추어 주시듯이 통치자도 국민에게 맞추어 관용을 베풀 것을 강조하였다.
6) 칼빈은 교회의 권징 또한 "힘줄(nervus)"이라고 비유하였다. 이로써 우리는 교회의 사법과 세상의 사법이 그 실체에 있어서는 다르지 않다고 보는 칼빈의 입장을 유추할 수 있다.

자는 "순수한 믿음과 경건으로" 하나님을 경배하라는 명령이고, 후자는 "성심을 다한 사랑으로" 이웃을 섬기라는 명령이다. 도덕법은 모든 나라와 민족을 향하여 부여된 "의의 규준"으로서 그것에는 "영원하고 불변하는 하나님의 뜻"이 드러나 있다.

"의식법"은 마치 유년기의 자녀들을 위한 "몽학선생"과 같았다. 의식법은 그 실체가 되는 예수 그리스도를 예표한다. 하나님은 자신의 영원한 지혜가 아들에 의해서 밝히 드러날 때까지 유년기의 유대인들을 여러 의식으로 훈련시키고자 하셨다(갈 4:3-4; 3:23-24). 그것은 "경건에 이르는 훈련"은 되지만 "경건 자체"와는 구별되어야 한다.[7]

"재판법"은 유대 민족의 국정(國政)을 위해 주신 것으로서 그 가운데 "공평과 정의의 공식"이 제시되어 있었다. 재판법은 일시적으로 주어진 것으로서 하나님의 사랑을 세상 가운데 구현하는 기능은 있지만 "사랑의 규범 자체"와는 구별되어야 한다. 때가 되어 재판에 관한 법은 폐지되었으나 사랑에 대한 "영원한 직분과 규범"은 남게 되었다. 예수 그리스도가 다 이루심으로 말미암아 의식법과 재판법 자체는 폐지되었다. 그러나 그것의 의미는 사라지지 않고 완성되었다(4.20.14-15).

도덕법	의식법	재판법
십계명 : 하나님 사랑과 이웃 사랑에 대한 실체적 규범	하나님 사랑에 대한 예배 규범	이웃 사랑에 대한 재판 규범
영원히 불변함	예수 그리스도의 이루심으로 폐지(그 뜻은 완성)	

▲ 세 가지 종류의 율법

---

7) 칼빈은 여기서 의식(儀式) 자체를 경건으로 여기는 로마 가톨릭의 "새로운 유대주의"를 경계하고 있다.

그렇다면 각국의 시민법은 하나님의 영원한 명령인 "사랑의 규범"에 어떻게 부합하는가? 시민국가의 근간은 "자연법"과 "헌법"에 있다. 자연법은 언제 어디에서든지 동일하며 "공평"이라는 덕목에 그 최고의 가치가 구현되어 있다. 각국의 헌법은 그 공통된 목적인 공평을 추구해야 한다. 공평은 자연법으로서 시민법적 기초 원리가 되는데 그 실체에 있어서는 하나님의 법과 다르지 않다.

"우리가 도덕법이라고 부르는 하나님의 법은 자연법의 증언과 하나님이 인간의 영혼에 새기신 양심의 증언과 다르지 않다. 이 도덕법 전체에 (여기에서 다루는) 공평의 법칙이 그 자체로 규정되어 있다. 그러므로 오직 공평만이 모든 법의 목표와 규준과 한계가 되어야 한다."[8]

각국의 시민법이 이러한 기준에 따라 수립되고 시행된다면 구체적 규정이나 절차의 차이는 오히려 권장할 만한 것이다. 왜냐하면 실정법은 시대와 환경과 여건을 무시하고 제정될 수 없기 때문이다. 하나님이 유대 민족에게 맞추셔서 법을 주셨으나 그 본질은 불변했던 것을 우리는 기억해야 한다(4.20.16).

그렇다면 그리스도인은 세상의 관원들에게 법적인 판단을 맡길 수 있는가? 성경은 소송 자체를 금하지는 않는다. 사도 바울은 세상의 법정에서 로마 시민으로서 자신의 특권을 항변했다(행 16:37; 22:1, 25). 그는 불의한 재판장을 기피하고 가이사의 법정에 고소했다(행 25:10-11). 깨끗한 자들에게는 모든 것이 깨끗하다고 했으니(딛 1:15) 소송도 그러하다. "사랑과 인애로" 상

---

[8] 명문선 108.

대방에 대한 악의에 지배되기보다는 진실에 대한 열망을 가지고 재판관을 하나님의 대리인으로 여기며 세상의 법정에 서는 것은 부당하지 않다. 자신의 복수심을 제어하지 못하고 사적인 제재를 가하고자 궁리하는 것보다 기소하여 하나님의 대리인을 통해 판단을 받음으로써 유익을 얻는 것이 더욱 현명하다(롬 13:4).

하나님은 친히 복수하시되(롬 12:19), 많은 경우 사람의 손을 이용하신다. 그러므로 세상의 관원을 하나님의 사자로 여기지 않고 자신의 뜻을 관철시키는 도구 정도로 생각하는 사람에게는 소송이 합당하지 않다. 하나님은 광적으로 소송을 즐기는 사람을 인정하지 않으신다(고전 6:5-8). 자신을 해하거나 저주하는 자에게도 선을 행하고 축복하는 마음을 가진 사람(눅 6:28; 마 5:44), 선으로 악을 이기고자 하는 사람(롬 12:21) 그리고 판결로 말미암아 교만하거나 분을 품지 아니하고 "인내로" 그것을 수용하고자 하는 "순수한 소송인"만이, "사랑"을 "최고의 계획"으로 삼는 사람만이 소송의 자격이 있다. 그러나 문제는 이러한 사람이 드물다는 사실이다(4.20.17-21).

30. 4. 국민

국민에게는 "공적인 직분" 혹은 "직무"가 있다. 무엇보다도 국민은 위정자의 권위에 복종해야 한다. 집권자는 하나님의 "일꾼"이자 "사자"이다. 그들은 단지 "필요악"에 불과한 것이 아니다. 하나님이 그들을 자신의 섭리의 도구로 사용하시기 때문이다. 그러므로 신민(臣民)은 국가의 공직자를 공경해야 한다(벧전 2:17; 잠 24:21; 롬 13:5).

그리스도의 영적인 나라에 속한 하나님의 자녀들은 위정자를 위해 기도하고 그들이 시행하는 국정에 대해 참여하고 협조할 의무가 있다. 사인(私人)의 정치적 편견이 여과 없이 표출되고 시민의 저항이 제한 없이 난무하는 사회에는 세움이 아니라 파멸만 있을 뿐이다. 위정자들에 대한 "복종"은 권위의 원천이 되시는 하나님께 대한 경외감에서 비롯된다(롬 13:1-2; 딛 3:1; 벧전 2:13-14).

하나님은 악한 통치자라도 "자신의 의와 심판을 위한 일꾼"으로 세우신다. 그들의 악정을 통해 하나님은 자신의 진노를 내리신다(욥 34:30; 호 13:11; 사 3:4; 10:5; 신 28:29). 하나님은 악한 왕이라도 세우셔서 자신의 섭리를 이루신다(삼상 8:11-17; 단 2:37-38; 4:17; 5:18-19). 패역한 사울이라도 기름 부음을 받게 하셔서 이스라엘 국가의 토대를 놓게 하셨다(삼상 24:6, 10; 26:9-11). 바벨론을 강하게 하셔서 이스라엘 백성이 그 왕 느부갓네살을 섬기며 살게 하셨다(렘 27:5-8, 17). 그러므로 선군이든 폭군이든 하나님의 섭리의 손으로 여겨야 할 것이다(4.20.22-28).

모든 권위가 하나님이 부여하신 소명에 있으므로, 위정자가 하나님의 뜻을 거슬러 악정을 일삼는 경우에도 그 판단은 그분 자신께 맡겨야 한다. 각자는 타인의 의무를 판단하기보다 자신의 의무에 충실해야 한다. 하나님이 왕의 마음을 봇물을 조절하시듯 하시고(잠 21:1), 그들의 패역을 친히 징계하신다(시 2:10-12; 82:1; 사 10:1-2). 하나님은 자신이 친히 택한 사자를 세우셔서 하나님의 백성을 압제하는 국가의 권위에 도전하게도 하신다(출 3:7-10; 삿 3:9). 교만한 왕들의 홀을 꺾으시는 분은 하나님이시다.

그러므로 위정자에 대한 사사로운 저항은 인정되지 않는다. 다만 위정자의 전횡을 막기 위해 임명된 관리들의 공적인 저항은 허용된다. 왜냐하면 그들 역시 동일한 목적을 위해 세워진 하나님의 일꾼으로서 그렇게 하여 자신들의 의무에 충실해야 하기 때문이다(4.20.29-31).

국가 위정자는 무엇보다 국민의 "자유"를 수호하기 위해 노력해야 한다. "자유는 생명의 절반 이상"이다.[9] 그러나 자유가 무지한 다수의 방종이 되어서는 안 된다. 가장 바람직한 "정부 형태"는 자유와 함께 "절제"를 추구하는 정치 제도에서 비롯된다.

"왕국이 전제 정치로 타락하는 것은 쉽다. 가장 뛰어난 사람들이 소수의 당파로 타락하는 것은 더욱 쉽다. 민중의 지배가 소요(騷擾)에 빠지는 것은 가장 쉽다."[10]

하나님은 구약 백성의 정체(政體)로서 "민주정치에 가까운 귀족정치"를 명령하셨다. 궁극적으로 바람직한 통치는 하나님의 뜻에서만 구할 수 있다. 시민의 저항은 위정자들이 하나님의 소명을 수행하는 자의 본분을 망각하고 그분의 뜻에 불순종할 때에만 정당화된다(단 6:22-23). 하나님을 대적하는 위정자는 이미 자신의 고유한 직분을 포기한 것이나 다름없다. 그러한 위정자에게 복종하는 것은 오히려 하나님께 책망받을 일이다(호 5:13).

"주 안에서 부르심을 받은 자는 종이라도 주께 속한 자유인이요 또 그와 같이 자유인으로 있을 때에 부르심을 받은 자는 그리스도의 종이니라 너희는 값으로 사신 것이니 사람들의 종이 되지 말라"(고전 7:22-23).

---

9) 명문선 109.
10) 칼빈의 렘 38:25-26 설교에서 인용

"사람보다 하나님께 순종하는 것이 마땅하니라"(행 5:29).

국가의 신민은 만왕의 왕이신 하나님의 음성에 먼저 귀 기울여야 한다. 경건으로부터 멀어지느니 차라리 고통을 받는 편이 낫다. 하나님이 우리를 그리스도의 값으로 사셨으니, 우리는 오직 그리스도의 종이 되어야 한다. 오직 그분께만 순종해야 한다. 아멘(4.20.8, 32).

"하나님께 찬송을"(Laus Deo)![11]

영원히 오직 하나님께만 영광을 올립니다(Soli Deo Gloria in Aeternum)!

---

[11] 찬송으로 『기독교 강요』는 끝이 난다. 모든 일을 찬송으로 마침이 합당하다. 찬송은 우리를 지으신 하나님의 영원한 뜻이다. 아무 공로도 없음이 우리의 공로로 족하니, 지금 찬송하는 사람은 영원히 찬송하게 되리라. 칼빈은 다음과 같이 말했다: "교회는 복음이 전해지는 곳이다; 복음은 복된 소식이다; 복된 소식은 사람들을 행복하게 한다; 행복한 사람은 찬송한다."

Institutio Christianae Religionis

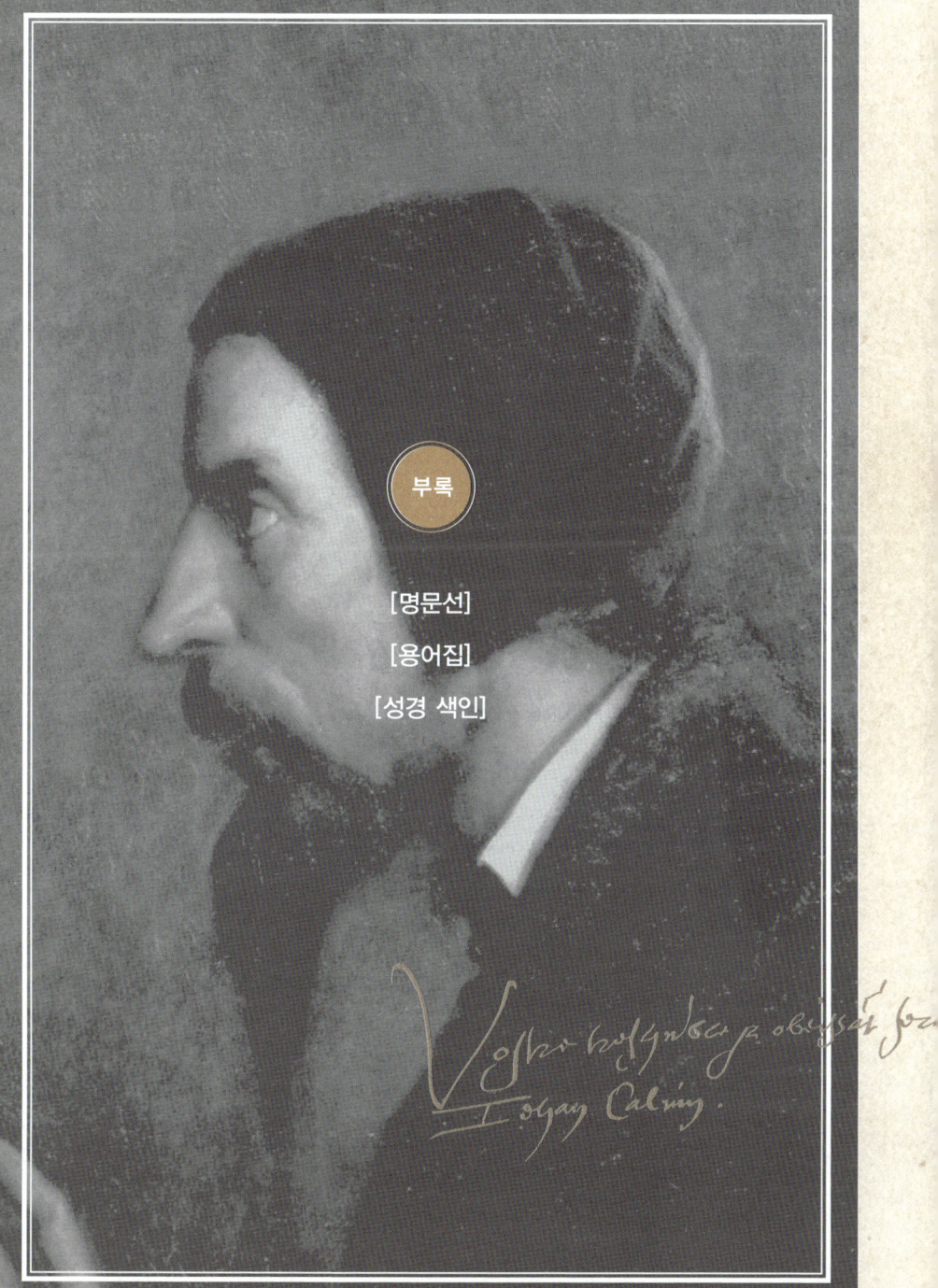

부록

[명문선]
[용어집]
[성경 색인]

[명문선]

1. "Tota fere sapientiae nostrae summa, quae vera demum ac solida sapientia censeri debeat, duabus partibus constat, Dei cognitione et nostri."
2. "[Rursum] hominem in puram sui notitiam nunquam pervenire constat, nisi prius Dei faciem sit contemplatus, atque ex illius intuitu ad se ipsum inspiciendum descendat."
3. "[Ita] ex ignorantiae, vanitatis, inopiae, infirmitatis, pravitatis denique et corruptionis propriae sensu recognoscimus, non alibi quam in Domino sitam esse veram sapientiae lucem, solidam virtutem, bonorum omnium perfectam affluentiam, iustitiae puritatem, atque adeo malis nostris ad consideranda Dei bona excitamur; nec ante ad illum serio aspirare possumus, quam coeperimus nobis ipsis displicere."
4. "Pietatem [voco] coniunctam cum amore Dei reverentiam quam beneficiorum eius notitia conciliat."
5. "Iam vero Dei notitiam intelligo, qua non modo concipimus aliquem esse Deum, sed etiam tenemus quod de eo scire nostra refert, quod utile est in eius gloriam, quod denique expedit."
6. "Semper enim Deus indubiam fecit verbo suo fidem, quae omni opinione superior esset."
7. "omnis recta Dei cognitio ab obedientia nascitur."
8. "Itaque summa scripturae probatio passim a Dei loquentis persona sumitur······ Nam sicuti Deus solus de se idoneus est testis in suo sermone, ita etiam non ante fidem reperiet sermo in nominum cordibus quam interiore spiritus testimonio obsignetur."
9. "non alienis suffulta praesidiis, sola ipsa [scriptura] sibi ad se sustinendam sufficit."
10. "Non ergo promissi nobis spiritus officium est, novas et inauditas revelationes confingere, aut novum doctrinae genus procudere, quo a recepta evangelii doctrina abducamur; sed illam ipsam, quae per evangelium commendatur, doctrinam mentibus nostris obsignare."
11. "Scripturarum autor est [spiritus sanctus]; varius dissimilisque esse non potest. Qualem igitur se illic semel prodidit, talis perpetuo maneat oportet."
12. "Mutuo enim quodam nexu Dominus verbi spiritusque sui certitudinem inter se copulavit."
13. "non possum unum cogitare quin trium fulgore mox circumfundar; nec tria possum discernere quin subito ad unum referar."
14. "Ille enim est qui ubique diffusus omnia sustinet, vegetat et vivificat in coelo et in terra. Iam hoc ipso creaturarum numero eximitur, quod nullis circumscribitur finibus, sed suum in omnia vigorem transfundendo, essentiam, vitam, et motionem illis inspirare, id vero plane divinum est."
15. "patri principium agendi, rerumque omnium fons et scaturigo attribuitur; filio sapientia, consilium, ipsaque in rebus agendis dispensatio; at spiritui virtus et efficacia assignatur actionis."
16. "Quando tot sunt divinae potentiae miracula, tot insignia bonitatis, tot sapientiae

documenta, quot sunt in mundo rerum species, imo quot sunt res vel magnae vel exiguae."
17. "Ergo libenter maneamus inclusi his cancellis, quibus nos circumscribere Deus voluit, et quasi mentes nostras contrahere ne vagandi licentia diffluerent."
18. "Deus ipse solus est de se idoneus testis."
19. "Neque interest idolumne simpliciter colant, an Deum in idolo."
20. "Mens idolum gignit, manus parit."
21. "Deum verbi ac spiritus sui potentia ex nihilo creasse coelum et terram."
22. "Nam si eum in terra adhuc sterili et vacua locasset, si vitam dedisset ante lucem, visus fuisset eius utilitati parum consulere. Nunc ubi solis et astrorum motus disposuit ad usus humanos, terram, aquas, aerem animalibus replevit, frugum omnium abundantiam protulit quae alimentis sufficeret curam providi et seduli patris familias suscipiens, mirificam erga nos suam bonitatem ostendit."
23. "Interea ne pigeat in hoc pulcherrimo theatro piam oblectationem capere ex manifestatis et obviis Dei operibus."
24. "nascuntur peccata, ex natura sunt, sed ex naturae corrputione."
25. "Theologo autem non garriendo aures oblectare, sed vera, certa, utilia docendo, conscientias confirmare propositum est."
26. "inter omnia opera nobilissimum ac maxime spectabile est iustitiae eius, et sapientiae, et bonitatis specimen."
27. "Proinde hac voce notatur integritas qua praeditus fuit Adam quum recta intelligentia polleret, affectus haberet compositos ad rationem, sensus omnes recto ordine temperatos, vereque eximiis dotibus opificis sui excellentiam referret. Ac quamvis primaria sedes divinae imaginis fuerit in mente et corde, vel in anima eiusque potentiis, nulla tamen pars fuit etiam usque ad corpus, in qua non scintillae aliquae micarent."
28. "Dei voluntatem summam esse primam omnium causam."
29. "extremum esse omnium miseriarum, providentiae ignorationem; summam beatitudinem in eiusdem cognitione esse sitam."
30. "quamvis aut paternus Dei favor et beneficentia, aut iudicii severitas saepe in toto providentiae cursu reluceat, interdum tamen eorum quae accidunt occultas esse causas."
31. "Nam sapere nostrum nihil aliud esse debet quam mansueta docilitate amplecti, et quidem sine exceptione, quidquid in scripturis traditum est."
32. "[Sed] operi sui corruptioni magis infensus est quam operi suo."
33. "quod haec perversitas nunquam in nobis cessat, sed novos assidue fructus parit: [ea scilicet, quae ante descripsimus,] opera carnis; non secus atque incensa fornax flammam et scintillas efflat, aut scaturigo aquam sine fine egerit."
34. "totum hominem quasi diluvio a capite ad pedes sic fuisse obrutum, ut nulla pars a peccato sit immunis; ac proinde quidquid ab eo procedit in peccatum imputari."
35. "naturalia dona in homine corrupta esse, supernaturalia vero oblata."
36. "liberum arbitrium constitui per gratiam."

37. "spiritus non a natura est, sed a regeneratione."
38. "humana voluntas non libertate gratiam, sed gratia consequatur libertatem."
39. "iustitiam Dei ostendit, id est, quae sola Deo accepta est, suae unumquemque iniustitiae admoneat, certiorem faciat, convincat denique ac condemnet."
40. "Deus enim in legis praeceptis nonnisi perfectae iustitiae, qua nos omnes destituti sumus, remunerator, contra autem severus scclerum iudex apparet. In Christo autem facies eius gratiae ac lenitatis plena, erga miseros etiam ac indignos peccatores relucet."
41. "[quia] non potest Deus propitius humano generi esse absque mediatore, sanctis patribus sub lege Christum semper fuisse obiectum, ad quem fidem suam dirigerent."
42. "patrem, qui immensus est, in filio esse finitum, quia se ad modulum nostrum accommodavit, ne mentes nostras immensitate suae gloriae absorbeat."
43. "Prodiit ergo verus homo, Dominus noster, Adae personam induit, nomen assumpsit, ut eius vices subiret patri obediendo, ut carnem nostrum in satisfactionis pretium iusto Dei iudicio sisteret; ac in eadem carne poenam quam meriti eramus persolveret. Quum denique mortem nec solus Deus sentire, nec solus homo superare posset, humanam naturam cum divina sociavit, ut atrerius imbecillitatem morti subiiceret, ad expianda, peccata alterius virtute luctam cum morte suscipiens nobis victoriam acquireret."
44. "quod per eam ex semine Davidis genitus fuerit Christus."
45. "etsi in unam personam coaluit immensa verbi essentia cum natura hominis, nullam tamen inclusionem fingimus. Mirabiliter enim e coelo descendit filius Dei, ut coelum tamen non relinqueret; mirabiliter in utero virginis gestari, in terris versari, et in cruce pendere voluit, ut semper mundum impleret, sicut ab initio."
46. "sermo ante saecula ex patre genitus, unione hypostatica naturam humanum susceperit."
47. "personam unam constituit ex naturis duabus."
48. "Regnum sane filii Dei quod initium nullum habuit, neque finem habiturum est."
49. "quia ipse idem erat Deus et homo, propter duplicis naturae unionem alteri dabat quod erat alterius."
50. "non sibi modo unctionem accepisse, ut fungeretur docendi partibus; sed toti suo corpori, ut in continua evangelii praedicatione virtus spiritus respondeat."
51. "Quia talis est regnandi ratio ut communicet nobiscum quidquid accepit a patre. Iam quia nos potentia sua armat et instruit, decore et magnificentia ornat, opibus locupletat."
52. "spiritus sanctus qui sedem in Christo delegit, ut inde large ad nos scaturirent coelestes divitiae quarum adeo sumus egeni."
53. "ex quo induit personam servi, coepit ad nos redimendos pretium liberationis solvere."
54. "in morte Christi statuitur nobis vitae materia."
55. "[duplex beneficium]...... liberatio a morte cui mancipati eramus et carnis nostrae mortificatio."
56. "Et sane nisi poenae fuisset particeps anima, corporibus tantum fuisset redemptor."
57. "clarissimum lumen praedestinationis et gratiae ipse est salvator homo Christus Iesus."
58. "principium amoris est iustitia."

59. "nimis extenuari Christi gratiam nisi eius sacrificio vim expiandi, placandi et satisfaciendi concedimus."
60. "nos consequi per Christi gratiam quod Deus operibus nostris in lege promisit."
61. "Quando autem totam salutis nostrae summam ac singulas etiam partes videmus in Christo comprehensas, cavendum ne vel minimam portinuculam alio derivemus. Si salus quaeritur, ipso nomine Iesu docemur penes eum esse; si spiritus alia quaelibet dona, in eius unctione reperientur; si fortitudo, in eius dominio; si puritas, in eius conceptione; si indulgentia, in eius nativitate se profert, qua factus est nobis per omnia similis, ut condolescere disceret; si redemptio, in eius passione; si absolutio, in eius damnatione; si maleditionis remissio, in eius cruce; si satisfactio, in eius sacrificio; si purgatio, in eius sanguine; si reconciliatio, in descensu ad inferos; si mortificatio carnis, in eius sepulcro; si vitae novitas, in eius resurrectione; si immortalitas, in eadem; si haereditas regni coelestis, in coeli ingressu; si praesidium, si securitas, si bonorum omnium copia et facultas, in eius regno; si secura iudicii exspectatio, in potestate iudicandi illi tradita. Denique in ipso thesauri omne genus bonorum quum sint, inde ad satietatem hauriantur, non aliunde."
62. "spiritum sanctum vinculum esse, quo nos sibi efficaciter devincit Christus."
63. "Christum, ubi nos in fidem illuminat spiritus sui virtute, simul inserere in corpus suum, ut fiamus bonorum omnium participes."
64. "donec intentae sint in spiritum mentes nostrae, Christum iacere quodammodo otiosum: quia frigide eum extra nos, adeoque procul a nobis speculamur…… solo autem spiritu unit se nobiscum. Eiusdem spiritus gratia et virtute efficimur illius membra, ut nos sub se contineat vicissimque illum possideamus."
65. "si qua sunt in nobis bona, fructus sint gratiae ipsius."
66. "Idem verbum basis est, qua fulcitur et sustinetur: unde si declinat, corruit. Tolle igitur verbum, et nulla iam restabit fides."
67. "[fides definitio] divinae erga nos benevolentiae firmam certamque cognitionem, quae gratuitae in Christo promissionis veritate fundata, per spiritum sanctum et revelatur mentibus nostris et cordibus obsignatur."
68. "fides divinae erga nos benevolentiae notitia est, et certa de eius veritate persuasio."
69. "esse veram ad Deum vitae nostrae conversionem, a sincero serioque Dei timore profectam, quae carnis nostrae veterisque hominis mortificatione et spiritus vivificatione constet."
70. "quando Dominus est, qui peccata remittit, obliviscitur, delet: huic peccata nostra ut confiteamur, veniae obtinendae causa. Ille medicus est: vulnera igitur nostra illi exponamus. Ille laesus est et offensus: ab illo pacem petamus. Ille est cordium cognitor, et cogitationum omnium conscius: coram ipso corda nostra effundere properemus. Ille est denique qui peccatores vocat, ad ipsum accedere ne moremur."
71. "Ex quo se nobis patrem Deus exhibuit, extremae ingratitudinis nos esse arguendos, nisi vicissim illi filios exhibeamus. Ex quo nos Christus sanguinis sui lavacro purificavit, atque hanc purgationem per baptismum communicavit non decere, ut novis sordibus

inquinemur. Ex quo nos suo corpori inseruit, sollicite cavendum ne nobis, qui eius membra, maculam aut labem ullam aspergamus. Ex quo ipse idem, qui caput est nostrum, in coelum ascendit, convenire ut deposito terrae affectu, illuc toto pectore aspiremus. Ex quo nos spiritus sanctus templa Deo didicavit, dandam operam ut Dei gloria per nos illustretur, nec vero esse committendum ut peccati spurcitia profanemur. Ex quo et anima nostra et corpus coelesti incorruptioni et immarcescibili coronae destinata sunt, strenue enitendum esse ut pura et incorrupta in diem Domini conserventur."

72. "Nostri non sumus: ergo ne vel ratio nostra, vel voluntas in consiliis nostris factisque dominetur. Nostri non sumus: ergo ne statuamus nobis hunc finem, ut quaeramus quod nobis secundum carnem expediat. Nostri non sumus: ergo quoad licet obliviscamur nosmetipsos ac nostra omnia. Rursum, Dei sumus: illi ergo vivamus ac moriamur. Dei sumus: cuntis ergo nostis actionibus praesideat sapientia eius et voluntas. Dei sumus: ad illum igitur, tanquam solum legitimum finem, contendant omnes vitae nostrae partes. O quantum ille profecit, qui se non suum esse edoctus, dominium regimenque sui propriae rationi abrogavit, ut Deo asserat! Nam ut haec ad perdendos homines efficacissima est pestis, ubi sibi ipsis obtemperant, ita per se ipsum, sed Dominum praeeuntem duntaxat sequi."

73. Sufficit ad meritum scire quod non sufficiant merita; sed ut ad meritum satis est de meritis non praesumere, sic carere meritis satis ad iudicium est."

74. "Quare ad remedium illud venire necesse est, ut statuant fideles non alio iure sperandam sibi esse haereditatem regni coelestis, nisi quia insiti in Christi corpus, iusti gratis reputantur. Nam quoad iustificationem, res est mere passiva fides, nihil afferens nostrum ad conciliandam Dei gratiam, sed a Christo recipiens quod nobis deest."

75. "a Christo recipiens quod nobis deest."

76. "quando sine Christi communicatione nulla est sanctificatio."

77. "Manet enim perpetuo mediator Christus, qui patrem nobis reconciliet, ac perpetua est mortis eius efficacia. Nempe ablutio, satisfactio, expiatio, perfecta denique obedientia, qua iniquitates omnes nostrae conteguntur."

78. "opera manuum mearum non commendo; timeo enim ne quum inspexeris, plura invenias peccata quam merita; hoc solum dico, hoc rogo, hoc cupio, opera manuum tuarum ne despicias; opus tuum in me vide, non meum; nam si meum videris, damnas; si tuum videris, coronas: quia et quaecunque mihi sunt opera bona, abs te sunt."

79. "Sufficit ad meritum, scire quod non sufficiant merita."

80. "Breviter quod omnia illius nostra sunt, et nos in illo omnia habemus, in nobis nihil. Super hoc inquam fundamentum aedificari nos convenit, si volumus in templum Domino sanctum crescere."

81. "Tanti enim esse dicimus, ut nullo nostro bono pensari possit, ideoque nunquam impetrandam, nisi gratuita foret. Porro nobis quidem esse gratuitam, Christo non item, cui tam magno constitit: mempe suo sacratissimo sanguine, extra quem nullum satis dignum pretium fuit, quod Dei iudicio solveretur. Haec quum docentur homines, admonentur per

ipsos non stare, quominus toties sacratissimus ille sanguis effundatur quoties peccant."
82. "sola fide non tantum nos sed opera etiam nostra iustificari."
83. "quidquid bonorum operum contulit, liberalitatem suam augendo, sua quoque acceptione dignatur."
84. "non servorum stipendium, sed filiorum esse haereditatem."
85. "Dominus qui se nobis fecit debitorem: non aliquid a nobis accipiendo, sed omnia promittendo."
86. "Quemadmodum enim caritati subiicienda est nostra libertas, ita sub fidei puritate subsidere vicissim caritas ipsa debet."
87. "Nam sicuti quum mente intelligentiaque homines apprehendunt rerum notitiam, ex eo dicuntur scire, unde et scientiae nomen ducitur, ita quum sensum habent divini iudicii, quasi sibi adiunctum testem, qui sua peccata eos occultare non sinit, quin ad iudicis tribunal rei pertrahantur, sensus ille vocatur conscientia. Est enim quiddam inter Deum et hominem medium: quia hominem non patitur in se ipso supprimere quod novit, sed eousque persequitur donec ad reatum adducat."
88. "gratiam Dei non invenire eligendos, sed facere."
89. "Quaere merita: non invenies nisi poenam: o altitudo! Petrus negat; latro credit: o altitudo! Quaeris tu rationem? ego expavescam altitudinem. Tu ratiocinare, ego mirabor; tu disputa, ego credam: altitudinem video, ad profundum non pervenio."
90. "omne quod mihi ipse non imputare decrevit, sic est quasi non fuerit."
91. "quamvis solo aspectu cunctos mortales dissipet ac in nihilum redigat, cultores tamen suos, quo magis sunt timidi in hoc mundo, urgere, ut cruce oneratos ad properandum incitet, donec sit ipse omnia in omnibus."
92. "credimus sanctam ecclesiam catholicam, hoc est universum electorum numerum······ unam esse ecclesiam ac societatem et unum Dei populum cuius Christus, Dominus noster, dux sit et princes, ac tanquam unius corporis caput; prout in ipso divina bonitate electi sunt, ante mundi constitutionem, ut in regnum Dei omnes aggregarentur. Haec autem societas catholica est, id est, universalis, quia non duas aut tres invenire liceat, verum electi Dei sic omnes in Christo uniuntur ac coadunantur, ut, quemadmodum ab uno capito pendent, ita in unum velut corpus coalescant; ea inter se compositione cohaerentes, qua eiusdem corporis membra; vere unum facti, qui in una fide, spe, caritate, eodem Dei spiritu, simul vivant, in eandem vitae aeternae haereditatem vocati. Sancta etiam est, quia quotquot aeterna Dei providentia electi sunt, ut in ecclesiae membra cooptarentur, a Domino omnes sanctificantur."
93. "unum esse Deum; Christum deum esse, ac Dei filium; in Dei misericordia salutem nobis consistere, et similia."
94. "sancta est ecclesia ut quotidie proficiat, nondum perfecta sit."
95. "perpetuam residere in ecclesia Christi delictorum gratiam: qoud, ecclesia velut constituta, remissio peccatorum adhuc subiungitur."

96. "ut Christi doctrinam populum ad veram instituant, sacra mysteria administrent, rectam disciplinam conservent atque exerceant."
97. "Non est igitur ecclesiae potestas infinita, sed subiecta verbo Domini et in eo quasi inclusa."
98. "ne quid doceant servi Dei quod non ab ipso didicerint."
99. "misercorditer corripiat homo quod potest; quod autem non potest, patienter ferat, et cum dilectione gemat atque lugeat."
100. "primum verbo suo nos docet et instituit Dominus; deinde sacramentis confirmat; postremo sancti sui spiritus lumine mentibus nostris illucet, et aditum in corda nostra verbo ac sacramentis aperit."
101. "invisibilem sanctificationem sine invisibili signo esse posse, et visibile rursum signum sine vera sanctificatione."
102. "Christus non extra nos est, sed in nobis habitat, nec solum individuo societatis nexu nobis adhaeret, sed mirabili quadam communione in unum corpus nobiscum coalescit in dies magis ac magis, donec unum penitus nobiscum fiat."
103. "Ea qualis sit dum familiariter demonstrare volo, tria soleo ponere: significationem, materiam quae ex ea dependet, virtutem seu effectum qui ex utraque consequitur. Significatio in promissionibus est sita, quae quodammodo sunt signo implicitae. Materiam aut substantiam voco Christum cum sua morte et resurrectione. Per effectum autem, redemptionem, iustitiam, sanctificationem, vitamque aeternam, et quaecunque alia nobis beneficia affert Christus, intelligo."
104. "quod illis manducare est duntaxat credere; ego credendo manducari Christi carnem, quia fide noster efficitur, eamque manducationem fructum effectumque esse fidei dico. Aut si clarius velis, illis manducatio est fides; mihi ex fide potius consequi videtur."
105. "At huic [politica administratio] est, quamdiu inter homines agemus, externum Dei cultum fovere et tueri, sanam pietatis doctrinam et ecclesiae statum defendere, vitam nostram ad hominum societatem componere, ad civilem iustitiam mores nostros formare, nos inter nos conciliare, communem pacem ac tranquillitatem alere."
106. "Quare nulli iam dubium esse debet quin civilis potestas vocatio sit, non modo coram Deo sancta et legitima, sed sacerrima etiam, et in tota mortalium vita longe omnium honestissima."
107. "Iustitia quidem est, innocentes in fidem suscipere, complecti, tueri, vindicare, liberare. Iudicium autem, impiorum audaciae obsistere, vim comprimere, delicta punire."
108. "Iam quum Dei legem, quam moralem vocamus, constet non aliud esse quam naturalis legis testimonium, et eius conscientiae quae hominum animis a Deo insculpta est, toto huius, de qua nunc loquimur, aequitatis ratio in ipsa praescripta est. Proinde sola quoque ipsa legum omnium et scopus et regula et terminus sit oportet."
109. "Proclivis est a regno in tyrannidem lapsus: sed non multo difficilior ab optimatum potestate in paucorum factionem, multo vero facillimus, a populari dominatione in seditionem."

[용어집]
- 본서에 인용된 주요한 신학 용어 -

라틴어 명사는 단수주격, 동사는 부정사, 형용사는 남성단수 형태로 제시

한글-라틴

[ㄱ]

가난한 mendicus.
가르치다 docere. instituere. instruere.
가르칠 만한 docilis. docilitas.
가시 aculeus.
가시적 visibilis.
가족 domesticus.
가치 dignitas. dignari.
간결함 brevitas.
간절함 sollicitudo.
감독 episcopus.
~직 episcopatus.
감미로움 dulcedo.
감옥 ergastulum.
감화 persuasio.
값 pretium.
값없이(그저, 무조건적) gratuitus.
강렬한 ardens.
강요, 강제 coactio.
강화하다 roborare.
갚음 compensatio.
거룩 sanctitas. sanctimonia. sanctus.
거울 speculum.
건전한 sanus.
걸려 넘어지게 하는 것 offendiculum. scandalum.
견고한 firmus. solidus.
견고함 firmitas. firmitudo.
견고히 하다 firmare. stabilire.
[고통을] 견디다 sufferre.
견인(牽引) perseverantia.
견진성사 confirmatio.
견책 censura.
겸비함 modestia. modestus.
겸손 humilitas.
경건 pietas. pius.
경륜 administratio. dispensatio.

oeconomia. 경성(警醒)시키다 excitare.
경외 reverentia.
경험 experientia. experimentum.
계급 hierarchia.
계명 mandatum.
계시 revelatio.revelatus. patefactus.
계획 consilium.
고려 consideratio.
고리 nexus. vinculum.
고문관 consiliarius.
고백하다 confiteri.
고유한 proprius. singularis.
고통 dolor. cruciatus.
공간 spatium.
공로 meritum. promeritum.
공식 formula.
공장(工場) fabrica.
공재설(共在說) consubstantio.
공통된 communis.
공평 aequitas. aequus.
공허함 vanitas. vanus.
관념 idea.
관리자(청지기) dispensator.
관용 clementia. indulgentia.
교권제도 hierarchia.
교리 doctrina.
교만 superbia.
교사 doctor. magister. paedagogus.
교육(가르침) educatio. paedagogia.
교정(견책) correctio. corrigere.
교제 communio.
교통 communicatio. communicare.
교훈 praeceptum.
구속 redemptio. ~자 redemptor. redimere.
구원 salus.
굴레 fraenum.

권고 exhortatio. exhortari.
권능 potentia.
권리 ius.
권세 potestas.
권위 autoritas.
권징 disciplina.
규범 norma. praeceptum. regula.
그림자 umbra.
극복하다 superare.
극장 theatrum.
긍휼 misericordia. misercors.
기관 organum.
기꺼이(뜻을 다하여) libenter. ultro.
기도 precatio. oratio.
기둥 columna.
기르다 alere. fovere.
기름 oleum. ~부음 unctio.
기민(機敏) promptitudo.
기쁨 beneplacitum. gaudium. voluptas. 기원 origo.
기초 basio.
기치(旗幟) vexillum.
[물을] 깁다(채우다) haurire.
깊은 penitus.

[ㄴ]

나그네 삶 peregrinatio.
나아가다 proficere.
나오다(출래, 발출하다) procedere.
내려감 descensus.
내적 interior. internus.
내포된(제한된) inclusus. includere.
너그러움 liberalitas.
(팔아) 넘기다 mancipare.
노예상태(예속) servitus.
놀라운 eximius. egregius.
놀랍게도 mirabiliter.
누리다(즐기다) frui.
느끼다 sentire.

능력 virtus. facultas.

[ㄷ]

단계(위치, 층) gradus.
단순성 simplicitas.
달래다(화해시키다) placare.
달콤함 suavitas.
담대함 audacia.
대감독 archiepiscopus.
대리인 vicar. vicarius.
대사(사절) legatus. ~직 legatio.
대야 lavacrum.
대언자 advocatus.
대화 colloquium.
덕 virtus.
도구 instrumentum. instrumentalis.
도덕(관습) mos. moralis.
도움 adiumentum. ops.
돌리다 transferre.
돌봄 cura.
돌이키게 하다 retrahere.
동일본질의 consubstantialis.
동정녀 virgo.
동참 participatio.
동참자 consors. particeps. socius.
되돌아옴 reditus.
(계속) 두다 retinere.
두려움 timor.
드러내다 praestare.
들어 올리다 tollere.
듣다 audire.
들어감 ingressus.
따라서 secundum.
떠나다(포기하다) relinquere.
떠받치다 fulcire.
떡 panis.
떨림 trepidatio.
뜻 voluntas.

[ㅁ]

마시다 bibere.
마음 mens.
마침 fines.
만장일치의 unanimus.
말씀 sermo. verbum.
맞추다 accommodare. attemperare.

맞추심 accommodatio.
매(회초리) ferula.
매다 ligere.
매달리다 pendere.
맹목적 caecus.
머리 caput.
먹다 edere.
먹음 manducatio. manducare.
멀어짐(소외) alienatio.
멍에 iugum.
멸망 interitus.
모범 exemplar.
모양 figura. similitudo.
모임(會) collegium.
모형(模型) typus.
목자 pastor. pastoralis.
목표 fines. meta. obiectum. scopus.
몸 corpus.
무능함 inopia.
무덤 sepulchrum.
무름(배상, 보상, 속상) satisfactio. satisfacere. satisfactorius.
무리(양떼) grex.
무모한 temerarius.
무시하다 negligere.
무언의 mutus.
무익한 infructuosus.
무장시키다 armare.
무지 ignorantia. ignoratio. inscitia.
무한(성) immensitas. immensus.
묵상 meditatio.
문(입구) aditus.
묻다 quaerere.
물 aqua.
물질적(육체적) corporeus.
미로 labyrinthus.
미신적 superstitiosus.
생동력 alacritas.
믿음 fides. credere.

[ㅂ]

바치다 devovere.
박차 stimulus.
받다(취하다) accipere. assumere. suscipio. acceptio. assumtio. susceptio.
방식 modus.
방자함 licentia.

배려 dignatio.
배우다 discere.
배은망덕 ingratitudo.
버려진 perditus.
버리다 repudiare.
법정 forum.
변명 excusatio.
변명(핑계)할 수 없는 inexcusabilis.
변화 없이 immutabiliter.
변화 transformatio. mutatio.
변화하는 versus.
병재(並在) concomitantia.
보고(寶庫) thesaurus.
보루(보호) praesidium.
보상(報償) compensatio. merces.
보수(報酬) remuneratio. retributio.
보존자 conservator.
보증(금) pignus. arrha. arrabo.
보편적 catholica. universalis.
보호자 patronus.
보화 thesaurus.
복 beatitudo. felicitas.
복음 evangelium.
본래 originaliter.
복종 observatio.
본질 essentia. essentialis.
본체 res.
부록 appendix.
부름 invocatio. appellatio.
역할 pars.
부성적(父性的) paternus.
부싯깃 formes.
부요하게 하다 locupletare.
부요함 ops.
부인(否認) abnegatio.
부착시키다 affigere.
부활 resurrectio.
분리 없이 inseparabiliter.
분리하다 distrahere. separare.
분할 없이 indivise.
분함 indignatio.
불 ignis.
불가해한 incomprehensibilis.
불멸(성) immortalitas.
불씨(섬광) scintilla.
불충(不忠) infidelitas.
비가시적 invisibilis.
비밀(신비) mysterium.
비상적 extraordinarius.
비움 exinanitio.
비하(卑下) humiliatio.

빛나가다 declinare.
빛 debitum. debitus.
빚진 자 debitor.
빛 fulgor. lux.
빛나다 illuceo.

[ㅅ]
사건(일) res.
사귐 consortium.
사도적 apostolicus.
사람 homo.
사랑 amor. caritas. dilectio.
사면(방면) absolutio.
사법권 iurisdictio. iudicialis.
사색 speculatio.
사역 officium. ministerium. operatio.
사용하다 uti.
사함 remissio.
사회적 socialis.
삯 stipendium.
삶 vivificatio. vivificans.
상(償) praemium.
상속자 haeres.
상징 symbolum.
상태 status.
생명(생활) vita.
서원제물 litatio.
섞인 permixtus.
선 bonum.
선물(증여) donum. donatio. dos.
선지자 propheta.
선택 electio.
선포(설교) praedicatio.
선포(찬양) praeconium.
선함(인자) bonitas. benevolentia.
선행(先行)하다 praeire.
설명 explicatio.
섭리 providentia.
성례 sacramentum.
성실 honestas.
성전 templum.
성향(性向) affectio.
성화 sanctificatio.
세상(우주) mundus.
세우다 statuere.
세움(건덕) aedificatio.
소리(음성) vox.
소망 spes.
소명 vocatio.

소송인 litigator.
소유하다 possidere.
속죄 expiatio. piaculum. expiare.
손 manus.
수난(受難) amaritudo. passio.
수난성(受難性) passibilitas.
수로(水路) canalis.
수양(收養) adoptio.
수여자 largitor.
수위권(首位權) primatus.
수중(手中)에 있는 penes.
수행자 administer.
순결(무죄) innocentia.
순서 ordo.
순수한 merus. probus. purus. puritas.
순종 obedientia.
숨겨진 occultus.
숭고한 sublimis. sublimitas.
슬퍼하다 lugere.
습관(관련성) habitudo.
승귀 elevatio.
승리 victoria.
승인하다 approbare. approbatio.
시대 saeculum.
시민의(국민의) civilis.
시작 initium. principium.
신기함(새로움) novitas.
신격(神格) deitas.
신경 symbolum.
신성 divinitas. divinus.
신성한 auspicatus.
신음하다 gemere.
신학자 theologus.
신화(神化) deificatio.
실재적. 실제적 realis.
실체 substantia.
심장(마음) cor.
심판 iudicium.
십자가 crux.
썩지 않음 incorruptio.
쓰러지다 corruere.
씨름하다 luctari.
씨앗 semen.
씻음 ablutio.

[ㅇ]
아름다운 decor.
악 vitium.
안경 specillum.

안수(서품) ordinatio.
안전(안일함. 화평) securitas.
알다(이해하다) intelligere.
야심 ambitio.
약 medicina.
약속 promissio.
양분 alimentum.
양식(糧食) cibus.
양심 conscientia.
어리석은 inanus.
언약 foedus. pactum. testamentum.
얹어놓음 impositio.
없다 carere. carentia. inopia.
역정(歷程)·cursus.
연약함 imbecillitas. infirmitas.
연합 participatio. unio.
연합체(聯合體) societas. sociare.
연합하다 coalescere.
열망 desiderium.
열매 fructus.
열쇠 clavis.
열심(열의) zelus. studium.
영감(호흡) inspiratio. inspirare.
영광 gloria.
영예 honor.
영원(성) aeternitas.
영혼 anima. mens. spiritus. cor.
영화 glorificatio.
예리한 argutus.
예배 cultus. ~자 cultor. colere.
예술가 artifex.
예정 praedestinatio.
예지(豫知) praescientia.
예표(豫表) adumbratio.
오류를 범하다 errare.
오성(이해) intellectus.
오염(부패. 썩음) corruptela. corruptio.
오점 macula.
온순한 mansuetus.
온전한 illibatus.
온전함 integritas. integer.
옷 입은 vestitus.
옹알거리다 balbutire.
완불(청산)하다 persolvere.
완성 complementum.
완전(성) perfectio.
왕국 regnum. regnare.
외적(外的) exterior. externus.
요체(要諦) cardo.

욕심, 욕정 cupiditas, concupiscentia,
용법 usus,
용서 propitiatio,
용이함 facilitas,
우둔한 brutus,
우상 idolus,
우연히 accidentaliter,
우주적 universalis,
원리 principium,
원인 causa,
원천 fons, origo,
위격 hypostasis,
위격적 존재 subsistentia, subsistere,
위로(慰勞) consolatio,
위로(上) sursum,
위로의 말 alloquium,
위선자 hypocrita,
위탁된 depositus,
유기(遺棄) reprobatio,
유대(紐帶, 결합) coniunctio,
유업 haereditas,
유예된 suspensus,
유익하다 proficere,
유용한 utilis, utilitas,
유일한 singularis,
유사점 similitudo,
유한한 finitus,
육욕 libido,
육체 caro,
율법 lex,
은밀한 arcanus,
은총, 은혜 beneficium, gratia,
의 iustitia,
의견(주견) opinio,
의롭다 칭함(삼음, 여김) iustificare,
의미 significatio, significare, significatus,
의사 medicus,
의식 caeremonia, caeremonialis,
의지 arbitrium, voluntas,
이성(논리, 이유, 대의명분) ratio,
이웃 proximus,
이해 apprehensio,
인(印) sigillum,
인격 persona,
인내 tolerantia, patientia,
인성 humanitas, humanus,
인식(認識), 인정(認定) agnitio,

인치다 obsignare, obsignatio, signaculum,
일꾼 minister,
일체 unitas,
일체성 affinitas,
일치 consensio, consensus,
임시적 temporarius,
입 os,
입교 initiatio,
입다 induere,
입법자 legislator,
잉여 선행 supererogatio,
잉태 conceptio, concipere,

[ㅈ]

자궁(모태) uterus,
자극 impulsus,
자발력 spons, sponte,
자비 beneficentia,
자연 natura, naturalis,
자유 libertas,
자질 qualitas,
작용 efficacia, actio,
작정 decretum, decernere,
작품 opus,
잔 vinum,
잔치 epulum,
장로 presbyterius, senior,
장식하다 ornare,
장엄 magnificentia,
재위(在位) sessio,
저울 trutina,
저자 autor,
저주 damnatio, maledictio,
저주하다 condemnare,
적응시키다 commodare,
전가(轉嫁) imputatio, imputare,
전능(함) omnipotentia,
전도자 evangelista,
전염 contagio,
전통(전이) traditio, tradux,tradere,
절제 moderatio,
접붙이다 inserere,
정결한 immaculatus,
정결함 purgatio,
정부(제도, 정책) politia,
정서(情緒) affectus,
정죄하다(선고하다) accusare, convincere,
정치적 politicus,

제거하다 tollere,
(희생) 제물 sacrificium,
제사장 sacerdos,
제시(提示) exhibitio, exhibere,
제유법 synecdocha,
제자 discipulus,
제정(명령) nutus, ordinatio,
제정하다 instituere,
조건 conditio,
조명 illuminatio,
조정하다 componere,
조화 symmetria,
존재하다 esse,
종(僕) servus,
종(種, 종류) genus,
종속되다 subire, subiectus,
좌소(坐所, 자리) sedes,
죄 peccatum,
죄과(罪科) culpa,
죄책(罪責) reatus,
죄행(罪行) delictum,
주교 episcopus,
~직 episcopatus,
주요한 praecipuus,
주입 infusa,
죽음 mors, mortificatio,
중간의 intermedius,
중간자 medium,
중립적인 일들(구원과 무관한 것들) adiaphora,
중보(중재) intercessio, mediatio,
중보자(중재자) mediator, intercessor, deprecator,
중생 regeneratio,
즉시(선뜻) prompte,
즐거움 amoenitas, oblectatio,
증가(증진)시키다 augere, adaugere,
증거 argumentum, experimentum, testificatio, testari,
증인 testis,
지각(관념) conceptio, concipere,
지니다 gestare,
지도자 dux,
지방감독 chorepiscopus,
지불 solutio, solvere,
지상의 terrestris,
지식 cognitio, scientia, sensus,
지식(지성) intelligentia,
지역적으로 localiter,

지체 membrum.
지탱하다 sustinere.
지혜 sapientia.
직분(직무) munus, officium.
직제(職制) ordo.
진리 veritas.
진정한 authenticus.
진지한 serius.
질료(質料) materia, materialis.
짐 onus.
집사 diaconus.
징벌 vindicta.

[ㅊ]

차이점 differentia.
찬미하다 admirari.
찬송 laus.
참다운 verus.
참사회원 canonicus.
창조자 creator.
찾다 quaerere.
채굴하다 effodere.
채찍 flagrum.
처소 domicilium.
척도 modulum.
초소(哨所) statio.
초자연적 supernaturalis.
총대감독 patriarcha.
총체(개요, 최고, 총화) summa.
최고의 optimus.
최종 증거 approbatio.
축복 benedictio.
축성(祝聖) consecratio.
출교 excommunicatio.
출생 generatio, navitas.
충고 monitio.
충만 plenitudo.
충분하다 sufficere.
충족한 satis, satietas, copia.
충실한 fidelis.
친밀함 vicinitas.
칭의 iustificatio.

[ㅋ]

쾌활한 hilaris.

[ㅌ]

타락 pravitas.

탁월함 excellentia.
태고성 vetustas.
태어난 genitus.
토대 fundatum, fundare.
통상적 ordinarius.
통치 gubernatio, regimen.
통치자 magistratus, moderator, principium.
특별한 specialis.
(위격적) 특성 proprietas, proprium, qualitas.

[ㅍ]

판 tabula.
편만하다 implere.
편재성(遍在性) ubiquitas.
ubique.
평강 pax.
포함하다 continere.
표(증거) indicium, tessera, insignium.
표본 specimen.
표준 regula.
표지 nota.
표징 signum.
품위 dignitas.
피 sanguis.
피하다 cavere.
필사자 amanuensis.
필연(성) necessitas, necessarius.

[ㅎ]

하나의 unus.
학교 schola.
한가한 otiosus.
합당한, 합법적 legitimus.
항구성 constantia.
해방 liberatio.
해석 interpretatio, ~자 interpres, interpretari.
헌법 constitutio.
현존하는 praesens.
현존 praesentia.
형벌 poena.
형상(양식) imago, figura, forma.
형상의 formalis.
형상화 figuratio.
형성 formatio.

형언할 수 없는 ineffabilis.
형제적 fraternus.
형체가 없는(비물질적) incorporeus.
호기심 curiositas.
호의 favor.
호흡하다 spirare.
혼합 없이 inconfuse.
혼합하다 confundere.
화목 reconciliatio.
~자 reconciliator.
화목하게 하다 conciliare.
화체설 transsubstantiatio.
확고한 firma.
확신 fiducia.
확실성 certitudo.
확실한 certus.
확증하다 confirmare.
회개 poenitentia.
회복 instauratio.
회복시키다 restituere.
회심 conversio.
회의 concilium, senatus.
효과 effectus, effectum, efficere, efficaciter.
효력 energia.
후견인 tutor.
훈련 exercitatio, exercitium, exercere.
훈육 disciplina.
흘리다 effundere.
희생제물 hostia.
힘 vis.
힘줄 nervus.

라틴-한글

[a]

ablutio 씻음.
abnegatio 부인(否認).
absolutio 사면, 무죄방면.
acceptio 받아들임, accipere
accidentaliter 우연히, 적극적 작정 없이, 맞추다.
accommodatio 맞추심.
accusare 정죄하다.
actio 작용, 행위.
aculeus 가시.
adaugere 증진시키다.

adiaphora 구원과 무관한 것들.
aditus 입구. 문.
adiumentum 도움.
administratio 경륜.
administer 수행자.
admirari 찬미하다.
adoptio 수양(收養). 채용.
spiritus adoptionis 양자의 영.
adumbratio 예표(豫表).
advocatus 대언자. 변호인.
aedificatio 건덕. 세움.
aequitas 공평. aequus
aeternitas 영원(성).
affectus 정서(情緖). 마음씨.
affectio 성향(性向).
affigere 부착시키다.
affinitas 일체성.
agnitio 인식(認識). 인정(認定).
alacritas 민활. 유쾌함. 생동력.
alere 양육시키다. 먹이다.
alienatio 멀어짐. 소외.
alimentum 양분.
alloquium 위로의 말. 훈시.
amanuensis 필사자.
amaritudo 수난(受難).
ambitio 야심.
amoenitas 즐거움.
amor 사랑.
anima 영혼.
apostolicus 사도적.
appellatio 부름. 호칭.
appendix 부록.
apprehensio 이해.
approbare 승인하다. (potestas approbandae scripturae 교회의 성경 승인권.)
approbatio 최종 증거. 승인.
aqua 물.
arbitrium 의지.
arbitrium liberum 자유의지.
arcanus 은밀한.
archiepiscopus 대감독.
ardens 강렬한. 뜨거운.
argumentum 증거. 논거. 주제.
argutus 예리한. 공교한.
armare 무장시키다.
arrabo 보증. 보증금.
arrha 보증. 보증금.
artifex 예술가.
assumere 받아들이다. 취하다.
audacia 담대함.

audire 듣다.
ex auditu 들음으로써.
augere 증가시키다. 더하다.
auspicatus 상서로운. 신성한.
authenticus 진정한.
au(c)tor 저자. 조성자.
autor originalis 원저자.
au(c)toritas 권위.

[b]

balbutire 옹알거리다.
basis 기초.
beatitudo 복.
benedictio 축복.
beneficentia 자비. 자선.
beneficium 은총. 축복.
beneplacitum 기뻐함. 은혜.
benevolentia 선함. 자애(慈愛).
bibere 마시다.
bona opera 선행.
bonitas 선하심. 인자(仁慈).
bonum 선.
bonum commune 공동선.
brevitas 간결함.
brutus 야수적. 우둔한.

[c]

caecus 맹목적.
caeremonia 의식.
caeremonialis.
(lex caeremonialis 의식법.)
canalis 수로(水路).
canonicus 참사회원.
caput 머리.
cardo 요체(要諦). 문지도리. 돌쩌귀.
carere 없다. 결핍하다. carentia.
caritas 사랑.
caro 육체.
catholica 보편적.
causa 원인.
cavere 피하다. 삼가다.
censura 견책.
certitudo 확실성. certus
chorepiscopus 지방감독.
cibus 양식.
civilis 시민의. 국민의.
clavis 열쇠.
clementia 관용.
coalescere 연합하다.

coactio 강제. 강요.
cognitio 지식.
cognitio Dei 하나님을 아는 지식.
cognitio nostri 우리 자신을 아는 지식.
collegium 모임. 회(會).
(presbyterorum collegium 장로회.)
colloquium 대화.
columna 기둥.
commodare 적응시키다. 편의를 봐주다.
communicare 교통하다.
communicatio 교통.
communio 교제.
communis 공통된
compensatio 갚음. 보상. 배상.
complementum 완성.
componere 조정하다. 맞추다.
conceptio 잉태. 관념.
concipere.
conciliare 화목하게 하다. 화해시키다.
concilium 회의.
(universale concilium 공의회.)
concomitantia 병재(竝在).
concupiscentia 욕정. 탐심. 사욕편정(邪慾偏情)
condemnare 저주하다.
conditio 조건.
confirmare 확증하다.
confirmatio 견진성사.
confiteri 고백하다.
confundere 혼합하다.
coniunctio 유대(紐帶). 결합.
conscientia 양심.
consecratio 축성(祝聖).
consensio 일치.
consensus 일치.
conservator 보존자.
consideratio 고려. 마음 씀씀이.
consiliarius 고문관. 신의(神意) 해석자.
consilium 계획.
consolatio 위로.
consors 동참자. 형제. 자매.
consortium 사귐.
constantia 항구성.
constitutio 헌법. 법. 제정.
consubstantialis 동일본질의.
consubstantio 공재설(共在說).
contagio 전염.

continere 포함하다. 억제하다. 참다.
conversio 회심.
convincere 정죄하다. 유죄 판결하다.
copia 충족. 풍부. 재산. 식량.
cor 심장. 마음.
corporeus 물질적. 육체적.
corpus 몸.
correctio 교정. 견책. corrigere.
corruere 쓰러지다.
corruptela 부패.
corruptio 오염. 부패. 썩음.
creator 창조자.
credere 믿다.
cruciatus 극심한 형벌. 고문.
crux 십자가.
culpa 죄과(罪科).
cultus 예배. ~자 cultor. colere.
cupiditas 욕심. 욕정.
cura 돌봄.
curiositas 호기심.
cursus 역정(歷程). 진로. 경과.

[d]

damnatio 저주.
debitor 빚진 자.
debitum 빚. 의무. debitus.
decernere 작정하다. 판결하다.
declinare 빗나가다. 기울다. 감소하다.
decor 아름다움. 어울림.
decretum 작정.
deificatio 신화.
deitas 신격(神格).
delictum 죄행. 범죄.
depositus 위탁된.
deprecator 중재자.
descensus 내려감.
descensus ad inferos 지옥강하.
desiderium 열망. 사모함.
devovere 바치다.
diaconus 집사.
differentia 차이점.
dignatio 인망. 덕망. 배려.
dignitas 가치. 품위. dignari.
dilectio 사랑.
discere 배우다.
disciplina 권징. 훈련. 훈육.
discipulus 제자.
dispensatio 경륜.

dispensator 관리자. 청지기.
distrahere 분리하다.
divinitas 신성. divinus.
docere 가르치다.
docilis 가르칠 만한. docilitas.
doctor 교사.
doctrina 교리.
dolor 고통. 비통.
domesticus 가족. 권속.
domicilium 처소.
donatio 선물. 증여.
donum 선물. 은사.
dos 선물. 지참금.
dulcedo 감미로움.
dux 지도자. 인도자.

[e]

edere 먹다.
educatio 교육.
effectus, effectum. 결과. 효과.
efficacia 작용. efficaciter.
efficere 효과를 내다. 일으키다.
(causa efficiens 동력인(動力因).)
effodere 채굴하다. 파헤치다.
effundere 흘리다. 쏟다.
egregius 놀라운. 탁월한.
electio 선택.
elevatio 승귀. 양양.
energia 효력. 힘.
episcopus 감독. 주교. ~직.
episcopatus. epulum 잔치.
ergastulum 감옥.
errare 오류를 범하다.
esse 존재하다.
essentia 본질. essentialis.
evangelista 전도자.
evangelium 복음.
excellentia 탁월함.
excitare 각성(警醒)시키다. 자극하다.
excommunicatio 출교.
excusatio 변명.
exemplar 모범.
exercere 훈련(연습)시키다. 실천하다. exercitatio. exercitium.
exhibitio 제시. exhibere.
exhortatio 권고. exhortari.
eximius 놀라운.
exinanitio 비움.
experientia 경험.
(certa experientia pietatis 확실

한 경건의 경험.)
experimentum 경험. 실험. 증거.
expiatio 속죄.
expiare. explicatio 설명.
exterior. externus 외적.
extraordinarius 비상적.
(munus extraordinarium 비상직.)

[f]

fabrica 공장(工場).
facilitas 용이함.
facultas 능력. 재원(財源).
favor 호의.
felicitas 복. 행복.
ferula 매. 회초리.
fidelis 충실한.
fides 믿음.
fiducia 확신.
figura 모양.
figuratio 형상화.
fines 마침. 목적.
finitus 유한한.
firmus 확고한. firmitas. firmitudo.
flagrum 채찍.
foedus 언약.
fons 샘. 원천.
forma 형상. 양식. formalis.
(causa formalis 형상인(形相因).)
formatio 조성. 형성.
formes 부싯깃.
formula 공식.
forum 법정.
forum conscientiae 양심의 법정.
fovere 기르다. 지원하다.
fraenum 굴레.
fraternus 형제적.
fructus 열매.
frui 누리다.
fulcire 떠받치다. 괴다.
fulgor 빛. 광채. 번개.
fundatum 토대. 기초. fundare.

[g]

gaudium 기쁨.
gemere 신음하다. 탄식하다.
generatio 출생.
genitus 태어난.
(unigenitus 독생하신.)
genus 종류.

gubernationis genus 정부 형태.
gestare 잉태해 있다. 지니다.
gloria 영광.
glorificatio 영화.
gradus 단계. 위치. 층.
gratia 은혜.
gratuitus 무상의. 그저. 무조건적.
(foedus gratuitum 은혜 언약.)
grex 무리. 양떼.
gubernatio 통치.

[h]

habitare 내주하다. habitatio.
habitudo 관련성. 습관.
haereditas 유업. 기업.
haeres 상속자.
haurire (물을) 긷다. 푸다. 채우다.
hierarchia 계급. 교권제도.
hilaris 쾌활한.
homo 사람.
honestas 성실.
honor 영예.
hostia 희생제물.
humanitas 인성. 박애. 인류애.
humanus.
humiliatio 비하(卑下).
humilitas 겸손.
hypocrita 위선자.
hypostasis 위격.

[i]

idea 관념.
idolus 우상.
ignis 불.
ignorantia 무지.
ignoratio 무지.
illibatus 온전한.
illuceo 빛나다. 비치다.
illuminatio 조명.
imago 형상.
imago Dei 하나님의 형상.
imbecillitas 연약함.
immaculatus 정결한.
immensus 무한한. immensitas.
immortalitas 불멸(성).
immutabiliter 변화 없이.
implere 편만하다. 가득 채우다.
impositio 얹어놓음.
impositio manuum 안수.

impulsus 자극. 격동.
imputatio 전가(轉嫁). imputare.
imputatio iustitiae 의의 전가.
inclusus 내포된. 제한된. 갇힌.
includere.
incomprehensibilis 불가해한.
inconfuse 혼합 없이.
incorporeus 형체가 없는.
incorruptio 썩지 않음.
indicium 표. 증거.
indignatio 분함.
indivise 분할 없이.
induere 입다. 취하다.
indulgentia 관용. 은사(恩赦).
ineffabilis 형언할 수 없는.
inexcusabilis 변명(핑계)할 수 없는.
infidelitas 불충(不忠).
infirmitas 유약함. 연약함.
infructuosus 무익한.
infusa 주입.
ingratitudo 배은망덕.
ingressus 들어감.
initiatio 입교. 시작.
initium 태초. 시초. 처음.
innocentia 순결. 무죄.
inopia 없음. 부족. 결핍.
inscitia 무지.
inseparabiliter 분리 없이.
inserere 접붙이다. 심다.
insignium 표. 훈장.
inspiratio 영감. 호흡. inspirare.
instauratio 회복.
instituere 제정하다. 가르치다.
instruere 배치하다. 훈련(교육)시키다.
instrumentum 도구.
instrumentalis.
(causa instrumentalis 도구인(道具因). 형상인(形相因).)
integritas 온전함. 순전함.
intellectus 오성. 이해.
intelligere.
intelligentia 지식. 지성.
intercessio 중보(중재). ~자 intercessor.
interior. internus 내적.
interitus 멸망. 죽음.
intermedius 중간의.
intermedius status 중간 상태.
interpretatio 해석. ~자 interpres.
interpretari.

(potestas interpretandi scripturam 교회의 성경 해석권.)
invisibilis 비가시적.
invocatio 부름.
iudicialis 사법적.
(lex iudicialis 재판법.)
iudicium 심판.
iugum 멍에.
iurisdictio 사법권.
ius 권리. 법.
iustificare 의롭다 칭함(삼음, 여김).
iustificatio 칭의.
iustificatio fide 이신칭의.
iustitia 의.

[l]

labyrinthus 미로.
largitor 수여자.
laus 찬송. 찬미.
lavacrum 대야.
legatus 대사. 사절. ~직 legatio.
legislator 입법자.
legitimus 합법적. 합당한.
lex 율법.
lex foederis 언약의 율법.
lex gratiae 은혜의 율법.
libenter 기꺼이. 뜻을 다하여.
liberalitas 너그러움. 후함.
liberatio 해방. 석방.
libertas 자유.
libido 육욕.
licentia 방자함.
ligare 매다.
(potestas ligandi et solvendi 매고 푸는 권세.)
litatio 서원제물. 배상금.
litigator 소송인.
localiter 지역적으로.
locupletare 부요하게 하다.
luctari 애쓰다. 씨름하다.
lugere 슬퍼하다. 통탄하다.
lux 빛.

[m]

macula 오점.
magister 선생.
magistratus 통치자.
magnificentia 장엄. 호화.
maledictio 저주.

mancipare 넘기다. 팔다.
mandatum 계명.
manducatio 먹음.
mansuetus 온순한.
manus 손.
materia 질료. 실체. materialis.
causa materialis 질료인(質料因).
mediator 중보자.
mediator legis 율법의 중보자.
medicina 약.
medicus 의사.
meditatio 묵상.
medium 중간자.
membrum 지체.
mendicus 가난한. 거지의.
mens 마음.
merces 보상.
meritum 공로.
merus 순수한.
meta 종점. 목표.
minister 일꾼.
ministerium 사역. 일.
mirabiliter 놀랍게도.
misercordia 긍휼. misercors.
moderatio 절제.
moderator 통치자.
modestia 겸비함. modestus.
modulum 척도.
modus 방식. 방도.
monitio 충고.
moralis 도덕적.
(lex moralis 도덕법.)
mors 죽음.
mortificatio 죽음.
mortificatio carnis 육체에 대하여 죽음.
mos 관습. 도덕. 품행. 양식.
mundus 세상. 우주.
munus 직분.
munus triplex Christi 그리스도의 삼중직.
mutatio 바뀜. 변화.
mutus 무언의.
mysterium 비밀. 신비.

[n]

natura 자연. 본성. naturalis.
(lex naturalis 자연법.)
navitas 출생.
necessarius 필요한. 필연적. 절대적.
(mala necessaria 필요악.)
necessitas 필연(성).
negligere 무시하다. 업신여기다.
nexus 고리.
norma 규범.
nota 표지.
nota ecclesiae 교회의 표지.
novitas 신기함. 새로움.
nutus 작정. 뜻. 지시.

[o]

obedientia 순종.
obiectum 목표.
oblectatio 즐거움.
observatio 경의. 복종. 관찰.
obsignare 인치다.
occultus 숨겨진.
oeconomia 경륜.
offendiculum 걸려 넘어지게 하는 것.
officium 사역. 직분. 직무.
oleum 기름.
omnipotentia 전능(함).
onus 짐.
operatio 사역. 작용.
opinio 의견. 주견(主見).
ops 부요함. 재산. 힘. 능력. 도움.
optimus 최고의.
opus 작품. 역사(役事). 피조물.
oratio 기도. 연설. 변론.
ordinarius 통상적.
(munus ordinarium 통상직.)
ordinatio 제정. 명령. 안수. 서품.
ordo 순서. 직제(職制).
ordo salutis 구원서정.
organum 기관.
originaliter 본래.
origo 기원. 원천.
ornare 장식하다.
os 입.
otiosus 한가한. 게으른.
(deus otiosus 한가한 신.)

[p]

pactum 언약.
paedagogia 가르침.
paedagogus 교사. 기초교사(몽학선생).
panis 떡.
pars 부분. 역할.
particeps 동참자. 참여자.
participatio 동참. 연합.
passibilitas 수난성(受難性).
passio 수난.
pastor 목자. pastoralis.
patefactus 열린. 현시된. 계시된.
paternus 부성적(父性的).
patientia 인내.
patriarcha 총대감독.
patronus 보호자. 수호자.
pax 평강.
peccatum 죄.
peccatum originalis 원죄.
pendere 매달리다.
penes 수중에. -에 있는.
penitus 깊은. 내부의. 온전히. 깊숙히.
perditus 버려진.
peregrinatio 나그네 삶.
perfectio 완전함. 완전(성).
permixtus 섞인.
perseverantia 견인(牽引).
persolvere 완불하다. 청산하다.
persona 인격.
persuasio 감화.
piaculum 속죄제사. 속죄. 죄의 값.
pietas 경건. pius.
pignus 보증.
placare 달래다. 화해시키다. 노를 풀다.
plenitudo 충만.
poena 형벌.
poenitentia 회개.
politia 제도. 국가. 정부. 정책.
politicus 국가의. 정치의.
possidere 소유하다.
potentia 권능.
potestas 권세.
praeceptum 규범. 교훈. 가르침.
praecipuus 주요한.
praeconium 선포. 찬양.
praedestinatio 예정.
praedicatio 선포. 설교.
praeire 선행(先行)하다.
praemium 상(償).
praescientia 예지(豫知).
praesentia 현존. praesens.
praesentia carnis 육체적 현존.

praesidium 보루. 보호.
praestare 드러내다. 뛰어나다. 성취하다.
praesumere 미리 취하다. 추측하다. 주제넘다.
pravitas 타락.
precatio 기도. 간청.
presbyterius 장로.
pretium 값. 대가.
primatus 수위권(首位權).
principium 시작. 원리. 시조. 통치자.
probus 순수한.
procedere 나오다. 출래하다. 발출하다.
proficere 나아가다. 진보하다. 유익하다.
promeritum 공로.
promissio 약속.
promptitudo 기민. 민속(敏速). 흔연함. prompte.
propheta 선지자.
propitiatio 용서.
proprietas. proprium. (위격적) 특성. proprius.
providentia 섭리.
proximus 이웃.
purgatio 정결함.
puritas 순수함.

[q]

quaerere 찾다. 묻다.
qualitas 자질. (위격적) 특성.

[r]

ratio 원인. 이유. 논리. 대의명분.
realis 실재적. 실제적.
reatus 죄책(罪責).
reconciliatio 화목. ~자 reconciliator.
redemptio 구속. ~자 redemptor.
redimere.
reditus 되돌아옴.
regimen 통치.
regeneratio 중생.
regnum 왕국. regnare.
regula 규범. 규준. 표준.
regula vivendi 삶의 규범.
relinquere 떠나다. 포기하다.

remissio 사함. 사면.
remuneratio 보상. 보수.
reprobatio 유기(遺棄).
repudiare 버리다. 거부하다.
res 본체. 일. 사건.
restituere 회복시키다.
resurrectio 부활.
retinere 두다. 지키다.
retrahere 돌이키게 하다. 끌다. 회복시키다.
retributio 보수(報酬).
revelatio 계시.
reverentia 경외.
roborare 굳건하게 하다. 강화하다.

[s]

sacerdos 제사장.
sacramentum 성례.
sacrificium (희생)제물.
saeculum 시대. 기간.
ante saecula 영원 전부터.
salus 구원.
sanctificatio 성화.
sanctimonia 거룩함.
sanctitas 거룩(성). sanctus.
sanguis 피.
sanus 건전한.
sapientia 지혜.
satis 충분한. 넉넉한. satietas.
satisfactio 무름(배상, 보상, 속상).
safisfacere. satisfactorius.
scandalum 걸려 넘어지게 하는 것.
schola 학교.
scientia 지식.
scintilla 불씨. 섬광.
scopus 목표. 범위.
secundum 따라서.
secundum divinitatem 신성에 따라서.
secundum humanitatem 인성에 따라서.
securitas 안전. 화평. 안일함.
sedes 좌소(坐所, 자리).
semen 씨앗.
semen religionis 종교의 씨앗.
senatus 회의. 원로원. 의회.
senior 장로.
sensus 지식. 감각.
sensus divinitatis 하나님을 알만한 지식.

sentire 느끼다. 지각하다.
sepulchrum 무덤.
serius 진지한. 중대한.
sermo 말씀. Sermo 말씀(로고스).
servitus 노예상태. 예속.
servus 종.
sessio 재위(在位).
sigillum 인(印).
signaculum 인침. 표.
significatio 의미.
significare. significatus.
signum 표징.
similitudo 모양. 유사점.
simplicitas 단순성.
singularis 유일한. 고유한. 독특한.
socialis 사회적.
societas 연합체. sociare.
socius 동료. 짝.
solidus 견고한. 한결같은. 순수한.
sollicitudo 간절함.
solvere 지불하다. 풀다. 면제하다. solutio.
spatium 공간.
specialis 특별한.
specillum 안경.
specimen 표본.
speculatio 사색.
(inana speculatio 어리석은 사색. vana speculatio 공허한 사색.)
speculum 거울.
spes 소망.
spirare 호흡하다.
spons 자발력. 자원. sponte.
stabilire 견고히 하다. 고이다.
statio 초소(哨所).
statuere 세우다. 제정하다. 여기다.
status 상태. 지위.
stimulus 박차. 자극.
stipendium 삯. 급료.
studium 열의.
suavitas 달콤함.
subiectus 종속된. 속한. subire.
sublimis 고귀한. 숭고한. sublimitas.
subsistentia 위격적 존재. subsistere.
substantia 실체.
sufferre 견디다. 참다. 제공하다.
sufficere 충분하다. 넉넉하다.
summa 총체. 개요. 최고. 절정.
superare 극복하다.

superbia 교만.
supererogatio 잉여 선행.
supernaturalis 초자연적.
(dona supernaturalia 초자연적인 은사들.)
superstitiosus 미신적.
sursum 위로.
sursum corda 마음을 들어 올려.
suscipio 받아들이다. 취하다.
suspensus 유예된.
sustinere 지탱하다. 견디다.
symbolum 상징. 신경.
Symbolum 사도신경.
symmetria 조화.
synecdocha 제유법.

umbra 그림자.
unanimis 만장일치의.
unctio 기름 부음. 도유(塗油).
ultima unctio 종부성사.
unio 연합.
unio hypostatica 위격적 연합.
unio mystica cum Christo 그리스도와의 신비한 연합.
unitas 하나임. 한분이심. 일체.
universalis 우주적. 보편적.
unus 유일한. 하나의.
usus 용법.
uterus 자궁. 모태.
uti 사용하다.
utilis 유익한. 유용한. utilitas.

[z]
zelus 열심.

[t]

tabula 판. 그림.
temerarius 무모한. 사려 없는.
templum 성전.
temporarius 임시적.
terrestris 지상의.
tessera 명찰. 표. 패.
testamentum 언약.
testamentum vetum 구약.
testamentum novum 신약.
testari 입증하다. testificatio.
testis 증인.
theatrum 극장.
theologus 신학자.
thesaurus 보고(寶庫). 창고. 보화.
timor 두려움.
tolerantia 무게를 견딤. 인내.
(crucis tolerantia 십자가를 짊.)
tollere 제거하다. 들어 올리다.
traditio 전통. 유전. tradere.
tradux 전이(轉移).
transferre 돌리다. 옮기다.
transformatio 변화.
transsubstantiatio 화체설.
trepidatio 떨림.
trutina 저울.
tutor 후견인.
typus 모형(模型). 전형(典型).

[u]

ubiquitas 편재성(遍在性).
ubique.
ultro 자발적으로.

[v]

vanitas 공허함. vanus.
verbum 말씀. Verbum 말씀(로고스).
vera 참다운. 진정한.
(notitia vera 참 지식. pietas vera 참 경건.)
veritas 진리.
versari 살다. 거주하다. 다니다.
versus 변화하는.
vestitus 옷 입은.
vetustas 태고성.
vexillum 기치(旗幟).
vicinitas 친밀함.
vicar 대리인. vicarius.
(satisfactio vicaria 대리적 무름.)
victoria 승리.
vinculum 고리. 고삐.
vindicta 징벌. 복수.
vinum 잔.
virgo 동정녀. 처녀.
virtus 능력. 덕.
vis 힘.
visibilis 가시적.
vita 생명. 삶. 생활.
vita terrena 지상의 삶.
vitium 악.
vivificatio 삶. vivificans.
vivificatio spiritus 영에 대하여 삶.
vocatio 소명. 부르심.
voluntas 뜻. 의지.
voluptas 기쁨.
vox 음성. 소리.

[성경 색인]

[창세기]
1:24-25 1.1
1:28 1.1
2:23 29.3
2:23-24 11.3
9:6 6.1
14:18 29.6
15:13 3.2
17:7 10.1
17:10 28.1
18:1 5.4
18:2 5.2
20:3 7.3
20:7 7.3
22:1 18.2
22:12 18.2
32:2 5.4
32:18 5.4
45:7-8 7.2
49:10 3.2
49:18 10.1
50:20 7.2

[출애굽기]
3:2-12 5.4
3:6 10.1
3:7-9 30.4
3:14 27.1
6:7 10.1
12:40 3.2
14:19 5.4
14:31 27.1
15:16 28.3
16:13 7.1
19:5 28.3
19:16 3.2
20:6 28.3
20:24 25.3
22:8 30.2
23:20 5.4
25:17-21 5.2
28:9-21 22.4
32:9 23.2
33:19 23.3
34:29 3.2

[레위기]
1-15 28.1
17:11 11.4; 28.2
18:5 14.2; 20.1

19:12 18.1
19:18 9.4
25:23 18.3
26:12 10.1
26:19 7.1
26:20 22.5

[민수기]
11:31 7.1
23:10 10.1

[신명기]
1:16-17 30.2
4:1 9.1
4:2 27.1
4:11 5.2
4:37 22.5
5:29-33 9.1
5:32 27.1
6:1-3 9.1
6:5 9.4; 17.1; 21.2.2
7:6-8 22.5
7:9 20.3
8:1 9.1
8:3 22.5
8:17-18 22.5
9:6 23.2
10:4-5 22.5
10:12 17.1
10:16 17.1; 28.3
11:13 9.4
12:32 27.1; 27.2
16:19 30.2
17:8-9 17.3
17:9-13 27.1
17:16-20 30.2
21:23 13.2
23:5 22.5
27:26 9.2; 20.1
29:3-4 8.3
29:29 7.3; 23.1
30:2 17.1
30:3-4 25.3
30:6 17.1; 28.3
30:10 17.1
30:11-14 2.3; 7.3; 8.4
32:8-9 23.2
32:9 10.2; 23.2
33:3 10.1
33:29 10.1

[여호수아]
5:14 5.4

[사사기]
3:9 30.4
6:24 5.4
13:18 5.4

[사무엘상]
8:11-17 30.4
15:11 7.3
15:22-23 27.2
15:29 7.3
15:30 17.1
24:6 30.4
24:10 30.4
26:9-11 30.4

[사무엘하]
7:27 22.3
12:13 17.1
12:16 17.1
16:11 7.2
24:10 17.1

[열왕기상]
8:23 20.3
8:27 22.5
8:46 20.1
8:46-50 25.3
8:51 23.2
12:31 25.4
15:4 11.2

[열왕기하]
8:19 11.2
20:2 17.1
20:11 7.1

[역대상]
29:15 18.3

[역대하]
19:6-7 30.2

[느헤미야]
1:5 20.3

[욥기]
5:17 17.3

9:2-3 19.3
13:15-16 10.1
19:25-27 10.1
25:5 20.1

[시편]
2:8 10.2
2:10-12 30.4
2:12 11.2; 30.2
5:3 22.3
9:10 16.1
12:6 16.2
14:1-3 1.1; 8.4; 20.1
16:10 24.2
18:1 22.4
18:30 16.2
19:7 3.3
19:7-10 2.2
21:1 30.2
21:7 30.2
22:28 30.2
25:1 22.3
25:7 22.3
25:8 22.3
25:18 22.3
25:10 16.1
27:10 22.5
27:14 16.3
28:9 23.2
30:6-7 18.2
32:1 20.1
32:1-2 19.1
32:6 22.3
33:2 23.2
33:6 4.2; 7.1
33:12 10.1; 23.2
33:13 7.1
33:22 22.3
34:7 5.4
34:15 22.1
36:1 20.1
36:5 16.1
36:9 16.1; 22.1
37:3 17.1
37:8 17.1
37:27 17.1
39:9 7.2
39:13 18.3
40:3 22.4
40:5 7.3

40:10-11 16.1
42:2 25.3
44:3 23.2
45:6 11.4
45:7 30.2
47:4 22.5
48:10 22.5
50:15 22.3
51:4 7.1; 19.3
51:5 8.2; 22.3; 28.3
51:10 22.5
51:17 22.3
53:1-3 8.4
56:9 22.3
62:8 22.3
65:1-2 22.3
65:4 23.2
68:20 24.2
69:4 13.2
72:1 30.2
72:8 10.2
77:11 16.1
78:67-68 23.2
80:1 25.3
80:17 11.2
82:1 30.2; 30.4
82:3-4 30.2
87:6 25.3
89:5 30.2
89:14 16.1
89:24 16.1
89:30-33 17.3; 25.3
90:7-17 24.3
91:11-12 5.4
91:15 22.3
92:1-3 16.1
93:1 2.2
93:5 2.2
94:11 20.1
95:7 16.1
96:10 2.2
97:1 2.2; 4.2
97:7 4.2
98:3 16.1
99:1 2.2
100:3 23.2
100:5 16.1
102:3 18.3
102:11 18.3
102:14 4.2
102:17-18 22.4
102:25 4.2
103:20-21 5.4
104:3-4 7.1

104:27-31 7.1
105:6 23.2
105:42 23.2
107:25 7.1
107:29 7.1
108:4 16.1
1110:1 12.4
110:2 30.2
110:4 10.3; 12.4; 29.6
113:6 7.1
115:1 16.1
115:3 7.1; 23.4
115:8 5.2
116:1 22.4
116:15 10.1
117:2 16.1
118:6 7.2
119:19 18.3
119:41 16.1
119:76 22.3
121:4 22.1
127:3 7.1
130:3 19.3
130:4 17.1; 20.3
131:1-3 18.2
132:11 11.4
132:13-14 25.3
132:14 25.3
132:18 30.2
135:15-18 5.2
136:25 7.1
138:2 16.1
143:2 19.3; 22.3
143:5 16.1
145:15-16 22.2
145:18 22.1; 22.3
145:19 22.3
147:9 7.1
147:10-11 7.2; 22.3

[잠언]
3:11-12 17.3; 18.2
3:34 8.4
8:15 30.2
8:15-16 30.2
8:22-31 4.2
15:8 22.3
16:2 19.3
16:9 7.2
17:15 30.2
18:10 4.2
19:17 20.3
20:24 7.1
20:28 30.2

21:1 30.4
21:2 19.3
21:27 22.3
24:21 30.4
24:24 30.2
25:2 23.1
28:9 22.3
30:5 16.2
30:6 27.1

[전도서]
7:20 20.1
9:5-6 22.4

[이사야]
1:15 22.3
1:16-17 17.1
2:10-11 1.2
2:19 1.2
5:8 21.2
5:12 21.2
6:2 1.2
6:5 27.1
6:9 4.2
6:10 4.2
7:14 11.2; 11.3
8:14 4.2
9:6 4.2; 12.4
10:1-2 30.4
10:22-23 23.2
11:2 7.3; 12.4
11:10 4.2
14:1 23.2
23:22 10.1
25:8 18.3
25:9 4.2
26:19 24.2
26:19-21 10.1
28:2 7.1
28:29 12.4
29:13 22.3
33:22 27.2
35:8 25.3
37:4 22.3
37:32 25.3
38:2 17.1
38:5 7.3
38:8 7.1
39:6-7 3.2
40:8 10.1
40:21 5.2
42:1 11.2; 12.2
42:9 3.2
42:10 22.4

43:25 4.2
44:3 15.3
44:6 4.2
45:1 3.2
45:23 4.2
48:10 17.3
48:16 4.2
49:15 22.5
49:23 30.2
51:6 10.1
52:1 25.3
52:3 17.3
52:7 26.2
53:4-6 11.4
53.5 14.2
53:6 13.2
53:7 13.2
53:8 14.2
53:10 13.2; 14.1
53:11 19.2
53:12 13.2
54:13 16.1
55:1 15.3; 20.2
55:3 16.1
55:4 12.4
55:6-7 17.2
56:5 25.3
56:10-11 27.1
57:15 25.3
59:1-2 19.1
59:15-16 20.1
59:21 2.3; 3.3; 25.3
61:1 17.3
61:1-2 12.4
63:16 22.4
63:17 17.2
64:5-9 22.3
65:24 22.3
66:1 22.5
66:1-2 25.3
66:22-24 10.1

[예레미야]
1:6 27.1
1:9 27.1
3:12 25.3
4:4 17.1; 28.3
5:1 20.1
5:3 20.1
6:13 27.1
7:22-23 27.2
9:20-21 8.1
9:23-24 19.3
9:24 5.2

9:25 28.3
10:23 7.1
11:7 27.2
11:7-8 22.3
11:11 22.3
14:7 22.3
14:14 27.1
15:1 22.4
17:9 20.1
22:3 30.2
23:5-6 4.2; 11.2
23:6 19.2
23:28 27.1
25:11-12 3.2
27:5-8 30.4
27:17 30.4
29:10 3.2
29:13-14 22.3
31:35-36 25.3
32:19 12.4
33:15-16 4.2
33:16 19.2
48:10 30.2
48:11 22.3
51:10 19.2

[에스겔]
3:17 27.1
13:9 25.3
14:14 22.4
18:23 25.3
18:24 20.1
18:31 17.1
18:32 25.3
22:25-26 27.1
33:11 25.3
34:23-25 11.2
36:25 15.3
37:1-4 10.1
37:1-10 24.2
37:24-28 11.2
37:27 28.1, 1.1

[다니엘]
2:37-38 30.4
2:44 12.4
4:17 30.4
5:18-19 30.4
6:22-23 30.4
7:10 5.4
7:25 26.4
9:18-19 22.3; 22.5
9:24 12.4
12:1-2 10.1

[호세아]
1:11 11.2
5:13 30.4
6:1 17.1
6:3 1.4
9:8 27.1
12:9 20.1
14:4 20.1

[요엘]
2:13 17.2
2:32 4.2; 22.3; 25.1; 25.3
3:17 25.3

[아모스]
6:4 21.2

[오바댜]
17 25.1

[요나]
1:4 7.1
3:5 17.1
3:9 17.1
3:10 7.3

[하박국]
1:12 10.1
2:4 19.1; 19.2; 20.1
2:18 5.2
3:13 11.2

[스바냐]
1:12 22.3
3:11-12 19.3

[학개]
2:11-14 20.1
2:17 7.1

[스가랴]
13:7 4.1

[말라기]
1:2-3 23.2
1:6 18.1
2:4-7 27.1
2:7 27.1
3:1 5.4
3:17 21.2, 2.2
4:2 24.1
4:4 27.1
4:9 23.4

[마태복음]
1:1 11.4
1:21 13.1
1:23 11.3
2:6 22.4
3:2 10.3; 17.1
3:6 17.3; 28.2
3:11 28.2
3:13-15 28.2
3:16 5.2
3:17 16.1
4:4 22.5
4:11 5.4
4:17 17.1
5:13-14 26.2
5:16 20.3
5:17 9.2
5:17-20 8.4
5:18 9.2
5:44 30.3
6:6 22.4
6:9 22.3
6:9-13 22.5
6:21 24.1
7:7-8 22.3
7:11 22.5
8:4 17.3
8:11 10.1
8:13 22.3
9:2 22.3
9:12 11.4
9:29 22.3
10:28 6.2; 24.3
10:29 7.1
10:30 7.1
11:13 10.2
11:15 23.4
11:27 3.3; 11.2; 27.1
11:28 17.3
11:28-30 21.1; 30.1
11:29 10.2; 21.1; 27.2
11:30 21.1; 27.2
12:31-32 17.2
12:32 4.2
13:3-23 28.1, 3
13:3-52 10.3
13:16 10.2
13:29 27.3
15:3 27.2
15:9 27.2
15:12 21.2, 3
15:13 16.2; 23.4
15:13-14 27.1
15:14 21.2

16:17 15.4
16:18 26.4
16:19 26.4; 27.1; 27.3
16:24 20.2; 20.3; 21.1
17:5 12.4; 16.1; 22.5; 27.1
18:11 11.4
18:15-18 27.3
18:18 26.4; 27.1
19:13-15 28.3
19:17 20.3
19:25-26 9.2; 19.3
19:28 13.3
20:25-26 27.3
20:28 13.2
21:22 22.3
22:32 10.1
22:37-40 9.4
23:4 27.2
23:9 22.5
24:13 25.2
24:30 13.3
24:36 12.2
25:29 20.2
25:31 5.4
25:41 24.3
25:46 24.3
26:11 29.3
26:26-28 29.2
26:28 14.2
26:37 18.2
26:37-39 13.2
26:38 18.2
26:39 18.2
26:75 17.1
27:4 17.1
27:12 13.2
27:14 13.2
27:46 13.2; 18.2
27:52-53 24.3
28:6 24.2
28:19 4.1; 26.3; 28.2
28:19-20 27.1
28:20 13.3; 29.3

[마가복음]
1:1 10.3
1:4 28.2; 17.2
1:44 17.3
2:10 12.2
3:16 15.3; 15.4
3:28-29 17.2
3:29 4.2
10:22 16.1
10:24 10.2

10:42-44 27.3
11:24 22.3
12:30 9.2
13:32 12.2
14:22-24 29.2
14:33 18.2
16:15 26.3
16:15-18 26.3
16:16 28.2
16:19 12.2; 13.3; 29.3

[누가복음]
1:26-38 5.4
1:31 13.1
1:32 12.3
1:33 12.4
1:35 12.3
1:43 12.3
1:54-55 10.1
1:72-73 10.1
2:13 5.4
2:13-14 5.4
2:14 14.1
2:20 14.2
2:52 12.2
3:3 17.2
3:8 17.1
3:16 28.2
4:18 12.4; 17.3
5:14 17.3
6:13 26.3
6:24-25 21.2
6:28 30.3
8:5-15 28.1.3
8:8 23.4
8:18 20.2
9:23 20.2; 20.3
9:26 5.4
10:1 26.3
10:16 26.2; 27.1
10:27 9.4
11:2 22.3
11:2-4 22.5
11:46 27.2
12:5 6.2
12:10 4.2; 17.2
16:2 18.3; 21.2
16:15 19.3
16:16 10.2
16:22 24.3
17:10 20.1
17:14 17.3
17:20-21 12.4
20:38 10.1

21:15 26.3
21:28 18.3; 24.1
22:19 26.3
22:19-20 26.3; 29.2
22:20 10.2
22:25-26 27.3
22:32 26.4
22:43 5.4
22:43-44 13.2
22:44 18.2
22:62 17.1
23:43 24.3
23:46 24.3
24:6 24.2
24:26 14.2
24:39 12.2; 29.3
24:40 24.2
24:46-47 11.4
24:47 17.1
24:49 26.3
24:51 29.3

[요한복음]
1:1 4.1; 29.3
1:3 4.1; 4.2
1:4 6.1; 25.1; 29.3
1:4-5 8.3; 11.1
1:9 11.1
1:12 11.1; 22.5; 29.3
1:12-13 15.4; 23.3
1:13 8.3
1:14 4.2; 11.1; 11.4
1:16 11.4; 12.4; 20.2; 22.1
1:17 11.1
1:18 4.1; 10.3
1:22-23 25.1
1:29 12.2; 13.2
2:19 24.3
3:5 8.2
3:6 8.2
3:14 11.4
3:16 11.4; 14.1; 14.2; 20.2; 23.4
3:23 28.2
3:24 15.4
3:34 11.4
4:1 28.2
4:13 15.4
4:14 16.2
4:16 25.1
4:23 27.2
4:24 5.1; 22.3; 22.4
4:25 12.4; 27.1
4:42 16.1

5:17 4.2; 7.1; 12.2
5:18 4.2
5:19 4.2
5:21-23 12.2
5:22 13.3
5:23 11.2
5:24 24.1; 20.2
5:25 11.4
5:28-29 24.3
5:32 4.1
6:27 22.4
6:29 7.2; 16.2
6:35 23.4
6:37 23.3; 23.4
6:38 12.2
6:39 23.3; 23.4
6:39-40 23.3; 24.3
6:40 20.2
6:44 15.4
6:45 16.1
6:46 23.3
6:47 4.2
6:48 19.2; 29.2; 29.3
6:49 10.1
6:50 29.2
6:51 23.4; 29.1; 29.3
6:54 10.1; 29.2
6:55 14.2; 19.2; 29.2
6:56 29.3
6:57 14.2
6:58 23.4
7:16 27.1
7:37 15.3
7:38 15.3; 16.2
8:12 12.2; 16.1
8:16 4.1
8:18 4.1
8:44 5.4
8:50 12.2
8:56 10.1; 10.3
8:58 12.2
9:3 7.3
9:5 12.2
9:31 22.3
10:3 23.4
10:4-5 25.4
10:7 22.4
10:9 12.2
10:11 12.2
10:14 25.4
10:15 13.3
10:15-18 11.4
10:27 25.4
10:28 23.3

10:28-29 23.1
10:30 4.1
10:35 30.2
11:25 11.2; 24.2
12:8 29.3
12:27-28 13.2
12:32 15.4; 24.3
12:41 4.2
12:49-50 27.1
13:15 20.3
13:18 23.3
13:21 13.2
13:34 20.3
14:1 4.2; 11.2
14:3 13.3
14:6 3.1; 11.1; 11.2; 16.1; 22.4
14:10 4.1; 12.2; 27.1
14:13-14 8.4; 22.4
14:16 4.1; 13.3
14:17 7.3; 15.4
14:18-19 13.3
14:26 3.3; 4.1; 8.3; 15.4
15:1 12.2
15:3-6 18:1
15:5 8.4
15:7 8.4
15:10 20.3
15:15 3.3
15:16 8.4; 23.3; 26.2
15:19 23.3
15:26 4.1; 15.4
16:7 13.3; 24.2; 27.1
16:12 23.1; 27.1
16:13 15.4; 27.1
16:14 13.3
16:24 22.4
16:25 3.3
16:26 22.4; 27.1
17:3 3.3; 11.1; 11.2; 16.1
17:5 4.1; 12.2; 19.2
17:6 15.4; 23.3; 23.4
17:9 12.4; 23.3
17:11-12 23.3
17:12 23.4
17:17-19 25.1
17:19 11.4; 14.2; 19.2
18:37 25.4
19:30 11.4; 29.6
20:23 26.4; 27.1; 27.3
20:27 24.2; 26.3
20:31 16.1

21:15 26.4
21:18 18.2

[사도행전]
1:3 24.2
1:8 26.3
1:9 24.2; 29.3
1:11 13.3; 29.3
2:17 27.1
2:23 7.3
2:24 13.2
2:27 24.2
2:30-36 13.3
2:33 3:3; 8.3; 13.3; 15.4; 16.2; 23.3; 24.2; 29.1
2:38 28.2
2:41 28.2
3:15 14.1; 29.3
3:18 7.3
3:19 17.2
3:21 13.3; 29.3
3:25 28.3
4:12 4.2; 13.1; 14.2
4:28 7.3
4:32 25.1
5:4 4.2
5:29 30.4
5:31 17.1
5:41 18.2
7:49 22.5
7:53 5.4
7:59 24.3
8:32 13.2
9:6 26.2
10:3-6 26.2
10:35 20.3
11:18 17.2
11:21 15.3
13:26 10.3
13:38 19.1
13:39 14.2
14:22 18.2
15:9 20.1
15:19-29 27.2
16:37 30.3
17:24 22.5
17:28 1.2; 1.4; 7.1
17:30-31 17.1
17:48 25.3
20:20-21 26.3
20:21 16.1; 17.1
20:28 12.2; 12.3; 19.2
20:29-30 27.1
20:31 26.3

22:1 30.3
22:5 30.3
23:8 6.2
24:16 27.2
25:10-11 30.3
26:17-18 16.1
26:20 17.1
28:25-26 4.2

[로마서]
1:1 26.3
1:2 10.3
1:3 11.4
1:4 15.2
1:5 2.2; 16.1; 16.2
1:14 21.1
1:16 10.3; 11.2
1:17 19.1; 19.2
1:18-23 1.3
1:20 8.3
1:21 1.3
1:21-23 2.1
2:13 20.3
2:14-15 8.3
2:15-16 21.3; 27.2
3:2 3.2
3:3 16.1
3:4 27.1
3:18 20.1
3:19-31 9.3.1
3:21 10.3; 19.2
3:23-26 20.2
3:24 17.3; 19.2
3:24-25 14.2; 17.3
3:25 13.2
3:25-26 19.3
3:26 19.1
3:28 19.1; 19.2
4:2-8 19.2
4:3 20.1
4:4 19.2
4:4-5 19.2
4:5 19.2
4:6 19.2
4:6-8 19.1
4:7 20.1
4:11 28.1,2; 28.3
4:14 19.3
4:17 20.1
4:22 20.3
4:25 13.2; 13.3
5:1 16.3
5:1-2 20.2
5:3-4 18.2

5:5 15.2; 16.2
5:8 13.1; 17.3
5:8-10 19.1
5:10 13.1; 13.2
5:12 1.1; 8.2
5:14-21 1.1
5:15 11.4
5:19 8.1; 8.2; 13.2; 14.2; 19.2
6:1-11 21.1
6:4 13.3; 17.1; 20.3; 28.2; 29.6
6:4-5 13.2
6:5 28.2
6:6 17.1; 17.2; 20.3
6:8 17.1; 28.2
6:11 17.1; 28.2
6:12 17.2
6:12-14 21.2.2
6:13 24.3
6:15-20 30.1
6:15-23 8.4
6:17-18 28.2
6:18 20.3; 21.1
6:19 24.3
7:6 17.2
7:12 9.1
7:14 9.4
7:18-19 8.4
7:18-24 28.2
7:24 18.3
8:1 28.2
8:2 17.2
8:3 11.4; 13.2
8:3-4 11.4
8:7 8.4
8:9 3.3; 15.2; 16.2; 21.1; 22.1; 29.1
8:9-17 8.4
8:10 8.2; 15.3
8:11 15.2; 24.3
8:12-13 21.1
8:12-23 10.2
8:14-17 21.1
8:15 8.4; 10.2; 15.3; 16.2; 22.1
8:15-17 3.3
8:16 16.2; 22.1
8:17 11.2; 11.3; 15.2; 8.2; 20.2
8:20-22 8.2
8:21 21.1
8:23 24.1
8:24-25 16.3

8:25 24.1
8:26 22.1; 22.3
8:27 22.4
8:29 11.4; 15.2; 18.2; 20.2
8:29-30 23.4
8:30 20.3
8:32 14.2
8:33 19.2
8:33-34 13.3; 19.1
8:34 2.2; 13.3; 22.4
8:35 19.3
8:36 18.3
9:7-8 23.2
9:8 10.2
9:11 23.3
9:13 23.2
9:15-16 23.3
9:19-23 23.4
9:21-23 23.4
9:23 23.3
9:27 23.2
9:32-33 4.2
9:33 4.2
10:3 19.2
10:4 2.1; 9.2; 11.2; 16.1
10:5 19.2
10:6 19.2
10:8 16.1; 28.1,2
10:10 16.1; 16.2
10:11 4.2
10:13 22.3
10:14 22.3
10:14-17 22.1
10:17 2.1; 3.1; 15.2; 22.3; 25.3; 27.1
11:2 23.3
11:5 23.2
11:5-6 23.1
11:6 19.2
11:19 20.2
11:29 23.2
11:33 23.4
11:33-35 7.3
11:34 23.4
11:35 23.3
12:1 18.2; 20.3; 24.3
12:2 8.2; 18.2
12:3 16.1
12:5 25.1
12:6 4.2; 29.3
12:6-8 26.2
12:8 26.3; 30.2
12:10 18.2

12:19 30,3
12:21 30,3
13:1 27,1
13:1-2 30,4
13:1-4 30,2
13:4 30,2; 30,3
13:5 30,4
13:14 18,3; 23,4
14:1 21,2,3
14:3 21,2,3
14:8 18,2; 18,3
14:11 4,2
14:14 21,2,3
14:17 12,4
14:22 8,1
14:22-23 21,2,3
15:1-2 21,2,3
15:5 25,4
15:8 25,3
15:19-20 26,3

[고린도전서]
1:1 26,3
1:2 25,3
1:13 20,3
1:16-31 19,3
1:21 11,2
1:24 11,2
1:26 23,4
1:30 17,3; 14,2; 20,3
1:31 19,3
2:2 11,4; 16,1
2:4 3,1; 25,3; 26,2
2:4-5 16,2
2:5 3,1
2:8 12,2; 12,3
2:10 4,2
2:10-16 16,2
2:12 16,2
2:14 8,3
3:2 21,2,3
3:7 25,3; 26,2; 28,1,3
3:9 26,2
3:10 26,3
3:11 26,4
3:16 18,1; 22,4
3:16-17 4,2; 15,4; 26,1
4:1 26,3; 27,1
4:4 19,3
4:7 18,2
4:15 26,2
5:1-7 27,3
5:4-5 27,3
5:5 27,3

5:6 27,3
5:9 27,3
6:5-8 30,3
6:11 4,2; 15,2
6:13-14 24,3
6:15 18:1; 24,3; 29,3
6:19 4,2; 15,4; 18,1; 18,2; 22,4; 26,1
6:19-20 19,3; 24,3
6:20 14,2; 24,3
7:14 28,3
7:22-23 30,4
7:23 27,2
7:29-31 18,3; 21,2
8:1-13 27,2
8:6 12,2
8:9 21,2,3
9:14 26,4
9:16-17 26,3
9:19-22 21,2,3
9:24-26 9,3,3
10:1-4 10,1
10:16-17 29,3
10:17 25,1
10:23-24 21,2,3
10:28-29 21,3; 27,2
10:29 21,2,3
10:31 22,5
11:3 22,4
11:24 29,2
11:29 26,4
11:32 17,3; 18,2; 21,2,3
12:7 11 26,3
12:8 4,2
12:10 4,2
12:11 4,2
12:12 25,1
12:27 25,1
12:28 26,3; 30,2
13:12 11,2; 16,3; 24,3
13:4-5 18,2
14:15 22,3; 22,4
14:40 26,3; 27,2
15:6 24,2
15:10 25,3; 26,2
15:12-20 11,4
15:12-26 13,3
15:14 24,2
15:15 24,3
15:17 13,3
15:19 18,3; 24,2
15:21-22 1,1
15:22 8,2; 28,3
15:23 24,2

15:24 5,4; 12,2
15:27 13,3
15:28 12,2
15:36 24,2
15:44 24,3
15:45 15,2; 24,3
15:47 11,4
15:50-54 24,3
15:51-52 13,3
15:53-54 29,2

[고린도후서]
1:18 7,2
1:20 10,3; 13,3; 16:1; 2,4
1:21-22 16,2
1:22 15,3; 16,2
2:7-8 27,3
3:6 26,2
3:6-11 10,2
3:8 3,3
3:9 26,2
3:17 8,4
3:18 6,1; 16,3; 17,1; 27,1
4:6 10,3; 16:1; 25,3; 26,2
4:7 25,3; 26,1
4:8-10 18,2; 20,2
4:10 21,1; 24,2
4:11 24,3
4:16 22,5
4:18-5:10 24,1
5:1 24,3
5:2-3 18,3
5:5 10,2
5:6 18,3; 24,3
5:7 16,2
5:8 24,3
5:10 24,3
5:17 15,4; 19,1; 20,1
5:18 16,1; 18,1; 25,3; 26,4
5:18-19 16,1
5:18-21 19,1
5:19 14,1
5:20 26,1
5:21 13,2; 14:1; 19,2
6:16 4,2; 15,4; 18,1; 26,1; 28,1,1
7:1 6,2; 20,3; 24,3
7:10 17,1; 17,2
7:11 17,2
10:4 27,3
10:4-5 27,1
10:4-6 27,3
10:6 26,4
10:8 27,1

12:2 3,3
12:2-4 26,2
12:7 17,2
12:9-10 17,2
13:3 15,2
13:3-4 3,3
13:4 11,4
13:5 3,3
13:10 27,1

[갈라디아서]
1:1 26,3
1:2 25,3
1:4 14,1
1:6 25,3
1:6-9 3,3
2:3-5 21,2,3
2:8 26,2
2:19 13,2
2:20 3,3; 18,2; 21,1; 29,1; 30,1
2:21 21,3
3:1 5,2
3:2 16,2; 25,3; 26,2
3:7 11,2
3:8 19,1
3:10 9,2; 13,1; 20,1
3:11 11,2
3:11-12 19,2
3:13 13,1; 14,2
3:13-14 9,2
3:14 11,2
3:16 11,2; 11,4; 23,2; 28,3
3:17 3,2
3:19 5,4
3:21 9,2
3:21-22 19,2
3:23-24 30,3
3:24 10,2
3:25 16,1
3:26-27 28,2
3:27 15,2
3:28 23,4; 30,1
4:1-3 10,2; 13,2
4:3-4 30,3
4:4 11,4; 12,1
4:4-5 13,2
4:5-7 20,2
4:6 8,4; 10,2; 15,3; 16,2; 22,1
4:6-7 21,1
4:9 27,2
4:21-31 11,2
4:22-31 10,2

4:26 25,3
4:28 23,2
5:1 21,1; 21,2,1; 21,3; 30,1
5:2-3 21,2,1
5:4 21,2,1; 21,3
5:5-6 21,2,1
5:6 10,2; 16,2; 19,2
5:13 21,2,3
5:16 18,2
5:17 9,2
5:19-21 20,1
5:22-23 15,3
6:1 27,3
6:6 26,4
6:10 22,5
6:14 13,2
6:17 21,1; 24,3

[에베소서]
1:3-14 20,2
1:4 11,2; 11,4; 21,2,1; 23,4
1:4-5 13,1; 14,1
1:4-6 23,3
1:5 1,1; 23,2; 23,3
1:5-6 5,1; 19,1
1:6 14,1; 16,1; 23,3
1:7 11,4; 17,3
1:9 1,1; 5,1; 10,2; 23,3; 28,1,1
1:11 1,1; 23,2
1:12 23,3
1:13 15,4; 25,1
1:13-14 16,2
1:14 15,3; 16,2; 23,3
1:17 16,2
1:17-18 8,3
1:20 24,2
1:20-22 13,3
1:20-23 12,4
1:21 5,4
1:22 22,4
1:22-23 25,1
1:23 25,2; 29,3
2:3 8,2; 11,2; 18,2
2:6 13,3; 20,2; 24,1
2:8 19,1
2:8-9 19,3; 20,1
2:10 17,2; 20,1; 20,2; 23,4
2:11-13 28,3
2:14 10,2
2:15-16 14,1
2:16-17 10,2

2:19 24,1
2:20 2,3
2:20-21 26,4
2:21 15,4
3:2-3 28,1,1
3:9 10,2
3:11 5,1; 26,3
3:12 16,2; 22,3
3:17 29,3
3:17-19 16,2
3:19 20,2
4:3 25,3
4:4 25,1
4:4-5 26,4
4:4-7 26,1
4:5 4,1; 25,4
4:7 12,4; 15,2
4:10-13 25,3
4:10-16 26,2
4:11 26,3
4:12 25,3
4:13 10,2; 16,2; 25,3
4:15 15,2; 22,4; 23,4; 26,1
4:16 11,4; 26,4
4:18 11,2
4:20-21 16,1
4:22 18,1
4:22-24 17,1
4:23 8,2; 18,2
4:23-24 6,2
4:24 6,1; 18,1
5:1 18,1
5:2 14,2
5:23 22,4; 5,4
5:23-33 18,1; 25,2
5:25-26 27,3
5:25-32 25,1
5:26 28,2
5:26-27 17,2; 25,3; 27,1
5:28-32 29,6
5:29-31 11,3
5:30 15:3; 25,1; 29,3
5:32 29,3
6:9 23,4
6:16-18 22,3
6:18 22,3

[빌립보서]
1:3-5 16,1
1:6 20,3
1:10 18,1
1:19 3,3
1:23-24 18,3

2:1 25,4
2:3 18,2
2:5 25,4
2:6-7 4,2
2:7 19,2
2:7-8 11:4; 13,2
2:9 13,3; 14,2
2:9-11 12,2; 12,4
2:12 16,3
3:9 19,2
3:10-11 13,3; 18,2; 21,1
3:12 24,1
3:14 24,1
3:20 24,1; 29,3
3:20-21 24,3
3:21 24,2; 29,5
4:6 22,4
4:11-12 21,2,3

[골로새서]
1:4-5 10,3; 24,1
1:5 10,3
1:9 16,2
1:13 20,2
1:14 11,4; 17,3
1:15 11,2; 11,4; 12,2
1:15-16 11,4
1:16 5,4
1:17 12,2
1:18 11,4; 22,4
1:19 22,1
1:19-20 14,1
1:20 17,3; 28,3
1:21-22 13,1
1:24 27,3
1:26 5,4; 10,2
1:26-27 28,1,1
1:28 27,2
1:29 26,2
2:2 16,2
2:3 10,2; 11,4; 12,4; 16,2; 19,2; 25,2; 27,1; 27,2; 28,3
2:8 28,3
2:11 28,3
2:11-12 28,2
2:12 24,3; 28,3
2:13-14 17,3
2:17 28,3
2:19 26,4; 28,3
2:20 30,1
2:23 28,3
2:32 22,1
3:1-4 18,1; 24,2

3:3 13,2; 13,3
3:3-4 24,1
3:10 6,1; 6,2; 16,2; 17,1
3:11 10,2; 30,1
3:12 18,2
3:16 22,4
3:25 23,4

[데살로니가전서]
1:4-5 16,2
1:5 16,2
2:13 16,1
4:3 9,1; 20,3; 21,2,1; 23,4
4:7 20,3
4:16-17 13,3
5:17 22,3
5:23 18,1

[데살로니가후서]
1:6-8 24,2
1:9 24,3
1:11 16,2
2:4 26,4; 27,1
2:7 26,4
2:13 15,2; 15,4
3:14 27,3
3:15 27,3

[디모데전서]
1:5 16,2; 21,3; 27,2
1:15 11,4
1:19 16,2
2:2 30,2
2:4 16,2
2:5 11,3; 22,4
2:6 14,2; 17,3
2:8 24,3
3:2-3 26,3
3:8-13 26,3
3:9 16,2
3:15 25,2; 27,1
3:16 4,2; 28,1,1
4:5 22,4
4:6 16,1; 16,2
4:10 18,2
5:17 26,3
5:20 27,3
6:16 2,2; 16,1

[디모데후서]
1:9 11,4; 17,3; 20,1; 20,3; 23,3; 25,3
1:10 10,3; 24,1
1:14 16,2

2:13 7,2; 18,2; 24,2
2:19 25,1; 25,2
2:20-21 20,3
3:1 27,1
3:14 2,3
3:16 3,1
3:15-17 2,1
4:8 24,2

[디도서]
1:1 16,2
1:2 16,1
1:7-8 26,3
1:9 25,3; 26,3; 26,4
1:15 21,2,3; 30,3
2:11-14 18,2
2:12-13 24,1
3:1 30,4
3:4 25,3
3:5 17,3; 28,2
3:7 20,2

[빌레몬서]
6 16,2

[히브리서]
1:1-2 12,4; 27,1
1:2-3 4,2
1:3 4,1; 10,3; 13,3; 16,1; 18,1
1:6 4,2; 5,4
1:8 13,3
1:10 4,2
1:14 5,4; 22,4
2:5-18 11,4
2:9 12,2
2:11 3,3; 21,1
2:14-15 13,2
2:17 14,2
4:14 28,3
4:15 11,3; 11,4
4:16 22,3
5:1 11,4
5:4 26,3
5:5 28,3
5:6 12,4; 29,6
5:8 18,2
5:10 29,6
6:4-6 17,2
6:11 16,2
7:11 10,3
7:12 17,3; 26,4
7:15 12,4
7:17 29,6

7:17-19 29,6
7:19 10,3
7:21 29,6
7:22 10,2
7:25 13,3
7:26 22,4
8:6 22,4
9:9 10,3
9:11 28,3; 29,6
9:11-12 11,4; 13,3
9:12 14:2
9:14 13,2; 20,3
9:15 14:2; 22,4
9:22 11,4; 12,4; 14:2; 15,2; 28,2
9:24 22,4
9:26 29,6
9:28 14:2; 24,1
10:1 10,3
10:10 11,4; 29,6
10:12 24,1
10:14 29,6
10:18 29,6
10:20 22,4
10:21 29,6
10:22 16,2
10:26 29,6
10:26-27 17,2
11:1 16,3; 24,1
11:3 4,1; 7,1
11:6 20,1
11:8-11 18,3
11:9-10 10,1
11:13 10,1
11:13-16 10,1; 18,3
12:5-6 17,3
12:8 18,2
12:9 6,2
13:8 10,1
13:14 18,3
13:15 22,4
13:16 18,2

[야고보서]
1:5-6 22,3
1:17 8,3
2:5 23,4
2:10 20,1
2:10-11 20,3
2:14-26 20,3
4:3 22,3
4:6 8,3
4:8 17,3
4:11-12 27,2

5:13 22,3
5:15 22,3
5:16 17,3

[베드로전서]
1:2 15,2; 20,1; 23,3
1:3 13,3
1:7 18,2
1:8-9 24,1
1:9 6,2
1:10 10,3
1:10-11 4,2
1:15-16 18,1
1:17 20,3
1:18-19 21,3
1:19-20 23,3
1:20 27,1
1:21 13,3; 16,1; 16,3
1:23 10,1; 16,2; 26,2
1:24-25 10,1
2:5-6 26,4
2:11 6,2; 18,3
2:13-14 30,4
2:15 20,3
2:17 30,4
2:21 20,3
2:24 13,2; 14,2
2:25 6,2; 24,3
3:12 22,1
3:18 11,4
3:19 13,2
3:21 21,3; 27,2; 28,2
3:22 13,2; 29,2
4:10 18,2
4:11 27,1
4:12-13 18,2
5:2 26,4
5:2-3 27,2
5:4 18,1
5:5-6 8,4

[베드로후서]
1:14 24,3
1:19-20 3,3
1:21 4,2
2:1 27,1
2:4 5,4
2:18 18,2
2:21 16,2
3:3 27,1

[요한일서]
1:1 12,2
1:1-2 29,3

1:7 14,2; 28,3
1:9 22,3
1:16 29,3
1:17 4,2
2:1 22,4
2:2 14,1; 22,4
2:16 18,2
2:18 27,1
2:20 12,4; 15,3
2:27 12,4; 15,3
3:1 18,1; 22,4
3:2 16,2; 24,3
3:3 20,3
3:8-9 20,2
3:16 12,2
3:22 22,3
3:24 15,4; 16,2; 20,2
4:10 14,1
4:11 20,3
4:13 15,4; 16,2
4:19 13,1
5:4 16,3
5:6 15,2; 29,1
5:7-8 15,2
5:12 20,2
5:14 22,3
5:20 4,2

[유다서]
3 16,2
6 5,4

[요한계시록]
1:4 12,4
1:5 28,3
1:6 12,4
3:10 26,4
3:17 15,4
7:17 18,3
13:5 26,4
22:13 1:1
22:18-19 27,1

사명선언문

너희가 흠이 없고 순전하여……세상에서 그들 가운데 빛들로
나타내며 생명의 말씀을 밝혀 _ 빌 2:15-16

1. 생명을 담겠습니다
만드는 책에 주님 주신 생명을 담겠습니다.
그 책으로 복음을 선포하겠습니다.

2. 말씀을 밝히겠습니다
생명의 근본은 말씀입니다.
말씀을 밝혀 성도와 교회의 성장을 돕겠습니다.

3. 빛이 되겠습니다
시대와 영혼의 어두움을 밝혀 주님 앞으로 이끄는
빛이 되는 책을 만들겠습니다.

4. 순전히 행하겠습니다
책을 만들고 전하는 일과 경영하는 일에 부끄러움이 없는
정직함으로 행하겠습니다.

5. 끝까지 전파하겠습니다
모든 사람에게, 땅 끝까지, 주님 오시는 그날까지
복음을 전하는 사명을 다하겠습니다.

서점 안내

광화문점 서울시 종로구 새문안로 69 구세군회관 1층
02)737-2288 / 02)737-4623(F)

강남점 서울시 서초구 신반포로 177 반포쇼핑타운 3동 2층
02)595-1211 / 02)595-3549(F)

구로점 서울시 동작구 시흥대로 602, 3층 302호
02)858-8744 / 02)838-0653(F)

노원점 서울시 노원구 동일로 1366 삼봉빌딩 지하 1층
02)938-7979 / 02)3391-6169(F)

일산점 경기도 고양시 일산서구 중앙로 1391 레이크타운 지하 1층
031)916-8787 / 031)916-8788(F)

의정부점 경기도 의정부시 청사로47번길 12 성산타워 3층
031)845-0600 / 031)852-6930(F)

인터넷서점 www.lifebook.co.kr